교육평가의 기초 ^{3판}

성태제 저

EDUCATIONAL EVALUATION

학지사

완벽과 일치라는 단어를 다시 새겨 본다. 저자는 집필한 책에 내용의 오류와 오자나 탈자가 없기를 바란다. 특히 여러 권의 저서를 집필하였다면 유사한 내용들은 같거나 일치하기를 원한다.

미국에서 공부를 마치고 1989년에 귀국하여 학생들을 가르치면서 정리한 내용을 바탕으로 2002년 2월에『현대교육평가』를 출간하였다. 내용이 다소 방대하여 학부생이나 교육대학원생들을 위하여『교육평가의 기초』를 2009년 1월에 출간하였다. 이후 새로운 이론과 발전을 소개하고 변화된 정책이나 현상을 설명하기 위하여『현대교육평가』를 개정하게 되었고 개정판은 5판에 이른다.

『교육평가의 기초』도 현재 개정 2판이지만 변화된 내용을 수정하고『현대교육평가』개정 5판과 관련된 내용의 일부를 일치시키기 위하여 책을 개정하면서 무료 공개 프로그램인 jamovi를 이용하여 문항변별도, 타당도, 그리고 Cronbach α를 추정하는 절차를 추가하였다. 교육평가와 관련된 기초적인 내용을 담고 있기에 새로운 이론의 소개나 변화보다는 '대학수학능력시험'이나 'SAT'의 변화 그리고 국제학업성취도 평가 결과에 대한 최근 정보를 정리하였다. 또한 2010년 이후에 출제된 교원임용시험의 선택형 문항과 교원임용시험이 논술형으로 변화된 후 소수의 논술형 문항을 추가하였다.

개정판으로 강의를 할 때나 다음 개정 작업을 할 때, 오자와 탈자 그리고 수식의 틀린 부분을 발견한다. '오자나 탈자가 전혀 없고, 특히 수식에서도 틀린 부분이 없는 완벽한 책은 언제쯤 출간할 수 있을까?' 하는 생각을 한다. 또한 여러 책의 유사한 내용이나 관련된 수식들이 틀리지 않고 완벽하게 일치하게 할 수 있을까 고민한다. 그렇게 하는 것이 책을 선택한 독자에게 할 수 있는 기본적인 도리라 생각하기 때문이다. 이를 위하여 지속적으로 노력할 것이다.

제 책을 선택하시는 독자분들에게 특별한 감사를 드린다. 초판으로 책의 명을 다하는 책들과는 달리 5판과 3판이 출간되었다는 것은 그분들의 사랑과 관심이 있었기 때문이다. 『교육평가의 기초』 3판을 위하여 수고하여 준 박사과정생 이보람에게 고마움을 표한다. 학지사 김진환 사장님과 관계자분들에게도 새삼 감사하다는 말씀을 드린다.

2019년
성태제

　최근 교육계의 화두는 '행복교육, 창의인재 양성'이다. 각종 국제학업성취도 평가에서 우수한 성적으로 전 세계의 주목을 받고 있는 우리나라이지만, 행복교육 측면에서 볼 때 해결해야 할 과제들이 아직 많이 남아 있다. 입시위주의 교육과 평가에 대한 편협한 시각들이 행복교육과 창의인재 양성에 걸림돌이 되고 있다고 해도 과언이 아니다. 21세기가 필요로 하는 창의인재는 학문의 경계를 자유롭게 넘나들며 여러 분야의 정보를 통섭하여 다양한 문제에 유연한 사고로 대처할 수 있는 융합 지식을 가진 브레인웨어(Brainware)다. 이러한 창의인재 양성을 위해서는 교육평가 분야에서도 많은 변화가 요구된다. 과학기술과 정보통신의 발달로, 정보통신기술을 활용하여 필요한 정보와 지식을 찾아내고 이를 바탕으로 새로운 문제를 창의적으로 풀어나갈 수 있는 능력이 미래사회에 필요한 핵심역량으로 강조되면서 평가 분야에서도 창의성과 문제해결력 등을 평가할 수 있는 방안에 대한 연구들이 다양하게 수행되고 있다. 수동적 방식의 지필평가 대신 수행 중심의 창의서술형 평가가 확대되고 있으며, 기존의 결과 중심 평가 대신 과정 중심의 평가가 강조되고, 실제성을 살릴 수 있는 시나리오 · 게임 · 시뮬레이션 기반의 컴퓨터화 평가가 활용되고 있다.

　또한 학습자 맞춤형 평가를 통해 학습자들의 학습 과정과 강점 · 약점에 대해 수시로 점검하고 지원하기 위한 형성평가에 대한 관심이 점차 증대되면서 그 중요성이 강조되고 있다. 특히 미국에서는 수업 과정에서 학생들의 표정, 시선, 목소리까지도 분석하고 이로부터 도출된 피드백을 바탕으로 교수법을 수정하여 학습 효과를 극대화하고 있다. 이러한 경향을 반영하여 형성평가 부분을 대폭 추가하였다.

　형성평가에 대해서는 McMillan이 저술한 Classroom Assessment의 5장을 우리나라 학교 현실에 맞게 의역하고 재구성하였다. 또한 교육평가에 관련한 현재 주요 연구 내용과 정책 변화 등의 내용을 업데이트 하였으며, 준거설정방법 중 현재 널리 사용되고 있는 북마크 방법의 내용을 추가하였다. 더불어 교육평가의 과제와 전망 등의 내용을 수정하였다.

한국교육과정평가원의 원장직을 수행하면서 행복교육, 창의인재 양성 실현을 위한 교육평가의 방향과 역할에 대해 많은 고민을 하였다. 그리고 그 고민의 결과를 많은 분들과 공유하고자 이번 개정판을 발간하게 되었다. 이 책은 저자의 학문적, 실제적 경험을 토대로 예비교사와 현직교사들이 교육평가의 이론과 실제에 대해 보다 쉽게 이해할 수 있도록 집필하였다.

이번 개정 작업에 많은 도움을 준 한국교육과정평가원의 시기자, 서민희 박사와 구슬기 선생 그리고 이화여자대학교 석·박사 과정 대학원생들의 수고에 감사한다. 또한 늘 좋은 책을 출판하는 데에 최선을 다해 노력하여 주신 학지사 사장님과 임직원께도 감사한다.

    교육은 목적적 행위로서 인간의 행위를 변화시키는 것이다. 그러므로 교육은 교육목표가 있어야 하고, 이 교육목표는 국가적, 사회적 차원의 규범적 이념 아래 설정되어야 한다. 민주주의 국가에서 수립한 교육목표는 사회주의 국가에서 수립한 교육목표와 다를 수밖에 없다. 그러나 공통적인 교육목표는 인재를 양성하여 국가발전에 이바지하게 하려는 것이다.

    최근에 와서는 국가의 이념을 초월하고 국경을 넘나드는 교육이 강조되면서 모든 국가가 인류발전에 공헌할 수 있는 인재를 양성하려고 한다. 그래서 교육은 이념 논쟁보다는 교육대상들에게 잘 가르치는 것을 가장 우선으로 한다. 교육에서 평등주의로 교육의 기회균등을 강조하기보다는 기초교육은 물론, 특히 수월성 교육을 강화하며 학생 개인에 부합하는 맞춤교육을 강조하고 있다. 다시 말해서, 교육에서 가장 중요한 것은 학생들을 잘 가르치고, 잘 배우게 하는 것이다. 얼마나 잘 가르치고, 잘 배웠는지, 그리고 배운 지식을 교육 상황이나 실제생활에서 얼마만큼 잘 이행하는지는 교육평가를 통하여 확인할 수 있다. 이를 위하여 학생들의 학업성취도평가를 실시하고 있으며, 교사를 평가하려는 것이고, 나아가 학교평가도 실시하고 있는 것이다.

    교육평가가 이렇게 중요함에도 불구하고 이 과목이 교육과정과 묶여 '교육과정 및 교육평가'라는 교직과목으로 25여 년 동안이나 개설되었다. 교사가 되기 위하여 수강한 2학점짜리 '교육과정 및 교육평가'의 교직과목으로는 학생들을 평가하기 위한 전문지식을 갖출 수가 없었다. 따라서 교육평가에 대한 교사들의 전문성이 낮을 수밖에 없었다. 또한 교육평가 이론이 날로 발전하고 있으며, 학생들의 권익이 높아지고 있어 교육평가에 대한 교사들의 전문성이 요구되고 있다. 뿐만 아니라 교육의 본질적 측면에서도 교육평가의 중요성이 인식되면서 2009학년도부터 교육평가 과목이 단독 교직과목으로 개설된다.

　저자는 10년간 정리한 내용을 기반으로 2002년에 『현대교육평가』를 출간하였다. 이 책을 통하여 교육평가의 새로운, 그리고 중요한 이론을 종합 · 정리하고 교육평가의 새로운 동향도 소개하였다. 일부의 내용은 학부 수준을 넘는 내용도 있으며, 대학입학전형제도도 다루었다. 교직과목의 개설을 앞두고 보다 쉽게 교육평가에 접근할 수 있는 책, 보다 쉬운 교재가 필요하다는 여러분의 요청이 있어 『현대교육평가』에서 교사가 되고자 하는 학생들이 필히 알아야 할 내용을 정리하여 『교육평가의 기초』를 출간하게 되었다. 2009년을 교육평가가 제대로 소개되는 매우 의미 있는 해로 기억하면서 『교육평가의 기초』가 우리나라 교육평가의 발전, 나아가 우리나라 교육의 발전에 이바지할 수 있기를 기대한다.

　이 책을 출간하기까지 보다 쉬운 글로 읽힐 수 있도록 도와준 박사과정의 전현정, 그리고 초교와 재교를 읽어 준 대학원생들에게 감사한다. 늘 좋은 책을 출판하는 데 최선을 다하는 학지사 김진환 사장과 임직원분들에게도 감사를 표한다.

2009년 1월 3일
저자 성태제

　서문에서 언급한 것처럼 이 책은 교사로서 학생들을 평가하기 위하여 꼭 알아야 할 내용을 보다 쉽게 서술하였다. 각 단원별로 수준 높은 교육평가의 이론보다는 학교에서 학생들을 평가할 때 어떻게 하는 것이 학생 개인의 학습을 극대화할 것인가에 주안점을 두면서 집필하였다. 학생을 평가한다는 것은 학생에게 지대한 영향을 준다는 사실을 강조하면서 평가를 통하여 학생뿐 아니라 교사도 발전할 수 있도록 하여야 하며, 학생 개인을 존중하는 평가를 지향하여야 한다는 철학을 제시하고 있다.

　이 책은 총 8부 16장으로 한 주에 한 장씩 수업할 수 있도록 구성하였다. 제1부는 교육과 교육평가, 교육목표 그리고 교육과정과의 관계를 설명하고 있다. 제2부는 교육평가의 종류로 교육의 진행과정에서의 진단, 형성, 총합 평가를 다루고 있으며, 참조가 되는 준거에 따른 평가를 설명하고 있다. 상대비교평가인 규준참조평가와 절대평가인 준거참조평가, 그리고 학생 개인을 중심으로 한 능력참조평가와 성장참조평가를 소개하고 있다. 제3부는 총평, 측정, 검사의 개념을 설명하고 정의적 행동특성을 측정하는 방법을 소개하고 있다. 제4부는 인지적 능력을 평가하기 위하여 문항제작으로서 문항 유형, 선택형 문항제작과 서술형 문항제작을 설명하고 있다. 제5부는 제작한 문항에 대한 문항분석, 검사점수 보고와 해석을 설명하고 있다. 문항분석에서는 고전검사이론뿐 아니라 문항반응이론도 소개하고 있다. 제6부는 검사의 질을 평가하기 위하여 타당도와 신뢰도를 설명하고 있으며, 특히 타당도에 대한 새로운 개념과 종류도 소개하고 있다. 제7부는 컴퓨터화 검사와 수행평가를 다루고 있다. 컴퓨터의 발전으로 컴퓨터화 검사는 산업계에서도 흔히 실시하고 있으며, 수행평가와 밀접한 관련이 있다. 제8부는 교육평가의 과제와 전망을 다루고 있다.

이 책을 통하여 문항제작뿐 아니라 문항을 분석하는 능력, 타당도와 신뢰도를 검증하는 방법, 그리고 수행평가를 실시하는 능력을 배양하기 위하여 실제 컴퓨터 프로그램과 사례를 부록에 첨부하였다. 부록으로 고전검사이론에 의한 문항분석 프로그램인 TestAn, 문항반응이론에 의한 문항분석 프로그램인 Bayesian을 수록하였으며, 각 프로그램의 사용 설명서는 PDF파일로 작성하여 교재로도 사용할 수 있도록 하였다. 또한, 각 장을 공부하고 난 후 중요하다고 판단되는 내용을 연습문제에 제시하여 복습의 기회를 갖게 하였으며, 나아가 교원임용시험에 출제된 문항을 각 장에 초등과 중등 그리고 연도별로 제시하여 어느 유형의 어떤 문제가 출제되었는가를 알 수 있게 하여 교원임용고사를 준비하는 데 도움이 되게 하였다.

교육평가에 대한 전문지식과 능력을 갖추기 위하여 다음과 같이 하여 주기를 부탁한다.

첫째, 한 주에 한 장을 이해하도록 한다.
둘째, 학교 교사로서 이를 어떻게 적용할 것인가를 생각한다.
셋째, 이해의 수준을 넘어서 적용할 내용이면 실제로 수행하여 본다.
넷째, 연습문제를 통하여 복습하고 교원임용고사의 기출 문제를 풀어 본다.
다섯째, 각 장별로 학생의 이해 혹은 적용 수준이 어떤지 자기평가를 실시한다.
여섯째, 더 발전된 평가방법은 없는가를 고민한다.

교육평가는 교육과 관련된 모든 것에 대한 가치판단이다. 가치판단이란 평가자가 어떤 생각을 하고 있느냐에 따라 아주 다른 결과를 가져올 수 있다. 그러므로 교사들이 가지는 평가에 대한 가치관은 학생들의 장래에도 적지 않은 영향을 준다. 이 책을 읽으면서 잘못된 내용이나 조언을 주실 분은 서슴없이 tjseong@ewha. ac.kr이나 홈페이지 http://home.ewha.ac.kr/~tjseong로 연락해 주기 바란다.

부록 자료(1. TestWizard, 2. TestAn, 3. RaschAn, 4. BayesiAn 프로그램)는 학지사 홈페이지 내 도서자료실에서 내려받을 수 있습니다(TestWizard 실행 사용자 코드: admin000, Password: 1/ TestWizard로 제작된 검사 시행 Password: 1).

차례

제1부 **교육과 교육평가**

제4부 문항제작

제5부 문항분석과 점수보고

제6부 타당도와 신뢰도

제1부　교육과 교육평가

01

교육과 교육평가

𝒮 학습목표

- 교육의 본질은 무엇인가?
- 인간을 보는 관점은 조금씩 다른데 구체적으로 무엇이 다른가?
- 교육의 목적은 무엇인가?
- 교육평가는 무엇인가?
- 교육평가의 목적은 무엇인가?
- 교육평가의 대상은 무엇이고, 어떤 절차를 거쳐서 평가하는가?
- 교육평가는 언제부터 시작되어 어떻게 진행되어 왔는가?

1 교육

1) 정의

교육이란 무엇인가에 대한 논의는 지속적으로 이어져 오고 있다. 교육에 대한 어원을 풀이하더라도 한글, 한자, 희랍어, 라틴어에서 주는 의미가 다양하다. 한글에 의한 어원을 풀이하면 교육은 '가르치다'와 '기르다'의 합성어로 구성되어 있다. '가르치다'는 '갈다'와 '치다'의 합성어로 경작의 의미를 포함하며 '사육하다', 그리고 '생성한다'는 의미를 지닌다. '기르다'는 '성장시킨다'의 의미를 지니므로 교육이란 갈고 닦게 하는 훈련을 통하여 성장시킨다는 의미를 지니고 있다.

한자어로 教育의 教는 본받을 효(爻)와 아들 자(子), 막대기를 들고 방향을 제시하는 복(卜)과 어른 수(攵)로 합성되어 있다. 즉, 어른은 막대기를 들고 방향을 제시하고 자식은 어른을 본받는다는 의미다. 育은 子와 肉자의 합성어로, 云은 子를 거꾸로 한 것으로 아기가 어머니의 태내에서 나오는 모양으로 '태어난다'는 뜻에서 '자라다', '기르다'의 뜻으로 발전하였다. 肉은 '기르다', '키우다', '자라다'의 의미를 지니고 있다. 그러므로 **教育**이란 어른이 막대기를 들고 아이들이 본받도록 하며, 어머니가 자식을 안고 키운다는 뜻을 포함하고 있어 훈육과 양육의 의미를 동시에 지닌다. 특히, 중요한 것은 어떤 방향을 제시하는 작업이 교육이라는 점이다.

희랍어로 교육을 Pedagogy라 하며, Pedagogy의 어원은 paidagōgos로서 paidos와 agōgos로 합성되어 있다. paidos는 'child'의 의미이며, agōgos는 'direction'을 의미한다. 그러므로 **Pedagogy**는 '어린이를 이끈다.' 혹은 '어린이에게 방향을 제시한다'를 의미한다.

라틴어로는 교육을 Education이라 하며, education은 e와 duco의 합성어로 e는 '밖'을, duco는 '꺼내다'를 의미하여 '안에 있는 잠재적 특성을 밖으로 꺼낸다'는 의미를 지니고 있다.

김정환과 강선보(2006)는 교육을 한글의 어의로 '가르치다'와 '기르다'의 합성어로 분석하며, 교육은 피교육자의 발전 가능성, 교육자의 교도 훈련성, 그리고 인격적 매개성을 전제로 하고 있다고 주장한다.

　교육이란 용어의 의미를 해석함에도 어원에 따른 차이가 있는데, 여러 학자가 교육에 대하여 내린 정의를 살펴보면 다음과 같다.

Immanuel Kant(1724~1804)

> • Durkheim: 교육은 아동을 사회화시키는 활동이다.
> • Kant: 교육의 목적은 개인의 능력을 가능한 완전하게 개발하는 것이다.
> • 정범모: 교육은 인간행동 특성을 계획적으로 변화시키는 것이다.

　교육에 대한 정의가 학자에 따라 다소 다르더라도, 공통적으로는 인간이 지니고 있는 무엇인가를 변화시키려 하는 활동이라고 정의하고 있다.

정범모(1925~　　)

2) 인간관

　교육의 대상은 인간이고, 인간을 어떻게 보느냐에 따라 교육뿐 아니라 교육평가관이 달라질 수 있다. 인간의 본성, 인간의 행동, 목적의식에 따라 인간을 분류하면 〈표 1-1〉과 같다.

〈표 1-1〉 **인간에 대한 분류**

인간의 본성	인간의 행동	목적의식
성악설	능동적	무목적
성선설	수동적	유목적
중립설	상호작용적	현상학적

　인간은 인간이 지니고 있는 본성에 따라 성선설, 성악설, 중립설로 분류된다. 맹자, Socrates, Rousseau, Pestalozzi 등은 인간은 태어날 때부터 선하게 태어난다고 보는 **성선설**을, 순자, Calvin, Freud, Hobbes는 인간의 본성은 악하다고 보

Johann H. Pestalozzi(1746~1827)

는 **성악설**을 지지하고 있다. Locke는 인간은 선하지도 악하지도 않으며 백지와 같은 상태로 태어난다는 **tabularasa**를 제안하며 **중립설**을 지지하여 어떻게 성장하느냐에 따라 선해지거나 악해질 수 있다고 주장하였다. 또한 Watson과 같은 행동주의자들도 인간의 본성을 백지상태로 보는 중립설을 지지한다. 그러므로 행동주의자들은 교육을 통하여 인간의 행동을 얼마든지 변화시킬 수 있다고 본다.

  인간의 행동은 수동적, 능동적 그리고 상호작용적으로 분류할 수 있다. Skinner에 의하면 인간은 외부자극에 의하여 반응한다고 보았으며, 이에 따라 자극-반응(S-R)이론을 교수·학습의 중요한 이론으로 전개하였다. Pavlov 역시 학습은 자극과 그에 따른 반응, 그리고 강화에 의하여 이루어지고 있다는 **행동주의**이론을 발전시켰다. 반면에 인간을 능동적 존재로 보는 관점은 인간 자체가 적극적이고 탐색적이기 때문에 자발적으로 행동한다고 보는 견해다. 다른 관점으로는 인간이 수동적이거나 능동적으로 행동하기보다는 환경에 따라 달리 행동한다고 보는 이론이다. Lewin은 [그림 1-1]과 같이 인간의 행동은 인간의 성격과 그를 둘러싸고 있는 환경에 의하여 이루어진다고 보는 **장이론**(field theory)을 전개하였다.

Ivan P. Pavlov(1849~1936)

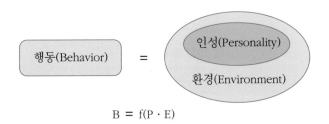

$$B = f(P \cdot E)$$

[그림 1-1] Lewin의 장이론

Kurt Z. Lewin(1890~1947)

  목적의식에 따라서는 인간을 무목적, 유목적, 현상학적으로 분류한다. **무목적 인간**이란 어떤 특별한 목적 없이 행위한다는 관점이고, **유목적 인간**이란 어떤 행위를 하든지 목적을 가지고 행위한다는 관점이다. 그리고 **현상학적 해석**이란 인간의 행위에 의미가 부여될 때 목적이 생긴다는 관점이다.

　교육과 교육평가의 대상인 인간을 보는 관점은 다양할 수 있으나 인간을 악하게 보기보다는 선하거나 최소한 중립적이라 보고, 능동적이며 유목적적이거나 현상학적으로 보며, 인간의 행동은 환경에 따라 전개된다고 보는 것이 바람직하다 할 수 있다.

3) 목 적

　교육의 목적은 인간의 행동특성을 변화시켜 조화로운 인간을 만드는 데 있다고 할 수 있다. 이러한 교육은 독립적일 수 없다. 교육은 제도권에서 이루어지는 학교교육과 자연적인 상태에서 이루어지는 가정교육, 학교 이외의 사회 등에서 이루어지는 교육으로 구분할 수 있다. 이 중 학교의 교육은 [그림 1-2]와 같이 가정, 사회, 국가로부터 독립적일 수 없으므로 정치, 경제, 문화, 사회의 모든 분야와 조화를 이루면서 개인과 국가, 나아가 인류의 발전에 이바지하는 방향으로 전개되어야 한다.

[그림 1-2] **교육과 주변환경**

　교육의 목적인 조화로운 인간을 개발하기 위하여 교육은 인간의 인지적 특성, 정의적 특성, 심동적 특성의 변화를 추구한다.

　인지적 행동특성은 두뇌와 관련된 행동특성으로 지식의 수준이나 정신능력과 관련된 특성이다. **정의적 행동특성**은 마음과 관련된 행동특성으로 인간이 살아가는 데 필요한 도덕성, 가치관, 태도, 인성 등을 말하며, 교육이 추구하는 정의적 행동특성의 궁극적 목표는 다양할 수 있으나 가치체계를 내면화하는 것을 최종단계로 한다. **심동적 행동특성**은 신체의 기능과 관련된 행동영역으로서 교육은 심동적 행동영역의 변화를 추구한다. 예를 들어, 고전무용이나 첼로 연주를 가르칠 때 동작, 자세, 연주법, 연주 기술 등의 변화를 가져오게 한다.

인간의 행동을 크게 세 부분으로 분류하지만 교육은 세 영역의 행동특성을 독립적으로 변화시키기보다는 통합적으로 변화시키는 것이 바람직하다. 따라서 교육은 [그림 1-3]과 같이 조화로운 인간을 만드는 데 목적이 있다.

[그림 1-3] **교육을 통한 인간의 변화**

2   교육평가

Ralph W. Tyler(1902~1994)

1) 정 의

교육의 목적이 인간의 행동을 변화시키는 것이라면 교육평가의 목적은 교육이 행동변화를 가져왔느냐를 판단하는 행위라고 정의할 수 있다. 교육평가(Educational Evaluation)라는 단어는 1930년부터 사용되었는데, Tyler(1942)는 교육목표의 달성여부를 판단하는 행위를 교육평가라 정의하였다. 이어 Tyler(1949)는 **교육평가란 교**

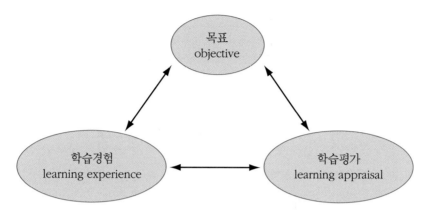

[그림 1-4] Tyler의 교육평가에 대한 정의

육과정과 교수 프로그램에 비추어 교육목표가 얼마만큼 달성되었는가를 판단하는 행위라 하였으며, [그림 1-4]와 같이 표현하였다.

　Cronbach(1969)와 Stufflebeam(1971)은 교육평가란 의사결정을 위한 정보를 제공하는 일이라 정의하였으며, Stufflebeam(1976)은 평가란 어떤 것의 가치, 질, 유의성, 양, 정도, 조건에 대한 판단과 시험행위라고 하였다. Beeby(1977)는 평가에 필요한 정보는 체계적인 방법으로 수집되어야 하고 수집된 정보에 대한 해석이 필요하며 교육과정, 교육결과에 대한 기술과 해석이 아니라 그것을 바탕으로 하여 교육과정과 결과, 교육목적에 대해 가치판단을 내리는 것이라고 정의하였다.

　이러한 정의를 종합해 보면 **교육평가**란 교육과 관련된 모든 것의 양, 정도, 질, 가치, 장점 등을 체계적으로 측정하여 판단하는 주관적 행위로서 교육목적에 대한 가치를 판단하는 행위라고 할 수 있다.

2) 기본 가정

교육평가를 위한 **기본 가정**은 크게 다음의 네 가지를 들 수 있다.

- 학습자의 잠재능력 개발 가능성
- 교육평가의 대상과 자료의 무한성
- 시간의 연속성
- 평가의 종합성

첫째, 평가를 하기 위한 기본 전제로서 인간은 개발할 수 있는 무한한 잠재능력을 지니고 있다는 것이다. 유전적 관점에서의 교육은 인간 발달의 가능성을 제한하기 때문에 교육평가의 기능을 극대화할 수 없다.

둘째, 교육평가의 대상과 자료는 무한하다. 앞 절에서 설명한 것과 같이 어떠한 행위, 대상, 자료도 교육평가의 대상이 된다. 예를 들어, 아동들이 그린 가족의 그림도 가정환경을 예측하고 평가하는 자료가 될 수 있으며, 이 그림을 통하여 가족관계를 예측함은 물론 때로는 가족치료를 위한 중요한 자료로 이용할 수 있다.

셋째, 평가는 일회적으로 실시하고 종료하는 것이 아니라 지속적으로 이루어져야 한다. 연속적인 평가로서 평가대상의 변화에 따른 성장 혹은 발달 등을 점검할 수 있으며, 그에 따라 교육의 효과를 알 수 있다.

넷째, 교육평가는 종합적이어야 한다. 평가대상이 가지고 있는 모든 자료를 종합적으로 수집하여 평가하여야 한다. 그러므로 지필검사에 국한하던 평가방법에서 벗어나 관찰, 면접, 수행평가 등 다양한 평가방법을 동원하여 평가를 실시하여야 한다.

교육평가가 지속적이고 종합적이어야 한다는 전제는 평가의 과정이 진단, 형성, 총합 평가로 구성되는 예를 통해 확인할 수 있다. [그림 1-5]와 같이 교수·학습이 진행되기 전에 진단평가가, 교수·학습의 진행과정에서 형성평가가, 교수·학습이 완료된 시점에서 총합평가가 실시되므로 평가는 지속적으로 이루어진다. 뿐만 아니라, 총합평가의 결과는 다음 학습을 위한 진단평가의 자료가 될 수 있다. 평가를 할 때 총합평가의 결과에 의하여 평가를 할 수 있으나 진단, 형성, 총합 평가의 모든 결과를 가지고 평가하는 것이 바람직하다.

[그림 1-5] **진단, 형성, 총합 평가**

3) 목적과 기능

교육평가는 교육과 관련된 모든 것에 대한 의사결정을 위하여 정보를 사용하거나 수집하는 과정을 동반하여야 하고, 수집한 정보에 의하여 교육적 의사결정을 하거나 이를 도와주는 기능을 지니고 있다. 그러므로 교육평가는 학습과 교육과정에 최대한 도움을 주어 학습을 극대화하려는 데 목적이 있다. **교육평가**의 **목적**을 구체화하면 다음과 같다.

- 학습을 극대화한다.
- 학업성취수준을 총평한다.
- 교육의 질을 향상시킨다.
- 교육과정, 교수 · 학습 프로그램, 교육자료 등을 개선한다.
- 정책구안이나 의사결정을 위한 기초를 제공한다.
- 공공기금의 지출을 점검한다.

이상에서 교육평가의 목적은 교육을 도와주는 기능이지 구속하는 기능이 아님을 강조한다. 그러므로 교육평가가 교육대상에 긍정적 영향을 주어야 하는 것은 당연하다.

교육평가의 기능은 다양하다. 가장 중요한 기능으로는 교육의 진행과정에 있는 교육과정, 프로그램, 교구, 교재 등을 개선하고 발전시키는 기능을 들 수 있다. 그 외에 신입생 또는 신입사원을 선발하는 기능이나 자격증을 부여하는 기능이 있다. 교육의 질을 통제하기 위하여 국가단위나 지역단위의 학업성취도 시험을 실시하여 교육에 대한 책임여부를 점검하는 책무성평가 기능도 교육평가의 중요 기능이라 할 수 있다. 그러나 유의하여야 할 점은 책무성이 지나치게 강조되는 교육평가는 부작용을 수반한다는 것이다. 예를 들어, 평가결과가 평가대상에게 중요한 영향을 준다면 평가준비보고서가 과장되거나 혹은 허위로 작성되어 평가의 기능을 극대화할 수 없을 뿐더러 평가에 대한 부정적 시각을 갖게 하는 원인이 되기도 한다. 우리나라에서 실시하고 있는 중학교 3학년 그리고 고등학교 2학년의 국가수준 학업성취도 평가의 기본 목적은 기초미달 학생들을 파악하여 기초미달 학생들의 비율을 낮추는 데 있으며, 이보다 더 중요한 목적은 그들의 학습 결손을 해결하여 차기 학습을 성공적으로 수행할 수 있도록 하는 데 있다. 이와 같이 교수적 기능이 중요함에도 불구하고 학생들의 성취결과로 시·도교육청을 상호 비교하거나 학교나 교사들을 평가하는 데 활용하고 있어 이에 대한 부정적 시각이 없지 않았다(성태제, 2014). 또한 평가 자체가 행위에 대한 동기를 부여하는 기능을 한다. 예를 들어, 시험을 본다고 할 때 학생들은 복습을 할 것이다. 즉, 평가를 예고할 때 평가와 관련된 준비를 함으로써 행위를 하게 하는 기능을 한다. 평가를 통하여 권한을 행사하는 기능으로 상과 벌을 들 수 있다. 뿐만 아니라 평가자는 어떠한 권한도 행사할 수 있지만 평가대상에게 윤리적으로 피해가 가게 하여서는 안 된다. 오로지 평가의 목적을 극대화하는 방향으로 권한이 행사되어야 한다. 특히, 교육과 관련된 평가인 만큼 교육평가는 윤리적이고 인간적으로 이루어져야 한다.

4) 대 상

교육평가에 대한 고전적 정의에 의하면 교육평가의 대상은 제한되어 있다. 교수와 학습에 따른 학업성취도에만 주된 관심을 두어 교육과정, 교수·학습이론, 학업성취도가 교육평가의 주요 대상이었다. 그러나 교육은 교실 안에서만 이루어지는 것이 아니라 매우 다양한 형태로 이루어지므로 교육평가는 교육과 관련된 모든 현상과 구성요소를 대상으로 한다.

교육평가의 **대상**을 크게 분류하면 다음과 같다.

- 인적 대상: 학생, 교사, 학부모, 학교행정가, 학교경영자, 지역사회 주민
- 물적 대상
  - 소프트웨어: 교수·학습 프로그램, 교육과정, 교구, 교재
  - 하드웨어: 시설, 환경, 교육예산, 예산집행관계
- 평가: 평가에 대한 평가

평가대상을 학생에만 국한하던 종전의 개념에서 교사도 평가의 대상이 되고 있으며, 학부모도 자녀교육을 위하여 어떤 행위를 하였는지를 평가하기 위한 평가대상이 되고 있다. 학교행정가와 학교경영자는 물론 학교를 둘러싸고 있는 지역사회의 주민도 교육에 어떤 영향을 주는지, 평가의 대상이 되고 있다.

교육과정은 물론 교구, 교재, 그리고 교육 프로그램도 당연히 교육평가의 대상이 된다. 최근에 교육환경문제가 중요 평가대상으로서 교육 유해지구의 선정, 학교 앞 환경개선운동이 전개되어 교육환경도 평가의 대상이 되고 있다. 또한 학교예산의 적절성, 학교예산 집행의 타당성도 평가대상이 된다. 주목하여야 할 것은 평가 자체도 평가대상이 되어야 한다는 것이다. 교육기관도 평가대상으로 초·중등학교 평가, 유치원 평가, 대학 평가 등이 실시되고 있다. 또한 해당 기관을 평가한 평가결과도 평가대상이 된다. 평가를 타당하게 하였는지, 그리고 신뢰롭게 하였는지가 확인되어야 한다. 교사들이 학생들에 대하여 평가한 성적부여 자체도 평가대상이 되어야 하고, 학생들이 평가한 강의평가도 평가대상이 되어야 한다.

최근에 와서 평가가 활성화되면서 평가에 대한 평가로서 메타평가가 강조되고 있다. **메타평가**란 평가 자체에 대한 평가를 의미하는데, 이때 평가에 대한 판단기준은 다음과 같이 네 가지를 들 수 있다(Joint Committee on Standards for

Educational Evaluation, 1981).

- 실현성(feasibility): 평가가 실현 가능하였는지 여부
- 실용성(utility): 평가가 실제적으로 필요하였는지 여부
- 적합성(propriety): 평가가 도덕적으로 적합하게 실시되었는지 여부
- 정확성(accuracy): 정확한 정보를 전달하였는지 여부

평가가 실현 가능하였는지, 평가의 필요성에 얼마나 부합하였는지, 도덕적으로 실시되었는지, 그리고 정확하게 실시되었는지가 평가에 대한 평가기준이 될 수 있다. 평가가 끝난 후 평가에 대한 평가는 생략하는 경우가 많으나 이상의 네 가지 기준에 의하여 평가에 대한 평가가 이루어져야 한다. 특히, 평가가 평가대상뿐 아니라 평가대상을 둘러싼 모든 현상에 어떤 영향을 주었는지에 대한 결과타당도를 점검하는 것이 매우 중요하다.

5) 평가방법

교육평가는 교육과 관련된 현상, 구성요소에 대한 자료를 체계적이고 과학적으로 수집하여 장단점과 특징을 전문적으로 판단하는 주관적 행위라 하였다. 이때 수집하는 자료에 따라 교육평가를 양적 평가와 질적 평가로 구분한다.

주관적 판단은 언어적 모호성 때문에 의사전달의 문제점과 상이한 이해를 야기하게 되므로 평가는 객관적 정보에 의존하게 된다. 이때 객관적 정보는 측정이나 검사로 얻을 수 있다. 가시적 특성을 계측기로 측정하여 정보를 수집하고, 비가시적인 인간의 특성은 검사라는 도구를 사용하여 평가한다. 이와 같이 검사와 측정에 의해 자료를 수집하는 평가를 **양적 평가**라고 한다. 물론, 양적 평가는 실증주의 철학을 기초로 한다고 볼 수 있다. 양적 평가가 지닌 과학성과 정밀성에도 불구하고 양적 평가는 평가대상을 전체적으로 조망하지 못하며 심층적으로 평가하지 못한다는 제한점이 지적되면서 관찰에 의하여 인간의 특성을 기술하는 평가방법이 대두되었다. 이와 같이 양적인 정보가 아니라 관찰이나 면접 등에 의하여 기

술한 평가방법을 **질적 평가**라고 한다. 질적 평가는 평가자의 주관적 판단, 즉 전문성에 의존하며 문화인류학적·민속지적 접근방법을 주로 사용한다.

양적 평가는 과학적이고 체계적이어서 신뢰성을 보장받을 수 있으나 평가대상을 심층적으로 평가하기 어려운 점이 있다. 또한 질적 평가는 평가대상에 대한 전반적인 판단은 용이하게 내릴 수 있으나 평가자의 주관이 개입될 소지가 많아 논란이 일어날 가능성이 크며, 평가결과를 일반화하는 데 제한점이 따른다. 그러므로 양적 평가와 질적 평가가 상호 보완적으로 이루어질 때 평가의 효과를 극대화할 수 있다.

6) 평가 주체, 요소 및 절차

(1) 평가 주체

평가의 주체는 평가의 내용과 목적에 의하여 결정된다. 예전에는 교육평가의 주체는 교육공급자 위주였다. 즉, 교사, 교육행정가, 교육내용전문가들이었다. 예를 들어, 학업성취도평가를 실시할 때, 교사, 교과내용전문가가 평가의 주체가 되었고, 학교평가를 실시할 때도 장학사, 학교경영자, 교수 등이 평가의 주체가 되었으나 교육평가의 개념이 확장되면서 교육수요자도 평가의 주체가 되었다. 교육기관을 평가할 때 학부형뿐 아니라 지역사회 인사도 포함하고 있다.

교육평가의 **주체**는 크게 전문가 집단과 국외자로 분류할 수 있다. 전문가 집단은 교육과정전문가, 교육평가전문가, 교사 등 교직에 종사하는 모든 사람을 말하고 국외자(outsider)로는 학부모, 납세자, 국민을 들 수 있다. 국민이 평가 주체로서의 역할을 발휘한 대표적인 예는 소련이 지구궤도에 무인인공위성 Sputnik를 미국보다 먼저 쏘아 올렸을 때 미국 국민이 연방정부에 교육에 대한 책무성의 문제를 제기한 경우다. 이로 인하여 미국 연방정부는 미국 국가교육방위조약을 공포하고 기초과학 교육을 중요시하는 교육과정을 수립하였다.

평가자의 범위가 확대되었지만 **평가자**는 다음의 **자격**을 갖추어야 한다.

- 평가내용에 대한 충분한 숙지
- 측정과 평가방법의 기술적인 능력 소유
- 사회상황과 평가대상의 본질에 대한 이해
- 인간관계 능력
- 성실성과 탈권위성
- 객관성

(2) 평가요소 및 절차

평가요소는 평가내용과 대상에 따라 다르지만 일반적으로 크게 네 단계로 나뉜다.

- 1단계: 목표설정의 적절성 여부
- 2단계: 목표달성을 위한 계획의 적합성
- 3단계: 계획에 따른 시행 여부
- 4단계: 결과의 목표달성 여부

교수·학습의 목표이든 교육기관의 목표이든 교육목표가 적절하게 설정되었는지, 그 목적을 달성하기 위하여 세부 시행계획이 제대로 구성되어 있으며 주변환경이 좋은지, 계획대로 시행되었는지, 시행결과가 목표에 얼마만큼 도달하였는지를 평가한다. 이 네 단계에 입각하여 모든 평가가 이루어진다고 보아도 과언이 아니다.

이러한 네 단계에 의하여 교수·학습결과를 **평가**하는 **절차**를 구체화하면 다음과 같다.

① 교수·학습목표의 설정
② 교수·학습목표의 구체화
③ 교수·학습목표를 행위동사로 표현
④ 구체적인 평가상황 제시: 폭넓은 행위의 형태로 나타나므로 구체적 상황을 예시하고 잠정적 평가상황을 언급

⑤ 자료수집 방법 선택: 검사, 질문지, 관찰점검표
⑥ 예비평가 실시: 평가방법의 개선과 발전을 위한 평가방법의 타당성 검증과 실현 가능성 검토
⑦ 평가방법의 개선과 결정
⑧ 평가실시
⑨ 평가결과의 해석과 활용
⑩ 평가에 대한 평가

교수 · 학습목표를 설정한 후 구체적 행위동사로 표현하여야 하는데, 이는 평가대상이 광범위한 내용의 반응을 하게 되면 평가결과를 활용할 수 없어 교수 · 학습목표의 도달 여부를 확인하기 어렵기 때문이다. 그러므로 평가상황을 구체적으로 제시하여야 하고 자료를 수집하는 방법도 다양하게, 그리고 종합적으로 평가하여야 한다. 비록, 평가방법이 구안되었다 하더라도 평가방법이 교수 · 학습목표의 도달 여부를 점검할 수 있는 타당한 방법인가를 검증하여야 하고, 그 평가방법이 실현 가능한가에 대한 유용성을 검증하여야 한다. 뿐만 아니라, 평가과정에서 나타날 수 있는 모든 문제점을 파악하기 위하여 예비적으로 평가를 실시하는 것이 바람직하다. 예비평가에서 나타난 문제를 수정 · 보완한 뒤 평가를 실시하여야 하며, 평가결과의 교육적 활용을 위해서는 평가결과에 대한 타당하고 신뢰할 수 있는 해석이 이루어져야 하므로 점수에 대한 올바른 이해를 위하여 적절한 규준이나 준거의 설정이 요구된다.

7) 교육평가의 역사

교육평가는 시대적 상황과 평가의 목적에 따라 변화해 왔다. 교육평가는 교육과 더불어 시행되어 왔으며, 19세기 미국에서부터 체계적이고 과학적으로 정립되기 시작하였다. 그러므로 미국의 교육평가 역사를 참고하는 것이 교육평가의 역사를 이해하는 지름길이라 할 수 있다. 여기에서는 미국의 교육평가 역사와 더불어 우리나라의 교육평가의 역사를 살펴본다.

(1) 미국

Stufflebeam과 Shinkfield(1985)는 미국 교육에 있어 역사적으로 중요한 사건을 계기로 교육평가의 기본방향이 변화된다고 보고 다음과 같이 다섯 단계로 구분하였다.

> ① **Tyler 이전 시대**(The Pre-Tylerian Period, ~1929)
> ② **Tyler 시대**(The Tylerian Age, 1930~1945)
> ③ **순수시대**(The Age of Innocence, 1946~1957)
> ④ **현실시대**(The Age of Realism, 1958~1972)
> ⑤ **전문화시대**(The Age of Professionalism, 1973~   )

교육평가는 교육에 수반되는 행위이므로 중요한 교육적 사건이 있을 때마다 교육의 행위는 변화될 수밖에 없으며, 그 변화된 교육행위가 바람직한 방향으로 진행되는지 평가하게 된다. Stufflebeam은 교육에 영향을 미친 역사적 사건으로 Tyler의 교육평가 용어 사용, 제2차세계대전 종료, 소련의 **Sputnik 발사**를 들고 있다.

1930년 Tyler가 Educational Evaluation이란 용어를 사용하기 이전 시대를 Tyler 이전 시대로 규정하였다. **Tyler 이전 시대**의 교육평가는 인류 역사와 같이 존재한다 하여도 과언이 아니다. Socrates의 대화법도 교육평가의 한 방법으로 볼 수 있으나 형식을 갖춘 최초의 교육평가로는 737년 중국 당나라 현종 때 실시한 과거제도를 든다. 현대적 의미에서 체계적이고 과학적으로 공인받는 최초의 교육평가 프로그램은 Rice가 1887년부터 1898년까지 미국 대도시에 있는 초등학교에서 철자법 교육을 실시한 후 학습효과를 검정한 철자법 시험을 들 수 있다. 이보다 앞서 1845년 Mann이 Boston에 있는 학교 학생들에게 학업성적을 측정하여 교육의 성공 여부를 평가한 경우와 1900년 초반의 지능검사 개발도 교육평가의 행위로 본다. 19세기 초 영국 왕실에서도 공공사업을 추진한 후 국민을 위한 사업이었는지를 평가하는 작업을 실시하였다.

Sputnik(1957. 10. 4. 발사)

제2시대인 **Tyler 시대**는 Tyler가 교육평가 용어를 사용한 1930년부터 제2차세계대전이 종료된 1945년까지다. Tyler는 목적의 달성 여부를 판단하는 것이 평가라고 정의하였으며, 8년 연구(Eight-Year Study)를 주도하였다. Tyler 시대의 시대적 상황은 1930년대 경제공황을 벗어나기 위하여 New Deal 정책을 수립하고, 학교의 재정난이 심각하였던 시기로서 이를 극복하기 위한 실용주의 철학이 주도되었다. 이에 따라 교육은 창조적이며 재생하는 역할을 강조하였다. 그러므로 행동주의 요소가 강조되고, 교육철학적 관점에서 진보주의가 성행하였다. Tyler는 8년 연구에서 미국 전역의 30개 중등학교에서 사용하는 교육과정과 교수전략의 효율성을 평가하였다. 이 8년 연구는 학업성취 수준이 준거 혹은 목표에 도달하였는지를 평가하였지만 교수의 질, 그리고 학습환경 등을 무시하였다는 지적을 받고 있다. 무엇을 가르칠 것인가, 학생이 어떤 행동을 지향하여야 할 것인가 등을 고려하지 않고 학습결과만 가지고 평가하므로 학교에서 일어날 수 있는 내적 요인이 무시되었다는 비판을 받았다.

제3시대로 **순수시대**는 제2차세계대전이 종료된 다음 해인 1946년부터 구(舊)소련이 지구궤도를 도는 무인인공위성 Sputnik를 발사한 1957년까지다. 당시 미국은 진보주의 교육관이 교육현장에 적용되고 있었으며, 경제공황을 극복하여 경제적인 여유뿐 아니라 윤택한 생활을 즐기는 시기였다. 특히, 제2차세계대전을 승리로 이끌어 국민의 자긍심은 최고에 도달하여 무한한 가능성에 대한 믿음이 확산되었고, 사회, 정치, 경제, 문화적으로 여유 있는 시기였으므로 집단보다는 개인이 중심이 되는 교육철학이 전개되었다. 그러므로 교육은 개인에 대한 관심과 교육시설 투자에 대한 관심이 높았으며, 새로운 교육기관으로 정신건강연구소, 상담원, 예·체능계 및 공업학교 등이 설립되었다. 또한 정신지체부자유아를 위한 교육기관과 특수아동을 위한 교육기관 등이 설립되었다. 교육평가 분야에서도 새로운 평가방법으로 검사점수 계산방법, 행동목표분류학, 교육연구법 등이 제안되었다. 그러나 많은 연구소의 설립과 대학 등 교육기관의 자율권 확대에 의해 도시와 농촌의 격차가 커지고 인종차별의 문제가 제기되었다.

제4시대인 **현실시대**는 1958년부터 1972년에 이른다. Sputnik 발사에 따른 충격으로 미국 국민은 그동안 교육의 안일함을 질타하며 교육의 책무성 문제를 제기하였으며, 이에 따라 연방정부는 1958년 **국가교육방위조약**(National Defense

Education Act)을 발표하였다. 국가교육방위조약에서는 과학교육을 중요시하여 수학, 물리학, 화학 등의 기초과학 분야의 교육과정을 강화하였다. 또한 연방정부가 교육에 개입하여 학교교육을 평가하기 시작하였다. 이를 위하여 Tyler의 전통적 교육평가관이 다시 적용되어 교육목표 달성 여부를 확인하기 위한 국가수준의 표준화 검사가 개발되었고, 교육 종사자에 대한 업적을 평가하여 학교와 학군의 교육결과를 상대적으로 비교하는 작업을 실시하였다. 연방정부에서 선발한 전문가 집단이 수시로 혹은 정기적으로 학교를 평가하였다. 이 시대의 교육평가는 평가이론의 개발보다는 실제적 적용을 중시하였다. 또한 규준참조평가, 즉 상대비교평가가 널리 이용되어 1957년 이후 수년간 학력비교, 서열화 등의 목적으로 학업성취도를 비롯한 교육결과를 평가하였으나 1963년 이후에는 상대비교평가, 즉 규준참조평가에 대한 비판이 제기되었다.

Cronbach, Rajartnam, Gleser(1963)는 규준참조평가에 의하여 상호비교가 유행하고 있는 현상을 보며, 교육평가는 '어떤 말이 일등으로 들어왔느냐'에 관심을 두는 승마경기가 아니라고 비판하였다. 그리고 1971년에 조직된 National Study Committee도 교육평가가 병들고 있다고 지적하였다.

제5시대는 **전문화시대**로 1973년부터 현재에 이른다. 제4시대에서 교육의 책무성을 강조하여 여러 분야에서 교육평가가 실시되어 적지 않은 폐단을 낳았다. 예를 들어, 교육평가전문가들이 넓은 영역에서 다양한 내용을 평가하다보니 교육평가의 전문성을 결여할 뿐 아니라 교육평가자로서 주체성을 상실하기에 이르렀다. 이와 같은 문제점을 해결하기 위하여 평가영역이 세분화, 구체화되고 분야에 따라 전문화되어 갔다. 교육평가의 영역별 전문성을 유지하기 위하여 교육평가의 영역별 전문가 집단과 학회지가 발간되었다. 학회지로 *Educational Evaluation and Policy Analysis, Evaluation Review, New Directions for Program Evaluation* 등을 들 수 있다. 그리고 다양한 교육평가의 새로운 모형이 제안되었다.

이후, **낙오방지법**(No Child Left Behind Act: NCLB)을 통하여 기초미달 학생들의 비율을 낮추기 위하여 각 주마다 평가도구를 개발하고 준거를 설정하며 기초미달 학생들에 대하여 학습을 지원하는 등 많은 노력을 기울여 왔으나 성과가 크지 않았다. 보다 좋은 결과를 얻기보다는 학교 현장에서는 교육적으로 바람직하지 못한 일들이 나타났다. 학습 부진 학생들이 오히려 학교를 중퇴하는 사례가 늘어났으며, 공부를 잘하는 학생들이 다른 학교로 전학하는 것을 막거나 흑인 학생들이 입학하지 못하도록 하는 등의 일이 발생하였다. 이러한 현상은 평가의 교수적 기능보다 행정적 기능을 강조하여 보다 우수한 학교로 평가받기 위한 분위기에서 비롯된 것이다.

Obama정부가 들어서면서 이런 문제점을 해결하기 위하여 주정부에 부여하였던 교육의 자치권을 다시 돌려받아 연방정부에서 교육의 질을 향상시키기 위한 **차세대 교육평가정책 2.0(Assessment 2.0 for Next Generation)**을 발표하였다(Tamayo, 2010). 차세대 교육평가정책 2.0은 각 주마다 다양하게 평가를 실시하지 않고 미국의 교육부가 네 가지 기초 원리에 입각하여 평가를 실시하기로 한 정책이다. PARCC(Partnership for the Assessment of Reading for College and Careers)와 SMARTER (SMARTER Balanced Assessment Consortium)에 의한 포괄적 평가 시스템(comprehensive assessment system) 설계는 다음의 네 가지 기초 원리에 근거하며 2014년과 2015년에 전면 시행하기로 하였다. 네 가지 원칙은 CCSS(Common Core State Standards)에 의한 조정, 수행기반 평가, 컴퓨터기반 평가, 그리고 성적보고 방식의 변화다.

첫 번째 원칙인 CCSS에 의한 조정이란 PARCC와 SMARTER에 참여하는 주의 3학년부터 11학년까지 모든 학생에게 영어와 수학 시험에서 CCSS에 의하여 합의된 공통 평가 시스템을 실시한다는 원칙이다. 두 번째 원칙은 PARCC와 SMARTER 시스템은 학생의 대학입학이나 경력의 준비도를 측정하기 위하여 읽기, 쓰기, 수학적 추론에서 수행평가를 통하여 학생의 능력과 기술을 보여 주어야 한다는 것이다. 세 번째 원칙은 수행평가를 포함하여 대부분의 평가는 컴퓨터와 온라인 자원을 이용하여 시행에서부터 채점까지 이루어질 수 있도록 기능적으로 발전된 방법을 적용함으로써 학교나 교사가 학생의 학업성취나 성장을 위하여 불필요한 시간을 허비하게 하지 말라는 것이다. 네 번째 원칙은 주정부나 지역사회 지도자로부터 학부모 등 모든 이해관계자에게 보다 명료하고 이해가 용이하게 학생이 수행한 자료를 제공하여야 하며, 학생의 성취도나 성장에 대한 보고서가 학생이 대학이나 경력 준비를 위하여 제대로 하고 있는지 여부를 확인할 수 있게 하여야 한다는 원칙이다(성태제, 2014).

(2) 우리나라

우리나라에서의 교육평가의 행위로는 옛날 서당에서 훈장에 의한 질문을 들 수 있다. 고려 광종 9년인 958년에 처음으로 과거제도를 도입하여 관료를 선발하는 제도를 확립하였다고 한다(한국학중앙연구원, 2015). 정낙찬(1992)은 성균관에서 실시한 과거시험은 강경(講經)과 제술(製述)로 나뉘어 있었으며, 두 부분에 대한 채점 기준과 지침이 설정되어 각 등급에 따라 부분 점수를 주었다고 밝히고 있다. 조연순(1994)은 우리나라 교육을 상고시대, 삼국시대, 고려시대, 조선시대, 개화기, 일제강점기로 구분하였으며, 각 시기에 따라 교육평가를 설명하고 있다. 형식적이고 제도적인 교육의 시작은 개화기에서 찾을 수 있으나 교육평가에 대한 자세한 기록을 찾기는 쉽지 않다. 1910년 한일합방 이후 해방까지 일본점령교육 시기, 그리고 해방 이후 현재까지 시대적 구분에 의하여 교육평가를 조망할 수 있으나 구체적으로 시기를 나누기는 모호하다. 해방 이후 교육과정은 7차에 걸쳐 변화되었고 최근에는 수시로 수정하고 있으며, 입시제도도 열두 번 이상의 변화를 가져왔으나 교육평가관의 변화에 따른 시대 구분은 쉽지 않으며, 교육평가에 대한 이론 소개 및 발전이 대학입시제도에만 국한된 경향이 있다. 황정규(1986)는 우리의 교육평가는 학업성취 및 지적 능력에 관한 수준과 질을 파악하고 그에 근거하여 의사를 결정하는 미시적 시각의 평가에 한정된 경향이 있었다고 주장한다. 즉, 우리나라의 교육평가는 대학입시제도의 변화가 교육평가의 전부인 양 오해받고 있다고 할 수 있다.

1945년 해방과 더불어 우리 교육이 서구 이론과 접목되면서 급속도로 발전된 교육 분야는 교육심리, 교육과정, 그리고 교육평가 분야다. 교육심리 분야에서 자극-반응(S-R)이론, 완전학습이론 등의 많은 교수이론이 도입되었으며, 교육과정 분야에서도 교과중심 교육과정과 생활중심 교육과정의 수립을 위하여 많은 이론이 도입되었다.

교육평가는 인간의 잠재적 능력을 측정하기 위한 검사도구 개발에 치중하면서 교육평가 분야가 검사로 국한되었다. 그러나 1960년대는 교육측정, 검사이론 전문가가 거의 없었으며 교육심리 전공자들의 주도하에 각종 검사가 주로 제작되었다. 이 시기에 교육평가 분야는 한국교육학회 산하 교육심리연구회에 포함되어 있다가 1983년 교육평가에 대한 중요성이 부각됨에 따라 교육평가연구회가 한국

교육학회의 11번째 분과로 독립하였으며, 1986년『교육평가연구』제1권 제1호가 발간되면서 학문적 전문성을 띠기 시작하였다. 최근에는 평가이론으로서 프로그램 평가뿐 아니라 교육측정이론의 검사이론 중 문항반응이론, 고차적인 자료분석을 위한 통계적 방법으로 구조방정식 모형, 다층자료분석 이론 등으로 교육평가 영역이 확대되고 있다. 또한 교육평가 영역에 포함될 수 있는 측정이론, 평가이론, 교육통계, 교육연구법의 새로운 이론이 도입되면서 한국교육평가학회(1995, 2004)는 교육평가와 관련된 용어사전을 출간하였다. 그러나 학교현장에서의 교육평가의 중요성에도 불구하고 교사 양성을 위한 교직과목으로서 교육평가는 교육과정과 묶여서 '교육과정 및 교육평가'로 개설되다가 2009년부터 '교육평가' 과목으로 독립되었다.

앞에서 언급하였듯이 우리나라 교육평가의 역사는 평가철학에 입각한 변화보다는 입시제도에 의한 단편적 변화가 있었으나 규준참조평가인 상대비교평가를 벗어나지 못하고 있다. 또한 평가결과에 의하여 대학 진학이 좌우됨에도 불구하고 평가도구에 대한 관심이 부족하여 문항 제작 및 개발 등의 작업은 미비한 실정이다. 검사라는 평가도구의 사용은 일반화되었으나 검사이론에 대한 연구가 미약하고, 검사결과 자료의 누적을 통한 지속적인 문항관리가 이루어지지 않으며, 검사결과를 반영한 교육과정의 개선이나 교육정책 개발 등이 원활하게 이루어지지 않고 있다.

교육의 책무성이 강조되면서 우리나라에서도 초, 중, 고 학생들을 대상으로 하는 전국단위 학업성취도평가를 실시하게 되었다. 2011년부터 초등학교의 경우 6학년 때 국어, 영어, 수학, 사회, 과학을, 중학교의 경우 3학년 때 국어, 영어, 수학, 그리고 고등학교는 2학년 때 국어, 영어, 수학 시험을 모든 학생들을 대상으로 시행하고 있다. 이를 통하여 학생들의 학업 성취수준을 측정하고 특히 기초미달 학생들을 파악하여 학습을 보정하는 작업을 수행하였다. 기초미달인 학생들에게 학교별로 여름 방학이나 혹은 방과후 학교를 통하여 학습 부진 내용을 보충하게 하였다. 특히 초등학생의 기초 미달 비율을 최대한 줄이고자 하는 정부의 노력에 의하여 국어, 영어, 수학의 경우 1% 미만으로 줄어들었으며, 학력의 상향평준화, 학력격차의 완화, 기초학력 향상, 잘 가르치는 학교 분위기 확산의 효과가 있었다 (김동영, 김도남, 신진아, 2013). 또한 초·중·고 학생들의 성취수준(보통 이상, 기초학력, 기초학력 미달)의 비율만 공시하는 것이 아니라 학교의 향상도를 공지하여 해당학교 학생들의 학력 변화 추이도 분석하였다(성태제, 2014). 학업성취도 평가 결과가 시·도 교육청, 학교, 교사간 비교가 된다는 부정적 기능이 시·도 교육감 회의에서 논의되어, 2017년 부터는 학업성취도 평가를 표집평가로 전환하였다.

！ 주요 단어 및 개념

교육	Pedagogy	Education
Tabularasa	자극-반응(S-R)이론	장이론
교육목표분류학	교육평가	진단평가
형성평가	종합평가	Tyler의 교육평가
Tyler의 8년 연구	순수시대	현실시대
전문화시대	Sputnik	

연습 문제

1. 교육에 대한 자신의 정의를 내리시오.

2. 인간의 행동을 수동적, 능동적, 상호작용적 관점에서 교육을 논하시오.

3. 인간의 목적의식과 교육의 관계를 논하시오.

4. 올바른 교육을 위하여 인간의 본성, 행동분류, 목적의식을 어떤 관점에서 보아야 하는지 논하시오.

5. 교육의 목적을 설명하시오.

6. 교육평가의 정의와 목적을 논하시오.

7. 교육평가의 기본 가정을 설명하시오.

8. 교육평가의 고전적 정의와 현대적 정의에 의한 교육평가 대상에 대하여 비교・설명하시오.

9. 교육평가의 주체와 평가자가 갖추어야 할 자격을 설명하시오.

기출 문제

중등 99   교육평가의 원리에 대한 설명으로 <u>부적절한</u> 것은?

① 비교적 진위가 명확한 교과라 하여도 수행평가를 활용하는 것이 좋다.

② 교육평가의 전 과정에 평가자의 가치판단은 엄격히 배제되어야 한다.

③ 특정한 성취도 검사의 결과는 학습자가 지닌 전체 능력 중의 일부이므로 확대 해석하지 않아야 한다.

④ 같은 점수라도 각 학생의 출발점 행동이나 가능성 등을 고려하여 서로 다르게 제시하고 활용해야 한다.

02

교육목표, 교육과정과의 관계

🔗 학습목표

- 교육이 목적적 행위라면 교육목표는 무엇인가?
- 우리나라, 미국, 일본, 조선민주주의 인민공화국의 교육목표는 무엇인가?
- 교수·학습에서 인지적 영역의 교육목표 혹은 교수목표 단계는 어떻게 분류하는가?
- 정의적 영역의 교육목표 단계는 어떻게 분류하는가?
- 심동적 영역의 교육목표 단계는 어떻게 분류하는가?
- 교육목표를 달성하기 위하여 교육평가는 교육과정과 어떤 관계를 가져야 하는가?

1 교육목표의 진술

교육평가가 실시되기 전에 교육목표를 확인하는 작업이 이루어져야 한다. 그러므로 교육목표는 교육을 실시하기 위하여 중요할 뿐 아니라 평가를 위해서도 중요하다. **교육목표**는 교육의 전체 과정에서 방향을 설정하고 유도하는 것으로 국가적, 사회적 차원에서 타당하고 바람직한 가치적, 규범적 개념을 말한다. 그러므로 교육목표는 학습자 행동에서의 바람직한 변화를 진술해 놓은 것이라 할 수 있다. 교육목표는 광의의 개념으로 국가, 사회, 학교의 교육목표가 있으며, 협의의 개념으로 교과, 학습목표 등이 있다. 교육목표와 동의어로 사용하는 용어로는 교수목표, 행동목표, 수행목표가 있으며, 각 용어에 대한 설명은 다음과 같다.

- 교수목표(instructional objectives): 학생에게 가르쳐야 할 내용과 수준
- 행동목표(behavioral objectives): 학습 후 행동으로 나타내어야 할 목표
- 수행목표(performance objectives): 학습 후 수행하여야 할 목표

교육목표, 교수목표, 행동목표, 수행목표는 동의어로 사용되나 교육목표는 광범위한 의미를 포함하는 상위개념이라 할 수 있다. **교수목표**는 가장 많이 사용되는 단어로 교수·학습과정에서의 목표를 의미하며, 교수행위에 기대되는 학습결과로서 학생이 무엇을 알아야 하는가에 초점을 맞춘다. **행동목표**는 교수·학습 이후에 나타내어야 할 행위로 표현한 목표를 말한다. **수행목표**는 교수·학습 후에 어떤 일을 얼마만큼 수행할 수 있는가를 진술한 목표다.

국가가 추구하는 교육목표는 국가의 형태와 이념에 따라 다를 수밖에 없다. 우리나라, 미국, 일본, 조선민주주의 인민공화국의 교육목표를 살펴보자.

1) 우리나라

우리나라의 교육목표는 「교육기본법」 제2조(www.law.go.kr/법령/교육기본법, 2007)에 명기되어 있으며 다음과 같다.

> 교육은 홍익인간의 이념 아래 모든 국민으로 하여금 인격을 도야하고 자주적 생활능력과 민주시민으로서 필요한 자질을 갖추게 함으로써 인간다운 삶을 영위하게 하고 민주국가의 발전과 인류공영의 이상을 실현하는 데에 이바지하게 함을 목적으로 한다.

2) 미국

미국의 교육목표는 **7가지 원리**(Seven Principles)로서 다음과 같다.

> ① 건강(Health)
> ② 기본능력 습득(Command of fundamental process: 3R-읽기, 쓰기, 셈하기)
> ③ 가족구성원의 가치(Worthy home membership)
> ④ 직업(Vocation)
> ⑤ 시민정신(Citizenship)
> ⑥ 여가의 가치(Worthy use of leisure)
> ⑦ 윤리적 특성(Ethical character)

건강, 그리고 국민의 지적 기본능력인 세 가지 기본학습능력으로 읽기, 쓰기, 셈하기를 열거하였으며, 가족구성원으로서의 가치, 그리고 직업에 대한 관심, 시민정신, 여가 선용, 윤리적 특성을 들고 있다. 미국의 교육목표는 개인을 중심으로 규정하는 특징을 지니고 있으며, 추상적이라기보다 구체적으로 명기되었다고 볼 수 있다.

3) 일 본

일본의 교육목표는 「교육기본법」 제1조와 제2조에 명기되어 있으며 다음과 같다.

> **제1조:** 교육은 인격의 완성을 꾀하고 평화적인 국가와 사회의 형성자로서 진리와
> 정의를 사랑하며, 개인의 가치를 존중하고, 근로와 책임을 중히 여기며, 자주적
> 정신이 가득한 심신과 함께 건강한 국민을 육성하도록 하여야 한다.
> **제2조(교육의 방침):** 교육의 목적은 모든 기회와 모든 장소에서 실현되어야 한다.
> 이 목적을 달성하기 위하여는 학문의 자유를 존중하고 실제 생활에 부응하며,
> 자발적 정신을 기르고, 자신과 타인의 공경, 경애와 협력에 의하여 문화창조와
> 발전에 공헌하도록 노력하여야 한다.

4) 조선민주주의 인민공화국

조선민주주의 인민공화국의 교육 이념과 목표는 「사회주의 헌법」이나 「어린이
보육 교양법」, 사회주의 교육체제 등을 통하여 명시하고 있다. 1992년 개정된 「사
회주의 헌법」 제43조는 다음과 같다.

> 국가는 사회주의 교육학의 원리를 구현하여 후대들을 사회와 인민을 위하여 투
> 쟁하는 견결한 혁명가로, 지덕체를 갖춘 주체형의 새 인간으로 키운다.

또한 1976년에 채택된 「조선민주주의 인민공화국 어린이 보육 교양법」에는 취
학전 아동의 보육교육에 관한 기본방향과 지침을 명시하고 있으며, 제1조는 다음
과 같다.

> 조선민주주의 인민공화국에서 어린이들은 조국의 미래이며 공산주의 건설의 후
> 비대이며 대를 이어 혁명할 우리 혁명위업의 계승자들이다.

조선민주주의 인민공화국의 교육목표는 공산주의 건설을 위하여 사회와 인민을 위한 혁명가적 자질을 지닌 공산주의적 인간을 만드는 것이다. 이는 우리나라의 교육목표와 비교할 때 상반되는 교육목표를 지니고 있다고 할 수 있다.

여러 나라의 교육목표를 살펴볼 때 국가마다 다양한 목표를 수립한다는 것을 알 수 있다. 국가의 교육목표는 국가의 역사와 시대적 사건에 의해 영향을 받을 수 있으며 시대에 따라 변화될 수 있다. 일반적으로 민주주의는 자유시민 양성을, 사회주의는 사회주의자 양성을 교육목표로 두고 있다.

Goodlad(1966)는 교육목표를 설정할 때 교수적 차원, 기관적 차원, 사회적 차원에서 결정한다고 주장한다. **교수적 의사결정**(instructional decision)이란 무엇을 가르칠 것인가를 구체화하여 교수 · 학습과 연결하여 설정하는 것이고, **기관적 의사결정**이란 행정적 기능으로 기관에서 결정하는 목표와 관련된 것이며, **사회적 의사결정**이란 정부, 사회, 국가의 차원에서 교육목표가 결정되어야 한다는 주장이다.

Gronlund(1970)는 교수 · 학습목표를 서술할 때 교육목표를 행동적 용어로 구체화해서 그 목표를 행위로 나타낼 수 있게 서술하여야 한다고 주장한다. 또한 Popham(1975)도 잘 진술된 교육목표는 학습 후에 어떤 행위 결과가 나타나는지를 명백한 용어로 진술하여야 한다고 주장하였다.

이와 같이 교수 · 학습목표를 구체화, 세분화하는 이유는 교육목표의 제시, 학습내용의 선택과 조직, 교육과정 개발, 평가가 용이하기 때문이다.

2 교육목표분류

교육은 인간의 인지적 특성, 정의적 특성, 그리고 심동적 특성을 변화시키는 행위이므로 교육목표도 세 영역에서 달리 서술되어야 한다.

1) 인지적 영역의 교육목표

인지적 영역에 대한 교육목표를 서술하기 위한 이론으로 Bloom(1956)의 교육목표분류학, Gagné(1970)의 학습위계설, Mager(1962)의 조작주의이론, Bruner의 발견학습이론(1960), Piaget의 인지발달이론(1965) 등이 있다.

Benjamin S. Bloom(1913~1999)

인지적 행동특성을 서술하기 위하여 Bloom(1956)은 지적 영역을 체계화한 **교육목표분류학**(taxonomy of educational objectives)을 제시하였다. 어떤 교수목표가 지적인 행동과 연결되어 있을 때 그 지식의 수준은 난이도가 있다고 가정한 것으로 지적 행위의 습득단계는 [그림 2-1]과 같다.

Bloom은 지적 행동의 교수목표를 크게 지식 그 자체와 지식에 대한 기능으로 구분하여 분류하였다. 또한 지식의 기능을 단순정신능력에서 고등정신능력으로 위계화하였으며, 이해, 적용, 분석, 종합, 평가 중 평가가 가장 복합적인 지적 능력이라 규정하였고, 지적 영역은 **복잡성**의 **원리**(principle of complex)에 의하여 위계적으로 구성되어 있다고 보았다.

지식은 어떤 현상이나 사실에 대한 그 자체를 말하고, **이해**란 전달된 지식을 받아들이는 것을 말하며, 이해 수준에도 번역, 해석, 추론이 있다. **적용**이란 이해한 지식을 일반적 상황이나 특수상황에 응용하는 지적 기능을 말한다. **분석**이란 어떤 사실이나 현상을 구성요소로 분해하고 요소 간의 관계와 조직되어 있는 방법

[그림 2-1] Bloom의 인지능력 행동특성에 대한 교육목표분류학

Bloom의 인지적 영역 교육목표분류학

1.00 지식(knowledge)

　　1.10 특수한 것에 대한 지식(knowledge of specifics)

　　1.11 용어에 대한 지식(knowledge of terminology)

　　1.12 특수한 사실에 대한 지식(knowledge of specific facts)

　　1.20 특수한 것을 다루는 방법과 수단에 대한 지식(knowledge of ways and means of dealing with specifics)

　　1.21 합의에 대한 지식(knowledge of conventions)

　　1.22 경향과 순서에 대한 지식(knowledge of trends and sequences)

　　1.23 분류와 유목에 대한 지식(knowledge of classification and categories)

　　1.24 준거에 대한 지식(knowledge of criteria)

　　1.25 방법론에 대한 지식(knowledge of methodology)

　　1.30 보편적인 것과 추상적인 것에 대한 지식(knowledge of the universals and abstractions in a field)

　　1.31 원리와 일반화된 내용에 대한 지식(knowledge of principle and generalizations)

　　1.32 이론과 구조에 대한 지식(knowledge of theories and structures)

2.00 이해(comprehension)

　　2.10 번역(translation)

　　2.20 해석(interpretation)

　　2.30 추론(extrapolation)

3.00 적용(application)

4.00 분석(analysis)

　　4.10 요소분석(analysis of elements)

　　4.20 관계분석(analysis of relations)

　　4.30 원리분석(analysis of principles)

5.00 종합(synthesis)

　　5.10 독특한 의사전달 창안(production of unique communication)

　　5.20 계획 혹은 목표의 창안(production of a plan, or proposed set of observation)

　　5.30 추상적 관계 도출(derivation of a set abstract relation)

6.00 평가(evaluation)

　　6.10 내적 증거에 의한 판단(judgement in terms of internal evidence)

　　6.20 외적 증거에 의한 판단(judgement in terms of external evidence)

을 발견하는 능력이다. **종합**은 여러 개의 요소나 부분을 하나가 되도록 묶는 지적 능력으로 나열된 사실을 종합하여 체계화하여 새로운 자료를 창안하는 능력이다. **평가**란 지적 기능의 가장 높은 단계로서 문제해결방법, 작품, 소재 등에 대한 가치판단으로서 비판력과 판단력을 포함한다. 평가는 준거에 따라서 실시하며, 양적 준거이거나 질적 준거일 수도 있다. 6단계로 구분된 인지적 영역의 교육목표는 더 세분화되어 있다.

Anderson, Lorin, Krathwohl과 David(2001)는 Bloom의 교육목표분류학을 원리의 교육적 문제, 원리의 중립성 문제, 정보, 내용, 그리고 지식의 구분, 유목의 구인타당도, 유목의 모호성, 위계의 비타당성, 일차원적 단일성의 문제를 제기하고 〈표 2-1〉과 같이 대안을 제시하였다(강현석, 정재임, 최윤경, 2005).

〈표 2-1〉 Anderson, Lorin과 Krathwohl의 **교육목표분류학**

지식의 영역	1. 기억	2. 이해	3. 적용	4. 분석	5. 평가	6. 창조
부분지식						
개념 이해						
절차적 지식						
메타분석적 지식						

Bloom의 교육목표분류학에 대한 비판으로는 지적 기능의 위계로 하위위계인 단순정신능력이 충족되어야 상위 지적 기능 단계인 고등정신능력으로 전이가 가능하다고 하였으나 하위능력이 충족되지 않아도 상위능력은 발휘될 수 있으며, 각 지적 기능의 단계를 구분하기가 용이하지 않은 경우가 있다는 점이다.

2) 정의적 영역의 교육목표

인지적 행동특성에 대한 교육 못지않게 중요한 것이 정의적 행동특성에 대한 교육이다. 정의적 행동특성에 대한 교육이 여러 가지 이유에서 경시되고 있으나 현대사회에서 정의적 행동특성에 대한 교육은 매우 중요하다고 할 수 있다. **정의적 행동특성**은 인간의 마음과 관련된 특성으로 인성, 가치관, 도덕성, 적성, 태도,

흥미와 같은 정서적 측면을 의미한다. Krathwohl, Bloom, 그리고 Masia(1964)는 정의적 행동특성을 개인이 내면화(internalization)하는 정도에 따라 5단계로 나누었다.

Krathwohl, Bloom, Masia의 정의적 영역 교육목표분류학

1.0 **감수**(receiving): 현상, 자극에 대한 민감성. 주의와 관심을 초래
    1.1 감지-그냥 받아들임
    1.2 자진감수-내가 의도적으로 받아들임
    1.3 선택적 관심-자신이 통제
2.0 **반응**(responding): 관심의 수준을 넘어 반응
3.0 **가치화**(valuing): 사물, 현상, 사실에 대한 판단과 평가
4.0 **조직**(organization): 가치체계의 조직-가치의 위계관계
5.0 **인격화**(characterization): 가치체계의 내면화

감수(receiving)란 인간의 정의적 행동에 영향을 주는 모든 사건에 대하여 관심을 갖게 되는 정의적 행동특성으로 어떤 사건이나 현상을 받아들이거나 선택적으로 관심을 갖는 단계를 말한다. **반응**(responding)이란 관심의 수준을 넘어 어떤 사건이나 현상에 대하여 어떤 형태로든 반응함을 말한다. 예를 들어, 넘어진 아이를 보았을 때 보고 관심을 표현한 것이 감수라면 가서 일으켜 주든지, 일어나라고 말하든지, 아니면 그냥 지나치는 것이 반응이다. **가치화**(valuing)란 여러 가지 사건과 현상 중에 어떤 것이 가치 있는가를 구분하는 행동특성을 말한다. 예를 들어, 넘어진 아이에게 관심을 갖는 행위와 약속 시간을 지켜야 하는 경우 어떤 행위가 더 가치 있는가를 판단하여 가치를 부여하는 행위다. **조직**(organization)이란 여러 행위와 사건에 따라 각기 다른 가치가 존재하므로 이들 가치를 위계적으로 조직하는 행동특성이다. **인격화**(characterization)란 가치화와 가치체계의 조직이 정착되면 가치체계가 **내면화**되어 성숙한 사람, 즉 성스러운 사람이 된다. 인격화는 정의적 행동특성의 최고 단계로 가치체계를 내면화한 단계로서 이에 이른 사람으로 간디, 테레사 수녀 등을 들 수 있다.

3) 심동적 영역의 교육목표

Elizabeth J. Simpson(1920~)

　　교육목표에는 신체와 관련된 기능의 숙달과 발달도 포함되어 있다. 그러므로 심동적 영역에서 신체의 운동을 조절하는 신체능력에 관한 행동능력도 단계가 있으며, Simpson(1966)은 수용, 태세, 유도반응, 기계화, 복합외현반응의 5단계를 정하였고, 1972년에는 적응과 독창성을 추가하여 7단계로 체계화하였다.

　　심동적 행동특성의 교육목표 7단계를 탁구의 예를 들어 설명하면, **수용**이란 탁구를 배우기 위하여 탁구에 관심을 가지고 보는 행위를 말한다. **태세**란 탁구를 배우기 위하여 간단한 복장과 가벼운 신발 그리고 탁구 라켓을 준비하는 단계를 말하며, **유도반응**이란 탁구공을 넘기기 위하여 배우는 단계로서 심동적 행동특성 교육의 초기단계다. 유도반응을 넘어서 자연스럽게 탁구를 치게 되는 단계를 **기계화**라 하며, 이 단계에서는 탁구 치는 자세가 습관적으로 고정되어 안정감을 주며 탁구를 잘 친다는 평가를 받게 된다. **복합외현반응**이란 최소한의 힘으로 탁구공을 신속 · 정확하게 보내는 단계를 말한다. **적응**이란 특수한 상황에 숙달된 자세나 행위를 변형하여 행위하는 단계로서 탁구공이 왼쪽으로 왔을 때 라켓을 허리 뒤로 돌려 받아넘기는 행위를 예로 들 수 있다. **독창성**이란 탁구를 잘 치는 일반적 자세가 있으나, 그런 일반적 자세가 아닌 개인의 독특한 자세로 어떤 행위를 매우 잘하는 단계를 말한다. 즉, 개인의 독창적 행동과 자세로 행위결과를 최대화하는 단계다.

Simpson의 심동적 영역 교육목표분류학

1.0 **수용(perception):** 행동화 단서를 얻기 위한 감각기관 사용에 관심

2.0 **태세(set):** 행위를 하기 위한 준비 상태

3.0 **유도반응(guided response):** 복잡한 기능을 배우는 초기 단계

4.0 **기계화(mechanism):** 행동이 습관화되고 신뢰성과 효율성 증진

5.0 **복합외현반응(complex overt response):** 최소의 에너지로 신속 부드럽게 행동

6.0 **적응(adaption):** 문제상황이나 특수한 요구에 적합하게 숙달된 행위를 수정 또는 변화

7.0 **독창성(origination):** 개인의 특이한 행동 개발

3   교육평가와 교육과정과의 관계

　교육평가는 무엇을 가르치고, 무엇을 배워야 하는가 하는 명제를 위한 교육과정 및 교수 · 학습과 불가분의 관계에 있다. 교육과정 및 교수 · 학습과 교육평가의 관계에 비추어 Madaus와 Kellaghan(1992)은 교육평가를 두 종류로 구분하고 있다. 하나는 Tyler의 정의에 입각하여, 평가는 교육과정과 교육 프로그램에 기초한 교육목적의 달성 여부를 평가해야 한다는 관점이다. 이를 **교수선행측정**(Instruction-Driven Measurement: IDM)이라 한다. 교수선행측정은 교육과정과 교수 프로그램에 근거하므로, 이를 위한 평가도구는 내용타당도를 중요시해야 한다. 즉, 검사가 교육과정에 포함된 내용과 가르친 내용을 포함하고 있느냐에 큰 관심을 두게 되며, 그 예로 학업성취도검사(academic achievement test)를 들 수 있다. 교수선행측정에 의한 학업성취도검사를 제작할 때 교과서, 교수내용, 측정되어야 할 내용과 행동, 검사문항의 관계를 매우 사려 깊게 고려하여야 한다. 교수선행측정에 의한 평가를 하기 위해서는 제7장에서 설명할 이원분류표가 제대로 작성되어야 한다. 잘 작성된 이원분류표에 의하여 제작된 검사는 내용타당도(내용에 기초한 근거)를 보장받을 수 있다.

　이와는 달리 **측정선행교수**(Measurement-Driven Instruction: MDI)는 1980년대 초반에 제안된 방법으로 Popham과 그의 동료들에 의하여 제안되었다. 교육과정과 교육내용을 의도적으로 변화시키기 위하여 교육평가는 교육과정 및 교수 · 학습과 독립적으로 기존의 교육과정에 기초한 교수 · 학습 내용을 측정하지 않을 수 있다는 것이다.

William J. Popham(1930~   )

　측정선행교수가 실시되는 경우로는 교육내용을 변화시키기 위하여 교재나 교구, 그리고 교육과정을 개정 혹은 변화하고자 할 때 기득권을 유지하고 있는 집단의 반대가 심할 경우, 예를 들어 현재 교육내용에 익숙한 교사집단, 교구 · 교재 제작자들 또한 현재 교육과정에서 우수한 능력을 발휘하고 있는 학생은 물론 학부모 집단의 반발이 심할 경우, 합리적인 방법으로 교육내용을 변화시키기가 어려울 때 측정선행교수를 사용하게 된다.

교육과정의 변화에 강력한 저항이 있을 경우, 평가방법을 통하여 교육과정을 변화시킬 수 있으며, 나아가 교수와 학습의 방향을 유도할 수도 있다. 그 예로 1960년대와 1970년대의 Australia의 화학교육, Irland의 물리, 화학, 수학교육, Belgium의 초등교육, 미국 College Entrance Examination Board의 수학시험, 우리나라에서 1994학년도부터 실시한 대학수학능력시험을 들 수 있다.

측정선행교수를 통하여 평가가 교육과정에 지대한 영향을 줄 수 있으며, 교육과정의 변화는 물론 교수·학습 내용도 변화시킬 수 있다(Popham, 1983, 1987a, 1987b). 특히, 평가결과가 평가대상에게 많은 영향을 줄수록 측정선행교수의 영향력은 커진다. 측정선행교수는 교육과정과 별도로 평가가 교육과정 및 교육제도의 변화를 유도할 수 있는 장점을 지니고 있다. 그러나 교수선행측정과 측정선행교수를 비교할 때 측정선행교수는 많은 비용이 들고 학교현장에 혼란을 가져오기 쉬우므로 성공 가능성이 높지 않다는 단점이 있다.

> ⚠ **주요 단어 및 개념**
>
> | | |
> |---|---|
> | 교수목표 | 행동목표 |
> | 수행목표 | 7가지 원리(Seven Principles) |
> | Bloom의 교육목표분류학 | 지식/이해/적용/분석/종합/평가 |
> | 감수/반응/가치화/조직/인격화 | 수용/태세/유도반응/기계화/복합외현반응/적응/ |
> | 교수선행측정 | 독창성 |
> | | 측정선행교수 |

💬 연습 문제

1. 우리나라의 교육목표와 조선민주주의 인민공화국의 교육목표를 비교하시오.

2. 우리나라와 미국 교육목표의 특징을 비교·분석하고 두 나라의 교육목표에 대한 장단점을 설명하시오.

3. 교육목표가 어떻게 진술되어야 하는지 논하시오.

4. Bloom의 인지적 교육목표분류학에 의한 단계를 설명하고, 이 이론의 장단점을 논하시오.

5. Krathwohl, Bloom, Masia의 정의적 영역 교육목표분류학에 의한 단계를 예를 들어 설명하시오.

6. 측정선행교수의 장단점을 설명하고, 교육과정과 교육평가의 바람직한 관계를 논하시오.

기출 문제

중등 97   Bloom의 교육목표분류학의 지적 영역 중에서 '자신의 경험을 독특한 표현 방식으로 이야기 하는 능력'과 관련된 것은?

① 지식   ② 이해력
③ 분석력   ④ 종합력

중등 91   정의적 교육목표가 위계에 따라 바르게 배열된 것은?

① 감수 – 반응 – 가치화 – 조직화 – 인격화
② 반응 – 감수 – 조직화 – 가치화 – 인격화
③ 반응 – 감수 – 가치화 – 조직화 – 인격화
④ 감수 – 반응 – 조직화 – 가치화 – 인격화

중등 92   Mager의 교육목표 진술의 기준으로 틀린 것은?

① 도착적 행동
② 외현적 동사
③ 수락 기준
④ 가르칠 사람의 입장에서 가르칠 내용

중등 92   Bloom의 목표분류에서 지적 영역에서 최상위의 능력은?

① 새로운 체제를 구성해 내는 능력
② 주어진 글을 서론, 본론, 결론으로 나누는 능력
③ 법칙과 이론을 실제적 상황에서 응용하는 능력
④ 주어진 기준에 비추어 자료의 가치를 판단하는 능력

중등 96   '주어진 2차 방정식을 그래프로 그리시오.'라는 문항으로 측정할 수 있는 Bloom의 교육목표분류 영역은?

① 지식   ② 이해

③ 적용   ④ 분석

제2부 　교육평가의 종류

03

교수·학습 진행에 의한 평가

🔗 학습목표

- 교육은 어떻게 진행되며 진행 과정에서 어떤 평가를 실시하는가?
- 교수·학습이 진행되기 전 학생의 어떤 특성을 알아야 하고, 어떻게 평가해야 하는가?
- 교수·학습이 진행되는 과정에서 무엇을 확인하고, 어떻게 평가해야 하는가?
- 교수·학습이 종료된 후에는 누가, 무엇을, 어떻게 평가해야 하는가?

교육평가는 지속적이고 종합적이다. 교육이란 활동을 하기 위해서는 교육이 시작되기 전과 교육이 진행되는 과정, 그리고 교육이 끝난 후에 평가가 이루어져야 한다([그림 1-5] 참조). 이런 의미에서 진단평가, 형성평가, 총합평가를 설명한다.

1 진단평가

1) 정 의

우리가 병원에 갔을 때 의사가 증상이 어떠냐고 여러 질문을 한다. 이를 진단이라고 한다. 이는 의사가 치료를 하기 전에 환자가 지니고 있는 건강상의 문제를 알기 위해서다. 교육에서도 학습자에게 교수·학습을 투입하기 전에 학습자의 특성을 파악하여야 하며, 이를 파악하기 위한 평가를 진단평가라 한다. 그러므로 **진단평가**(diagnostic evaluation)는 학습이 시작되기 전에 학생이 소유하고 있는 특성을 체계적으로 관찰, 측정하여 진단하는 평가로서 사전 학습 정도, 적성, 흥미, 동기, 지능 등을 분석한다.

2) 목 적

평가의 궁극적 목적은 학습을 극대화하려는 것으로 진단을 제대로 하지 못하면 교육내용이나 교수방법을 적절히 수립하지 못하여 교수·학습의 행위가 제대로 이루어지지 않을 뿐더러 교육목표에 도달하기도 어렵다. 그러므로 진단평가는 매우 중요하다. 진단평가의 중요한 목적은 적절한 수업전략을 투입하기 위함이다. 교수·학습이 진행되기 전에 학생이 소유하고 있는 지적 능력뿐만 아니라 흥미, 적성, 태도, 가정환경 등을 파악할 때 학습자에게 보다 적절한 교수법을 투입할 수 있다. 그러므로 진단평가에서는 학습자가 지닌 다음의 특성을 분석하여야 한다.

① 학습목표의 선수 요건이 되는 출발행동 및 기능의 소유 여부

② 학습단위목표 혹은 교과목표의 사전 달성 여부 파악

③ 학습 부진이나 결손 정도 파악

④ 적절한 교수법이나 대안을 제공하기 위하여 학생의 특성 파악

예를 들어, 학습단원이 두 자리수의 곱셈과 나눗셈인데, 만약 한 자리수의 곱셈과 나눗셈을 이해하지 못하였다면 두 자리수의 곱셈과 나눗셈의 학습은 이루어질 수 없다. 반면, 학습자가 두 자리수의 곱셈과 나눗셈에 대한 내용을 집이나 학원에서 학습하여 완전히 이해하였다면 보다 어려운 학습내용이 제시되어야 하며, 그렇지 않을 경우 학습에 대한 흥미와 동기가 떨어진다. 더불어 학생의 지적 능력 이외에 다른 특성을 이해한다면 학생들에게 부합하는 다른 교수법을 제공할 수 있다.

진단평가 결과에 따라서 학습자를 분류, 배치하는 경우도 있다. 이 경우는 학습자에게 표식을 붙여 차별화하는 것이 아니라 비슷한 학습자를 집단화하여 그들에게 적절한 교수법을 투입하여 학습의 극대화를 추구하는 목적으로 이루어져야 한다. 예로, 교과별 이동수업을 들 수 있다. 예전에 일류대학 진학을 위하여 일부 학교에서 모든 교과목을 우반과 열반으로 나눈 일이 있었다. 그러나 학습을 극대화하기 위한 반 편성은 이 개념과는 다른 차원에서 이루어져야 하며, 일정기간이 지난 후에는 능력 변화에 따라 학습자 집단이 다시 편성될 수 있도록 하여야 한다.

3) 평가 요소

진단평가에서 평가되는 **요인**은 크게 지적 출발행동과 정의적 출발행동으로 나뉜다. 지적 출발행동이란 학습에 영향을 주는 가정이나 학교에서 형성된 지적인 능력으로 학습을 위한 기본 능력을 말한다. 예를 들면, 문장을 이해하는 능력, 언어를 구사하는 방법과 의사소통능력, 논리적인 사고구조, 학습능력으로서 중요한 점을 찾는 능력, 요약하는 능력 등이 포함되며, 앞에서 설명한 선수학습 정도를 평가하는 것이 중요하다. 그리고 학습결손의 유무와 정도도 분석하고 그 원인이

무엇인지 진단한다.

지적 능력을 평가함에 있어 종전에는 지능에만 의존하였는데, 지능이론은 인간이 지닌 개인차에 관심을 두면서 전개되었다고 볼 수 있다. 지능에 대한 초기의 관심은 Greenwich 천문대의 우주관측자들이 항성이 움직이는 방향과 거리를 각각 다르게 지각하는 데서 비롯되어 시각적 반응의 차이에 관심을 두게 되었다. 그 후 개인마다 자극에 반응하는 시간이 각각 다름에 착안하여 반응시간(reaction time)을 지능과 관련지어 논의하게 되었다. Binet와 Simon(1905)은 지능을 잘 이해하고 판단하여 추리하는 능력으로 정의하였으며, 이후 요인분석을 이용한 지능이론이 전개되면서 Thurstone은 지능이 어휘력, 추리력, 지각력, 공간력, 수리력, 기억력, 언어유창성의 7가지 기본정신능력(seven primary mental ability)으로 구성되어 있다고 제안하였다. 그러나 이 이론은 학업과 관련된 능력만 고려하였지 다른 능력을 고려하지 않았다는 비판과 인종에 따른 편파성, 다시 말하면 차별기능에 대한 문제가 제기되면서 지능검사 결과에 대한 의존도는 감소하였다. California 주에서 처음 실시된 지능검사는 상담적 목적으로 사용되어 오다가 1992년에는 상담의 목적으로도 지능검사 점수를 사용할 수 없다는 판결이 나왔다. 지능에 대한 이론적 논란은 계속되고 있으며 Sternberg(1985)의 삼원지능이론과 Gardner(1983)의 다중지능이론이 전개되고 있다.

이상에서 지능점수를 진단평가의 요소로 고려할 때 주의해야 할 점은 다음과 같다. 지능은 단일성이 아닌 다양성의 특징을 가지고 있으므로 지능점수가 높다고 모든 것을 잘 하는 것이 아님을 유의하여야 한다. 또한 지능점수는 검사의 난이도 수준에 따라 달리 측정되므로 지능점수에 대한 절대적 해석에서 벗어나야 한다. 즉, 150점 이상이면 천재로, 두 자리 수의 지능이면 저능아로 인식하는 일반적 관점에서 벗어나야 한다. 나아가 지능이 유전적이라는 생각에서도 벗어나야 한다. 지능이 학습에 주는 영향력에 대한 믿음이 점차 감소됨에 따라 진단평가를 위한 지능점수의 활용도가 낮아질 것이다.

정의적 행동특성으로서 학습자의 학습동기, 흥미, 성격, 태도 등을 파악하는 것이 필요하다. 더불어 학습 외적 요인으로 가정환경, 친구관계 등도 고려해야 하며, 전 학년의 성적표와 학교생활기록부 등을 참고하는 것도 진단평가에 도움이 된다.

4) 절차와 방법

진단평가의 절차와 방법에 대하여 구체적인 순서나 종류를 제시하는 것은 쉽지 않다. 그러므로 진단평가를 하는 절차는 교육내용에 따라 다양할 수 있다. 진단평가를 하기 위하여 형식적인 평가를 실시하기가 용이하지 않으므로 일반적으로 자료에 의존하여 평가한다. 전 학년의 성적표나 학교생활기록부를 토대로 학습자의 특성을 파악하고 교수·학습을 투입하기 전에 교사가 간단히 제작한 시험이나 혹은 질문 등을 이용하여 진단평가를 실시할 수도 있다. 학교가 아닌 사회교육기관 등에서는 진단평가의 방법으로 과목선택의 동기 및 목적, 관련 과목의 수강 여부, 현 직업, 그리고 교과를 통하여 얻고자 하는 내용 등을 기술하여 분석할 수 있다.

전략적인 교수·학습이론을 투입하기 위해서는 체계적인 진단평가가 필요하다. 대학에서는 교양영어나 수학과 같은 과목의 경우 대학에 입학한 후 배치고사(placement test)를 보아서 해당 교과목을 면제하여 주든가 반편성을 하게 된다. 미국에서는 수학이나 영어 등의 경우에 강의 내용의 수준을 결정하기 위하여 매우 체계적인 배치고사를 실시하고 있다.

2 형성평가

그동안의 학교 혹은 교실평가는 학생이 얼마만큼 배웠는가, 학습목표에 어느 정도 도달하였는가를 판단하기 위해 사용되어 왔다. 이러한 평가는 주로 총합평가라는 이름으로 한 단원이 끝났을 때, 학기 중간, 학기 말 등에 시행되어 왔다. 하지만 최근 들어 학생의 학습 정도에 대한 판단으로서의 총합평가보다는 교수·학습 개선을 위한 혹은 학습과정으로서의 형성평가가 강조되면서 형성평가에 대한 관심이 증가하고 있다. **형성평가**(Formative Assessment)는 교수·학습의 진행과정에서 실시되는 평가로서 수업시간마다 순간순간 시행될 수 있으므로 다양한 방법을 사용하여 학생의 학습 상태를 파악할 수 있다. 이를테면 학생의 표정 혹은 눈빛을 관찰하는 것 자체가 하나의 형성평가가 될 수 있는 것이다.

형성평가에서는 평가의 결과로서 몇 점을 받았는가가 중요한 것이 아니라 평가의 결과를 학생의 학습 향상을 위하여 어떻게 사용할 것인가가 더 중요하다. 즉, 형성평가는 학습 개선의 방향을 형성하기 위한 평가라 볼 수 있다. 효율적인 학습 개선이 이루어지기 위해서는 학생의 현재 학습 상태를 정확히 진단하고 이에 적절한 피드백을 제공하는 것이 중요하다. 따라서 여기서는 형성평가가 어떻게 진화되어 왔는가에 대하여 간략하게 살펴보고 형성평가의 주요 요소인 학생의 학습수준과 필요에 대한 진단과 교사의 교수법 및 학생의 학습 개선을 위한 피드백을 소개한다.

1) 형성평가에 대한 재조명

Michael Scriven(1928~)

'**형성평가**(Formative Evaluation)'는 Scriven(1967)이 처음 사용한 용어로서 교육 프로그램이 계획되고 발전되는 단계에서 평가를 통하여 프로그램을 더 나은 방향으로 형성(form)하고 발전시킨다 하여 명명한 것이다. Scriven은 평가의 방법을 설명하면서 형성평가를 프로그램의 마지막 단계에서 프로그램이 목표한 바를 달성하였는가를 평가하는 총합평가(Summative Evaluation)와 구분하였다. 이처럼 Evaluation에 적용되던 형성의 개념을 Assessment에 처음 적용한 사람들 중 한 사람이 완전학습이론으로 알려진 Bloom이다 (Bloom, Hastings, & Madaus, 1971). Bloom은 완전학습이론을 통하여 단계적 학습을 설명하면서 다음 단계로 넘어가기 위한 준비가 되었는가를 평가하는 것으로 형성평가(Formative Assessment)를 소개하였고, 형성평가의 주요 요소로 학생을 위한 피드백과 학습의 중요한 요소들의 수정을 강조하였다(Bloom, 1977). 즉, 학생들의 학습수준이 다양하기 때문에 형성평가를 통하여 학생들의 수준을 진단하고 학생의 학습수준에 맞추어 교사가 교수방법을 수정하거나 다양한 방법을 적용함으로써 완전학습을 가능하게 할 수 있다는 것이다.

1970년대 이후 형성평가는 학기 중에 이루어지는 학습의 극대화를 위한 평가로 인식되면서 이에 대한 지속적인 연구와 적용이 이루어져 왔는데, Black과 Wiliam(1998)의 연구를 기점으로 형성평가는 한층 더 발전하였다. Black과

Wiliam의 연구에서는 250편 이상의 형성평가 관련 연구를 종합·분석한 실증적 자료를 통하여, 학생이 학습하는 데 무엇이 필요한가에 대한 정확한 진단이 이루어질 때 교사가 차별화된 교수방법을 계획할 수 있고, 이를 통해 학생은 효율적으로 학습수준을 향상시킬 수 있다고 하였다. 또한 피드백이 어떻게 구성되었느냐가 학습 개선에 중요하며 형성평가와 자기평가는 연계되어 있음을 강조했다.

최근 들어 형성평가와 그 적용에 대한 연구와 실천들이 많이 이루어지고 다양한 평가기법이 제시되고 있다(Marzano, 2010; McMillan, 2014; Shepard, 2008, Stiggins, 2005; Wiliam, 2011; 김진규, 2013). 이러한 연구들을 살펴보면 형성평가를 바라보는 근래의 관점은 평가의 본질을 학생의 학습 향상과 교사의 교수법 개선을 위한 평가, 교사와 학생이 함께 참여하는 평가, 의사소통이나 협력·문제해결력·태도 등 통합적 역량에 대한 평가, 학습 결과가 아닌 학습을 위한 평가로 재조명하고 있다고 할 수 있다. 또한 21세기 사회를 대비하고 변화하는 교육환경에 부응하기 위해 미국, 뉴질랜드, 오스트리아, 영국 등 많은 나라에서 교육개혁에 대한 연구를 많이 진행하고 있다. 이들 중 대다수가 평가의 변화를 통한 교육개혁을 주장하면서 특히 형성평가를 강조하고 있다.

2) 형성평가의 실천 방향

형성평가는 1970년대부터 꾸준히 활용되어 왔지만 최근 들어 교육의 질 제고에 대한 논의가 활발해지고 평가에 대한 관점이 변화되면서 학생의 학습 개선 및 향상을 위한 형성평가에 관심이 더욱 높아지고 있다. 교실에서의 교수·학습 개선을 위한 형성평가의 실천 방향은 학생의 학습을 돕는 평가, 교수법의 개선이 따르는 평가, 학습과정으로서의 평가로 요약할 수 있다.

(1) 학생의 학습을 돕는 평가

형성평가는 근본적으로 학생의 학습을 향상시키기 위한 목적을 가진다. 많은 이론과 연구에서 형성평가의 목적으로 교사의 교수방법 개선과 학생의 학습 개선이 함께 제시되고 있기는 하지만 형성평가에서 우선 고려되어야 할 목적은 학생의 학습을 극대화하는 것이다. 따라서 교사가 정보를 어떻게 잘 전달할 것인가,

즉 어떻게 교수를 잘 할 것인가보다는 학생이 어떻게 정보를 잘 받아들일 것인가, 얼마나 잘 이해하고 적용할 것인가가 더 중요하다고 할 수 있다(Greenstein, 2010). 학생의 학습을 돕는 형성평가를 위해서 교사는 학생의 학습과 관련한 다양한 정보를 수집하고 분석하여 학생의 발달 수준 및 학습이 필요한 사항에 대한 진단을 내리며, 이러한 진단 결과에 기초해 교수방법을 개선함으로써 학생의 학습을 극대화할 수 있다. 교사는 형성평가를 시행할 때 개별 학생들의 학습 필요 영역과 학습 특성을 인식하고 이에 적합한 교수법을 활용하여야 한다. 또한 학생의 성취 정도가 어떻게 발전되어 나가는지에 관심을 가지고 학생의 수준과 속도에 적합한 피드백을 제공하여야 한다.

(2) 교수법 개선이 따르는 평가

형성평가를 통하여 교사는 학생이 얼마만큼 이해하고 있으며 도달해야 할 학습목표를 어느 정도 성취하였는가를 파악하면서 본인의 교수방법 효과성도 함께 평가할 수 있다. 형성평가에서 교사의 교수방법 개선은 매우 중요한 요소다. 교사는 평가 결과에 대한 분석을 바탕으로 자신의 교수방법을 학생의 학습 향상에 더 효과적인 교수방법으로 개선한다. Brookhart와 Nitko(2007)는 형성평가를 하나의 순환체계로 설명한다. 즉, 학생과 교사가 학습목표에 초점을 두고 그 목표에 따라 현재 학생의 성취 정도를 평가하며, 평가 결과를 바탕으로 그 목표에 더 가까이 다가갈 수 있도록 교수·학습을 실천하는 과정이 반복되어야 한다는 것이다.

Stiggins(2008)가 교수법의 변화가 따르지 않는다면 형성평가가 아니라고 한 것을 보아도 형성평가에서 교사의 교수법 개선이 중요한 요소임을 알 수 있다. 형성평가를 실시할 때 교사는 성취기준, 교수·학습 내용, 평가를 함께 연계할 수 있는 방안을 구안하고, 교수와 평가를 분리하는 것이 아니라 교수과정에서 평가를 함께 진행하며 학생들의 수준을 파악하여 교수방법을 개선하여야 한다.

(3) 학습과정으로서의 평가

형성평가는 학생이 달성하고자 하는 학습목표를 성취했는지의 여부, 즉 학습의 결과보다는 학습목표를 성취해 가는 학습과정에 더 관심을 둔다. 따라서 교수·학습의 근거가 되는 성취기준에 기초한 평가를 통하여 학습의 과정을 수정·보완해 나간다. 그런 과정 속에서 교사와 학생 모두 학습해야 할 목표와 성취기준을 명확히 이해할 수 있고, 학생은 성취기준과 연계된 평가 결과를 통하여 자신의 성취 도달 정도와 부진한 영역을 파악함으로써 자기평가가 가능하다. 또한 형성평가를 바탕으로 교사는 수시로 학생에게 피드백을 제공하는데, 이러한 피드백이 담고 있는 구체적인 정보를 통해 학생은 자신의 강점과 학습 보완이 더 필요한 영역을 효과적으로 향상시킬 수 있는 학습전략을 세울 수 있다. 교사는 학생이 달성하고자 하는 목표에 더 가까이 갈 수 있도록 단계적 계획을 세우고, 형성평가를 통해 학생의 발전과정을 확인한다. 이를 위해서는 달성해야 할 목표와 성취기준을 구체적으로 명확하게 설정해야 하고, 학생의 현재 수준과 기대되는 수준의 차이를 정확히 파악해야 하며, 이러한 차이를 줄이기 위한 계획을 설정해야 한다.

형성평가를 성공적으로 실행하고 효과를 산출하기 위해서는 학생의 학습 상태에 대한 정확한 진단과 효과적인 피드백 제공이 매우 중요하다. 이 두 요소가 효과적인 형성평가의 핵심요소라 해도 과언이 아니다. 다음에서는 교실에서 실천 가능한 학생의 학습 상태 진단 방법과 효과적인 피드백 구성 및 제공 방법에 대해 살펴보도록 하겠다.

3) 형성평가를 통한 진단

형성평가의 중요한 목적은 교수·학습을 수정·보완하여 학습을 극대화하는 것이다. 일반적으로 평가라 하면 시험이라는 단어를 바로 떠올리게 되고, 특히 형성평가라 하면 지필평가를 활용하든 수행평가를 활용하든 일정한 형태로 평가하고 성적을 부여하는 절차를 생각하게 된다. 하지만 형성평가는 학생의 학습수준이나 학습이 이루어져야 할 부분에 대해 알기 위한 수단으로써 일종의 정보 수집 혹은 진단이라 할 수 있다. 학생의 학습에 대한 정확한 진단이 이루어지기 위해서는 교수·학습 과정에서 수업에 대한 학생들의 반응과 지식이나 기술에 대한 학생들의 습득 정도 등을 지속적으로 모니터링할 수 있도록 자료를 수집해야 한다. 진단을 위한 자료 수집 방법은 크게 관찰을 하는 방법과 평가도구를 활용하는 방법으로 분류할 수 있다.

(1) 관찰을 통한 진단

교사들은 무의식적으로 수업 도중에 학생들을 파악하기 위한 관찰을 하지만 대부분은 이것이 형성평가의 방법이라고 인식하지는 못한다. 수업시간에 수시로 보이는 학생의 얼굴 표정, 눈빛, 자세 등은 학생의 학습에 대한 정보를 얻을 수 있는 중요한 자료다. Mottet과 Richmond(2000)는 학생들의 몸짓, 얼굴 표정, 눈맞춤과 같은 비언어적 행동은 의도되거나 통제되지 않은 자연스러운 상황에서 발생하기 때문에 언어적 행동보다 더 중요하다고 하였다. 교사는 학생이 무엇을 얼마만큼 알고 있는지를 파악하는 과정에서 학생의 행동을 총체적으로 관찰할 수 있으므로 교사가 관심을 가지고 이 모든 자료를 이해한다면 학생의 학습능력뿐 아니라 학교생활이나 교우관계 등 다른 문제에까지 해결의 단서를 찾을 수 있다.

얼굴 표정 가운데 미소 짓는 표정, 눈살을 찌푸리는 표정, 입을 실룩거리는 표정, 입을 꼭 다문 표정이나 턱을 고인 자세 등은 학생들의 느낌을 분명하게 표현한다고 할 수 있다. 교사를 바로 쳐다보고 교사의 행동을 주시하는 긍정적인 시선은 학습에 주의를 집중하고 있으며, 흥미가 있다는 의미로 해석된다. Leathers와 Eaves(2008)는 얼굴 표정을 열 가지로 분류하였고, McMillan(2014)은 [그림 3-1]과 같이 7개의 표정을 제시하였으며 교사들은 학생들이 두려워하거나 당황하는 표정에 주의를 기울여야 한다고 주장한다.

| 놀람 | 두려움 | 화남 | 슬픔 |

| 당황 | 행복 | 확신 |

[그림 3-1] **얼굴 표정**

한편, 글에서 진하게 처리된 글자나 밑줄이 특별한 의미를 나타낼 수 있는 것처럼 말에서도 음성의 높낮이, 중단, 음성 변화, 강한 어조 등이 학생을 이해하는 데 중요한 정보를 전달할 수 있다. Leathers와 Eaves(2008)에 의하면, 큰 목소리는 자신감을, 작은 목소리는 확신이 없음, 부끄러움, 무관심 등을 나타낸다. 또한 높은 목소리는 흥분이나 감정적인 상태를, 낮은 목소리는 차분함이나 무관심을 나타낸다. McMillan(2011)은 비언어적 행동 및 음성이 전달하는 메시지를 〈표 3-1〉과

〈표 3-1〉 비언어적 행동 및 음성에 담긴 메시지

메시지	얼굴 표정	몸짓	음성
자신감	편안함, 눈을 맞춤, 동공 확대	곧은 자세, 팔과 다리를 벌림, 턱을 올림, 손을 흔듦, 의자 앞으로 몸을 내밂	유창함, 말 사이의 끊어짐이 없음, 다양한 톤, 큰 목소리
불안함	긴장, 눈썹이 내려감, 동공 축소	경직, 긴장, 물건을 치거나 만지작거림	말이 끊어짐, '아' 소리를 냄, 반복, 떨림, 빠름, 조용함
화가 남	눈썹이 내려가고 모아짐, 이빨을 깨물고 미간을 좁힘	손장난, 손을 오므림, 고개를 숙임	소리가 크거나 아무 말이 없음, 흥분됨
방어적임	시선을 내림, 동공 축소, 눈을 찌푸림	꼬아진 팔과 다리, 몸을 기댐, 손으로 머리를 받치고 있음	소리가 큼, 흥분됨
지루함	두리번거림, 느긋함, 동공 축소	구부정한 자세, 손으로 얼굴을 만짐	부드러움, 평평하고 단조로운 톤
좌절감	미간을 좁힘, 시선을 내림, 눈을 찌푸림	긴장, 물건을 치거나 만지작거림, 손가락이나 손으로 한쪽 머리를 만짐	말이 끊어짐, 낮은 음성
행복함	미소, 웃음, 느긋함, 미간이 좁혀지지 않음, 동공 확대	느긋함, 고개를 끄덕임, 비스듬히 기대어 있음	고양됨, 크고 빠름
흥미 있음	눈을 맞춤, 눈썹이 올라감	비스듬히 기대어 있음, 팔과 어깨를 벌림, 고개를 끄덕임, 손과 손가락을 올림	빠르고 높은 음성
이해하지 못함	찡그림, 입 꼬리가 내려감, 눈을 가늘게 뜸, 눈길을 돌림	몸을 뒤로 젖힘, 팔짱을 낌, 고개를 젖힘, 손으로 이마를 짚음, 손장난, 턱을 긁음, 손으로 고개를 받침	느림, 말이 끊어짐, '아', '음', '그러니까' 등의 표현, 낮은 음성, 조용하고 부드러움

같이 보다 구체적으로 제시하였다.

학생들이 교실에서 주변을 두리번거리거나 서로 바라보면서 낮은 목소리로 소곤거리면, 이는 수업을 이해하지 못하거나 지루해하는 학생들이 있다는 의미다. 이 경우, 해당 학생을 다시 관찰하고, 전 차시를 복습시키거나 다시 설명하며, 그룹을 재편성한다. 또한 학생들이 조용히 필기를 하고 있다면 수업이나 과제에 흥미를 가지고 있다는 뜻이므로 수업을 그대로 진행하는 것이 좋다. 그러나 이와 같은 상태가 너무 길어지는 것은 피해야 한다.

(2) 평가도구를 활용한 진단

평가라 하면 일반적으로 시험, 숙제, 수행과제, 퀴즈 등을 떠올리게 된다. 형성평가를 실시할 때는 총합평가를 실시할 때와 달리 이러한 일반적인 평가도구뿐만 아니라 다양한 평가도구를 활용하여 수업 반응을 분석할 수 있다. 형성평가는 주로 수업 도중에 이루어지므로 수업과정 중에 학생이 이해하고 다음 단계를 넘어가기에 문제가 없는가를 판단하기 위한 정보가 매우 중요하다. 이러한 정보는 학생이 수업에 반응하는 과정을 교사가 다양한 관점에서 분석함으로써 얻을 수 있으며, 학생이 이해한 것, 할 수 있는 것에 대한 교사 자신의 판단이 맞는지를 확인하는 데 이용된다.

교사는 수업에 반응하는 학생의 수행능력을 점검하고 이를 기반으로 피드백을 제공한다. 최근에는 기술의 발달로 수업 도중에 스마트폰이나 클리커(clicker) 등을 이용하여 학생들의 이해 정도를 파악하고 학생들이 짧은 퀴즈나 문항들에 대해 응답한 결과가 순간적으로 분석되어 제시되는 전자 수업반응 시스템도 활발하게 사용되고 있다.

최근 클리커와 같은 도구는 방송현장에서도 방청객들의 평가나 선호도를 알아보기 위해 많이 사용된다. 학생의 학습수준을 진단하기 위하여 평가도구를 활용하는 구체적인 기법을 제시하면 〈표 3-2〉와 같다.

4) 형성평가를 통한 피드백

앞에서 살펴본 다양하고 체계적인 방법을 통해 수집한 정보를 종합하고 분석

〈표 3-2〉 수업 중 학생 진단 기법

기법	설명
응답카드	문항의 답지 번호가 나타나 있는 응답카드를 제작하여 학생들에게 나누어 주고, 수업 도중 질문에 대한 학생들의 답을 응답카드를 사용하여 제시하게 한다. 단답형 문항의 경우 답안을 써서 사용할 수도 있다.
수신호	손바닥을 상하좌우로 움직여 답을 표시하거나 손가락을 활용하여 개수를 표현하게 한다.
전자응답기	클리커나 전자응답기를 사용하여 해당 번호를 누르면 자동으로 응답 결과가 화면에 제시되는 전자 시스템을 활용한다.
다시 말하기	짝끼리 서로 요약 정리를 해 주거나 질문하고 대답하게 한다.
소집단 생각 나누기	학생들을 소집단으로 나누어 소집단 안에서 생각을 공유하고 정리하게 한 후, 공유된 생각을 각 소집단이 학급 전체를 대상으로 발표하게 한다.
정렬하기	여러 단계나 절차, 시기에 따른 사건들을 그림이나 표를 사용하여 정렬하게 한다.
붙임쪽지 분류하기	붙임쪽지(접착식 띠지나 메모지)를 활용하여 장점 및 단점을 분류하거나 유사한 사항과 대조되는 사항 등을 구분하게 한다.
신호등	신호등 색깔에 맞춰 막대카드를 준비한 후 수업의 속도가 적절하지 않을 때 막대카드를 사용하여 표현하게 한다.

McMillan(2014), p. 113를 참고하여 재구성한 것임.

함으로써 학생의 학습에 대한 정확한 진단이 이루어질 수 있다. 하지만 형성평가는 이렇게 진단으로 끝나는 것이 아니라 학생의 학습 향상을 위한 교사의 교수방법과 학생의 학습 개선에 대한 정보를 이끌어 낼 수 있을 때 마무리된다. 이러한 교사의 교수방법 개선을 위한 정보나 학생의 학습 향상을 위한 전략 및 방향에 대한 정보가 형성평가의 피드백을 구성한다. 평가 후에 점수를 부여하는 것 자체가 피드백이라고 할 수 있지만 피드백은 교수·학습에 의미 있는 정보를 제공할 수 있어야 한다. Shute(2008)의 연구에 의하면 피드백의 정교성이 증가할수록 학습의 효과가 높아진다. 정교성 정도에 따른 피드백의 종류와 기능을 제시하면 〈표 3-3〉과 같다.

　형성평가에서 피드백은 교사의 교수방법 개선과 학생의 학습 향상을 위한 방향을 제시하므로 이 두 측면에서 활용 가능한 피드백을 각각 살펴보겠다.

〈표 3-3〉 정교성 정도에 따른 피드백의 종류 및 기능

정교성 정도	피드백의 종류	기능
단순	정답 여부	학생의 대답이 맞고 틀린 여부를 알려준다.
↕	2차 기회 제공	정답이 아님을 알려주면서 다시 한 번 기회를 준다.
	실수 영역 표시	어느 부분에서 실수가 있었는지 표시해 준다.
	정오답 이유 설명	학생의 반응이 정답 또는 오답인 이유를 설명한다.
	힌트 제공	정답의 내용과 관련된 힌트나 팁을 제공한다.
	오개념 분석	실수를 분석하여 오개념을 설명한다.
정교	통합정보 제공	학생의 답이 오답일 경우 정답은 제공하지 않고 정답 여부, 실수 영역 표시, 힌트 제공 등을 종합적으로 사용한다.

출처: Shute(2008), p. 160.

(1) 교수방법 개선을 위한 피드백

형성평가 결과를 기초로 교사는 학생의 수준에 따라 교수방법에 변화를 주거나 수정하여 개선함으로써 학생의 학습 향상을 도울 수 있다. 예를 들어, 강의법을 사용하였는데 전체적인 학생들의 이해도가 낮다면 사례를 소개하고 이에 대해 소집단별로 논의하게 하는 방식으로 전환해 볼 수 있다. 형성평가 결과를 바탕으로 교수방법 개선을 위한 피드백을 도출할 때는 전체 학생 대상의 교수방법에 적용되는 내용보다는 학생의 특성 및 수준에 따라 차별화된 내용을 도출하여 적용해야 학습의 효과가 더 높다(McMillan, 2011). 먼저, 학습수준이 낮은 학생을 대상으로 적용해 볼 수 있는 대안적 교수방법을 예시하면 〈표 3-4〉와 같다.

〈표 3-4〉 성취수준이 낮은 학생을 위한 대안적 교수방법

교수방법 예시	설 명
동료와의 공동 수행 허락	과제를 수행하기 힘들어하는 학생에게는 같은 수준에 있거나 한 수준 높은 학생과 함께 과제를 수행하는 것을 허락함으로써 성취감을 느끼고 협력학습 방법을 익히게 할 수 있다.
오픈 북 허용	과제를 수행할 때 스마트폰이나 교과서와 같은 자료들을 활용할 수 있도록 허용한다.
대표 답안이나 예 제공	유사한 과제나 문항에 대한 대표 답안이나 예를 제공하여 학생들이 처음부터 포기하는 상황을 방지하고 과제를 수행하려고 하는 동기를 불러일으킬 수 있다.

과제 해결 단계마다 힌트나 팁 제공	과제 수행의 목표점에 도달할 수 있도록 과제 해결의 각 단계마다 힌트나 팁을 제공하여 어느 한 지점에서 포기하지 않도록 지원해 준다.
능력에 따른 과제 수행시간 차별화	능력이 부족한 학생에게는 추가 시간을 허용하여 문제해결을 위한 전체 과정을 실행해 볼 수 있도록 할 뿐 아니라 성취감을 느끼게 할 수 있다.

    과업 수행에 어려움을 겪는 학생들에게는 피드백을 이해하고 있는지 점검하는 것도 도움이 된다. 이런 학생들은 과업을 제대로 수행하지 못하고 있기 때문에 피드백을 확인하거나 설명을 요청하는 질문을 하는 것을 꺼려한다.

    반면에 학습수준이나 이해도가 높은 학생들이 독립적이고 복잡한 학습 과제를 수행할 때는 구체적인 해결책이 담긴 피드백을 즉각적으로 제공하는 것보다 포괄적인 방향을 안내하는 피드백을 미리 계획하고 이를 천천히 제공하는 것이 효과적이다. 학생이 스스로 자신의 실수나 오류를 인지할 수 있도록 도와주거나 다양한 접근을 시도해 보게 하는 피드백을 제공해야 한다. 학습수준이 높은 학생들에게 적용해 볼 수 있는 대안적 교수방법을 예시하면 〈표 3-5〉와 같다.

〈표 3-5〉 성취수준이 높은 학생을 위한 대안적 교수방법

교수방법 예시	설 명
고난이도 과제 제시	보다 복잡하고 독립적이며 통합적인 활동이나 과제를 개발하여 제시함으로써 학습동기를 부여한다.
다양한 정답 요구	하나의 문장이나 하나의 정답을 넘어서서 다양한 표현을 사용한 정답, 여러 종류의 문장으로 이루어진 정답, 여러 수준의 정답 등 다양한 차원의 정답을 요구한다.
사고의 연계성 요구	비교 및 대조, 인과관계 분석, 문제 분석과 해결 방안 도출, 구체적 단계 설정, 장점과 단점 파악 등 다양한 측면에서의 사고 결과들을 서로 연관시킬 수 있는 종합 능력을 신장시킨다.
다양한 관점 제시	정답을 맞히기보다는 문제와 관련된 다양한 관점에서 진술해 보게 한다.
문항이나 과제 제작	학생 스스로 학습 주제와 관련한 문항을 제작하거나 과제를 개발해 보게 한다.
해설서 제작	다른 학생의 문제 해결 과정에 도움이 될 수 있는 힌트나 팁을 포함하여 문제풀이 과정을 개발하고 해설서를 제작하면서 통합적인 시각을 갖추도록 한다.

(2) 학생의 학습 향상을 위한 피드백

학생에게 어떤 종류의 피드백을 언제 제공해야 하는지는 학습목표와 학생의 특성에 따라 다르다. 한 학생에게 효과적인 방법이 다른 학생에게는 효과적이지 않을 수 있다는 것을 알아야 한다. 학생의 특성과 수준에 맞게 효과적인 피드백을 제공하기 위해서는 무엇을 기준으로 삼을 것인가를 결정하여야 한다. 이러한 피드백 구성 기준에 따라 다음과 같이 피드백을 구분할 수 있다.

① 목표참조 피드백

학생이 성취해야 할 학습목표를 기준으로 학생의 도달 정도에 대한 피드백을 구성하는 것이다. 일반적으로 교육과정은 해당 학년이 해당 기간에 성취해야 할 성취기준을 제공하지만 학생마다 능력 및 특성이 다르므로 평가 결과를 토대로 학생에게 도전적이지만 달성 가능한 목표를 설정하고 이를 기준으로 피드백을 제공하는 것이 도움이 된다. 너무 높은 목표는 실패, 사기 저하를 초래하며, 너무 낮은 목표는 효능감 향상에 도움을 주지 않기 때문에 적절히 어렵고 달성 가능한 목표를 설정하여 학생의 흥미와 동기를 유발하고 참여를 증진시켜야 한다.

② 비계식 피드백

비계란 본래 공사장에서 높은 곳에서 공사를 할 수 있도록 임시로 설치한 가설물을 뜻하나 교육에서는 하나의 과제를 여러 부분으로 쪼개어 학생들이 성취하기 쉽게 도와주는 방식이나 가끔 어려운 난관에 부딪쳤을 때 해결에 도움이 되는 힌트를 제공함으로써 쉽게 넘어갈 수 있도록 도와주는 방식을 일컫는다. 진단 결과에 따라 피드백을 제공할 때 학생이 학습목표를 달성할 수 있도록 교사가 과제를 단계적으로 제시하거나 학생이 해결하기 어려워할 때 힌트나 관련 정보를 제공할 수 있다. 여기에서 교사는 학생이 자신만의 학습전략을 발달시킬 수 있도록 도와주는 조력자 역할을 하는 것이 중요하다.

③ 자기참조 피드백

공동의 학습목표나 성취기준에 비추어 피드백 내용을 구성하여 제공하는 것이 아니라 학생이 이전에 비해 어떻게 향상되어 왔으며 앞으로 어떻게 나아가야 할

지에 대한 내용을 담아 피드백을 제공하는 것이다. 이러한 피드백은 개별 학생이 과거에 보인 강점과 약점에 대한 분석을 바탕으로 약점이 되는 부분의 개선을 도모하자는 것이므로 학생의 수준과 목표를 모두 반영한 맞춤형 피드백이 될 수 있다는 장점이 있다. 또한 학생이 들인 노력과 관심도 함께 피드백으로 제공할 수 있으므로 학습동기 유발에 효과적이다. 특히 학습수준이 낮은 학생에게는 비록 이들의 성취 정도가 낮더라도 노력과 열정을 다한 것에 대해 칭찬해 줌으로써 효과적인 피드백을 구성할 수 있다.

④ 성취기준 참조 피드백

성취기준이란 학생이 교수·학습을 통하여 습득할 것으로 기대되는 지식, 기능, 태도를 뜻한다. 성취기준 피드백 역시 목표지향적 피드백이지만 학생의 능력에 따라 달리하는 목표가 아니라 해당 학년이 해당 학기에 달성해야 할 성취기준에 비추어 피드백을 구성한다는 점에서 다르다. 중·고등학교는 성취평가제에서 각 교과목별로 성취기준·성취수준을 개발하여 사용하도록 되어 있으므로 이러한 성취기준 및 성취수준에 비추어 학생에게 피드백을 제공할 수 있다.

성취기준 피드백은 학교에서 이루어지는 교수·학습과 평가의 근거가 되는 성취기준에 따라 구성된 것이므로 학생이 교수·학습과 평가를 연계할 수 있고 스스로 자기평가를 할 수 있게 한다는 점에서 장점을 보인다.

3 총합평가

1) 정 의

의사는 환자를 치료하면서 최종적으로 완쾌 여부를 판정한다. 교육에서도 교육목적에 따라 일련의 교육행위를 종료한 후 최종적인 결론을 내리게 된다. 이를 위하여 총합평가가 필요하다. **총합평가**(summative evaluation)란 교수·학습의 효과와 관련해서 학습이 끝난 다음에 교육목표의 달성 여부를 종합적으로 판정하는 평가를 말한다. Scriven(1967)은 교육과정이 끝난 다음에 교수 · 학습에서 괄목할 만한 성장이 이루어졌는가를 규정하고 교육목표를 성취하였는가를 판정하는 평가를 총합평가라 하였다. 학교현장에서는 총괄평가라고도 한다.

2) 목적과 특징

총합평가의 정의에서 설명하였듯이 **총합평가**의 **목적**은 다음과 같다.

- 성취수준의 도달 여부를 판정하여 서열 부여
- 자격증 부여
- 집단 간 비교
- 학생들에게 송환작용
- 프로그램 시행 여부 결정
- 책무성 부여

이상의 목적을 지닌 **총합평가**는 다음의 **특징**을 지닌다.

- 교수 · 학습이 끝난 뒤에 의사결정을 위한 평가
- 교사보다는 교육평가전문가에 의해서 제작된 검사도구를 사용
- 준거참조검사와 규준참조검사를 혼용

의사결정의 내용은 교수방법의 개선에 대한 것과 책무성에 대한 것으로 그 다음 교육행위에 대한 정보를 제공한다. 그러므로 총합평가의 결과는 다음 교육을 위한 진단평가의 정보로 이용할 수 있다. 총합평가는 교수 · 학습이 끝난 상태에서 이루어지는 평가이므로 교수 · 학습을 진행한 교사보다는 교과내용전문가와 교육평가전문가에 의하여 제작된 표준화 검사를 실시하는 경우가 흔하다. 그 예로 전국단위 학업성취도검사 등을 들 수 있다.

총합평가는 목적에 따라 평가의 유형이 결정된다. 서열에 의한 판단을 지닌 평가를 중요시한다면 규준참조평가를 지향하여야 하고, 최저기준의 통과 여부를 중요시한다면 준거참조평가를 지향하여야 한다.

3) 평가도구 제작 및 절차

총합평가 도구를 제작할 때 가장 중요한 것은 상대적 서열을 중요시하는 규준참조평가를 할 것인가, 아니면 교육목표의 달성 여부만을 판단하는 준거참조평가를 실시하여야 할 것인가를 결정하는 일이다. 평가의 목적이 결정되었다면 평가내용은 가르치고 배운 내용을 모두 포함하여야 한다.

총합평가 도구를 제작하는 절차는 다음과 같다.

① 교육목표를 재확인, 진술한다.
② 교수·학습의 전반적인 내용을 포함한다.
③ 다양한 정신능력을 측정하기 위하여 다양한 문항 형태를 이용한다.
④ 규준참조평가: 다양한 난이도의 문항을 제작한다.
　준거참조평가: 최저 준거에 부합하는 난이도의 문항을 제작한다.
⑤ 규준참조평가: 규준을 만들고 서열을 부여한다.
　준거참조평가: 준거에 따라 합격여부를 판정한다.

4 진단, 형성, 총합평가의 비교

진단평가, 형성평가, 총합평가를 정리하면 〈표 3-6〉과 같다.

진단, 형성, 총합평가는 교육의 전체 과정에서 진행순서에 의하여 실시되는 평가이며, 비형식적이거나 형식적 형태로 이루어진다. 진단평가와 형성평가는 비형식적으로 이루어지는 경우도 적지 않으며, 총합평가는 일반적으로 형식적 평가에 의해 이루어진다. 형성평가는 교과를 담당하고 있는 교사들이나 교육담당자들에 의하여 이루어지나 총합평가는 교육내용전문가와 교육평가전문가에 의하여 실시된다. 평가의 목적에 따라 준거참조평가나 규준참조평가가 실시되며 일반적으로 형성평가는 준거참조평가를 실시한다.

〈표 3-6〉 진단평가, 형성평가, 총합평가의 비교

내용＼구분	진단평가	형성평가	총합평가
시 기	교수·학습 시작 전	교수·학습 진행도중	교수·학습 완료 후
목 적	적절한 교수 투입	교수·학습 진행의 적절성 교수법 개선	교육목표 달성 교육 프로그램 선택 결정 책무성
평가방법	비형식적 평가, 형식적 평가	수시평가 비형식적, 형식적 평가	형식적 평가
평가주체	교사, 교육내용전문가	교사, 학생(학습자)	교육내용전문가, 교육평가전문가
평가기준	준거참조	준거참조	규준 혹은 준거참조
평가문항	준거에 부합하는 문항	준거에 부합하는 문항	규준참조: 다양한 난이도 준거참조: 준거에 부합하는 문항

ⓘ 주요 단어 및 개념

진단평가	형성평가	총합평가
배치평가	송환효과	목표참조 피드백
비계식 피드백	자기참조 피드백	성취기준 참조 피드백

연습 문제

1. 진단평가에서 고려하여야 할 요소를 설명하시오.

2. 진단평가의 평가요소로서 지능을 고려할 때 주의점을 설명하시오.

3. 형성평가의 새로운 관점을 논하시오.

4. 학생들의 얼굴표정이 어떤 메시지를 전달하는지 설명하시오.

5. 학생들의 음성이 학습에서 어떤 메시지를 전달하는지 설명하시오.

6. 학생들의 몸짓이 학습에서 어떤 메시지를 전달하는지 설명하시오.

7. 학업성취 수준이 낮은 학생들을 위한 대안적 교수방법에 대하여 논하시오.

8. 학업성취 수준이 높은 학생들을 위한 대안적 교수방법에 대하여 논하시오.

9. 목표참조, 비계식, 자기참조, 성취기준 참조 피드백의 차이를 설명하고 장단점을 논하시오.

10. 진단, 형성, 총합평가를 비교하여 설명하시오.

기출 문제

초등 99   아래 문제 (1), (2)에는 각각 두 개의 진술문[(가), (나)]이 있다. 다음 〈보기〉의 방법으로 답을 구하면 정답인 것은?

───────── 〈보기〉 ─────────

- 두 문제가 각각 '가'에만 관계가 있으면 ………… ㉠
- 두 문제가 각각 '나'에만 관계가 있으면 ………… ㉡
- 두 문제가 각각 '가, 나' 둘에 다 관계있으면 …… ㉢
- 두 문제가 각각 '가, 나' 둘에 다 관계없으면 …… ㉣

(1) 진단평가의 특징은?

    (가) 수업의 시작 단계에서 학습자 이해

    (나) 학생의 배치

(2) 총괄평가의 특징은?

    (가) 문항 모집단에서 대표적 문항 표본

    (나) 성취도 파악

① ㉠   ② ㉡   ③ ㉢   ④ ㉣

초등 02   김 교사는 학생들에게 약수와 배수에 대해 가르치려고 한다. 가르치기에 앞서 김 교사는 덧셈, 뺄셈, 곱셈, 나눗셈 등에 관한 문제로 구성된 간단한 시험을 실시하였다. 시험을 실시한 이유로 가장 적절한 것은?

① 시험 보는 기술을 훈련시키기 위해서이다.

② 수학에 관한 흥미를 유발하기 위해서이다.

③ 학생들의 선수학습 정도를 파악해 보기 위해서이다.

④ 약수와 배수에 관한 그릇된 개념을 교정하기 위해서이다.

초등 03   형성평가에 대한 설명으로 맞게 묶인 것은?

───────────── 〈보기〉 ─────────────

(가) 평가의 주요 목적은 교수·학습방법의 개선에 있다.
(나) 일련의 교수·학습과정이 종료되는 시점에 실시한다.
(다) 평가도구 제작 시 최소 성취기준에 근거하여 문항을 출제한다.
(라) 평가전문가가 개발한 표준화 검사를 평가도구로 활용한다.

① (가), (나)   ② (가), (다)
③ (나), (다)   ④ (다), (라)

초등 04   교수·학습과정에서 활용되는 평가에 대한 설명으로 옳지 <u>않은</u> 것은?

① 진단평가는 학생의 출발점행동을 알아보기 위해 실시된다.
② 형성평가는 교수·학습활동을 개선하기 위한 정보를 제공해 준다.
③ 형성평가에서는 교사가 제작한 검사보다는 표준화 검사가 사용된다.
④ 총괄평가는 학습목표 달성 여부를 판정하여 성적을 산출하는 데 활용된다.

중등 91   형성평가의 기능으로 볼 수 없는 것은?

① 학습방향의 명시   ② 학습곤란도의 진단
③ 학습진행속도의 조절   ④ 집단 간의 학력수준 비교

중등 94   형성평가의 특징을 바르게 나타낸 것은?

① 결과 해석 및 활용에 상대평가 기준의 원칙을 적용한다.
② 학습 학업성취의 종합적인 진전도와 달성도를 확인하는 과정이다.
③ 과제의 해결능력을 미리 알아보기 위한 사전평가의 기능을 한다.
④ 학습곤란이나 학습결손을 교수·학습 진행과정에서 발견·해소하는 데 목적이 있다.

중등 99   다음은 형성평가를 실시한 교사들의 행동을 기술한 것이다. 형성평가의 의의를 가장 바르게 이해하고 있는 사례는?

① 변별도가 높은 검사를 만드는 것에 중점을 두었다.
② 집단 전체의 평균적인 수행 정도를 파악하는 데 주목하였다.
③ 형성평가의 결과를 기말시험을 치른 후 한꺼번에 채점하였다.
④ 학생 개인의 점수는 각자의 오류반응들과 그 원인을 분석하였다.

중등 02   다음과 같은 평가방식은?

• 수업 도중에 실시한다.
• 학습단위에 관련된 학생의 진보상태를 교사와 학생에게 피드백한다.
• 학습단위의 구조에 따라 오류를 확인함으로써 교수방법을 수정·보완하는 데 필요한 정보를 수집하기 위해 실시한다.

---

① 총괄평가   ② 형성평가
③ 사후평가   ④ 진단평가

중등 06   〈보기〉의 교사 행동을 진단평가, 형성평가, 총합평가와 가장 적절하게 짝지은 것은?

〈보기〉

(ㄱ) 수업 중에 학습오류 수정을 위하여 쪽지시험을 실시하였다.
(ㄴ) 수업계획을 수립하기 위하여 학생의 기초학습능력과 선수학습 정도를 파악하였다.
(ㄷ) 기말고사를 실시하여 성적을 부여하였다.

	진단평가	형성평가	총합평가
①	(ㄱ)	(ㄴ)	(ㄷ)
②	(ㄴ)	(ㄱ)	(ㄷ)
③	(ㄴ)	(ㄷ)	(ㄱ)
④	(ㄷ)	(ㄴ)	(ㄱ)

중등 7 다음은 형성평가를 위해 선택형 문항을 작성할 때 고려해야 할 사항이다. 이 중 학생들의 학습곤란이나 학습결손을 파악하려는 교사의 의도가 가장 잘 반영된 것은?

① 답지가 서로 다른 차원의 내용을 포함하지 않도록 한다.
② 정답이 분명히 드러나지 않도록 오답지의 매력도를 높인다.
③ 추측에 의해 정답을 선택할 가능성이 높아지지 않도록 답지의 수를 늘린다.
④ 학생들이 자주 범할 수 있는 오류의 유형을 확인할 수 있도록 답지를 구성한다.

정답 [초등 99] ③ [초등 02] ③ [초등 03] ② [초등 04] ③ [중등 91] ④
[중등 94] ④ [중등 99] ④ [중등 02] ② [중등 06] ② [중등 07] ④

04

참조준거에 의한 평가

🔗 학습목표

- 수업이 끝난 후 수학점수가 70점이었다면 어떻게 평가해야 하고, 그 의미는 무엇인가?
- 상대적으로 비교하는 방법은 무엇이고, 어떻게 하며, 장단점은 무엇인가?
- 절대적 기준을 설정하고 설정한 준거점수에 의하여 어떻게 평가하는가? 그리고 장단점은 무엇인가?
- 학생 개인마다 가지고 있는 능력이 다른데 동일한 준거로 평가하여도 되는가?
- 개인의 능력에 비추어 평가하는 방법은 무엇이고, 어떻게 하는가?
- 교육기간 동안 성장 변화된 정도에 의하여 평가하는 방법은 없는가? 있다면 어떻게 하고, 장단점은 무엇인가?
- 규준참조평가, 준거참조평가, 능력참조평가, 성장참조평가의 주안점과 특징은 무엇인가?

　　교육과 관련된 현상과 모든 것의 가치와 질, 장점 등에 대한 주관적 가치판단을 교육평가라 하였다. 주관적 판단은 임의적인 것이 아니라 판단의 기준이 있어야 하며, 그 기준에 따라서 규준참조평가, 준거참조평가, 능력참조평가, 성장참조평가로 분류한다.

1 규준참조평가

1) 정 의

　　규준참조평가(norm-referenced evaluation)란 개인이 얻은 점수나 측정치를 비교집단의 규준(norm)에 비추어 상대적인 서열에 의하여 판단하는 평가를 말한다. 규준참조평가에 사용되고 상대적 서열에 대한 변환점수의 예로 대학수학능력시험 점수의 보고에 사용하는 백분위(percentile)나 T점수 등을 들 수 있다. 그러므로 규준참조평가를 상대비교평가 혹은 상대평가라고도 부른다.

　　규준참조평가는 준거나 목표의 도달 여부에는 관심이 없고 서열이나 상대적 위치를 부여하여 분류하는 작업에 치중하므로 무엇을 얼마만큼 알고 있는가에 관심이 있는 것이 아니라 학생의 상대적 서열에 관심을 두게 된다. 학부모들이 그들의 자녀에게 다른 질문보다는 몇 등이냐, 너보다 잘한 학생이 몇 명이냐고 서슴없이 묻는 것은 규준참조평가에 익숙한 결과다.

　　우리나라의 교육제도는 일반적으로 상위학교 진학에 구속되어 있으므로 규준참조평가인 상대비교평가가 지배하고 있다고 보아도 과언이 아니다. 다른 예를 들더라도 1960년대 어린이 노래경연대회의 '누가 누가 잘하나'란 프로그램의 제목은 상대비교평가를 의미한다고 할 수 있다. 왜냐하면 그 주의 장원은 노래를 잘하는 어떤 준거에 의하여 결정되는 것이 아니라 그 주에 출연한 아이들의 우열에 의하여 결정되기 때문이다.

2) 역 사

규준참조평가는 평가가 시작되면서부터 사용된 평가방법으로써 오랜 역사를 지니고 있다. 인간에 대한 평가가 산업화 이전에는 다양하고 보다 자연스러운 상황에서 이루어졌으나 인구의 증가가 경쟁을 유발하였고 평가의 결과에 의하여 진학, 취업이 결정되면서 평가방법이 구조화되는 경향을 보여 왔다. 미국에서도 1930년 이후부터 평가방법을 주관식 평가방법에서 객관식 평가방법으로 전환하였으며(Mislevy, 1997) 규준참조평가를 사용하게 되었다.

미국이 규준참조평가에 많은 관심을 갖게 된 계기는 1957년 소련이 지구궤도에 세계 최초로 무인인공위성인 Sputnik을 발사한 이후 미국이 교육의 경쟁력을 강화하면서부터라고 볼 수 있다. 미국은 인공위성의 발사가 소련에 비하여 늦어진 이유를 기초과학 교육의 부실에 있다고 보았으며, 기초과학 교육을 강화하기 위하여 학교 간, 교육구 간, 주 별로 상호경쟁을 유도하기 위하여 학업성취도에 대한 상대비교평가를 강화하였다.

우리나라의 경우 현대적 의미의 형식적 교육이 일제강점기에 시작되었다고 볼 때 상급학교 진학, 특히 일류대학의 진학은 입학정원의 제한 때문에 검사점수에 의한 상대적 서열에 의하여 결정되었고, 오늘날까지 그 체제가 유지되고 있다. 그러므로 우리나라는 현재까지 진정한 의미의 준거참조평가를 사용할 수 없었으며, 현재 이루어지고 있는 대부분의 평가는 규준참조평가에 의존한다고 하여도 과언이 아니다.

3) 규 준

규준참조평가의 정의에서 설명하였듯이 규준참조평가의 목적은 상호비교에 있다. 상호비교를 위해 필요한 기준을 규준이라 하는데, 이 규준은 규준참조평가에서 가장 중요한 요소다. **규준**(norm)이란 원점수의 상대적인 위치를 설명하여 주기 위해 쓰이는 자로서 모집단을 대표하는 표본에서 얻은 점수를 기초로 하여 만들어진다.

규준, 규준점수, 변환점수, 표준점수 등은 제11장에서 자세히 설명하겠으나 규준을 간단히 설명하면 [그림 4-1]과 같다. 만약 어떤 학생이 전국단위의 수학시험에서 70점을 받았다면 그 학생의 상대적 위치가 어디에 있는가를 알기 위하여 규준이 필요하다. 그러나 전국의 모든 중학교 3학년 학생들에게 검사를 실시할 수는 없으므로 이들을 대표할 수 있는 10,000명의 학생을 표본으로 추출하여 검사를 실시한 결과 표본에서 얻은 평균점수가 70점이고 표준편차가 10점이었다면 이 통계값이 규준이 된다. 이에 비추어 70점을 얻은 학생의 상대적 위치는 규준의 평균과 같으므로 가운데, 즉 50%에 있음을 알 수 있다. 다른 학생이 80점을 얻었다면 그 학생은 평균보다 1 표준편차 위에 있으므로 50%보다는 위에 있다고 짐작할 수 있다. [부록 1]에 의하면 84.13%에 해당하므로 상위 15.87%에 있다고 해석할 수 있다. 반대로 60점을 얻은 학생은 1 표준편차 아래이므로 34.13%에 있으며, 90점을 얻은 학생은 2 표준편차 위이므로 97.72%에 있다.

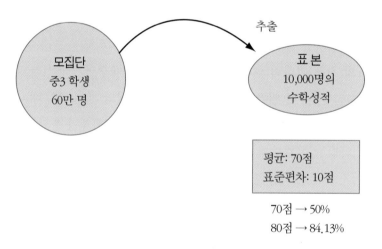

[그림 4-1] **전국 수학 학업성취도검사의 규준**

규준점수의 종류와 내용은 제11장에서 자세히 설명하고 있으며, 현재 우리나라 고등학교에서 사용하고 있는 고교내신점수인 9등급(stanine)도 규준점수의 예다.

규준에 따라 상대적 서열이 결정되므로 규준은 매우 중요하다. 그러므로 규준을 설정하기 위하여 표본이 모집단을 얼마나 잘 대표하였느냐가 관건이 된다. 또한 모집단에 따라 규준의 종류는 다양하다. 비교 기준에 따라 국가단위 규준, 지역단위 규준, 학교단위 규준, 학급단위 규준이 있으며, 나이 혹은 학년 규준도 있다. 지능검사의 경우 나이단위의 규준을 사용하고 학업성취도 비교를 위해서는 학년단위 규준을 이용한다.

4) 장단점

규준참조평가의 장단점을 설명하기에 앞서 규준참조평가에서 가장 중요한 부분인 규준에 대한 논의가 필요하다. 규준과 관련하여 제기되는 비판에는 규준을 만들기 위해서 제작한 검사도구의 문항들이 교육내용, 교육과정, 교육목표를 적절히 잘 포함하고 있는지의 문제와 규준을 만들기 위해 모집단에서 추출된 표본이 모집단의 특성을 제대로 대표하고 있는지에 대한 의문이 있다. 그러므로 이 두 가지의 질문에 대한 타당한 답변이 이루어진 후에 규준참조평가를 실시하여야 한다.

규준참조평가의 **장점**은 개인의 상대적인 위치를 파악하여 우열을 가리기가 쉽고 경쟁을 통한 학습동기를 유발할 수 있다는 것이다. 그러나 다음과 같은 **단점**들도 지적되고 있다.

첫째, 무엇을 얼마만큼 아느냐에 중점을 두지 않기 때문에 무엇을 가르치고 배워야 하는가에 대한 시사와 기준이 모호하다.

둘째, 개인 또는 집단의 성취를 기초로 한 상대적 서열을 중시하기 때문에 교수·학습이론에 부적절하다. 학습목표의 달성 정도에 따라 강화가 주어지는 것이 아니라 집단의 수준에 따라서 평가결과가 좌우되므로 학습행동을 체계적으로 강화해 주지 못한다.

셋째, 경쟁심의 조장으로 경쟁을 교육의 당연한 윤리로 생각하게 하여 협동심을 상실하게 할 수 있다.

넷째, 다른 사람보다 1점이라도 높은 점수를 얻기 위한 경쟁이 강조되기 때문에 충분한 시간 동안의 지적 탐구를 통해 문제를 해결하기보다는 암기 위주의 교육을 조장할 우려가 있다.

다섯째, 이해력, 분석력, 창조력, 탐구정신이 결여된다.

여섯째, 서열주의식 사고가 팽배해진다.

일곱째, 정신위생에 좋지 않은 영향을 주며 지나친 검사불안, 이기심, 명예 등으로 인해 정의적 행동특성에 부정적 영향을 미친다.

2   준거참조평가

1) 정 의

Robert Glaser(1921~2012)

규준참조평가가 학습자의 상대적 서열에 관심을 둔 평가라면 준거참조평가는 준거에 비추어 학습자들이 무엇을 얼마만큼 알고 있느냐에 관심을 두는 평가다. Glaser(1963)는 준거참조평가의 점수는 학생이 무엇을 알고 무엇을 모르는가에 대한 확실한 정보를 제공한다고 하였다. 또한, Nitko(1980)는 준거참조평가는 개인의 성취점수를 정해진 준거에 비추어 직접적으로 해석하는 평가로서 성취수준은 개인이 학습해야 할 학습과제의 영역에 의해 한정된다고 하였다. **준거참조평가**(criterion-referenced evaluation)는 학습자 또는 개인이 무엇을 얼마만큼 알고 있는지를 준거에 비추어 판단하는 평가를 말하는데, 이때 무엇이라 함은 학습자가 성취해야 할 과제의 영역 혹은 분야를 이른다. 예를 들어, 어느 학생이 수학시험을 보았을 때 미적분 분야에서 준거를 통과하였다면 이때 미적분이 영역이 된다.

준거참조평가에서 가장 중요한 요소는 과제의 영역과 준거다. 여기에서 **영역**(domain)은 교육내용으로서 측정내용이 되고, **준거**(criterion)는 교육목표를 설정할 때 도달하여야 하는 최저기준(minimum competency level)이라 할 수 있다. 준거참조검사는 일반적으로 자격증을 부여할 때 사용되는데, 자격증이란 앞으로 어떤 일을 성공적으로 수행할 수 있다고 보장하는 증명서이기 때문에 일정한 준거에 도달하는 사람에게 발급하게 된다. 준거참조평가에서는 무엇을 평가할 것인가에 대한 영역을 구체적으로 명시하여야 하고, 이를 근거로 준거를 설정하는 것이 매우 중요하다.

2) 역 사

상호비교의 용이함 때문에 규준참조평가에 많은 관심이 있었으며, 특히 Sputnik 발사 이후 미국의 기초과학 교육 향상을 위하여 학교 간의 경쟁을 유도하는 규준참조평가가 활성화되었다. 그러나 1960년 이후 평가의 관심이 되는 서열이 무엇에 대한 서열인지, 무엇을 위한 서열인지에 대한 회의에 빠지고 상대적 서열만의 강조는 교육의 본질을 잃게 함을 알게 되었다. 교육이란 상호경쟁을 유도하는 것이 아니라 상호협동에 의한 학습이 바람직하다는 자각을 하게 되면서 상대적 서열보다는 특정 기준에 비추어 무엇을 얼마만큼 알고 있는가에 대한 관심이 고조되었다.

Cronbach(1970)는 교육은 경마장에서 이루어지는 승마경기가 아니라고 비판하면서 준거참조평가가 강조되어야 한다고 주장하였으며, Glaser와 Klaus(1963)도 앞으로의 평가는 규준참조평가에서 준거참조평가로 전환되어야 한다고 지적하였다. 특히, 이 시기에 교육공학의 발달로 인하여 다양한 교수ㆍ학습이론이 전개되었으며, 교수방법과 교육목표에 대한 논의가 활발히 전개되면서 준거참조평가가 관심을 끌게 되었다.

준거참조평가와 관련해서는 다양한 용어가 있으며, 준거참조검사(criterion-referenced test), 영역참조검사(domain-referenced test), 목표참조검사(objective-referenced test), 숙달검사(mastery test) 등이 그 예에 해당한다. 이들 용어는 동의어로 사용되나 강조점이 다소 다르다. **준거참조검사**는 특정한 영역의 내용을 어떤 특정한 준거에 비추어 도달한 정도에 주안점을 두는 검사로서 **목표참조검사**와 내용적으로 가까운 용어다. 또한 **영역참조검사**는 내용 영역을 보다 구체화하고 강조한 검사라 할 수 있으며, 이 또한 준거점수를 설정한다. **숙달검사**란 완전학습과 관련된 용어로 완전학습 목표의 도달 여부를 판단하는 검사라 할 수 있다.

3) 준 거

준거참조평가에서 가장 중요한 요소는 준거이며, 자격증을 부여할 때 준거참조검사가 이용된다고 하였다. 예를 들어, 의사 자격시험이나 간호사 자격시험에 준거참조검사를 실시한다. 자격증을 부여할 때는 상대적 서열보다는 어떤 일을 성공적으로 할 수 있다고 믿는 기준에 도달한 사람에게 자격을 부여한다. 그러므로 **준거**(criterion, standard, cut-off)란 피험자가 어떤 일을 수행할 수 있다고 대중(public)이 확신하는 지식 혹은 기술 수준을 말한다(AERA, APA, NCME, 1988). AERA, APA, NCME(1999)에서는 **준거점수**(cut score)란 용어를 사용하였으며, 성패나 당락을 구분하는 점수라고 설명하고 있으며, 분할점수라고도 한다.

학업성취도검사에서 준거는 교사나 교과내용전문가가 해당 내용을 이해하였다고 가정하는 최저 학습목표라 할 수 있다. 준거는 교과내용전문가와 평가전문가에 의하여 설정될 수 있다. 구체적으로 준거를 설정하는 방법에 대해서는 제11장에서 설명한다.

4) 장단점

준거참조평가와 관련하여 제기되는 비판 중 하나는 준거설정이 임의적일 수 있다는 점이다. 이에 대해 Berk(1986)와 Popham(1978)은 임의적이라는 단어는 멋대로의 뜻보다는 개인 평가전문가의 주관에 의하여 설정된다는 의미로서 준거가 아무렇게나 설정되지는 않는다고 말하고 있다.

준거참조평가의 **장점**은 다음과 같다.

첫째, 무엇을 알고 무엇을 모르는가에 대한 직접적인 정보를 제공한다.
둘째, 제공된 정보를 기초로 교육목표와 교육과정을 개선할 수 있다.
셋째, 학습효과를 증진시킨다.
넷째, 탐구정신과 협동정신을 함양한다.
다섯째, 지적인 계급, 서열의식보다는 지적인 성취를 유발한다.
여섯째, 정신건강에 좋다.

그러나 준거설정에 어려움이 있으며, 경쟁을 통한 학습 외적 동기유발이 부족하다는 단점도 지적되고 있으나 이는 모두 극복할 수 있는 단점들이다.

우리나라에서는 규준참조평가에 의하여 부여하던 고등학교 내신성적을 2001년부터 준거참조평가에 의하여 '수', '우', '미', '양', '가'로 평가하였다. 준거참조평가의 장점에도 불구하고 고등학교 내신 부풀리기로 준거참조평가는 평가의 목적을 달성하고 있지 못하였고, 스테나인 점수, 즉 9등급제에 의하여 고등학교 내신점수가 부여되고 있다. 그 원인은 학생들의 학업 달성 수준을 교육목표인 준거에 비추어 평가하기보다는 대학 진학에 유리하도록 하기 위하여 더 높은 평가를 받도록 평가하는 경향 때문이었다. 시험을 매우 쉽게 출제하든가 아니면 문제를 사전에 가르쳐 주거나 준거를 낮게 설정하므로 학생들의 능력 향상을 저해하는 문제가 나타나고 대학들은 대학입학전형 자료로서 고등학교의 학교 내신을 신뢰하지 않고, 고등학교 내신점수를 변환하거나 보정함으로써 사회문제로 비화되었다. 그러므로 준거참조평가는 그 평가의 목적에 부합하게 사용되어야 준거설정도 타당하고 교육적 기능을 제대로 발휘할 수 있다.

3 능력참조평가

개인 간의 비교, 개인의 성취와 어떤 준거와의 비교보다는 개인을 위주로 하는 평가로서 능력참조평가와 성장참조평가가 제안되었다. **능력참조평가**(ability-referenced evaluation)는 학생이 지니고 있는 능력에 비추어 얼마나 최선을 다하였느냐(maximum performance)에 초점을 두는 평가방법이다. Oosterhof(1994, 2001)에 의하면 개인의 능력 정도와 수행결과를 비교하는 평가에서 다음의 두 가지 질문을 제기할 수 있다. 하나는 '이것이 그 학생이 지니고 있는 능력을 최대한 발휘한 것인가?' 하는 것이며, 또 다른 질

Albert Oosterhof(1940~   )

문은 '충분한 시간이 부여되었을 때 더 잘할 수 있었는가?'라는 것이다. 학생 개인이 지니고 있는 능력을 얼마나 발휘하였느냐에 관심을 두므로 개인을 위주로 하는 평가방법이라 할 수 있다. 예를 들어, 우수한 능력을 지녔음에도 불구하고 최선을 다하지 않은 학생과 능력이 낮더라도 최선을 다한 학생이 있을 때 어떻게 평가하는 것이 학생들의 학습태도를 바람직한 방향으로 유도할 수 있을 것인가를

고민하여야 한다.

만약 규준참조평가와 준거참조평가에 의하여 평가를 실시한다면 전자는 후자보다 항상 높은 평가를, 후자는 전자보다 항상 낮은 평가를 받게 된다. 이럴 경우 이런 평가가 두 학생에게 진정으로 바람직한 평가가 될 수 있느냐 하는 의문이 제기된다. 왜냐하면 전자는 항상 좋은 평가를 받음으로써 자만에 빠져 나태할 수 있으며, 후자는 열심히 최선의 노력을 다했어도 낮은 평가를 받음으로써 학습동기를 잃게 된다는 것이다. 능력참조평가에 의하면 후자의 경우 능력에 비하여 과분한 노력을 발휘한 점을 고려하여 보다 높은 평가를 함으로써 학습동기를 유발하게 하여 교육목표에 도달할 수 있게 한다는 것이다. 반대로 능력이 탁월함에도 불구하고 많은 노력을 하지 않았다면 낮은 평가를 함으로써 경각심을 주어 최대한의 노력을 하게 하는 것이 바람직하다는 평가관이다. 이와 같이 능력참조평가는 각 학생의 능력과 노력에 의해 평가되는 특징을 지니고 있다.

능력을 얼마나 발휘하였느냐에 관심을 두는 능력참조평가는 학업성취도검사에서 적용함이 바람직하며, 표준화 적성검사에서도 사용할 수 있다. 그러나 적성검사 점수의 경우 이는 다른 변인들과 합성되어 있으므로 해석하기가 곤란한 경우가 있으며, 학생이 지니고 있는 능력에 대한 정확한 정보가 없을 경우 능력참조평가의 어려움이 있다. 능력참조평가는 특정 기능과 관련된 능력의 정확한 측정치에 의존하게 되므로 해당 능력에 제한되어 학습자의 수행을 해석하게 되는 한계를 지닌다. 그러나 능력참조평가는 개인을 위주로 개별적 평가를 실시한다는 장점이 있어 앞으로 많이 개발될 연구과제다.

4 성장참조평가

성장참조평가(growth-referenced evaluation)는 교육과정을 통하여 얼마나 성장하였느냐에 관심을 두는 평가다. 최종 성취수준에 대한 관심보다는 초기 능력수준에 비추어 얼마만큼 능력의 향상을 보였느냐를 강조한다. 즉, 사전 능력수준과 관찰 시점에 측정된 능력수준 간의 차이에 관심을 둔다. 그러므로 성장참조평가는 학생들

에게 학업증진의 기회 부여와 개인화를 강조하는 특징을 지니고 있다. 황정규(1998)
도 개인 수준의 성장을 변화로 표현하고, 변화의 내용과 변화의 정도를 측정·평가
하는 방법을 가지고 있었다면 교육은 혁신적인 변모를 겪었을 것이라고 하였다.

Oosterhof(1994, 2001)에 의하면 성장참조평가 결과가 타당하기 위해서는 다음
의 세 가지 조건이 충족되어야 한다.

첫째, 사전에 측정한 점수가 신뢰로워야 한다.
둘째, 현재 측정한 측정치가 신뢰로워야 한다.
셋째, 사전 측정치와 현재 측정치의 상관이 낮아야 한다.

사전에 측정한 측정치나 현재 측정한 측정치가 신뢰롭지 않다면 능력의 변화를
분석할 수 없음은 당연하다. 만약, 사전 측정치나 현재 측정치가 본질적으로 상관
이 높다면 이는 성장에 의한 것이 아니라 상관관계에 의한 당연한 결과를 가져오
게 되므로 두 측정치 간에는 상관이 낮아야 한다.

능력참조평가나 성장참조평가는 대학 진학이나 자격증 취득을 위한 행정적 기
능이 강조되는 고부담검사(high-stakes tests)와 같은 평가환경에서는 평가결과에
대한 공정성 문제가 제기되어 적용하기가 어려울 수 있다. 그러나 평가의 교수적
기능이나 상담적 기능이 강조되는 평가환경이라면 이 두 평가방법이 보다 교육적
이므로 교육의 선진화에 이바지할 수 있다고 볼 수 있다. 그러므로 개별화 학습을
촉진시킬 수 있는 성장참조평가는 초등교육이나 유아교육에 적극적으로 적용할
필요가 있으며, 상대비교에 치중하지 않는 평가라면 성장참조평가를 실시하는 것
도 바람직하다.

5 규준, 준거, 능력, 성장 참조평가의 비교

규준참조평가, 준거참조평가, 능력참조평가, 성장참조평가를 정리하면 〈표
4-1〉과 같다.

〈표 4-1〉 규준, 준거, 능력, 성장 참조평가의 비교

구분 내용	규준참조평가	준거참조평가	능력참조평가	성장참조평가
강조점	상대적인 서열	특정 영역의 성취	최대 능력 발휘	능력의 변화
교육신념	개인차 인정	완전학습	개별학습	개별학습
비교대상	개인과 개인	준거와 수행	수행 정도와 소유 능력	성장, 변화의 정도
개인차	극대화	극대화하지 않음	고려하지 않음	고려하지 않음
이용도	분류, 선별, 배치 행정적 기능 강조	자격 부여 교수적 기능 강조	최대 능력 발휘 교수적 기능 강조	학습 향상 교수적 기능 강조

평가를 실시할 때 평가의 대상이나 목적에 따라 평가방법을 선택하게 된다. 평가방법에는 개인과 개인을 상호비교하는 규준참조평가, 개인의 학습결과와 준거를 비교하는 준거참조평가, 그리고 개인과 개인의 내적 요인에 의해 평가하는 능력참조평가와 성장참조평가가 있다. 규준참조평가는 행정적 기능을, 준거참조평가는 교수적 기능을 강조하며, 개별화된 평가인 능력참조평가와 성장참조평가는 개별학습과 같은 교수적 기능을 강조한다.

능력참조평가와 성장참조평가는 학생 개인에 초점을 맞추어 개인능력의 최대 발휘, 성장과 변화의 기회를 부여하도록 하는 측면에서 보다 교육적인 평가방법이라 할 수 있다. 현재 우리나라에서 이루어지고 있는 대부분의 평가는 규준참조평가와 준거참조평가로서 학생들을 분류, 선발하는 기능에 치우쳐 왔다. 단순히 학생들의 대학 진학이나 자격증 취득을 위한 목적을 넘어서 교육을 통한 행동과 능력의 변화라는 교육의 본래 목적을 생각할 때 보다 교육적이며 교수적 기능을 강조하는 능력참조평가와 성장참조평가를 실시하는 것이 바람직하다. 능력참조평가와 성장참조평가를 실시하기 위한 기본전제조건은 학생이 지니고 있는 능력에 대한 정확한 정보가 제공되어야 하며, 학생이 소유한 능력의 정도, 능력의 변화 등을 측정하는 도구의 타당도와 신뢰도가 고려되어야 한다. 또한 교사들이 학생 개개인에게 관심을 갖고 능력을 파악할 수 있도록 교사당 학생 수를 줄이는 정책도 병행되어야 한다.

모든 평가목적과 평가환경을 충족하는 평가는 존재하지 않는다. 그러므로 평가방법을 선택할 때에는 평가목적, 평가대상, 평가환경, 평가결과의 영향, 그리고 각 평가방법의 장단점 등을 고려하여야 한다.

⚠️ 주요 단어 및 개념

규준	준거	규준참조평가
준거참조평가	영역	준거참조검사
영역참조검사	숙달검사(mastery test)	목표참조평가
최저기준	능력참조평가	성장참조평가
고부담검사		

연습 문제

1. 규준의 정의를 내리고, 규준을 만드는 예를 설명하시오.

2. 규준의 타당성을 검증하는 방법을 설명하시오.

3. 규준참조평가의 장단점을 논하시오.

4. 준거의 정의를 내리고, 준거참조평가의 장단점을 논하시오.

5. 능력참조평가와 성장참조평가의 정의를 내리고 두 평가방법의 차이점과 공통점에 대하여 논하시오.

6. 규준, 준거, 능력, 성장 참조평가를 비교하고, 가장 바람직하다고 생각하는 평가방법과 그 이유를 논하시오.

7. 고등학교에서 실시하고 있는 고교내신 9등급제의 문제점을 설명하고, 바람직한 고교내신 평가방법을 논하시오.

기출 문제

초등 00   다음 〈보기〉에서 절대기준평가와 관련된 특성을 바르게 묶은 것은?

---〈보기〉---

(가) 학생들 사이의 지나친 경쟁을 방지할 수 있다.

(나) 평가결과로 얻은 점수의 의미는 중요하지 않다.

(다) 변별도나 곤란도보다는 타당도의 개념이 더욱 강조된다.

(라) 학생의 학습능력 개선을 위해 지도 · 조언하는 것을 중시한다.

① (가), (나), (다)   ② (가), (나), (라)

③ (가), (다), (라)   ④ (나), (다), (라)

초등 02   준거지향평가(criterion-referenced evaluation)로 학생들의 학업
성취도를 평가하고자 할 때 평가기준의 근거가 되는 것은?

① 학습동기   ② 성취목표

③ 학생의 요구   ④ 전체 집단의 성적 분포

초등 04   A 학교에서는 수학과 학기말 고사를 실시하여 최저 성취수준에 미달
되는 학생들을 대상으로 특별보충학습을 하려고 한다. 이러한 목적을 지닌 검사도구
를 제작할 때 유의해야 할 점이 아닌 것은?

① 검사문항의 대표성

② 교육목표의 재확인 및 상세화

③ 서열을 산출하기 위한 규준의 작성

④ 최저 성취수준을 판단하기 위한 준거의 설정

초등 06 〈보기〉의 대화에서 학부모가 원하는 정보를 제공하는 데 가장 적합한 평가 유형은?

〈보기〉

학부모: 우리 주현이 수학시험 성적은 어떤가요?

최 교사: 반에서 10등쯤 합니다.

학부모: 그런가요? 그런데 저는 등수보다 우리 아이가 무엇을 할 줄 아는지 를 더 알고 싶어요. 두 자리수 뺄셈을 제대로 할 줄 아는지. 그런 것들을 좀 알고 싶어요.

① 규준지향평가(norm-referenced evaluation)
② 준거지향평가(criterion-referenced evaluation)
③ 능력지향평가(ability-referenced evaluation)
④ 성장지향평가(growth-referenced evaluation)

초등 07 〈보기〉 중 규준참조평가(norm-referenced evaluation)와 준거참조평가(criterion-referenced evaluaiton)의 차이에 대한 올바른 진술로 짝지은 것은?

〈보기〉

(가) 규준참조평가는 발달적 교육관에 근거하지만, 준거참조평가는 선발적 교육관에 근거한다.

(나) 규준참조평가에서는 변별도보다 타당도가 중시되지만, 준거참조평가에서는 타당도보다 변별도가 중시된다.

(다) 규준참조평가에서는 다른 학생들보다 높은 점수를 얻기 위해 노력해야 하지만, 준거참조평가에서는 목표에 도달하고자 노력해야 한다.

(라) 규준참조평가에서의 원점수는 규준에 따라 상대적으로 해석되지만, 준거참조평가에서의 원점수는 설정된 기준에 따라 일정 의미를 지닌다.

① (가), (나)   ② (가), (다)   ③ (나), (다)   ④ (다), (라)

초등 09 능력참조평가(ability-referenced evaluation)와 성장참조평가 (growth-referenced evaluation)의 특징을 〈보기〉의 내용과 옳게 짝지은 것은?

───〈보기〉───

(ㄱ) 학생들의 상대적 서열에 초점을 맞춰 능력의 변별에 관심을 둔 평가 이다.
(ㄴ) 학생들의 성장단계를 고려해 학년별 성취 목표의 달성 여부에 관심을 둔 평가이다.
(ㄷ) 학생들이 자신의 능력수준에서 그 능력을 얼마나 발휘하느냐에 관심을 둔 평가이다.
(ㄹ) 교수·학습과정을 통한 변화에 관심을 두며 초기 능력수준에 비해 얼마만큼 능력의 향상을 보였느냐를 강조하는 평가이다.

	〈능력참조평가〉	〈성장참조평가〉
①	(ㄱ)	(ㄴ)
②	(ㄱ)	(ㄹ)
③	(ㄷ)	(ㄴ)
④	(ㄷ)	(ㄹ)
⑤	(ㄹ)	(ㄴ)

중등 92 상대평가와 절대평가의 비교로서 옳은 것은?

	〈상대평가〉	〈절대평가〉
①	선발적 교육관	발달적 교육관
②	정적 분포	부적 편포
③	운전면허시험	대학입학학력고사
④	목표지향평가	규준지향평가

중등 95 〈보기〉에서 상대평가(규준지향평가)의 방법 대신 절대평가(준거지향평가)의 방법을 도입함으로서 개선될 수 있는 문제점만을 <u>모두</u> 고른 것은?

〈보기〉

(가) 지나친 경쟁이 조장되어 상호협력학습이 이루어지기 힘들다.
(나) 수업목표의 성취 여부를 확인하기 어렵다.
(다) 학생들이 시험 위주로 공부를 한다.
(라) 정의적 특성이 평가의 영역에서 제외된다.

① (가)　　　　　② (가), (나)
③ (가), (나), (다)　　　④ (가), (나), (다), (라)

중등 96 절대기준평가와 상대기준평가를 비교한 것으로 잘못된 것은?

〈비교 기준〉	〈절대기준평가〉	〈상대기준평가〉
① 이론적 모형의 예 : 학업성취모형	————	심리검사모형
② 이상적 분포 : 부적 편포	————	정상 분포
③ 검사도구의 예 : 표준화 검사	————	자격시험
④ 원점수 해석 기준 : 준거(criteria)	————	규준(norm)

중등 97 '준거지향검사(Criterion-referenced test)'의 특성을 가장 잘 설명하고 있는 것은?

① 개인차를 변별하는 데 기본 목적을 둔다.
② 학습자의 구체적인 성취행동에 초점을 맞춘다.
③ 일반적으로 50% 정도의 난이도를 유지한다.
④ 개인 간 점수의 분산이 클수록 우수한 검사이다.

중등 99   다음 중 규준지향평가의 특징으로 볼 수 <u>없는</u> 것은?

① 개인차 범위의 극대화를 통해 엄밀하고 정확한 측정을 시도한다.

② 이 평가로 얻은 원점수를 바르게 해석하기 위해서는 비교척도가 필요하다.

③ 적절한 환경과 노력이 있다면 모두 다 기대수준에 도달할 수 있다는 믿음을
   가지고 있다.

④ 목표 달성 여부보다는 학생 가능 상호비교에 몰두하게 하여 교수·학습과정
   의 개선에 의미하는 시사를 주기 어렵다.

중등 00   절대기준평가(준거지향평가)에서 평가기준의 근거가 되는 것은?

① 성취목표

② 교사의 판단

③ 학생들의 성적 분포

④ 학부모와 학생의 요구

중등 04   규준지향평가와 준거지향평가를 비교한 것으로 적절한 것은?

〈규준지향평가〉	〈준거지향평가〉
① 절대평가 ————	상대평가
② 타당도 강조 ————	변별도 강조
③ 선발적 교육관 ————	발달적 교육관
④ 부적편포 기대 ————	정상분포 기대

중등 06 규준참조평가(norm-referenced evaluation)에 관한 진술로 가장 거리가 <u>먼</u> 것은?

① 규준이란 교과에서 설정한 학습목표이다.

② 학생 상호간의 점수 경쟁을 조장할 수 있다.

③ 개인의 집단 내 상대적 위치에 대한 정보 파악이 용이하다.

④ '수·우·미·양·가'의 평어를 부여할 때는 미리 정해 놓은 각 등급의 배당 비율을 따른다.

제3부 　총평, 측정, 검사

총평, 측정, 검사

1   총평

1) 개 념

Henry A. Murray(1893~1988)

총평(assessment)이란 인간의 특성을 하나의 검사나 도구로 측정하여 평가하는 것이 아니라 여러 다양한 방법을 동원하여 종합적으로 평가하는 방법으로, 사정이라고도 한다. 그러므로 총평은 지필검사와 같은 단일한 방법에 의하여 자료를 수집하는 것이 아니라 관찰, 구술, 면접 등의 다양한 방법을 통해 얻은 자료를 가지고 종합적으로 평가하는 방법이다. 총평이란 용어는 Murray(1938)가 처음으로 사용하였으며, OSS 총평에서는 전인적 평가로 불리고 있다. 여기에서 총평의 개념은 특별한 목적과 환경, 과업과 준거에 비추어 개인의 특성에 대한 의사를 결정하기 위하여 사용한다.

OSS 총평이란 제2차세계대전 중 미국 국방성에서 군사 첩보요원을 양성하기 위하여 첩보요원으로서의 적성을 지니고 있는지를 평가하는 방법으로 3일간 심층면접과 검사를 실시하고 집중관찰을 하여 종합적인 평가방법을 통해 선발하는 제도다. 계속적인 관찰 속에서 지원자들을 소집단으로 구성하여 생활하게 하며 상황검사(situational test), 적성검사(aptitude test), 투사적 방법(projective technique), 집중면담을 실시하며, 인과적인 조건과 비공식적 조건에서 관찰을 실시한다. OSS 총평의 목적은 개인과 환경에 관한 증거를 찾고, 두 요인을 관련시켜 인간행동 변화와 현상을 이해하며, 예언과 분류, 실험 등을 통하여 미래를 예측할 수 있도록 하는 것이다.

Popham(2011)은 총평이란 교육적으로 관심 있는 변수의 관점에서 학생의 특성이나 현재의 상황을 결정하기 위한 공식적인 시도라 정의하고 있다. 그러므로 교사가 학생을 총평하려는 목적은 학생의 장단점을 진단하고, 학생의 진행 상황을 모니터링하며, 학생에게 성적을 부여하고, 교육의 효과성을 검증하는 데 있다고 하였다(성태제, 2014).

최근에는 지필검사에 의하여 학습자를 평가하는 수준을 넘어서 보다 종합적인 평가를 통하여 학생들을 평가하여야 한다는 주장이 대두되는 데 이어 수행평가(performance assessment)가 널리 사용되고 있다. 수행평가는 제15장에서 설명한다.

2) 절 차

Airasian(1991)은 **총평**을 위한 **절차**를 다음 4단계로 설명하였다.

- 1단계: 평가대상에 대한 다양한 정보를 수집한다.
- 2단계: 수집된 정보들을 해석한다.
- 3단계: 정보들을 종합한다.
- 4단계: 정보를 선별하기 위해 서술하고 판단한다.

총평은 측정이나 검사와 달리 평가대상의 여러 정보를 수집하고 종합하여 평가하므로 다양한 정보를 수집하는 것이 중요하다.

2 측 정

1) 개 념

우주에 존재하는 모든 사물은 똑같은 것이 없다. 수만 분의 일의 오차도 허용되지 않는 최첨단 과학 제품이라 할지라도 엄밀한 의미에서 똑같은 것은 없다. 이같이 다양한 사물은 각기 다른 속성을 가지며, 독특한 특징을 지닌다고 할 수 있다. 인간 역시 태어날 때부터 각기 다른 모습으로 태어난다. 일란성 쌍생아라 할지라도 신체적 조건뿐 아니라 많은 면에서 다른 모습을 발견할 수 있다. 그러므로 인간의 다양성은 **개인차**(individual difference)라는 주제로 교육심리학에서 중요한 연구과제가 된다. 교수·학습이론에서는 개인의 특성인 개인차를 고려한 적성-교수방법 상호작용이론(Apperception Treatment Interaction: ATI) 등이 제안되었으며, 측정이론에서는 인간의 각기 다른 능력수준을 정확하게 추정하기 위하여 검사이론이 발전되고 있다.

사물이나 사람을 구분할 때 사물은 색, 형태, 무게 등으로 분류할 수 있으며, 사람 역시 키나 체중 같은 외모적 특성에 의하여 분류할 수 있다. 어떤 경우에는 그 사람은 멋있다느니, 머리가 좋다느니, 혹은 성격이 좋다느니 하는 말로 다른 사람과 구별하기도 한다.

Edward L. Thorndike(1874~1949)

Thorndike(1918)는 어떠한 것이 존재한다면 그것은 양으로 존재하기 때문에 측정할 수 있다고 주장하였다. 날씨가 덥다든지, 길이가 길다든지, 시간이 많이 걸린다든지, 능력이 높다든지 하는 말은 재고자 하는 속성이 존재하기 때문에 이와 같은 속성은 얼마든지 측정할 수 있다는 것이다. 따라서 **측정**(measurement)이란 사물의 성질을 구체화하기 위하여 수를 부여하는 절차라고 정의한다. Stevens(1946)는 측정이란 규칙에 의하여 사물이나 사건에 수를 할당하는 것이라 정의하였고, Hopkins, Stanley, 그리고 Hopkins(1990)는 사물을 구별하는 과정이라고 정의하였다.

측정의 대상은 직접 측정이 가능한 것과 직접 측정이 불가능하여 간접 측정만이 가능한 대상으로 구분된다. 예를 들어, 가시적인 길이, 무게 등은 직접 측정이 가능하지만 인간이 지니고 있는 잠재적 특성(latent trait)은 직접 측정이 불가능하다. 그러므로 인간이 내면에 지니고 있는 능력은 검사라는 도구를 사용하여 측정할 수밖에 없다. 그 예로 지능, 성격, 흥미, 태도, 자아개념, 학업성취도 등을 들 수 있다.

2) 목 적

어떤 사물에 대하여 크다든지, 어떤 사람에 대하여 젊다 매력적이다라는 말은 그 사물과 사람을 관찰한 사람의 주관적 판단이다. 즉, 판단하는 사람의 기준에 의한다. 만약, 어떤 친구가 교제하고 있는 여성에 대하여 키가 크고 날씬하다고 하였을 때 그 판단은 어떤 친구의 가치판단이 포함되어 있다는 것이다. 다른 친구에게도 그 여성이 키가 크게 느껴지고 날씬하게 여겨진다고 할 수는 없다. 키가 크다고 말할 때 어떤 사람은 180cm 이상을, 어떤 사람은 170cm 이상을 기준으로 할 수 있기 때문이다. 이와 같이 사물의 특성이 언어적으로 표현될 때 측정의 주체에 따라, 그리고 측정의 대상에 따라 달라진다. 앞에서 언급한 경우와 같이 동일한 사람이라 할지라도 그 사람에 대한 속성은 언어적으로 달리 표현될 수 있다.

측정은 가능한 측정의 결과를 수량화하고자 한다. 그 여성은 키가 크다는 표현보다는 172cm라든지, 머리가 좋다는 말보다는 지능지수가 135라고 표현한다. 이와 같이 **측정**의 **목적**은 사물이나 사람의 속성을 수량화할 때 언어적 표현에 따르는 모호성과 막연성을 배제할 수 있고, 판단에 따른 실수의 근원을 감소시킬 수 있다. 특히, 과학분야에서는 이와 같은 절차를 거칠 때 타인과의 의사소통을 원활히 할 수 있다. 만약, 매우 자세한 자료가 요구되는 연구보고서에서 언어적 표현에 의한 결과만 제시되었을 때 그 논문의 내용을 학계에서 어떻게 토론할지 상상해 본다면 측정목적의 필요성을 직감할 수 있다.

3) 절 차

측정대상, 그 대상의 특성에 따라 측정방법은 매우 다양하다. 측정방법으로는 직접 측정이 가능한 측정도구에 의한 방법, 간접 측정방법으로 검사도구를 사용하는 검사지법, 그리고 관찰, 면접 등이 있다. 이처럼 다양한 측정방법이 일반적으로 지켜야 할 **측정절차**는 다음과 같다.

① 측정하고자 하는 대상 선정
② 규명된 측정대상의 측정하고자 하는 행위나 속성을 구체화
③ 측정단위에 수를 할당하는 기본규칙 설정

우선, 사람이든, 사물이든 측정하고자 하는 대상을 밝힌 다음, 측정하고자 하는 행위나 속성을 구체화한다. 측정대상이 사람일 때 측정의 행위나 속성으로서

는 키, 몸무게, 팔 굽혀 펴기 횟수, 100m를 달리는 데 걸리는 시간 등이 될 수 있다. 사물이 측정의 대상으로 선정되었을 때 측정의 속성은 크기, 부피 등을 들 수 있다. 그리고 나서, 측정단위에 수를 할당하는 기본규칙을 정한다. 길이를 잴 때 m로 한다든지, cm로 한다든지 등의 측정단위를 선정하여야 한다. 이상과 같은 절차에 따라 측정이 수행될 때 측정의 오차를 줄일 수 있다.

4) 척 도

사물이나 사람의 특성을 측정하고자 할 때 측정단위를 설정하여야 하는데, 이 측정의 단위를 **척도**(scale)라 한다. 척도는 명명척도, 서열척도, 등간척도, 비율척도, 절대척도로 구분된다.

명명척도(nominal scale)는 사물을 구분, 분류하기 위하여 사용되는 척도다. 예를 들어, 성별, 인종, 색깔 등을 들 수 있다. 그러므로 명명척도는 사물 하나에 이름을 부여하는 일대일 대응(one to one transformation)의 특징이 있다. 일부 학자는 사물에 이름을 부여하는 것은 측정이라 볼 수 없으므로 척도에 포함시키지 않아야 한다고 주장한다. 그러나 사물에 이름을 부여하는 것도 사물을 구분, 분류하는 것이므로 척도로 분류한다.

서열척도(ordinal scale)란 사물이나 사람의 상대적 서열을 표시하기 위하여 쓰이는 척도로서 학생들의 성적의 등위, 키 순서 등을 들 수 있다. 서열척도는 서열 간의 간격이 같지 않으므로 측정단위의 간격 간에 등간성이 유지되지 않는다. 예를 들어, 1등과 2등의 점수 차이와 5등과 6등의 점수 차이를 비교할 때 등위의 차이는 각각 1등으로 같으나 점수의 차이는 같지 않다. 이는 서열 간에 등간성을 유지하지 못함을 말한다. 서열척도의 다른 특징으로 서열이 증가할 때 서열을 나타내는 측정치는 감소하지 않고 계속 증가하거나, 반대로 증가하지 않고 계속 감소한다. 이를 단조증가함수(monotonic increase function) 특성이나 단조감소함수(monotonic decrease function) 특성이라 한다.

등간척도(interval scale)는 임의영점과 가상적 단위를 지니고 있으며, 동일한 측정단위 간격에 동일한 수적 차이를 부여하는 척도를 말한다. 예로, 온도와 검사점수를 들 수 있다. 온도를 측정하는 단위에서 0℃는 온도가 전혀 없음을 뜻하는 것은 아니며, 물이 어는점을 0℃라고 임의적으로 협약한 것이므로 이를 임의영점 혹은 가상영점이라 한다. 또한 1℃라는 단위는 절대적인 것이 아니라 상호협약에 의하여 얼마만큼의 온도를 1℃로 정하였으므로 이는 가상적 단위가 되며, 등간성을 유지한다. 그러므로 0℃에서 5℃까지의 온도 차이는 20℃와 25℃의 차이와 같다. 이는 똑같은 측정단위 간격에 동일한 수적 차이를 부여하므로 등간척도는 등간성을 유지하는 특징을 지닌다.

비율척도(ratio scale)란 절대영점과 가상적 단위를 지니고 있으며, 동일한 간격에 동일한 수적 차이를 부여하는 척도를 말한다. 예를 들어, 무게, 길이 등을 들 수 있다. 무게와 길이가 0이란 뜻은 아무것도 존재하지 않으므로 절대영점을 의미한다. 영어로 표현하면 절대영점은 nothing을 말하며, 상대영점은 something을 말한다. 그리고 길이를 나타내는 단위로 m, cm, feet는 협약에 의하여 결정된 것으로, 이는 가상적, 즉 임의적으로 설정한 단위다. 예를 들어, 영국에서 길이를 재는 단위가 다양하여 물물거래 및 길이의 측정에 혼란이 있을 때 Henry IV세가 그의 발 크기를 1foot로 하여 길이의 단위로 통일하였다. 그 후 국제적으로 사용되는 cm의 단위에 의하여 1foot는 30.3cm가 된 것이다. 만약 Henry IV세의 발 크기가 컸더라면 1foot는 50cm가 되었을 것이다.

등간척도인지 비율척도인지를 구분하기 위하여 덧셈법칙과 곱셈법칙을 적용하여 덧셈법칙만 성립하면 등간척도, 두 법칙이 성립하면 비율척도가 된다. 예를 들어, 학생들의 학업점수에 두 법칙을 적용하였을 때, 50점은 25점에 25점만큼의 점수가 더해진 것으로 덧셈법칙은 적용되나, 50점은 25점의 두 배의 점수라는 곱셈법칙은 적용되지 않는다. 즉, 학업점수 50점을 받은 학생이 25점을 받은 학생이 지닌 능력의 두 배가 되지 않는다는 것을 의미한다. 그러므로 학업점수는 등간척도가 된다. 다른 예로 20cm는 10cm에 10cm를 더한 것으로 덧셈법칙이 적용되며, 20cm 역시 10cm의 두 배가 되므로 곱셈법칙이 적용된다. 그러므로 길이를 측정하는 척도는 비율척도가 된다.

절대척도(absolute scale)는 절대영점(absolute zero, true zero)과 절대단위(absolute unit)를 지닌다. 예를 들어, 사람 수와 자동차 수를 들 수 있다. 사람 수를 나타내는 측정단위로서 0일 때 이는 한 사람도 없음을 나타내는 절대영점이며, 1, 2, 그리고 3은 절대적인 단위로서 협약하지 않아도 모두가 공감하는 측정단위를 말한다.

3 검사

1) 정 의

측정대상은 직접 측정이 가능한 것과 직접 측정이 불가능하여 간접 측정을 해야 하는 대상으로 구분된다. 인간에 내재된 잠재적 속성은 직접 측정이 불가능하기 때문에 간접 측정을 해야 하며, 이를 위해 사용되는 도구가 **검사**(test)다. 검사는 인류의 역사와 같이 시작되었다고 보아도 무리는 아닐 것이다. 다만, 형식적인 형태를 갖추었느냐에 따라 검사의 역사를 논할 수 있다. 일반적으로 검사의 기원을 737년 중국 당나라 현종 때 실시한 과거시험에서 찾는다. 표준화 검사의 기원으로는 1905년 Binet가 제작한 지능검사를 든다. 더불어 미국에서 대학입학사정 준거로 사용되는 SAT도 1926년에 시작되어 현재까지 시행되고 있다. 우리나라도 해방과 더불어 1960년대 표준화 검사의 전성기를 맞이하여 많은 표준화 검사가 제작되었다. 뿐만 아니라, 자격을 부여하는 고시는 물론 수많은 학생의 상급학교 진학을 위한 검사를 실시하고 있다. 특히, 외국에 비하여 상급학교 진학을 위한 결정적 변수는 검사 결과라 해도 지나친 말은 아니다. 검사는 여러 형태가 있을 수 있으며, 지필검사(paper and pencil test)가 가장 일반적이나 컴퓨터를 이용한 컴퓨터화 검사(computerized test)가 보편화되고 있다.

Findley(1963)는 검사의 기능을 교수적 기능, 행정적 기능, 상담적 기능 (guidance function)으로 구분하여 제시하였다.

검사의 **교수적 기능**(instructional function)은 교사들에게 교과목표를 확인시켜 주며, 학생과 교사들에게 송환효과를 제공하고, 학습동기를 유발하며, 시험의 예고는 복습을 위한 수단이 된다. 또한 검사를 통하여 잘못된 인지구조나 학습태도를 고칠 수 있다.

행정적 기능(administrative function)은 교육 프로그램, 학교 혹은 교사를 평가하고 학생들을 분류, 배치하는 데 사용된다. 선발기능으로서 대학입학, 입사, 그리고 자격증 부여 등을 들 수 있다. 뿐만 아니라, 학교나 학교구조의 질을 통제할 수 있다.

상담적 기능(guidance function)은 피험자의 정의적 행동특성을 진단·치료하는 데 있다. 즉, 적성검사, 흥미검사, 성격검사 등을 통하여 피험자가 지니고 있는 문제점을 발견할 수 있다. 심지어 학업성취도검사를 통해서도 피험자의 진단이 가능하다. 예를 들어, 학업성취도검사 점수의 급격한 변화, 특히 급격한 하락은 피험자에게 심리적 변화가 있음을 예견하여 상담의 필요성을 제공한다.

검사의 기능으로 교수적 기능과 상담적 기능이 매우 중요함에도 불구하고 우리나라의 경우는 행정적 기능이 강조되고 있다.

검사의 기능이 다양해지면서 학생, 교사, 상담교사, 교장 선생님들과 지역사회 구성원들이 검사에 대해 갖는 관심은 다양하다. Kubiszyn과 Borich(2010)은 검사에 대한 다양한 관심을 [그림 5-1]과 같이 설명하고 있다.

검사를 사용함에 있어 교장, 학생, 상담 교사들은 다소 다른 관심을 지니고 있

[그림 5-1] 검사 활용에 대한 다양한 관심

으며, 해당 교육구의 학교위원회, 감독관, 교사연합에서 강조하는 것도 다르다. 지역사회는 학부형의 관점에서뿐만 아니라 시민 단체, 교육기관, 법적 문제 등에 관심을 두고 있다. 이와 같이 검사에 대하여 보는 관점이 다르다 하더라도 학생의 장단점을 진단하고, 학생의 진행 상황을 모니터링하며, 학생에게 성적을 부여하고, 교육의 효과성을 검증하는 데 목적이 있다고 할 수 있다(성태제, 2014).

2) 종 류

검사는 인간의 잠재적 특성을 측정하는 도구로서 측정내용에 따라 매우 다양하다. 인간의 잠재적 특성은 인지적 행동특성, 정의적 행동특성, 심동적 행동특성으로 구분할 수 있다. 인지적 영역은 인간의 지적 능력과 관련된 영역으로 지능검사, 학업적성검사, 학업성취도검사가 있다. 지능검사는 지적 기본능력을 측정하는 검사로서 대표적인 지능검사는 Binet검사와 Wechsler검사가 있다. 학업적성검사(scholastic aptitude test)는 미래의 학업을 얼마나 성공적으로 할 수 있는지를 예언하는 검사로 SAT, TOEFL 등을 들 수 있다. 학업성취도검사(academic achievement test)는 개인의 지식, 기술 등의 현재 성취 정도를 측정하기 위한 검사로서 가르친 내용을 얼마만큼 알고 있는지를 측정하는 검사로 학교현장에서 제작되어 실시되는 검사의 대부분을 차지한다.

정의적 행동특성을 측정하는 검사는 정의적 행동특성이 다양하기 때문에 수많은 검사들이 제작되었다. 예를 들어, 성격검사, 흥미검사, 불안도검사, 직업적성검사, 어떤 사건이나 사물에 대한 느낌을 묻는 검사 등이 있다. 성격검사라 할지라도 성격을 규명함에 있어 연구자마다 다양하게 정의하기 때문에 다른 정의에 따라 다양한 검사가 있을 수 있다. 즉, 인간의 심리적 특성뿐 아니라 인간의 느낌을 묻는 질문도 적지 않다. 어떤 정책에 대하여 찬반 여부를 묻는다든지, 어떤 사건에 대한 지각 등을 묻는 질문들도 있다. 학교에 대한 만족도나 직업의식 등을 묻는 검사는 정의적 행동특성을 측정한다. 이와 같은 검사는 조사방법을 통하여 많이 사용되고 있다.

심동적 행동은 가시적 인간행동에 대한 것으로 일반적으로 점검표나 채점표에 의하여 측정된다. 심동적 행동을 측정하는 예로 무용 실기라든지 피겨스케이팅

등 어떤 행위의 숙련도를 측정하는 검사들이 있다. 이와 같이 행위의 완성도를 측정하는 검사를 **수행검사**(performance test)라 한다. 최근에는 심동적 영역에 국한하던 수행검사를 지적 능력을 측정하는 데 이용하고 있다(성태제, 1995a). 과학적 지식을 습득한 다음 단계로서 어떤 실험을 수행할 수 있는지를 점검하기 위하여 수행검사를 실시하는 것이 그 예다.

(1) 지능검사, 학업적성검사, 학업성취도검사

인지능력을 측정하는 검사는 지능검사, 학업적성검사, 학업성취도검사가 있다. **지능검사**(intelligence test)는 지적 능력을 측정하는 최초의 검사로, 지능에 대한 정의에 따라 검사가 제작되어 왔다. Binet는 지능을 잘 이해하고 판단하며 추리하는 능력이라 정의하고, Binet와 Simon이 지능검사를 만든 후 많은 지능검사가 제작되었다. 이어서 요인분석을 이용하여 Thurstone은 지능을 어휘력, 수리력, 지각력, 공간력, 추리력, 기억력, 언어 유창성으로 구성되었다고 정의하였으며, 이 정의에 근거한 개인위주의 지능검사가 개발되었고, 이어 집단검사 형태의 Army 검사가 제작되었다. 그후 Binet 검사와 Wechsler 검사가 제작되었으나 지능검사는 막연하고 포괄적이며 언어와 수리에 치우쳐 학교 학습과 관계가 적으며, 인종에 대한 편파성이 있다는 비판에 따라 상담을 위한 자료로도 활용되지 않는 것이 미국의 추세다. 뿐만 아니라, 지능에 대한 정의도 다른 관점에서 제시되어 Sternberg(1985)의 삼원지능이론과 Gardner(1983)의 다중지능이론이 출현하였다.

Alfred Binet(1857~1911)

Theodore Simon(1873~1961)

지능검사의 모호성에 대한 비판과 학교 학습과 관련된 능력을 측정하고자 하는 움직임에 의해 출현한 검사가 학업적성검사다. **학업적성검사**(scholastic aptitude test)는 개인이 미래의 학습을 얼마나 잘 할 수 있는지를 예견하기 위한 검사다. 학업적성검사는 미래 행위의 성공 가능 여부를 예견하므로 예측타당도가 중시되고, 미래학습을 위한 잠재적 능력을 측정하므로 축적된 학습내용을 측정한다. 학업적성검사의 예로 SAT, TOEFL, GRE 등을 들 수 있다.

Howard E. Gardner(1943~　)

학업성취도검사(academic achievement test)는 현재 개인의 지식, 기술, 성취 수준을 측정하기 위한 검사로서 가르치고 배운 내용을 얼마만큼 알고 있느냐를 측정한다. 검사의 목적이 지식이나 기술의 현재 수준을 측정하므로 내용타당도가 중요시되며, 예전부터 축적된 학습내용보다는 최근에 배운 학습내용을 측정한다. 그러므로 학업성취도검사는 학교 학습과 밀접한 관련을 지닌다. 학업성취도검사의 예는 SAT subject, ACT, 그리고 1994학년도 이전에 실시된 대학입학학력고사를 들 수 있다.

이상에서 설명한 바와 같이 지능검사, 학업적성검사, 학업성취도검사의 **차이**를 정리하면 〈표 5-1〉과 같다.

〈표 5-1〉 **지능검사, 학업적성검사, 학업성취도검사의 비교**

내용＼종류	지능검사	학업적성검사	학업성취도검사
검사목적	지적 능력 파악	미래학습 성공 여부	현재 지식, 기술 수준
측정내용	일반 지적 능력	예전 학습내용	최근 학습내용
교과목 관련성	낮음	보통	높음
검사 난이도	쉬움	보통	어려움
중요 타당도	내용/구인타당도	예측타당도	내용타당도
검사 종류	Binet, Wechsler	SAT, GRE	SAT subject, ACT, 대입학력고사

세 검사를 비교할 때 검사의 목적이 다르므로 측정내용, 측정범위, 검사의 난이도 등에서 차이가 있다. 측정내용에 있어서 지능검사는 일반 지적 능력을, 학업적성검사는 학업과 관련된 보편적 학습능력으로서 과거부터 배워 축적된 학습경험을, 학업성취도는 최근에 배운 내용을 측정한다. 그러므로 측정내용의 범위가 가장 넓은 검사는 지능검사이며, 학업성취도검사는 교과목과 밀접한 내용에서 출제하므로 출제범위가 상대적으로 좁다. 이와 같은 관점에 비추어 검사 난이도는 지능검사, 학업적성검사, 그리고 학업성취도검사의 순서로 어렵다.

지능검사, 학업적성검사, 학업성취도검사 모두 지적 능력을 측정하므로 동일선상에 위치하며, 세 검사의 관계는 [그림 5-2]와 같다.

지능검사   학업적성검사   학업성취도검사

[그림 5-2] **지능검사, 학업적성검사, 학업성취도검사의 관계**

지능검사, 학업적성검사, 학업성취도검사를 구분하는 절대적 기준점은 없으나 앞의 설명을 기준으로 하여 이들 검사를 규정할 수 있다. 고등학교에서 실시하는 검사는 일반적으로 학업성취도검사다. 학업성취도검사는, 첫째 교수 · 학습목표에 명시된 내용을 측정하고, 둘째 가르치고 배운 내용을 측정하며, 셋째 가장 보편적이고 적절한 문항 유형을 사용하고, 넷째 검사결과를 어떻게 사용할 것인지를 염두에 두어야 한다.

(2) 규준참조검사와 준거참조검사

검사의 세 가지 기능 중 사회적으로 가장 강조되는 것이 행정적 기능으로 자격증을 부여하거나 당락을 결정하기 위하여 많은 검사가 사용되고 있다. 특히, 우리의 교육현장에서 검사의 결과는 상위 학교 진학을 위한 매우 중요한 자료로 사용되고 있다. 뿐만 아니라, 간호사, 약사, 의사와 같은 자격증을 부여하기 위하여 검사들이 시행되고 있다.

앞의 두 검사에서 알 수 있듯이 검사는 목적에 따라 크게 두 종류로 나뉜다. 하나는 대학입학 사정에 사용되는 규준참조검사며, 다른 하나는 자격시험과 같은 준거참조검사다.

규준참조검사(norm-referenced test)는 상대비교평가의 목적을 수행하기 위하여 시행되는 검사로서 학생이 얼마만큼의 능력을 보유하고 있는가에 관심을 두기보다는 다른 학생과 비교하여 어느 위치에 있는가를 밝히는 데 목적을 둔다. 즉, 검사점수의 결과를 상대적 서열점수로 변환하여 그 상대적 서열에 의한 정보에 의하여 행정적 결정을 하게 된다. 그 전형적인 예로 현행 대학입시제도를 들 수 있다. 그러므로 규준참조검사는 검사에 응시하는 학생들의 점수를 다양하게 부여하기 위하여 문항 난이도가 다양한 문항으로 구성된다. 예를 들어, 규준참조검사를 위한 50점 만점의 검사가 있다면 학생들의 점수범위가 0점에서부터 50점이 되도

록 출제되어야 한다.

규준참조검사에서 중요시되는 것은 타당도보다는 신뢰도다. 이는 점수의 상대적 서열이 중요시되므로 측정의 오차를 최소화해야 하기 때문이다. 측정의 오차가 적은 검사결과여야 상대적 서열에 대한 정보를 신뢰할 수 있다. 그러므로 규준참조검사에는 서답형 문항보다는 선택형 문항이 주로 사용된다. 논술형 문항으로 구성된 규준참조검사는 채점자의 주관적 판단을 완전히 배제하기가 어렵기 때문에 행정적 기능을 위하여 사용하기에는 어려움이 따른다.

Glaser(1963)는 규준참조검사의 문제점을 지적하며 준거참조검사의 이용을 강조하였다. **준거참조검사**(criterion-referenced test)는 준거참조평가, 목표지향평가, 혹은 절대평가의 목적을 수행하기 위하여 시행되는 검사로서 피험자의 검사점수에 따른 상대적 서열에 의하여 행정적 결정이 이루어지는 것이 아니라 피험자가 무엇을 얼마만큼 알고 있는가를 밝히는 데 중점을 두는 검사다. 그러므로 준거참조검사에서 중요시하는 요인은 준거참조평가에서 설명한 것과 같이 측정영역과 준거다. 준거참조검사는 피험자가 어떤 영역에서 얼마만큼의 능력을 지니고 있다는 직접적인 정보를 제공하며, 미래의 어떤 일을 성공적으로 수행할 수 있는지를 판단하는 목적을 지닌 검사에 사용된다. 예를 들어, 의사자격시험을 들 수 있는데, 만약 규준참조검사에 의하여 의사자격증을 부여한다면 의사자격증 부여 기준이 응시자 집단 특성에 의하여 매년 달라지는 문제점을 지니게 된다. 그러므로 어느 해는 의사로서의 진료를 성공적으로 수행할 수 없는 수련생에게 의사자격증이 부여되는 모순을 범할 수 있다. 그러므로 미래의 업무에 대한 성공 여부가 중요할 때 준거참조검사가 실시되어야 하며, 준거 역시 신중하게 설정되어야 한다.

준거참조검사를 제작하기 위하여 무엇을 가르쳤고, 무엇을 측정할 것인지, 그리고 검사목적이 배치(placement)에 있는지, 합격 또는 불합격 판정에 있는지를 규명하여야 한다. 이에 따라 측정영역을 구체화하며, 동시에 준거를 설정하여야 한다. 측정영역의 구체화는 조작적 정의에 의하여 이루어지고 준거판단은 검사제작전문가의 경험적 자료에 근거한 주관적 판단에 의하여 이루어진다.

준거참조검사는 학생들을 변별하여 1등부터 꼴찌까지 배열하는 데 목적이 있는 것이 아니라 학생이 어떤 준거에 도달하였느냐에 관심을 가지므로 다양한 난이도의 문항으로 검사를 구성할 필요가 없다. 일반적으로 그 준거에 부합하는 수준의 난이도 문항으로 검사를 제작한다.

이상에서 살펴본 규준참조검사와 준거참조검사의 차이점은 〈표 5-2〉와 같다.

〈표 5-2〉 규준참조검사와 준거참조검사의 비교

내용＼종류	규준참조검사	준거참조검사
검사목적	피험자 서열화	학업성취도 도달 확인
검사범위	광범위한 범위	보다 규명된 영역
문항 난이도	다양한 수준 (쉬운 문항과 어려운 수준)	적절한 수준
비교내용	피험자와 피험자	피험자의 능력과 준거
기록	퍼센타일 (%) 표준점수(Z점수, T점수)	원점수와 준거점수
검사 양호도	신뢰도 강조	타당도 강조

(3) 속도검사와 역량검사

검사의 사용목적 이외에 다른 기준으로 검사시간에 의해 검사를 속도검사와 역량검사로 구분한다. **속도검사**(speed test)는 제한된 시간에 얼마나 빨리 정확하게 문제의 답을 맞히는가를 측정하는 검사로서 충분한 검사시간이 부여되지 않는다. 반면 **역량검사**(power test)는 충분한 검사시간이 부여되어 피험자가 지니고 있는 능력을 최대한 발휘하게 하여 피험자의 능력을 측정하는 검사다. 일반적으로 학업성취도검사는 역량검사의 형태를 취한다. 속도검사나 역량검사는 타당도와 신뢰도 모두 중요하나 속도검사의 경우 반분검사신뢰도를 추정할 때 검사를 양분하는 방법으로 전후법을 사용하지 않도록 주의해야 한다.

(4) 학급검사와 표준화 검사

학급검사는 규준을 설정하지 않고 교수·학습의 목적으로 사용되기 때문에 교사에 의하여 제작된다. **표준화 검사**(standardized test)란 모집단을 대표하는 피험자를 표집하여 동일한 지시와 절차에 의하여 검사를 시행한 후 객관적 채점방법에 의하여 규준이 만들어진 검사다. 표준화 검사는 검사내용전문가와 측정전문가에 의하여 제작되며, 일반적으로 검사 사용설명서(test manual)가 있다.

학급검사와 표준화 검사의 비교는 〈표 5-3〉과 같다.

〈표 5-3〉 학급검사와 표준화 검사의 비교

내용 \ 종류	학급검사	표준화 검사
검사시행지시 및 채점 요령	구체화되어 있지 않음	구체화되어 있음
검사제작자	교사	교사, 교과전문가 교육측정·검사이론전문가
규준의 단위	학급단위, 학교단위	지역단위, 국가단위
사용과 목적	개인의 상대적인 서열 비교 어떤 준거(목표)에 대한 성취 여부	개인의 상대적인 서열뿐 아니라 학교, 지역, 국가 간의 비교 가능

표준화 검사는 인간의 행동특성에 따라 크게 세 종류로 분류할 수 있다. 즉, 인지적 행동특성을 측정하는 검사, 정의적 행동특성을 측정하는 검사, 그리고 신체운동과 관련된 검사를 들 수 있다. 그러나 신체운동과 관련된 행동특성의 측정은 검사라는 도구보다는 관찰에 의하여 이루어지므로 수행평가를 실시한다.

Mehrens과 Lehmann(1969)는 표준화 검사로는 학업성취도검사, 적성검사, 흥미, 성격, 태도 검사로 분류하였고, Hopkins와 Stanley(1981)는 학업성취검사, 적성검사로 분류하여 흥미, 성격, 태도 검사를 적성검사에 포함시켰다. 뿐만 아니라, 임상현장에서는 정신분석이나 환자의 증상을 측정하는 많은 표준화 검사가 있다.

① 인지적 행동특성을 측정하는 표준화 검사

인지적 행동특성을 측정하는 대표적인 검사로서 SAT, SAT subject, ACT, California Achievement Test 등이 있다. 그리고 우리나라의 경우 전국단위 학업성취도검사와 대학입학에 영향을 주는 대학수학능력시험을 들 수 있다.

a. SAT

SAT(Scholastic Aptitude Test, Scholastic Assessment Test)는 1926년 미국에서 처음으로 8,040명에게 실시하였으며, 현재에는 매년 200만 명 이상의 고등학생들이 대학 진학을 위하여 치르는 선다형 문항 위주로 제작된 표준화 학업적성검사다. SAT는 New Jersey 주의 Princeton 시에 있는 대학입학시험관리협의체(The College Entrance Examination Board; The College Board라 약칭함: 1994)의 의뢰로 비영리 기관인 ETS(The Educational Testing Service)가 제작한다.

2016년부터 SAT I에서 SAT로 명칭을 변경하였으며 대학교육이나 경력개발을 위하여 증거에 기반한 읽기 및 쓰기, 수리, 에세이 검사로 구성되었으며 에세이 검사는 선택사항이다. SAT의 검사시간, 세부내용, 문항 유형, 점수는 〈표 5-4〉와 같다.

〈표 5-4〉 SAT의 검사 내용 및 구성

영역	검사시간	내용	문항 유형	점수
증거에 기반한 읽기 쓰기와 언어	65분 35분	• 52문항 • 44문항	사지선다형	200~800점
수리	80분 (25분/25분/20분)	• 58문항	4지 선다형, 그리드 유형	200~800점
에세이 (선택)	50분	• 1문항	논술형	세 영역에서 2~8점

SAT의 특징은 대학생활이나 경력준비를 위하여 중요하다고 판단되는 지식과 기술 그리고 이해력에 초점을 두었다. 특히 단어에 대한 의미의 확장성과 단어 선택 시 의미, 강도, 미치는 영향을 강조하였다. 답이 틀렸을 때 감점제를 폐지하였다. 작문과 언어검사는 하나의 지문에 여러 문항의 질문이 있으며 이해도를 높이거나 문장의 표현을 달리하기 위하여 대치하거나 수정할 부분을 묻는 질문에서 답지 중 '수정할 부분 없음(NO CHANGE)' 답지가 포함되었다. 검사는 8월, 10월 11월, 12월, 3월, 5월, 6월 연단위로 7번 실시한다. 미국의 대학들은 얼마간 SAT I 이나 SAT를 전형자료로 사용하나 2020년 이후는 SAT를 제출할 것을 요구하고 있으며, UC-Berkeley, UCLA, Harvard, Yale, Princeton, MIT 대학은 SAT 제출 시

에세이 검사 점수도 제출하도록 하고 있다.

b. SAT subject

SAT subject는 종전의 SAT II의 성격을 지니며 영어, 역사, 수학, 과학, 어학 과목에 관한 전문 지식의 정도와 학생들이 그 지식을 어느 정도 응용할 수 있는가의 능력을 측정하는 검사로서 보다 학업성취도검사의 성격을 지닌다. SAT subject는 각 교과 과정에 부합하는 지식과 이해 및 적용 능력을 측정하는 것을 목적으로 하며, 고등학교 교육과정의 전반적인 추세를 반영한다. SAT subject는 5가지 분야에 걸쳐 20개의 선택과목이 있으며, 각 분야에 해당하는 세부과목은 〈표 5-5〉와 같다.

〈표 5-5〉 SAT subject의 분야와 세부과목

분야	세부과목
영어(English)	문학(Literature)
역사(History)	미국 역사(United States History), 세계사(World History)
수학(Mathematics)	Level 1, Level 2
과학(Science)	생물학(Biology E/M), 화학(Chemistry), 물리학(Physics)
어학(Languages)	French, French with Listening, German, German with Listening, Spanish, Spanish with Listening, Modern Hebrew, Italian, Latin, Japanese with Listening, Korean with Listening, Chinese with Listening

시험 시간은 과목별로 1시간이며, 모든 문항이 선다형 문항이다. 수학은 50문항, 물리학은 75문항, 화학은 85문항, 생물학은 80문항, 문학은 약 60문항, 미국사는 90문항, 세계사는 90~95문항이 출제되며, 과목별 점수는 10점 단위로 200~800점으로 보고된다. 정답의 경우 1점이 되며 답이 틀렸을 때 5지 선다형 문항에서는 1/4, 사지 선다형 문항에서는 1/3, 3지 선다형 문항에서는 1/2점이 감점된다. 응답하지 않은 경우 감점되지 않는다. 2017년부터 2018년까지는 8월, 10월, 11월, 1월, 2월, 5월, 6월에 6번 시행하며, SAT와 동일한 날에 같은 검사 센터에서 검사가 시행된다. 언어의 듣기시험은 11월에만 응시가 가능하다.

Yale, Princeton, Stanford, U.C. Berkely는 SAT subject 성적은 필수 사항이 아닌 추천 사항으로 하고 있다. UCLA는 공과대학 응용과학 분야에 지원할 경우 SAT subject 중 수리검사의 level 2, 과학 분야의 생물학, 화학, 물리학 점수를, MIT는 수리검사의 level 1 또는 lelvel 2 그리고 과학 분야에서 물리, 화학, 생물학 중 1과목의 성적을 제출할 것을 요구하고 있다. Harvard는 2개 교과의 SAT subject 성적을 제출할 것을 요구한다.

c. ACT

미국 중부지역과 남부의 많은 대학이 요구하고 있는 **ACT**(American College Test)는 미국 내 전역에서 7학년부터 12학년 학생들을 위하여 제작된 교구나 교재, 그리고 주정부가 승인한 교과서의 내용을 참고하며, 중ㆍ고등학교에서 배워야 하는 내용이라고 판단되는 능력을 측정한다. ACT는 영어, 수학, 독해 시험, 과학추론(Science Reasoning: 생물, 화학, 물리, 지질ㆍ천문학) 등 중등교육과정에 바탕을 둔 성취도검사(achievement test)로 4개 분야에 관하여 시험을 실시하며, 검사 내용 및 구성은 〈표 5-6〉과 같다.

〈표 5-6〉 ACT의 검사 내용 및 구성

영 역	문항 수	검사시간	내 용
영어	40	45분	부호, 문법, 어절, 문장의 구조 등의 관용법
	35		전략, 문장의 구성 및 형태와 관련된 수사적 기능
수학	24	60분	기초대수, 초급대수
	18		중급대수, 좌표 기하
	18		기하
독해	10	35분	사회과학(역사, 경제, 사회, 심리, 정치, 인류학 등)
	10		자연과학(물리, 화학, 생물, 지구과학)
	10		산문소설(단편 혹은 소설의 일부분을 추출)
	10		인문학(예술, 철학, 영화, 건축, 무용 등)
과학추론	15	35분	자료 해석
	18		연구 및 실험
	7		연구결과의 불일치, 논쟁

ACT 점수는 과목별 점수를 합하여 4로 나눈 점수, 즉 4과목의 평균점수 (composite score)를 사용한다. 과목마다 조금씩 차이가 있긴 하지만 각 과목의 만점은 대체로 36점이며, 일반적으로 ACT 점수의 최저점수는 1점, 최고점수는 36점이며, 평균은 20점에서 21점 사이다. 1년에 보통 6회 시험을 치른다.

2005년 2월부터 30분의 작문시험이 추가되어 선택적으로 시행되고 있다. 즉, 진학을 원하는 대학에서 작문시험 성적을 요구할 경우는 시험을 치러야 하지만, 그렇지 않은 경우라면 시험을 치르지 않아도 된다. 마찬가지로 작문시험을 본 경우에도 필요에 따라 작문시험 점수를 총점에 포함시킬 수도 있고 포함시키지 않을 수도 있다. 따라서 작문시험 결과는 기존의 영어시험과 더불어 학생들의 실력을 심사하는 보충자료로 활용된다.

d. 대학수학능력시험

대학수학능력시험은 국가에서 주관하는 검사로서 1994년부터 현재까지 실시되고 있으며, 크게 열두 번의 변화를 거쳐왔다. **대학수학능력시험**(College Scholastic Ability Test)은 '대학교육에 필요한 수학능력을 측정하기 위하여 고등학교 교육과정의 내용과 수준에 따라 언어, 수리, 사회탐구, 과학탐구, 외국어(영어)의 영역별로 통합교과적 소재를 바탕으로 한 사고력 중심의 발전된 학력고사(교육부, 2001)'로 정의되었다. 2000년부터는 제2외국어의 중요성에 비추어 독일어, 프랑스어, 에스파냐어, 중국어, 일본어, 러시아어가 제2외국어 영역에 추가되었다. 이상의 정의에 바탕을 두어 2003년까지 실시된 대학수학능력시험의 성격을 살펴보면 다음과 같다.

첫째, 대학수학능력시험은 대학교육에 필요한 공통적이고 보편적 학력을 측정하는 시험으로서 고등학교 교육과정의 수준과 내용에 따른 발전된 학력고사다.

둘째, 여러 교과목의 공통적인 목표와 내용을 망라한 통합교과적 소재에서 출제되는 시험이다.

셋째, 단편적인 지식의 암기수준에 머물지 않고 자료의 해석, 원리의 응용, 현상이나 사실에 대한 논리적 분석과 판단 등의 사고력을 요구하는 사고력 중심의 시험이다.

2004년부터는 대학수학능력시험의 성격은 유지하되 선택 중심을 추구하는 제

7차 교육과정의 기본취지에 따라 언어, 수리, 외국어, 사회/과학/직업탐구, 제2외국어/한문의 시험 영역과 교과목을 자유롭게 선택할 수 있도록 시험체제를 개편하여 시행하고 있다.

　　2019학년도 대학수학능력시험의 영역별 출제범위, 문항 수, 시험시간, 문항 유형은 〈표 5-7〉과 같으며, 대학수학능력시험의 주요 특징은, 첫째, 시험영역은 국어, 수학, 영어, 사회/과학/직업탐구, 제2외국어/한문 영역으로 구분되고, 수험생은 자신의 선택에 따라 전부 또는 일부 영역에 응시할 수 있다. 둘째, 한국사가 필수과목으로 선정되어 모든 학생들이 응시하여야 하며, 점수체제는 스테나인 점수에 의한 9등급이 아니라 준거참조평가에 의한 9등급 점수가 부여된다. 셋째, 국어와 영어는 각각 한 가지 유형이며, 수학은 가형과 나형으로 구분한다. 넷째, 영어시험 점수체제도 한국사와 같이 준거참조평가에 의한 9등급 점수가 부여된다. 다섯째, 탐구영역은 사회/과학/직업탐구로 이루어지고, 사회탐구는 9과목 중 최대 2과목, 과학탐구는 8과목 중 최대 2과목을 각각 선택할 수 있으며, 직업탐구는 10과목 중 2과목을 선택할 수 있는데, 이때 각 과목에 속하는 하위교과 2개의 내용 영역이 모두 포함된다. 다섯째, 제2외국어/한문 영역은 9과목 중 1과목을 선택할 수 있다.

〈표 5-7〉 2019학년도 대학수학능력시험의 영역별 출제범위, 문항 수, 시험시간, 문항유형

영역	구분	문항 수	문항유형	배점 문항	배점 전체	시험시간	출제범위(선택 과목)
국어		45	5지 선다형	2, 3	100	80분	화법과 작문, 독서와 문법, 문학을 바탕으로 다양한 소재의 지문과 자료를 활용하여 출제
수학 (택 1)	가형	30	1~21번 5지 선다형, 22~30번 단답형	2, 3, 4	100	100분	미적분II, 확률과 통계, 기하와 벡터
	나형						수학II, 미적분 I, 확률과 통계
영어		45	5지선다형 (듣기 17문항, 읽기 28문항)	2, 3	100	70분	영어 I, 영어 II를 바탕으로 다양한 소재의 지문과 자료를 활용하여 출제

한국사 (필수)		20	5지선다형	2, 3	50	30분	한국사에 대한 기본 소양을 평가하기 위해 핵심 내용 위주로 출제
탐구 (택 1)	사회 탐구	과목당 20	5지 선다형	2, 3	50	과목당 30분 (최대 60분)	생활과 윤리, 윤리와 사상, 한국 지 리, 세계 지리, 동아시아사, 세계사, 법과 정치, 경제, 사회 · 문화 9개 과목 중 최대 택 2
	과학 탐구	과목당 20	5지 선다형	2, 3	50	과목당 30분 (최대 60분)	물리 I , 화학 I , 생명과학 I , 지구과 학 I , 물리 II, 화학 II, 생명과학 II, 지구과학 II 8개 과목 중 최대 택 2
	직업 탐구	과목당 40	5지 선다형	2, 3	100	60분	농업 이해, 농업 기초 기술, 공업 일 반, 기초 제도, 상업 경제, 회계 원리, 해양의 이해, 수산 · 해운 산업 기초, 인간 발달, 생활 서비스 산업의 이해 10개 과목 중 최대 택 2
제2외국어/ 한문		과목당 30	5지 선다형	1, 2	50	40분	독일어 I , 프랑스어 I , 스페인어 I , 중국어 I , 일본어 I , 러시아어 I , 아랍어 I , 베트남어 I , 한문 I 9개 과목 중 택 1

② 정의적 행동특성을 측정하는 표준화 검사

정의적 행동특성의 중요성에 비추어 많은 표준화 검사가 개발되었다. 정의적 행동특성을 측정하는 검사로 인성검사, 적성검사, 직업흥미검사 등을 들 수 있다. 외국에는 Strong Campbell 직업흥미검사, Rorschach 잉크반점검사, 주제통각검사 등이 있다. 이 검사들에 대해서는 제6장에서 설명한다.

③ 표준화 검사 선택 시 유의사항

모든 목적에 부합하는 검사는 없다. 그러므로 표준화 검사를 선택할 경우 다음 내용을 확인하여야 한다.

- 측정하고자 하는 내용에 부합하는 검사를 선택한다.
- 검사하고자 하는 집단의 특성에 맞는 검사를 선택한다.

- 검사 소요시간, 검사결과의 활용을 고려한다.
- 문화적으로, 인종과 성별에 따른 차별기능 문항이 있는지 확인한다.
- 타당도와 신뢰도를 확인한다.
- 표준화 검사를 위한 규준이 최근 규준인지 확인한다.

검사에 대하여 많이 알수록 좋은 검사를 선택할 수 있다. 검사가 지닌 문항 내용, 문항 특성 등에 대한 세밀한 분석은 올바른 검사를 선택할 수 있으며, 검사결과의 이용을 최대화할 수 있다.

3) 검사가 정의적 행동특성에 미치는 영향

검사는 피험자의 정의적 행동특성에 적지 않은 영향을 준다. 검사의 예고는 검사 불안을 야기하는 동시에 학습동기를 유발한다. 만약, 검사불안의 수준이 매우 높으면 학습동기를 상실하는 경우도 있게 된다. 특히, 고시 등을 준비하는 수험생에게 검사불안은 능력 발휘에 큰 영향을 준다. 그러므로 피험자는 적절한 수준의 검사불안을 유지하도록 노력하며 검사 실시자 역시 과대한 검사불안을 조장하지 않도록 배려하여야 한다. Ebel(1965)은 검사불안이 높으면 학업성취도는 떨어지며, 적절한 수준의 불안이 학업성취도를 높인다고 보고하고 있다.

검사의 결과는 개인의 자아개념에 영향을 준다. 만약 검사에서 성공적 경험을 맛본 사람은 그 교과에 대하여 할 수 있다는 긍정적 자아개념이 싹트고 이로 인하여 해당 교과에 대한 흥미가 유발되어 노력을 하게 된다. 그러나 검사에서 실패의 경험이나 매우 낮은 점수를 획득한 경험을 하게 되면 그 내용에 대하여 할 수 없다는 부정적 자아개념이 싹트고 이로 인해서 해당 교과에 대한 흥미를 상실하므로 더 이상 노력을 하지 않아 부정적 자아개념이 고착되게 된다. 여기에서 알 수 있는 것은 각기 다른 수준의 검사 제시가 학생의 긍정적이거나 부정적 자아개념을 형성한다는 사실이다. 이를 나타내면 [그림 5-3]과 같다.

[그림 5-3] 검사에 따른 자아개념 형성

　　교육목표나 교과내용의 수준과 개인의 능력수준이 부합하는 검사를 실시하면 검사에 대한 흥미가 유발되고 동기가 형성되어 문항을 잘 풀려는 노력에 의해 좋은 결과를 얻게 된다. 이러한 성공의 경험은 측정내용에 대한 긍정적 자아개념을 형성하는 시초가 되고, 그 다음의 검사에서도 이런 과정을 누적적으로 경험한 피험자는 그 교과내용에 대하여 긍정적 자아개념을 갖게 되어 자신감이 생기며, 그 교과에 적성이 있다고 말한다. 반대로 교육목표나 교과내용과 괴리가 있는 검사내용, 혹은 피험자 능력수준을 전혀 고려하지 않은 매우 어려운 검사나 매우 쉬운 검사는 특별한 목적이 없는 한 흥미를 상실하게 된다. 흥미를 상실하면 동기가 유발되지 않아 어려운 문항에 대한 응답을 포기하거나 쉬운 문항에 대하여 부주의하므로 실패를 경험하게 된다. 이와 같은 실패의 경험은 부정적 자아개념 형성의 씨앗이 되며, 이와 같은 경로의 경험이 누적될 때 부정적 자아개념이 고착되어 적성이 없다고 생각하게 된다. 그러므로 검사를 통하여 피험자들에게 성공적 경험을 인위적으로 맛보게 하는 것은 매우 중요하다고 할 수 있다. 1970년대 이후 개인의 능력수준에 적절한 평가·체제로 맞춤검사(tailored test), 컴퓨터화 능력적응검사(computerized adaptive test), 그리고 자기선택검사(self adaptive test)까지 발전하고 있다.

　　맞춤검사는 Lord(1971)가 제안한 검사방법으로 지필검사를 이용하여 피험자 능력수준에 맞는 문항을 제시하는 방법이며, 제시된 문항을 맞추면 어려운 문항이 제시되고, 그렇지 않을 경우 쉬운 문항이 제시되는 검사전략을 말한다. 맞춤검사는 지필검사이므로 다음 문항 제시에 어려움이 있어 실용화되지 못하다 컴퓨터 공학의 발전으로 컴퓨터화 검사가 출현하였다. 컴퓨터화 검사 중 컴퓨터화 능력 적응검사는 컴퓨터를 이용하여 맞춤검사의 원리를 실현하는 검사 형태를 말하며, 제14장에서 설명한다. 즉, 피험자의 능력과 부합하는 첫 번째 문항을 컴퓨터를 통하여 제시한 후, 피험자의 응답결과에 따라 답을 맞히면 어려운 문항이 제시되고, 틀리면 쉬운 문항이 제시되는 검사 형태를 **컴퓨터화 능력적응검사**라 한다. 컴퓨터화 능력적응검사의 특징은 소수의 문항으로 피험자의 능력을 보다 정확하게 측정할 수 있다는 것이다.

최근에는 검사불안을 낮추고 검사의 신뢰도를 높이며, 학습흥미를 고취시켜 자발적 학습을 유도할 수 있다는 자기선택검사가 출현하였다. **자기선택검사** (Rocklin, 1994)는 문제가 피험자에 주어지는 것이 아니라, 많은 문제 중 피험자가 원하는 문제를 푸는 새로운 형태의 검사방법이다.

4) 검사의 활용

검사는 인간의 정의적 행동특성에 많은 영향을 주며, 평생 동안 지속될 수 있다. 그러므로 평가의 일환인 검사는 다음을 염두에 두고 실시되어야 한다.

첫째, 초기학습 시 학습자 개인을 위주로 한 검사를 실시함으로써 흥미와 동기를 유발하게 하여 성공적 경험을 맛보아 긍정적 자아개념을 싹트게 한다.

둘째, 성공적 경험을 반복·순환하여 긍정적 자아개념이 형성되도록 한다. 때로는 자만심에 빠져 있을 경우 실패의 경험도 맛보게 하여 주의를 환기시킬 필요가 있다.

셋째, 피험자가 실패를 반복한다 하여 그 교과에 적성이 없다느니, 능력이 모자란다는 표식(labeling)을 붙이지 말아야 한다. 즉, 표식화를 지양하여야 평가의 기능을 제대로 발휘할 수 있다.

넷째, 어떤 검사에서 낮은 점수나 실패의 경험을 하였을 때, 실패는 다음 시험에 성공의 근원이 됨을 주지시킬 필요가 있다.

다섯째, 검사에서의 성공과 실패의 경험은 모두 자신의 노력에 기인한다는 내적 귀인을 가지게 한다. 즉, 성공하였다면 노력을 많이 한 결과요, 실패를 하였다면 노력을 하지 않은 결과로 해석하도록 피험자에게 주지시켜야 한다.

여섯째, 검사에서 부적절한 응답을 보이는 피험자들의 인지적·정의적 특성에 대한 분석이 필요하다.

피험자들은 개인의 독특한 문제해결전략과 심리적 과정에 따라 검사문항에 응답하게 되며, 잘못된 문제해결전략이나 부적절한 심리적 특성을 지니고 있는 피험자들은 기대와 다른 반응을 나타내게 된다. 예를 들어, 충분한 문제해결능력을 가지고 있는 피험자가 지나친 긴장이나 지나친 신중함, 조급함과 부주의, 쉬운 문제에 대한 과도한 해석 등으로 인해 쉬운 문항의 답을 틀릴 수 있으며, 능력이 낮은 피험자가 부정행위나 추측 등에 의해 어려운 문항의 답을 맞힐 수도 있다. 따라서 부적절한 문항반응을 나타내는 피험자의 인지적·정의적 특성에 대한 분석을 토대로 개개인의 잘못된 특성을 교정해 주는 노력이 필요하며, 측정학적으로는 부적합한 문항반응을 정확히 진단하고 각 유형에 적용할 수 있는 점수 부여 방안에 대한 연구가 진행되고 있으며(시기자, 1997; 시기자 외, 1998; Meijer, 1996), 인지진단모형은 제안되어 사용하고 있다.

교육평가 도구로서 검사는 피험자의 정의적 행동특성에 많은 영향을 준다. 따라서 검사제작은 간단한 작업이 아니며 검사를 이루는 문항 하나하나의 중요성을 인식하고 문항제작에 세심한 배려를 하여야 한다. 특히 개인에게 영향을 많이 주는 검사를 고부담검사(high stake examination)라 하며, 예로 대학수학능력시험을 들 수 있다. 미국교육학회(AERA, 2000)에서는 고부담 검사를 실시하기 위하여 다음과 같은 열두 가지 방안을 제시하였다(성태제, 2014).

첫째, 하나의 검사 또는 한 번의 검사에 의하여 결정되는 부담을 줄여야 한다. 졸업 여부를 결정하는 과정에서 한 번이 아니라 다수의 기회를 주고, 다른 대안적 평가방법도 인정하여야 한다.

둘째, 배울 수 있는 기회와 적합한 자료를 접할 수 있는 기회를 제공하여야 한다. 고부담 검사의 경우 이를 준비할 수 있도록 기회도 주어야 하고 자료도 제공하여야 한다.

셋째, 검사의 사용 목적을 타당화하여야 한다. 같은 검사라 할지라도 다양한 목적을 가지고 있다. 졸업을 결정하든가, 학교를 평가하든가, 다른 학교와 비교하든가 등 목적이 무엇인지 구체적으로 밝혀야 한다.

넷째, 고부담검사 프로그램의 부정적 결과에 대하여 모두 밝혀야 한다. 검사제작자나 개발자들에게 고부담검사 프로그램의 잠재적인 부정적 결과를 모두 밝힐 수 없으나 그런 결과에 대하여 소비자들에게 예견이라도 할 수 있게 하여야 한다.

다섯째, 교육과정과 검사 간의 균형을 유지하고 조율하여야 한다. 검사에서 요구되는 내용, 인지능력, 인지과정은 교육과정이나 교육목표에서 요구되는 내용과 같아야 한다. 이런 관계가 검사의 내용타당도를 높이는 중요한 요인이 된다.

여섯째, 합격점수와 성취수준을 명확히 하여야 한다. 합격점수와 성취수준에 대한 목적과 의미를 명료하게 해야 그 의미에 대한 평가자와 피평가자 사이의 혼란을 줄일 수 있다.

일곱째, 고부담검사에서 실패한 피험자들이 만회할 수 있는 기회를 주어야 한다. 단순히 검사 수행능력을 높이는 것이 아니라 내용 숙지, 인지능력, 인지과정을 향상시키는 노력을 할 수 있도록 하여야 하고, 다음 시험을 치르기 전까지 충분한 시간을 주어야 한다.

여덟째, 피험자 간의 언어적 차이에 대한 적절한 조치가 필요하다. 영어가 능숙하지 않은 피험자들은 잘 수행할 수 없으므로 이에 대한 보정이 필요하다.

아홉째, 지체를 가진 학생들에게 적절한 주의가 필요하다. 청각이나 시력 등 신체적으로 불편한 학생들에게 불리함이 작용하지 않도록 편의를 제공하여야 한다.

열째, 어떤 학생들이 시험을 치러야 하는지를 결정하는 명확한 규칙을 설정하여야 한다. 특정 학생들이 시험에서 배제되는 상황이나 이유에 대한 명백한 규정이 있어야 하며, 추이 비교를 위해 이러한 규정은 시간이 흘러도 엄격하게 유지되어야 한다.

열한째 검사의 목적을 위하여 신뢰도가 충분히 보장되어야 한다. 검사가 실시되는 모든 학생뿐 아니라 일부 소수 민족이나 계층이 다른 집단 등에게도 충분한 신뢰도를 보장할 수 있어야 한다.

열두째, 고부담검사의 의도한 효과나 의도하지 않은 효과에 대하여 지속적인 평가를 하여야 한다. 고부담검사 프로그램에 대한 긍정적이거나 부정적인 효과에 대하여 지속적인 연구를 하여야 한다. 검사제작에 세심한 배려뿐 아니라 제작된 검사일지라도 검사를 실시하고 검사결과를 활용하는 데 있어 기술적 측면뿐 아니라 윤리적 측면에서의 배려가 있어야 한다. 이를 위하여 AERA, APA, NCME(1985, 1999)에서 Standards for Educational and Psychological Testing을 출판하였으며, 이순묵과 이봉건이 1985년 판을 번역하였다.

4   검사, 측정, 총평, 평가의 관계

제1장에서 평가에 대하여 설명하였고 이 장에서 총평, 측정, 검사에 대하여 설명하였다. 평가, 총평, 측정, 검사의 정의가 상의하지만 때로는 동의어로 사용되는 경우가 있다. 검사는 측정을 위한 하나의 도구이고 다양한 측정방법을 동원하여 종합적으로 평가하는 것이 총평이고, 가치판단이 부여된 것이 평가다.

의미의 범위에 따라 검사, 측정, 총평, 평가로 분류할 수 있다. 측정과 평가를 구분할 때 측정은 관찰한 내용에 대하여 가치를 부여하지 않지만 평가는 측정한 것과 그것의 중요성, 그리고 합목적성 등 다른 정보와 합성한 것이라고 Oosterhof(1994)는 설명하고 있다. 예를 들어, 어떤 학생이 100단어 이상은 알지 못한다고 하는 내용이 측정이라면, 평가는 이 사실에 대하여 다음 학습이 가능한지를 판단하는 것이라 할 수 있다.

측정과 총평의 구분은 측정과 평가처럼 간단하지는 않다. 그러나 총평은 측정보다는 폭넓은 의미와 종합적 의미를 지닌다. 측정이 지필검사나 계측을 포함한다면 총평은 관찰, 구술시험 등의 다양한 모든 방법을 동원한 종합적인 방법이다. 그러므로 총평은 개인이나 어떤 집단의 복잡한 특성을 설명하기 위해서 여러 개의 측정방법을 사용한다. 그러므로 여러 작품을 모아 놓은 포트폴리오 등이 총평이 된다.

Cronbach(1970)는 검사란 어떤 사람의 행동을 관찰하고 그것을 수량적 척도(서열, 등간, 비율 척도), 유목척도(명명척도)로 기술하는 절차라고 하면서 측정과 같은 개념이라고 설명하고 있다. Gronlund(1976)는 평가와 측정의 관계를 평가는 수적 측정이나 언어적 측정에 가치판단을 부여하는 것이라 설명하고 있다. 또한, 총평은 일반적으로 사람에 대한 평가를 할 때 사용하고, 평가는 프로그램이나 교육과정, 정책 그리고 조직 변수들과 관련되었다고 보는 견해도 있다.

❗ 주요 단어 및 개념

총평	OSS총평	측정	검사
척도	명명척도	등간척도	서열척도
비율척도	절대척도	지능검사	학업적성검사
학업성취도검사	규준참조검사	준거참조검사	속도검사
역량검사	맞춤검사	자기선택검사	학급검사
표준화 검사	검사사용설명서	SAT	SAT subjects
ACT			

💬 연습 문제

1. 검사, 측정, 총평의 정의를 내리고, 세 개념의 관계를 설명하시오.

2. 서열척도, 등간척도, 비율척도의 예를 들어 비교 · 설명하고 분류하는 방법을 논하시오.

3. Findly의 검사기능을 설명하고, 가장 중요한 기능을 논하시오.

4. 지능검사, 학업적성검사, 학업성취도검사를 분류하는 기준을 설명하고, 그 예를 드시오.

5. 규준참조검사와 준거참조검사의 차이점을 비교 · 설명하고, 타당도와 신뢰도 중 더 강조하여야 할 개념을 선택하여 그 이유를 설명하시오.

6. 학급검사와 표준화 검사의 차이점을 설명하시오.

7. SAT를 설명하시오.

8. SAT subject와 ACT를 비교 · 설명하시오.

9. 표준화 검사를 선택할 때 주의할 사항을 설명하시오.

10. 검사가 정의적 행동특성에 주는 영향을 설명하고, 검사를 어떻게 활용하여야 하는지를 논하시오.

기출 문제

초등 97 총평관(assessment)의 입장을 가장 적절하게 표현한 것은?

① 구인타당도를 중시하는 평가다.
② 인간의 능력은 변함이 없는 것이다.
③ 평가의 신뢰도가 주된 관심거리다.
④ 모든 사람에게 똑같은 평가도구를 이용한다.

중등 91 절대영점을 가지고 있는 것은?

① 명명척도   ② 동간척도
③ 비율척도   ④ 서열척도

중등 01 김 교사는 우리나라 중학생들의 여가생활을 조사하기 위해서 중학생들의 거주지역을 대도시, 중소도시, 농어촌 지역으로서 나눈 다음, 각각 1, 2, 3의 수를 부여하였다. 이때 이 수 값은 무슨 척도인가?

① 명명척도   ② 동간척도
③ 서열척도   ④ 비율척도

정답 [초등 97] ①   [중등 91] ③   [중등 01] ①

06

정의적 행동특성 측정

🔗 학습목표

- 정의적 행동특성의 교육이 중요한 이유는 무엇인가?
- 학교현장에서 정의적 행동특성에 대한 교육이 중시되고 있지 않은 이유는 무엇인가?
- 정의적 행동특성의 측정절차는 어떠한가?
- 정의적 행동특성의 측정방법에는 어떤 것이 있는가?
- 주제통각검사는 무엇이고, 어떤 특성을 측정하는가?
- Rorschach 잉크반점검사는 무엇이고, 어떤 특성을 측정하는가?

1 정의적 행동특성의 중요성

우리나라에서 대학 입학을 결정하는 중요한 요소는 학업능력이기 때문에 학교에서는 인지적 영역만의 교육과 평가를 강조하는 것이 일반적이다. 그러나 교사는 학생의 인지적 행동특성뿐 아니라 학생의 정의적 행동특성인 자아개념, 학습태도, 동기, 적성, 불안 등에 대해 잘 알고 있는 것이 교수·학습을 극대화하는 데 도움이 된다. 이런 관점에 비추어 볼 때 정의적 행동특성에 대한 평가가 중요함에도 불구하고 정의적 행동특성에 대한 평가가 원활히 이루어지고 있지 않는 실정이다.

우리 교육현장에서 정의적 행동특성이 중시되고 있지 않는 이유로 크게 두 가지를 들 수 있는데, 그중 하나는 교육제도 및 정의적 행동특성 교육에 대한 인식의 부족이고, 다른 하나는 교육 측정과 평가의 관점에서 정의적 행동특성에 대한 측정의 어려움이다.

우리나라의 교육제도, 사회제도의 측면에서 본 정의적 행동특성이 중시되지 않는 이유를 살펴보면 다음과 같다.

첫째, 우리나라 대학입학전형제도에서 정의적 행동특성을 고려하지 않는다.

둘째, 교육목표로서 정의적 행동특성을 규명해 놓으면 주입식 교육, 세뇌교육이라는 오해를 받게 되며, 학부모의 반발 때문에 불가능할 수도 있다.

셋째, 교사들이 정의적 행동특성에 대한 교육의 책임은 학교에 있지 않다고 인식하고 있다.

넷째, 정의적 행동특성 교육의 가능성에 대해 회의감을 가지고 있다.

다섯째, 정의적 행동특성 평가에 대한 거부감, 즉 개인의 사생활을 침해한다는 이유에 기인한다.

이런 이유에서 정의적 행동특성을 측정하는 검사의 개발이 활성화되고 있지 못하다.

교육 측정과 평가의 관점에서 볼 때, 정의적 행동특성의 개념이 모호하므로 측정과 평가가 용이하지 않다. 예를 들어, 도덕성을 평가한다고 할 때, 도덕성이 무엇이며, 어떻게 측정할 것인가에 대한 합의를 도출하기가 용이하지 않다. 측정의 목적에 부합하는 타당한 평가를 하기가 쉽지 않으며 타당한 검사가 제작되었다 하더라도 피험자들이 측정의 목적을 인지하였을 때 허위로 반응하거나 가치중립적으로 반응하게 되므로 신뢰할 만한 검사 결과를 얻기가 용이하지 않다.

2 정의적 행동특성의 측정

1) 고려사항

정의적 행동특성을 측정할 때 고려하여야 할 사항은 다음과 같다.

첫째, 정의적 행동특성은 내재적 행동이나 비가시적 심리기제가 작용할 가능성이 크다. 즉, 어떤 정의적 행동특성을 측정할 때 그 특성과 관련된 잠재적 특성이나 다른 특성이 영향을 줄 수 있다.

둘째, 어떤 정의적 행동특성을 소유한 자가 무엇을 할 것인가, 하지 않을 것인가를 고려하여야 한다. 예를 들어, 교직적성이 있는 사람이 특정한 상황에서 어떻게 행동할 것인가와 어떤 다른 행동을 할 것인가를 생각하여야 한다.

셋째, 개인평가를 할 것인가, 아니면 집단평가를 할 것인가를 고려하여야 한다.

넷째, 반응의 경향성으로서 중립화와 허위반응을 고려하여야 한다.

중립화는 어떤 태도나 가치관을 물을 때 자신의 의사를 표현함으로써 미칠 수 있는 영향을 고려하여 질문에 중립적인 반응을 취하는 것을 말한다. 예를 들어, 금융실명제에 대하여 찬성과 반대를 물을 때, 찬성을 하면 경제적으로 손해를 보게 되고, 그렇다고 반대를 하면 정의롭지 못한 사람으로 분류되는 경향이 있을 때, '나는 찬성도 반대도 하지 않는다.'고 반응할 수 있다.

허위반응이란 측정도구의 목적을 인지하고 의도적으로 좋은 결과를 갖게 하는 것을 말한다. 교직적성시험에서 학생들이 시험의 목적을 알 때 교직적성이 충분한 방향으로 응답할 수 있다.

2) 측정절차

정의적 행동특성 측정절차는 크게 다음과 같이 다섯 단계로 나눈다.

- 1단계: 측정영역이나 내용을 설정한다.
- 2단계: 규명된 정의적 행동특성을 소유하고 있는 사람이 어떻게 행위할 것인가를 구상하여야 한다. 반면, 그 특성을 가지고 있지 않은 사람은 어떤 행위를 할 것인가도 구상하면 더 바람직하다.
- 3단계: 측정하고자 하는 특성을 소유하고 있는 사람, 소유하고 있지 않은 사람, 즉 대비되는 두 개인이 자연적이거나 인위적 상황에서 어떻게 반응을 하는지를 고려해야 한다.
- 4단계: 3단계를 기초로 해서 실제적이고 타당한 상황을 선택한다.
- 5단계: 중다측정도구를 고안한다. 단일한 측정도구로 개인의 특성을 측정할 수 있으나 보다 타당하고 신뢰롭게 정의적 행동특성을 평가하기 위하여 여러 가지 평가도구를 구안한다.

Bloom, Madaus, Hasting(1981)은 정의적 행동특성을 측정하는 절차를 다음과 같이 구체화하였다.

- 1단계: 정의적 행동특성을 일반적인 구인으로 규명한다.
- 2단계: 일반적인 구인을 보다 구체화한다.
- 3단계: 요소적인 구인을 행위동사로 진술한다.
- 4단계: 요소적인 구인의 행위가 나타날 수 있는 구체적 상황이나 그를 측정할 수 있는 문항을 제작한다.

이상의 네 단계에 의하여 불안을 측정한다면, 첫째 불안을 일반적인 구인으로 상황적 불안과 고정적 불안인 정신적 불안과 육체적 불안으로 규명한다. 둘째, 상황적 불안의 구체적인 구인으로 검사불안을 들 수 있다. 셋째, 검사불안으로서 시험을 볼 때 불안이 생기며, 혈압이 올라가고, 맥박이 더 뛰며, 긴장감이 생긴다 등의 행위동사로 진술한다. 넷째, 검사불안의 정도를 측정하기 위하여 실제로 맥박수와 혈압을 재든가, 아니면 시험을 볼 때 어느 정도 긴장하는지 혹은 배가 아픈지 등을 묻는 진술을 작성한다.

3 정의적 행동특성의 측정방법

정의적 행동특성을 측정하는 방법은 다양하나, 일반적으로 질문법, 평정법, 관찰법, 체크리스트법, 의미분석법, 투사적 방법 등이 있다.

1) 질문법

질문법은 구체적 질문을 던져 응답하는 형태의 측정방법으로 다음과 같은 방법이 있다.

- 자유반응형
- 선택형
- 유목분류형
- 등위형

자유반응형은 질문에 자유롭게 응답하는 측정방법으로, 예를 들어 '귀하가 가장 중요시하는 가치가 무엇인지 설명하시오' 등의 질문에 명예라든지, 권력이라든지, 경제력이라든지 등의 의견을 진술하는 질문 형태다.

선택형은 주어진 질문에 부여된 선택지를 고르는 질문 형태며, **유목분류형**은 질문에 대하여 분류된 항목으로 응답하는 형태다. 예를 들어, 기독교인이 하여야 할 행동과 하지 말아야할 행동으로 구분하라는 질문 형태가 있다. 직무분석의 경우에 교장이 해야 할 일, 교감이 해야 할 일, 부장교사가 해야 할 일, 그리고 교사가 해야 할 일 등의 항목으로 분류한다.

등위형은 질문에 근거하여 나열한 선택지 중 중요한 순서에 의하여 나열하는 질문 형태로 예를 들면 다음과 같다.

> 예 일류대학의 조건으로 가장 중요하다고 생각되는 순서대로 번호를 쓰시오.
> ( ) 교수의 질   ( ) 학교 시설
> ( ) 교육과정   ( ) 도서관 장서

질문법은 사용이 간편하고, 의견, 태도, 감정, 가치관 등을 측정하기가 용이하다는 장점이 있다. 그러나 질문을 통해 측정할 수 없는 특성이 있으며, 응답의 진위 여부를 확인하는 것이 불가능하기 때문에 결과 해석에 주의가 요망된다.

2) 평정법

평정법도 질문지에 의하여 실시되는 방법으로 정의적인 행동특성을 측정할 때 가장 많이 쓰인다. Kerlinger의 정의에 의하면 **평정법**(rating scale method)은 측정 대상에 판단의 연속적 개념을 부여하는 측정방법으로 측정하려는 정의적 특징을 여러 단계로 분류하여 해당되는 단계에 응답하게 하는 질문 형태다. 평정법에 의한 질문의 예는 다음과 같다.

> 예 건물 안에서의 금연에 대하여 어떻게 생각하십니까?

평정법을 위하여 사용된 척도를 **Likert 척도**라 하는데, 이 Likert 척도는 일반적으로 5단계가 있으나 3단계 혹은 9단계의 척도를 사용할 수 있다. 3단계, 5단계 혹은 9단계의 단계 구분은 질문지에 응답할 집단이 각 단계를 구분할 수 있는 능력에 의하여 결정된다. 구분이 어려운 정의적 행동특성이나 나이가 매우 어린 집단이라면 3단계로 구성된 척도를 사용하고, 전문가 집단이나 특성의 구분이 세부적으로 가능한 경우에는 9단계를 사용할 수도 있다.

평정법을 사용할 때 고려해야 할 점은 특성의 양극단에 대한 개념을 확실히 하여야 하고, 측정치를 수량화할 수 있어야 한다는 것이다. 평정법의 장점으로는 측정도구 작성이 용이하고, 자료분석이 용이하다는 점을 들 수 있으나, 응답자들이 응답의 중립화 경향이 있으며, 개인마다 각자 다른 기준에 의하여 상대적으로 판단하므로 해석에 주의를 기울여야 한다는 단점이 있다.

3) 관찰법

관찰법(observation)은 정의적 행동특성을 측정하는 가장 오래된 측정방법이다. 질문지에 의한 응답결과는 자기기록에 의한 것이므로 응답결과가 응답자들의 허위반응이나 가치중립화 경향에 의하여 잘못된 평가를 내릴 수 있다. 이러한 문제를 줄이기 위하여 인간의 정의적 행동특성을 평가할 때 관찰법을 사용한다.

관찰법의 종류에는 관찰하고자 하는 행동장면을 통제 여부에 따라 통제적 관찰과 비통제적 관찰이 있으며, 관찰의 조직성 여부에 따라 자연적인 관찰, 조직적인 관찰이 있다.

관찰에 의한 평가를 위하여 자료를 기록할 때 주의점은, 첫째 기록된 자료의 활용을 염두에 두고 기록하여야 하며, 둘째 기록을 수량화할 수 있도록 고려하여야 하고, 셋째 관찰 즉시 기록해야 한다는 점이다.

기록의 종류로는 관찰한 사실을 그대로 진술하는 일화기록법과 점검표에 의하여 기록하는 checklist, 그리고 video, audio recorder를 사용하는 방법이 있다.

관찰법을 사용하여 정의적 행동특성을 기록할 때 유의점은 계획적으로 관찰하여야 하며, 평가자의 주관이 개입되지 않은 객관적인 관찰을 하여야 하고, 상황을 고려한 변화 추이를 관찰하여야 한다. 또한 관찰대상을 선정할 때 편견이 없는 대상을 선별해야 하고, 관찰하여 나온 자료를 기록할 때 사전에 구체화하여야 한다.

관찰법의 장점은 질문지법이나 평정법에 의해 측정할 수 없는 행동변화에 관한 자료를 얻을 수 있으며, 허위반응과 중립화 경향을 어느 정도 방지할 수 있다는 것이다. 그러나 점수화하는 데 제한이 따르며 때로는 주관적인 판단을 내릴 수 있는 단점이 있다.

4) 체크리스트법

체크리스트에 의한 측정방법도 크게는 질문에 의한 평가방법으로 질문법에 포함할 수 있으나, 이 **체크리스트법**은 광범위하고 다양한 형태의 질문으로 측정하고자 하는 특성을 보다 종합적으로 평가하고자 하는 측정방법이라 할 수 있다. 그러므로 체크리스트는 보다 정교하며, 구조화되어 있는 특징이 있으며, 관찰자가 측정대상에게 해당되는 항목에 표시하는 측정방법이다.

체크리스트에 의한 친구 간의 관계를 분석하는 체크리스트의 예는 〈표 6-1〉과 같다. 〈표 6-1〉은 교우관계뿐 아니라 동료 간의 관계도 분석할 수 있는 체크리스트로서 가장 좋아하는 사람 다섯 명과 싫어하는 사람을 기록하게 하여 정리한 것이다.

〈표 6-1〉 교우관계를 분석하는 체크리스트

Note: SS = Same Sex   OS = Opposite Sex   X = Rejection

1번 학생인 John은 좋아하는 다섯 명 중 네 명의 동성친구와 한 명의 이성친구를 선택하였으며 싫어하는 급우로서 두 명의 남학생을 선택하였다. 좋아하는 친구는 6번 Bill, 7번 Carlos, 2번 Mike, 12번 Donna, 10번 Pete 순이며, 싫어하는 급우는 4번 Steve와 5번 Bob이었다. John을 좋아한다고 한 친구는 남학생으로서 8번 Dick이 있었으며, John을 좋아하는 이성친구나 싫어하는 친구는 한 명도 없었다. 이 학급에서 좋아하는 동성친구가 가장 많은 학생은 6번 Bill과 12번의 Donna로서 각각 여덟 명의 친구가 있다. 이성친구가 가장 많은 학생은 Bill과 Donna로서 네 명의 친구가 있다. 동성의 급우들로부터 가장 많이 거부당하고 있는 학생은 19번 Pat로서 네 명이 거부하였다. 12번 Donna의 경우 Donna가 좋아한 다섯 명의 친구 중 네 명의 친구들도 Donna를 좋아한다고 하였다.

이 체크리스트에 의해서 학급의 학생들을 대상으로 하여 학생들의 관계를 분석하면 따돌림을 당하는 학생을 파악할 수 있으며, 학생지도와 상담에 많은 도움을 받을 수 있다.

5) 의미분석법

의미분석법(semantic differential method)은 Osgood(1957)이 제안한 방법으로 사물, 인간, 사건 등에 대한 의미를 공간 속에서 측정하는 방법으로 개념의 의미를 양극의 뜻을 갖는 대비되는 형용사군으로 만들어서 의미를 측정한다. 일반적으로 태도, 지각, 가치관을 측정할 때 쓰이며, 미국에서는 정치문제에 대한 의견이나 정치인에 대한 느낌을 묻는 데 많이 사용되었다.

의미분석법을 이용하여 학교에 대한 느낌을 묻는 방법의 예는 〈표 6-2〉와 같다.

〈표 6-2〉 **의미분석법을 이용한 문항의 예**

학교		
a. 나쁘다	＝＝＝＝＝＝✓＝	좋다
b. 더럽다	＝＝✓＝＝＝＝＝	깨끗하다
c. 고전적이다	＝＝＝＝＝✓＝＝	현대적이다
d. 불편하다	＝＝＝＝＝✓＝＝	편리하다

〈표 6-2〉는 학교에 대한 느낌을 네 개의 의미 공간에서 측정하여 평가하기 위하여 각각 의미에서 대비되는 형용사를 양극단에 위치하게 하고 이를 7단계로 나누어 해당하는 칸에 표시하게 하는 형태다.

6) 투사적 방법

OHP 필름을 투사할 때 projector를 사용한다. projector는 조그만 것을 크게 확대하여 표출하는 기능을 한다. **투사적 방법**(projective method)이란 개인의 욕구, 특수한 지각, 해석 등이 밖으로 나타날 수 있는 자극을 피험자에게 제시함으로써 인간의 내면에 숨어 있는 특성을 표출하게 하여 그 표출된 행동을 분석하여 인성을 측정한다. 대표적인 투사적 방법에는 주제통각검사와 Rorschach 잉크반점검사가 있다.

(1) 주제통각검사

주제통각검사(Thematic Apperception Test: TAT)는 Morgan과 Murray(1935)가 개발한 검사로서 Freud의 정신분석학에 기초하여 개인의 성격은 욕구와 압력의 관계라는 이론에 근거한다. 30매의 모호한 그림과 한 장의 흰 카드로 구성되어 있으며 남녀노소에 따라 20매씩의 세트로 분류할 수 있으며 10매씩 나누어 2회 검사를 실시할 수도 있고 30매를 모두 보여 주고 질문을 유도할 수 있다. 그림 중에 몇 개의 그림은 [그림 6-1]과 같다.

[그림 6-1]에서 보듯이 불명료한 사진을 볼 때 인간의 무의식 속에 잠재된 인성의 여러 특성이 표출될 수 있으며, 이를 분석하여 인간의 성격이나 현재의 심리적 상태 등을 분석한다.

(2) Rorschach 잉크반점검사

Rorschach 잉크반점검사(Ink-Blot Test)는 스위스 정신병리학자인 Rorschach가 1911년에 투사의 기능을 자극하고 상상력을 검사하기 위하여 만든 검사로서 [그림 6-2]와 같이 잉크를 떨어뜨려 접어서 만들어진 대칭적 모양의 10매의 그림으로 되어 있다. 10매 중 5매는 흑백이고 5매는 색채로 되어 있다.

[그림 6-1] 주제통각검사(TAT)의 문항 예

[그림 6-2] Rorscharch 잉크반점검사의 문항 예

Rorschach 잉크반점검사를 실시하는 절차는 지시를 내리면 피험자는 반응을
하고 그에 따라 질문하고 다시 응답하는 절차를 밟는다. 피험자는 그림의 형태에
대한 질문에 형태, 음영, 색채, 그리고 이동 형태에 대하여 반응하고, 그 반응결과
를 축적된 임상결과에 의해 해석한다.

(3) 그림검사

그림검사(drawing test)는 피험자에게 어떤 그림을 그리도록 한 뒤 그려진 그림을 보고 어떤 특성을 지니고 있는 사람들이 그리는 일반적인 그림의 경향에 의하여 분석하는 정의적 행동특성 평가방법이다. 예를 들어, 종이 한 장을 주고 가족에 대해 그리도록 하였을 때 그림을 통하여 가족관계를 추측할 수 있다.

정의적 행동특성을 평가하는 투사적 방법은 측정 혹은 평가 기준이 모호하긴 하지만 인간의 내재적 특성을 모두 표출하기 때문에 다른 방법으로 측정할 수 없는 부분까지 측정할 수 있다는 장점이 있다. 그러나 일반적으로 검사도구 제작이 어렵고 타당한 해석과 평가를 위하여 많은 임상경험을 통한 전문적 지식이 요구되며, 평가자는 전문적인 훈련을 받아야 한다는 어려운 점이 있다.

> ## ! 주요 단어 및 개념
>
> Likert 척도   의미분석법   투사적 방법
> 주체통각검사   Rorschach 잉크반점검사   그림검사

연습 문제

1. 정의적 행동특성 교육이 경시되고 있는 이유를 설명하고, 정의적 행동특성 교육을 강조하기 위한 방안에 대해 논하시오.

2. '정직성'을 측정하는 절차를 구안하시오.

3. Likert 척도의 단계를 구분(3단계, 5단계, 7단계 혹은 9단계)하는 기준은 무엇인지 설명하시오.

4. 의미분석법에 의하여 본인의 느낌을 평가해 보시오.

5. '교우도'를 분석하는 체크리스트에 의하여 집단구성원 간의 관계를 설명하시오.

6. 투사적 방법의 정의, 특징, 종류를 정리하고, 각 방법의 장단점을 설명하시오.

기출 문제

중등 09 김 교사는 학생들이 '교사'에 대하여 어떤 이미지를 갖고 있는지를 분석하기 위하여 다음과 같은 질문지를 제작하였다. 이때 사용된 척도기법에 대한 설명으로 옳은 것을 〈보기〉에서 고른 것은?

지시문: '교사' 개념에 대한 자신의 느낌에 해당하는 번호에 ✓표 하시오.

교사

1. 인자한   ① ② ③ ④ ⑤ ⑥ ⑦   엄격한
2. 모호한   ① ② ③ ④ ⑤ ⑥ ⑦   명확한
3. 전통적인   ① ② ③ ④ ⑤ ⑥ ⑦   현대적인

〈보기〉

(ㄱ) 서로 대비되는 형용사군에 응답한 피험자의 반응을 분석하여 의미 공간(semantic space)상의 위치로 표현한다.

(ㄴ) 반응하기 어려운 문항에 긍정적인 반응을 한 응답자는 그 문항보다 반응하기 쉬운 모든 문항에 대하여 언제나 긍정적인 반응을 한다고 이론적으로 가정한다.

(ㄷ) 서스톤(L. L. Thurstone)이 제안한 척도기법으로서, 심리적 연속선상에 등간성을 가진 문항으로 구성된 유사등간척도(equal appearing interval scale)를 만든다.

(ㄹ) 분석 자료를 해석하기 위하여 평가요인(evaluative factor), 능력요인(potency factor), 활동요인(activity factor)의 3차원 공간으로 점수를 집약하여 해석을 시도한다.

① (ㄱ), (ㄴ)   ② (ㄱ), (ㄷ)   ③ (ㄱ), (ㄹ)
④ (ㄴ), (ㄷ)   ⑤ (ㄷ), (ㄹ)

정답 [중등 09] ③

제4부   문항제작

07

문항제작과 유형

🔗 학습목표

- 문항을 제작하기 위해서는 어떤 능력과 자격을 가지고 있어야 하는가?
- 좋은 문항이란 어떤 것인가?
- 문항을 제작할 때 고려하여야 할 점은 무엇인가?
- 문항과 검사를 제작할 때 어떤 순서와 절차를 거쳐야 하는가?
- 문항 유형에는 어떤 것들이 있는가?

1 문항제작자의 자격

검사가 피험자의 정의적 행동특성에 미치는 영향이 크다는 사실에 비추어 볼 때 검사제작은 간단한 작업이 아니며 세심한 배려가 있어야 한다고 하였다. 또한 검사의 질은 문항제작자의 능력에 비례한다고 할 수 있으므로 양질의 검사, 세부적으로 좋은 문항을 제작하기 위하여 **문항제작자**는 다음과 같은 **능력**을 소유하여야 한다.

첫째, 교육목표와 교과내용, 그리고 교과과정에 대한 충분한 이해가 있어야 한다. 즉, 학생이 무엇을 알아야 하고, 무엇을 잘못 알고 있는지를 파악하여야 한다. 또 검사도구가 가르친 내용과 교육과정의 중요한 내용을 제대로 포함하여야 한다.

둘째, 교수·학습이론과 인지심리학에 대한 이해가 필요하다. 교수·학습에서 학습자가 어떤 내용을 이해하는 전략과 문제를 해결하는 전략 등은 학습이론이나 정보처리과정에 기인하는 인지심리학에 의하여 설명된다. Wittrock(1991)은 인지과정에 기초한 검사는 학습의 진단, 학교 학습을 위한 실제와 개선에 보다 적절한 정보를 제공한다고 주장한다. 특히, 인지이론에 대한 이해가 깊을 때 피험자의 고등정신능력을 측정할 수 있으므로 문항제작자가 인지이론을 이해하는 것이 바람직하다.

셋째, 피험자 집단의 특성을 잘 알고 있어야 한다. 학습 발달수준뿐 아니라 그들이 사용하는 어휘수준도 파악하여야 그 집단에 적절한 문항을 제작할 수 있다. 만약, 질문에 어려운 단어가 포함되어 있다면, 피험자가 질문의 답을 알고 있다 하여도 질문에 사용된 단어의 의미를 모르므로 답을 틀리게 되는 경우가 있다. 이는 검사도구의 신뢰도를 저하시키는 요인이 된다.

넷째, 문항작성법을 숙지하여야 한다. 문항의 종류와 각기 다른 문항 유형에 따른 특징과 장단점, 그리고 문항제작방법을 이해하여야 한다. 문항 유형은 측정의 목적에 따라 다른 유형의 문항을 선택할 수 있다. 그러므로 설명된 문항 유형의 종류와 각 문항 유형의 장단점, 그리고 제작요령의 세부 절차도 숙지하여야 한다.

다섯째, 검사이론을 숙지하여야 한다. 출제한 문항이 좋은 문항인지 아니면 나뿐 문항인지를 평가하기 위한 문항분석방법, 즉 검사이론으로서 고전검사이론과 문항반응이론을 숙지하여야 한다. 문항난이도, 문항변별도, 문항추측도, 타당도, 그리고 신뢰도가 무엇인지 이해하여야 한다. 특히, 선택형 문항 중 선다형 문항에서 답지의 매력을 분석하여 문항의 난이도를 조절하는 방법을 알아야 한다.

여섯째, 문항제작자는 고등정신능력을 지녀야 한다. 적지 않은 문항이 피험자의 암기능력뿐 아니라 이해, 적용, 분석, 종합, 평가, 창의성 등의 높은 수준의 사고력을 측정하여야 하기 때문이다. 예를 들어, 어떤 글을 주고 문항을 제작하라 하였을 때, 문항제작자의 능력에 따라 출제되는 문항 내용의 질은 다를 수 있다.

일곱째, 문장력이 필요하다. 질문의 내용을 간결명확하게 글로 표현하는 능력이 필요하다. 산만하고 긴 문체는 자칫하면 질문의 요지를 잃게 하여 검사도구의 신뢰도를 저하시키는 원인이 된다. 총합평가를 추구하는 문제일 경우 제한된 시간에 많은 내용을 질문하여 능력수준을 평가하여야 하므로 가능한 질문은 간단명료하여야 한다. 특히, 수학이나, 과학의 경우 질문이 길면 수학이나 과학의 지식에 앞서 문장을 이해하는 능력이 요구되므로 문장의 이해력이 부족한 경우 그 문제의 답을 맞히지 못하게 된다.

여덟째, 다른 사람의 조언에 귀 기울이는 성품이 필요하다. 문항을 출제하다 보면 어떤 문항에 많은 시간을 할애하게 되어 애착을 갖게 되고 때로는 그 문항에 몰입하는 경우가 있어 다른 사람의 조언을 참고하지 않으려 한다. 문항을 제작할 경우 동료 간 검토뿐 아니라, 문항검토자, 그리고 평가자에 의하여 의견이 제시될 수 있고 검사가 실시된 후에는 피험자로부터 좋은 의견이 제시될 수도 있다. 예를 들어, 질문이 명료하지 않아 요구하는 정답과 다른 응답을 하였다든지, 답이 두 개일 수 있다는 지적, 혹은 질문에 어려운 단어가 있어 질문을 이해하지 못하였다는 지적 등을 들 수 있다. 그러므로 문항제작자는 이와 같은 조언을 스스럼없이 수용하여 문제점을 분석하는 여유를 지녀야 한다. 즉, 문항제작자는 모든 사람의 조언을 수용할 수 있는 마음 자세를 가져야 한다.

아홉째, 성별, 인종, 직업, 사회계층 등에 관한 편견을 지니고 있지 않아야 한다. 인종적 우월의식, 성별에 따른 고정관념, 직업에 대한 편견 등을 지니고 있으면 은연중에 특정 집단에 익숙한 문제뿐 아니라 편파적 언어로 문항을 제작하는 경우가 있을 수 있다.

열째, 경험이 필요하다. 아무리 앞에서 나열한 능력을 지니고 있다 하더라도 문항을 제작해 본 경험이 없으면 좋은 문항을 제작하기가 쉽지 않다. 문항을 제작, 분석하고 수정, 보완하는 경험을 통하여 새롭고 참신한 문항을 제작할 수 있다. 혹자는 문항제작의 경험을 경시하는 경향이 있으나 실제 경험은 문항제작자가 갖추어야 할 매우 중요한 요소다.

2 문항제작 시 고려사항

문항제작자는 앞에서 설명한 **자격**을 소유하여야 하며 다음의 사항을 고려하여야 한다.

첫째, 교육목표와 교육내용이 무엇인가를 정확히 알아야 한다. 교육내용을 자세히 알지 못하면 좋은 문제를 제작하기는 불가능하다. 그러므로 교육내용이 무엇이고 측정내용은 무엇인지 확실하게 알아야 한다.

둘째, 피험자의 독해력과 어휘력 수준을 고려하여야 한다. 검사를 치를 피험자 집단의 어휘수준을 고려하여 문항을 제작하여야 문항의 타당도를 높일 수 있다. 질문의 답을 알고 있음에도 불구하고 질문의 어휘수준이 너무 높아 질문을 이해하지 못하여 문항의 답을 틀리게 되는 경우가 없어야 한다.

셋째, 문항 유형에 따른 특징, 장단점, 복잡성을 고려하여야 한다. 문항 유형에 따라 측정하고자 하는 정신능력의 수준이 다를 수 있고, 문항 특성에 따라 적합한 문항 내용이 있기 때문이다. 예를 들어, 단순암기능력을 측정하기 위하여 역사적 사건과 연도, 작품과 작자 등은 연결형 문항이 가장 바람직한 문항이라 할 수 있다. 그러므로 문항을 제작할 때 문항 유형에 따른 특성을 고려하여야 한다.

넷째, 피험자에게 미칠 수 있는 부정적 영향을 고려하여야 한다. 이는 윤리문제로 정의적 행동특성에 어떤 영향을 주는지를 고려하여야 한다. 그리고 출제한 문항이 학교현장에 어떤 영향을 주는지, 또는 학교 외의 교육을 조장하지 않는지 등에 대한 고려가 있어야 한다.

3 검사제작 절차

좋은 집을 짓기 위하여 설계도가 필요하듯이 좋은 검사도구를 제작하기 위해서도 검사제작을 위한 청사진(blue print)이 필요하다. 검사는 학급검사와 표준화 검사로 구분되며, 검사의 종류에 따라 검사제작 절차가 다소 상이하다. 검사제작 계획서인 청사진에는 검사의 영역과 내용, 검사목적, 검사시행시간과 문항의 유형, 문항 수, 문항의 난이도 수준, 지시사항 및 시행절차, 그리고 채점방법의 내용이 포함된다.

앞의 검사제작 계획서에 의하여 문항은 제작되며, 시행절차에 의하여 검사가 실시된 후 문항이 분석되고 타당도와 신뢰도가 검증된다. 문항분석을 통하여 좋지 못한 문항은 수정되거나 삭제된다.

검사를 제작함에 있어 측정의 내용, 검사의 목적, 검사의 종류에 따라 **검사제작 절차**는 다소 상이할 수 있다. 그러나 일반적으로 다음의 아홉 단계를 거친다.

첫째, 측정내용을 정의하고 측정을 용이하게 하기 위하여 측정내용의 특성이나 행동을 규명한다.

둘째, 검사의 목적을 구체화한다. 진단평가, 형성평가, 총합평가 중 어떤 평가이며, 규준참조평가, 준거참조평가, 능력참조평가, 성장참조평가 중 어떤 목적을 지니는 검사인지를 규명하여야 한다.

셋째, 검사도구제작을 위한 청사진을 작성한다. 검사제작을 위한 청사진에는 검사에 필요한 이원분류표, 검사 소요시간, 문항 수, 문항 유형, 문항난이도 수준, 지시사항, 시행절차, 채점방법 등이 포함된다. 문항 수를 결정할 때에는 피험자들의 연령과 검사시간을 고려하여야 한다.

일반적으로 초등학교 학생들이 적절한 검사동기를 유지할 수 있는 시간은 30분 이하이며, 고등학생이나 대학생은 장시간 검사를 실시할 수 있으므로 검사시간 단위를 교과시간의 길이와 유사하게 하는 것이 바람직하다. 검사시간이 결정되면 1분당 몇 문제를 풀 수 있는지를 고려하여 문항 수를 결정할 수 있으나 그리

간단한 문제가 아니다. 이는 문항 유형과 어떤 내용을 질문하느냐에 달려 있기 때문이다. 절대적 기준은 없으나 Gronlund(1988)는 지식을 묻는 질문으로 1분당 선다형 문항은 한 문항, 진위형 문항은 세 문항이 바람직하다고 하였다. 적용, 분석, 종합, 능력 등을 측정하는 문항을 푸는 데는 많은 시간이 소요된다. 그러므로 검사 경험에 의해 문항 수를 결정하게 된다.

문항난이도는 규준참조검사와 준거참조검사에 따라 다르다. 규준참조검사에서는 매우 쉬운 문제부터 매우 어려운 문항까지 골고루 출제하여 피험자 점수의 폭을 넓혀서 서열화가 용이하도록 한다. 이에 비하여 준거참조검사의 경우 문항난이도를 어떤 과업의 수행준거와 유사하게 조정한다. 예를 들어, 수학시험에서 수학교과의 완전학습 여부 결정을 70점으로 한다면 문항난이도가 .7과 유사한 문항난이도를 지닌 문항들을 제작한다. 매우 어려운 문항이나 매우 쉬운 문항은 이와 같은 준거참조검사를 위하여 필요하지 않기 때문이다.

넷째, 검사제작을 위한 청사진에 따라 문항을 제작한다.

다섯째, 검사를 시행한다.

일반적으로 학교에서 교사가 제작하는 검사나 연구를 위하여 한 번의 시행으로 끝나는 검사는 첫째부터 다섯째까지의 다섯 단계를 거치지만, 피험자들의 상대적 서열을 알려 주어야 하는 규준참조평가를 위한 표준화 검사의 제작에는 다음의 절차가 더 추가된다.

여섯째, 검사시행 후 얻은 문항 응답자료를 분석하여 문항과 검사의 질을 평가한다. 문항난이도, 문항변별도, 그리고 문항추측도뿐 아니라 검사의 타당도와 신뢰도를 검증한다. 이런 과정을 통하여 문항의 내용을 수정, 보완하며 나쁜 문항은 제거한다. 표준화 검사에서 이런 절차를 사전검사(pilot test)라 하며, 검사제작자가 만족할 수준까지 다섯 번째와 여섯 번째 단계를 반복한다.

일곱째, 일반적으로 300명 이상의 피험자에게 검사를 실시한다.

여덟째, 검사의 응답자료로 타당도와 신뢰도를 추정하며, 상대적 위치를 알 수 있는 규준인 평균과 표준편차를 계산하여 원점수에 대응하는 규준점수를 계산한다.

아홉째, 검사 사용설명서(test manual)를 작성한다. 검사 사용설명서는 검사 시행 지침, 검사의 질 등 검사에 대한 모든 세부 정보를 설명하므로 매우 중요하다.

타당도, 신뢰도는 물론 문항 특성에 대한 내용, 모든 세부 절차, 그리고 검사를 이용할 때 주의하여야 할 점 등을 모두 포함하여야 한다.

교수·학습과 관련된 내용을 얼마나 알고 있는지 측정하는 문항을 제작하기 위해서는 이원분류표가 중요하다. 또한 제작한 문항을 관리하기 위해서는 문항카드가 필요하다.

1) 이원분류표

검사를 제작하기 위하여 검사의 목적을 규명하여야 하고 검사내용, 검사시간, 문항 유형, 문항 수 등을 결정하여야 한다. 이상의 내용이 정해진 후 어떤 내용을 어느 정신능력수준까지 측정할 것인가를 결정하여야 한다. 이를 위하여 이원분류표가 필요하다. **이원분류표**는 검사를 제작하기 전에 문항제작자들이 참고하는 표로서 각 문항이 어떤 내용을 측정하는지를 밝히는 내용소와 그 내용을 어느 정신능력수준까지 측정할 것인지를 밝히는 행동소로 구성된 표다. 이원분류표는 〈표 7-1〉과 같다.

〈표 7-1〉 **이원분류표**

내용소　　　　　행동소	지식	이해	적용	분석	종합	평가

내용소는 검사가 측정하고자 하는 내용으로서 검사의 내용을 나타내므로 각 문항의 내용이 되며, 이는 검사제작에서 매우 중요한 부분이 된다. **행동소**는 각 문항의 내용을 측정할 때 어느 단계의 인지능력수준을 측정할 것인지를 나타낸다. 이원분류표의 행동소는 인지적 영역의 측정인 경우 Bloom의 인지적 영역 교육목표분류학에 근거한다. 제2장에서 설명하였지만 Bloom의 인지적 영역 교육목표분류학과 각 단계에 해당하는 자세한 내용은 〈표 7-2〉와 같다.

〈표 7-2〉 Bloom의 인지적 영역 교육목표분류학

분류	설명
지식	교육과정 속에서 경험한 아이디어나 현상으로 그 전에 배운 내용을 기록한 것이라 정의된다. 특수한 사실부터 이론까지 광범위한 내용에 대한 기억을 말한다. 이 모든 것은 머리와 관련된 것으로 지적 영역의 가장 낮은 수준의 산물이다.
이해	사실, 사물의 의미를 이해하는(grasp) 능력을 말한다. 이는 어떤 것을 다른 단어나 수로 번역하는 능력, 해석, 설명, 요약, 미래 경향을 추정하는 능력이다. 이해는 사실에 대한 단순한 기억, 그리고 가장 낮은 이해수준의 다음 단계에 오는 능력이다.
적용	학습한 내용을 새로운 상황이나 구체적 상황에 사용하는 능력이다. 이는 규칙, 방법, 개념, 원리, 법칙, 그리고 이론 같은 것들을 적용하는 것을 말한다. 적용은 이해 수준 이상의 능력을 요구한다.
분석	분석이란 어떤 사실을 요소로 분해하는 능력으로, 구성요소의 구조를 이해하는 능력이다. 이는 구성 부분을 확인하고 그 부분 간의 관계를 분석하여 구성원리를 인지하는 능력을 말한다. 분석은 내용과 내용의 구성 형태를 이해하여야 하기 때문에 이해와 적용보다 높은 지적 능력이다.
종합	새로운 것을 만들기 위하여 부분을 모으는 능력이다. 이는 연설이나 강연 등을 위한 독창적 의사전달, 실행계획이나 관계의 요약을 말한다. 이 단계는 새로운 양상의 구조를 강조하는 창의적 행동을 강조한다.
평가	주어진 목적을 위해 사실을 판단하는 능력이다. 이 판단은 규명된 기준에 근거하며, 기준으로는 내적 기준과 외적 기준이 있다. 이 능력은 앞에서 설명한 모든 지식 기능을 포함하는 가치판단까지 요구하므로 가장 높은 정신기능이다.

Metfessel, Michael, Kirsner(1969)는 지적 기능에 해당하는 내용을 묻는 지시문을 〈표 7-3〉과 같이 열거하였다.

〈표 7-3〉 인지적 영역 교육목표분류학의 지적 기능을 묻는 지시어와 측정내용

목표 분류	측정 지시어의 예	측정내용의 예
1.00 지식		
1.10 특수한 것에 대한 지식		
1.11 용어에 대한 지식	정의하라, 구별하라, 습득하라, 확인하라, 기억하라, 인지하라	단어, 용어, 의미, 정의, 참고내용, 요소
1.12 특수한 사실에 대한 지식	기억하라, 인지하라, 습득하라, 확인하라	사실, 사실적 정보(근거, 날짜, 사건, 사람, 장소, 기간 등), 속성, 예, 현상

목표 분류	측정 지시어의 예	측정내용의 예
1.20 특수한 것을 다루는 방법과 수단에 대한 지식		
1.21 합의에 대한 지식	기억하라, 확인하라, 인지하라, 습득하라	형태, 합의, 사용법, 규칙, 방법, 수단, 기호, 표시방법, 양식, 형식
1.22 경향과 순서에 대한 지식	기억하라, 인지하라, 습득하라, 확인하라	행위, 과정, 이동, 연속성, 발전, 경향, 계열, 원인관계, 힘, 영향
1.23 분류와 유목에 대한 지식	기억하라, 인지하라, 습득하라, 확인하라	영역, 유형, 형태, 부류, 세트, 분리, 배열, 유목, 범주/범주화
1.24 준거에 대한 지식	상기하라, 인지하라, 습득하라, 확인하라	준거, 기초, 요소
1.25 방법론에 대한 지식	상기하라, 인지하라, 습득하라, 확인하라	방법, 기술, 접근, 사용, 절차, 처치
1.30 보편적인 것과 추상적인 것에 대한 지식		
1.31 원리와 일반화된 내용에 대한 지식	기억하라, 인지하라, 습득하라, 확인하라	원리, 일반법칙, 명제, 기초, 법칙, 주된 요소, 함축내용
1.32 이론과 구조에 대한 지식	기억하라, 인지하라, 습득하라, 확인하라	이론, 근거, 상호 관련성, 구조, 조직, 공식
2.00 이해		
2.10 번역	번역하라, 변환하라, 자기말로 표현하라, 예시하라, 읽어라, 변화시켜라, 다른 말로 표현하라, 재진술하라, 제시하라	의미, 표본, 정의, 추상성, 설명, 단어, 구
2.20 해석	해석하라, 재정리·재배열하라, 차별·구별하라, 만들어라, 그려라, 설명하라, 시범을 보여라	관련성, 관계, 본질적인 것, 관점, 새로운 관점, 질, 결론, 방법, 이론, 추상성
2.30 추론	추정하라, 추리하라, 결론을 내려라, 예언하라, 변별하라, 결정하라, 확대시켜라, 채워라, 결론을 유도하라	결과, 함축성 요인, 의미, 귀결, 효과, 가능성

목표 분류	측정 지시어의 예	측정내용의 예
3.00 적용	응용하라, 일반화하라, 관련시켜라, 선택하라, 발전시켜라, 조직하라, 사용하라, 변화시켜라, 재구성하라, 분류하라	원리, 법칙, 결론, 영향, 방법, 이론, 추상성, 상황, 일반법칙, 과정, 현상, 절차
4.00 분 석		
4.10 요소분석	구별하라, 추출하라, 확인하라, 분류하라, 인지하라, 범주화하라, 추론하라	요소, 가설, 결론, 가정, (사실적) 진술, (의도하고 있는) 진술, 논쟁점, 특수한 관계, 상호관계
4.20 관계분석	분석하라, 대비하라, 비교하라, 식별하라, 구별하라, 추론하라	관련성, 주제, 증거, 오류, 논쟁, 인과, 일관성, 부분, 아이디어, 가정
4.30 조직원리분석	분석하라, 구별하라, 추출하라, 추론하라	형상, 유형, 목적, 관점, 기법, 편견, 구조, 주제, 배열, 조직
5.00 종 합		
5.10 독특한 의사전달 창안	써라, 말하라, 관계지어라, 생산하라, 구성하라, 고안하라, 수정하라, 입증하라	구조, 유형, 생산물, 수행, 설계, 작업, 의사소통, 노력, 세목, 구성
5.20 계획 혹은 목표의 창안	제안하라, 계획하라, 만들어라, 설계하라, 수정하라, 구체화하라	계획, 목적, 도식, 조작방법, 해결책, 수단
5.30 추상적 관계 도출	만들어라, 도출하라, 개발하라, 묶어라, 조직하라, 종합하라, 분류하라, 추리하라, 개발하라, 고안하라, 수정하라	현상, 분류학, 개념, 도식, 이론, 관계, 추상성, 일반법칙, 가설, 지각, 방법, 발견
6.00 평 가		
6.10 내적 근거에 의한 판단	판단하라, 논하라, 타당화하라, 총평하라, 결정하라	정확성, 일관성, 오류, 신뢰성, 결점, 실수, 정밀성
6.20 외적 근거에 의한 판단	판단하라, 논하라, 고려하라, 비교하라, 대비하라, 표준화하라, 평가하라	목적, 수단, 효율성, 경제성, 유용성, 대안, 행위과정, 표준, 이론, 일반법칙

지식과 지적 기능을 측정하기 위한 질문의 지시어는 해당 능력을 측정하기에 밀접하게 연관되어 있으며, 측정하고자 하는 내용도 다양하다. 예를 들어, 피험자의 지식수준에서 용어에 관한 지식을 측정하고자 할 때 '용어를 정의하라', '의미를 확인하라', '요소를 인지하라' 등으로 표현할 수 있다. 여기서 '정의하라', '확인하라', '인지하라' 등은 지적 수준을 측정하는 지시어가 되며, '용어', '의미', '요소' 등은 측정내용이 된다.

Gronlund(1988)는 인지적 영역 교육목표 분류에 따른 지시어를 〈표 7-4〉와 같이 보다 간결하게 제시하고 있다.

〈표 7-4〉 Gronlund의 교육목표분류에 따른 지시어

목표 분류	학습결과 측정을 위한 지시어
지식	확인하라, 명명하라, 규정하라, 설명하라, 열거하라, 연결하라, 선택하라, 약술하라
이해	분류하라, 설명하라, 변환하라, 예측하라, 구별하라
적용	증명하라, 계산하라, 풀어라, 수정하라, 재배열하라, 조직하라, 관계지어라
분석	차별하라, 도식화하라, 추정하라, 분리하라, 추론하라, 구성하라, 세분하라
종합	종합하라, 창안하라, 고안하라, 설계하라, 합성하라, 구조화하라, 재배열하라, 개정하라
평가	판단하라, 비판하라, 비교하라, 정당화하라, 결론지어라, 판별하라, 지지하라

M 중학교에서 1학년생들이 영어교과서 단원 3의 내용을 알고 있는지를 알아보기 위한 검사의 이원분류표는 〈표 7-5〉와 같다.

〈표 7-5〉의 이원분류표를 통하여 검사내용은 강세 위치, 발음과 철자, 억양, be동사 의문문, Who, What 의문문, 선택의문문, 부정관사, 국적 표현, 그리고 this, that의 용법 등을 묻는 15문항으로 구성되어 있으며, 각 문항이 측정하고자 하는 지적 기능이 다양함을 알 수 있다. a나 an의 부정관사 용법에 대하여 두 문항이 출제되며, 한 문항은 지식수준의 내용을, 다른 문항은 적용단계의 지적 기능을 측정한다. 이와 같이 이원분류표에 의하여 검사의 내용을 조절할 수 있을 뿐 아니라 의도하는 수준의 지적 기능을 측정하는 문항제작 계획을 수립할 수 있다.

〈표 7-5〉 M중학교 1학년 영어검사를 위한 이원분류표

내용소 \ 행동소	지식	이해	적용	분석	종합	평가	문항 수
1. 강세 위치	1						1
2. 발음과 철자	1						1
3. 억양			1				1
4. Be동사 의문문		1			1		2
5. Who 의문사					1		1
6. What 의문사와 용법					1		1
7. 선택의문문				1	1		2
8. 부정관사 a, an의 용법	1		1				2
9. 국적의 표현			1				1
10. this, that의 형용사 용법과 대명사 용법		1	1			1	3
문항 수	3	2	4	1	4	1	15

교과 특성상이나 검사 목적상 다소 상이한 지적 기능을 측정하는 경우가 있다. 그 예로 2008학년도 대학수학능력시험 수리영역 출제를 위한 이원분류표로 〈표 7-6〉과 같다.

〈표 7-6〉 2008학년도 대학수학능력시험 수리영역(나형)의 인문계열 이원분류표

내용 영역 \ 행동 영역	계산	이해	추론		문제해결		문항 수	비율 (%)
			발견적	연역적	수학내적 관련성	수학외적 관련성		
행렬	1	1	1	1			4	13.3
지수와 로그	1	2				1	4	13.3
지수함수와 로그함수		3	1				4	13.3
수열	1		2	1			4	13.3
수열의 극한	1	1			2		4	13.3
순열과 조합	1					2	3	10.0
확률		2				1	3	10.0
통계		1	1		1	1	4	13.3
문항 수	5	10	5	2	3	5	30	
비율(%)	16.7	33.3	16.7	6.7	10.0	16.7		100.0

내용 영역은 이원분류표의 내용소로서 검사의 출제내용이 되며, 행동 영역은 행동소로 수리능력을 측정하는 지적 기능으로서 계산, 이해, 추론에서 발견적 추론과 연역적 추론을, 그리고 문제해결에서 수학내적 관련성과 수학외적 관련성을 들고 있다. 문제해결에서 수학외적 관련 능력 측정은 대학수학능력시험이 통합교과적 출제를 지향하기 때문에 수학과 관련된 다른 능력도 측정하여야 하므로 특수한 지적 기능이라 할 수 있다.

이원분류표는 검사를 제작하기 위한 청사진에서 매우 중요한 요소며, 3절에서 설명한 검사제작 절차의 세 번째 단계에 포함된다.

2) 문항카드

문항카드는 제작된 문항의 내용 및 특성 등을 기록한 용지로서 문항을 보관함은 물론 문항에 대한 정보를 쉽게 알기 위한 기록지다. 문항카드에 대한 일정한 양식은 없으나 문항의 내용뿐 아니라 정보를 위하여 〈표 7-7〉과 같은 양식을 사용할 수 있다.

문항카드에는 교과목, 교과단원, 교과내용, 측정내용, 그리고 측정할 지적 기능의 수준을 기록한다. 측정의 지적 기능은 Bloom의 교육목표분류학에 의하거나 교과목과 관련된 특수한 지적 기능을 명시할 수 있다. 예상난이도는 검사제작자가 경험에 따른 주관적 판단으로 문항의 쉽고 어려움을 표기한다. 문항난이도 범위는 0에서 1.0이며, 1.0은 모든 피험자가 문항의 답을 맞힐 수 있음을 의미하므로 매우 쉬운 문항이다. '완전학습자의 정답 여부'는 문항제작자가 해당 교과나 단원을 정상적으로 이수한 피험자가 문항의 답을 맞힐 수 있는지 혹은 맞힐 수 없는지를 판단한다. '완전학습자 100명 중 정답자 비율' 항목은 교과나 단원을 정상적으로 이수한 피험자 100명 중 몇 명이 그 문항의 답을 맞힐 수 있는지 그에 해당하는 비율을 기록한다. 완전학습자에 해당하는 항목은 문항이 준거참조평가를 위하여 사용될 때 준거를 설정하기 위한 중요한 정보를 제공한다.

문항제작을 위한 연습지, 문항카드 등이 종전에는 자주 사용되었으나 컴퓨터의 사용이 활발해지면서 컴퓨터로 문항을 직접 제작하고 문항을 보관하는 일이 보편화되고 있는 추세다. 특히, 제작된 문항을 문제은행에 직접 보관하고 컴퓨터로 검사를 실시하고, 그 결과에 의하여 문항이 분석되고 피험자 점수나 능력이 추정되는 컴퓨터화 검사가 일반화됨에 따라 문항카드의 사용은 감소되고 있다.

〈표 7-7〉 **문항카드**

교 과 목			
교과단원			
단원내용			
측정내용		지적 기능	
제 작 자		제작 일시	
문제 및 답지			
예상난이도			
완전학습자	정답 여부	맞힌다 ( ) 틀린다 ( )	
	100명 중 정답자 비율	%	
특이사항			

4 좋은 문항의 조건

좋은 문항을 제작할 때 공통적으로 장애가 되고 있는 점으로 Gronlund(1988)는 필요 이상으로 어려운 단어, 불필요하게 복잡한 문장구조, 모호한 문장, 두서없이 기술된 문장, 불분명하게 제시된 그림, 혼돈스런 지시문, 인종과 성별의 편파성을 들고 있다.

이상의 장애를 극복한 문항이 좋은 문항이라 할 수 있으나 좋은 문항이 되기 위한 절대적 판단기준을 세우는 데는 많은 어려움이 따른다. 왜냐하면 좋은 문항을 제작하는 것은 하나하나를 고려하여 제작하는 단순작업이 아니라 모든 것을 고려하여 질문하는 복합적인 작업이기 때문이다. 좋은 문항의 기준을 설정하기 어려운 이유에는 여러 가지가 있다.

첫째, 좋은 문항을 제작하기 위하여 복합적 수준의 사고력이 요구되기 때문이다. 예를 들어, 어떤 글을 주고 질문을 만들어 보라고 하였을 때, 아예 그 글을 이해하지 못한 수준에서 만들어진 문항, 그 글을 이해한 수준에서 만들어진 문항, 어떤 사실들을 종합하는 내용을 묻는 문항, 앞으로 어떤 내용으로 전개될 것인가를 묻는 문항 등 매우 다양한 수준의 문항이 제작될 수 있다.

둘째, 문항제작은 여러 가지 기술이 요구된다. 문항의 유형과 특성에 따라 제작방법이 다르기 때문이다. 다양한 문항제작 방법이 존재하므로 고려하여야 할 사항이 매우 많다.

셋째, 검사의 목적이 다양하기 때문이다. 검사의 목적에 부합하는 문항을 좋은 문항으로 평가하지만, 목적에 맞지 않을 경우는 좋은 문항으로 평가하지 않을 수 있다. 예를 들어, 자격고시 등의 준거참조평가를 추구하는 검사를 제작할 때 매우 어려운 문항과 매우 쉬운 문항은 검사의 목적을 충족시키지 못하게 된다.

이상의 이유 때문에 좋은 문항, 그리고 나쁜 문항이라고 단순히 평가하는 것은 적절하지 않을 수 있다.

좋은 문항이 되기 위해서는 다음과 같은 몇 가지 **기준**이 있다.

첫째, 문항 내용이 측정하고자 하는 내용과 얼마나 일치하느냐 하는 점이다. 문항 내용과 측정목적의 일치성 여부 확인은 문항제작자가 가장 먼저 고려하여야 할 점이다. 문항들이 측정하고자 하는 내용을 담고 있을 때, 검사의 타당도가 높다고 한다.

둘째, 문항 내용이 복합성(complexity)을 지녀야 한다. 복합성이란 의미는 질문의 내용이 단순기억에 의한 사실보다는 고등정신기능인 분석, 종합, 평가 등의 능력을 측정할 수 있는 문항이어야 한다는 것이다. 문항 내용의 복합성이란 복잡성과 구분된다. 그러므로 질문을 매우 복잡하게 쓰는 것은 바람직하지 않다.

셋째, 문항 내용의 요약성을 들 수 있다. 문항은 열거된 단순 사실만을 질문하는 것이 아니라 열거된 사실들을 요약하고 일반화, 나아가 추상화할 수 있는 내용을 포함하여야 한다.

넷째, 문항의 참신성이다. 이는 내용 측면이나 형식 측면에서 기존에 존재하는 진부한 형태의 문항이 아니라 새로운 문항을 의미한다. 참신한 문항의 출현은 새로운 시각에 의하여 제작된다. 그러므로 참신한 문항을 제작하기가 용이하지 않다. 제한된 교육과정의 내용을 측정하기 위하여 수년간 검사를 실시하였을 때 참신한 문항제작에는 많은 제한점이 따른다. 왜냐하면 중요한 내용을 묻는 문항들은 그 전에 출제되었기 때문이다.

다섯째, 문항이 구조화되어야 한다. 이는 문항의 체계성을 의미하는 것으로서 질문이 모호하지 않으며 구체화되어야 한다. 선택형 문항이 서답형 문항보다 구조화되어 있다 할 수 있다. 예를 들어, '청년문화에 대하여 논하라'는 질문보다 '청년들의 소비문화에 대하여 논하라'는 질문이 보다 구조화되었다고 볼 수 있으며, 이보다 더욱 구조화된 문제는 '20대의 소비문화를 논하라'라는 것이다.

여섯째, 문항의 난이도가 적절하여야 한다. 때로는 검사도구에 포함시킬 이유가 없는 매우 어렵거나 쉬운 문항들도 있다.

일곱째, 문항은 학습동기를 유발시킬 수 있어야 한다. 교육평가, 측정, 검사의 목적이 학습목표 도달에 있을 때, 문항은 학습동기를 유발할 수 있도록 제작하여야 한다. 그러므로 학습동기에 따른 흥미를 유발하는 문항을 제작하여야 한다. 이와 같은 문항은 노력을 통한 성공적 경험을 하게 하여 긍정적 자아개념이 형성되게 한다.

여덟째, 문항이 검사의 사용목적에 부합하여야 한다. 검사의 목적은 상호비교하는 규준참조평가와 목표의 도달 여부를 확인하는 준거참조평가로 구분되고, 각 검사의 사용목적에 부합하는 문항이라야 한다.

아홉째, 측정오차를 유발하지 않아야 한다. 문항을 제작함에 있어 문항의 답을 알고 있는 피험자임에도 불구하고 문항제작의 미숙으로 실수를 유발하게 하여 답을 맞히지 못하는 경우 측정의 오차가 발생한다. 예를 들어, 4지 선다형의 문항에서 부정문으로 질문을 할 경우 부정문에 밑줄을 긋는 이유는 주의가 산만한 피험자에게 그 사실을 환기시켜 측정의 오차를 줄이기 위한 목적으로써 이는 검사의 신뢰도와 관계된다.

열째, 문항의 형식면에서 각 문항 유형에 따른 제작지침에 근거해야 한다. 선택형 문항 중에 진위형, 배합형, 선다형, 그리고 서답형 문항 중에 단답형, 논술형 문항의 제작 원리에 따라 제작된 문항이어야 한다.

열한째, 문항편집지침에 준한 문항이어야 한다. 문항의 체제, 인용문의 표현, 그림과 표 제시, 보기의 예시, 지문 등이 문항편집지침을 따라야 한다. 문항편집지침에 표준형은 없다. 그러나 기관마다 검사를 제작하기 위하여 통일된 편집지침을 마련하고 있다. 통일된 문항편집지침을 따르지 않으면 동일 검사 내에서도 문항 형식의 일관성이 결여된다.

열두째, 문항이 윤리적, 도덕적으로 문제를 지니고 있지 않아야 한다. 검사도 교육의 연장이라는 관점에 비춰 비도덕적, 비윤리적 문항을 제작하지 말아야 한다. 지문이 반사회적 내용이나 비윤리적 내용인 경우 그에 따른 질문은 좋은 문항이라 보기 힘들다. 특히 논술문의 경우 갈등상황을 제시하고 그에 대한 견해를 논하라는 문항 등은 좋은 문항이 될 수 없다.

열셋째, 특정 집단에 유리하게 제작하지 말아야 한다. 문항제작자의 자격 중에 편견을 지니고 있지 않아야 된다는 것은 편견을 가진 사람이 어떤 특정 집단에 유리한 문항을 제작할 가능성이 높기 때문이다. 특정 집단에 유리하거나 불리하게 제작된 문항을 차별기능 문항 혹은 편파성 문항이라고 한다.

5 문항 유형

   문항 유형은 다양하며, 여러 형태의 이름으로 불리고 있다. 그러나 여기서는 국제적으로 통용되고 있는 분류방법과 문항 유형을 따르기로 한다. 문항의 형태는 크게 두 종류로 구분되는데, 하나는 선택형 문항이고 다른 하나는 서답형 문항이다.

   선택형 문항(selection type item)은 문항 내에 주어져 있는 답지 중에 하나를 고르는 문항 형태를 말하며, **서답형 문항**(supply type item)은 답이 문항 내에 주어진 것이 아니라 써 넣는 형태의 문항을 말한다. 선택형 문항을 객관식 문항, 그리고 서답형 문항을 주관식 문항으로 부르기도 하나 이는 학문적 용어가 아니다.

   Mehrens과 Lehmann(1975)은 선택형 문항과 서답형 문항에 포함되는 문항 형태를 다음과 같이 구분한다.

> **선택형 문항**(selection-type item; selected response)
>> 진위형(true-false form)
>> 선다형(multiple choice form)
>> 연결형(matching form)
>
> **서답형 문항**(supply-type item; constructed response)
>> 논술형(essay)
>> 단답형(short-answer form)
>> 괄호형(close or cloze form)
>> 완성형(completion form)

   또 Gronlund(1989)는 선택형 문항과 서답형 문항을 다음과 같이 분류한다.

선택형 문항(selection-type item)

    진위형(true-false form)

    선다형(multiple choice form)

    연결형(matching form)

서답형 문항(supply-type item)

    단답형(short-answer form)

    제한된 논술형(essay: restricted response form)

    논술형(essay: extended response form)

문항 유형을 분류할 때 Mehrens과 Lehmann의 분류가 보다 논리적이라 할 수 있다. 완성형 문항은 문장의 맨 끝에 단어나 구 혹은 절을 써 넣는 문항 형태로서 한글의 구문상 제작하기가 쉽지 않으므로 문항 유형의 특성상 괄호형 문항 유형에 포함할 수 있다.

이상에서 설명한 문항 유형 이외의 새로운 형태의 문항이 개발되고 있다. 즉, 선택형의 문항 유형으로 분류할 수 있는 진위형 문항에는 수정을 요구하는 진위형 문항, 옳은 진술만 선택하는 진위형 문항, 연계성 진위형 문항이 있다. 선다형 문항의 특수한 예로는 그리드(grid) 문항과 삽입형 문항이 있으며, 선다형보다는 선택형의 큰 범주 안에 넣을 수 있는 배열형 문항이 있다.

⚠ 주요 단어 및 개념

이원분류표	내용소	행동소
교육목표분류학	문항카드	지식/이해/적용/분석/종합/평가
선택형 문항	서답형 문항	

💬 연습 문제

1. 문항제작자의 자격에 대해 설명하시오.

2. 초등학교 4학년 학생들의 영어능력을 알아보기 위한 검사를 제작하기 위하여 고려할 사항을 논하시오.

3. 학급검사와 표준화 검사의 제작절차를 설명하시오.

4. 검사를 제작하기 위하여 검사 내용 및 대상을 설정하고 이원분류표를 만드시오.

5. 문항의 질을 평가하는 기준을 설명하시오.

⊞ 기출 문제

초등 07 　검사도구를 제작할 때 교육목표 이원분류표를 작성하는 이유로 가장 적절한 것은?

① 검사의 난이도를 높인다.
② 문항의 참신성을 높인다.
③ 채점의 정확성을 높인다.
④ 검사의 내용타당도를 높인다.

중등 92 　학력검사를 실시할 때, 제일 먼저 이루어져야 하는 것은?

① 교육목적 설정
② 이원분류표 작성
③ 평가장면 선정
④ 평가문항의 제작

중등 00 　중간고사 문항들의 곤란도가 서로 다를 경우, 가장 바람직한 문항 배열방법은?

① 특별한 원칙 없이 배열한다.
② 가장 쉬운 문항이 검사의 끝 부분에 오게 한다.
③ 쉬운 문항일수록 검사의 앞 부분에 오도록 배열한다.
④ 쉬운 문항과 어려운 문항을 한 문항씩 교차시켜 배열한다.

정답 [초등 07] ④　[중등 92] ①　[중등 00] ③

선택형 문항제작

선택형 문항은 주어진 답지 중에서 정답을 선택하는 문항이다. 선택형 문항에는 진위형, 선다형, 그리고 연결형 문항이 있으며, 각 문항 유형에 대한 정의, 특징, 장단점, 제작방법에 대해 살펴본다.

1 진위형 문항

1) 정 의

진위형 문항은 선다형 문항만큼 많이 사용되고 있는 문항 형태로서 교사들이 제작하는 검사에서 흔히 찾아볼 수 있다. 그 이유는 문항제작이 용이하기 때문이다. **진위형 문항**(true-false item)은 제시된 진술문에 피험자가 맞는지 틀리는지, 즉 옳은지 그른지를 응답하는 문항 형태다. 변형된 형태로는 '예', '아니요' 혹은 '찬성한다', '반대한다'로 응답하는 문항 형태가 있다.

2) 제작원리

진위형 문항의 **제작원리**를 정리하면 다음과 같다.

진위형 문항의 제작원리

① 질문, 즉 진술문에 중요한 내용을 포함한다.
② 복합적 학습내용을 측정하기 위하여 기초적 자료에 근거한 문항을 작성한다.
③ 일반화되지 않은 주장이나 이론의 옳고 그름을 묻지 않는다.
④ 하나의 질문에 하나의 내용만 포함되도록 한다.
⑤ 부정문의 사용을 삼가한다. 이중부정은 더욱 삼가한다.
⑥ 교과서에 있는 똑같은 문장으로 질문하지 않는다.
⑦ 가능한 간단명료하게 단문으로 질문한다.

⑧ 답의 단서가 되는 부사어를 사용하지 않는다.
⑨ 정답이 ○인 문항과 ×인 문항의 비율을 비슷하게 한다.
⑩ 정답의 배열이 규칙적이지 않고 무선적이 되게 한다.

① 질문, 즉 진술문에 중요한 내용을 포함한다.

중요하지 않은 내용이 답에 영향을 주지 않도록 해야 한다. 진위형 문항은 질문에 중요한 내용을 포함하고 있어야 한다. 중요하지 않은 내용 때문에 문항의 답을 틀리게 하여서는 안 된다. 문항의 답을 알고 있음에도 불구하고 중요하지 않은 내용에 의하여 문항의 답을 맞히지 못하였을 때 측정의 오차는 커지고 검사의 신뢰도는 감소하게 된다.

예 【수정 전】 1 inch는 2.54mm이다. (×)

> **분석**   1 inch는 cm로 환산하여 계산하는 것이 일반적이다. 그러므로 mm로 환산되어 서술된 문제에 대하여 주의를 기울이지 않은 피험자는 답을 알고 있으나 실수로 틀릴 가능성이 높아진다. 이와 같은 문항은 검사의 신뢰도를 감소시킨다.

【수정 후】 1 inch는 2.54cm이다. (○)

② 복합적인 학습내용을 측정하기 위하여 기초적 자료에 근거한 문항을 작성한다.

진위형 문항으로 도표, 지도, 그림 등의 해석에 근거한 복합적 지식을 측정하는 경향이 있다. 다양한 정보에 의한 복합적 내용을 해석, 분석, 비판하는 능력을 측정하기 위하여 도표나 그림 등을 이용하는 것이 바람직하다.

③ 일반화되지 않은 주장이나 이론의 옳고 그름을 묻지 않는다.

일반화되지 않은 주장이나 이론은 정답에 대한 논란 때문에 질문의 대상이 될 수 없다. 일부 학자나 학파의 이론에 대하여 옳고 그름을 묻는 것은 학문적 논쟁의 대상은 될 수 있어도 피험자의 인지능력을 측정하는 데는 바람직하지 않다. 부득이 어떤 학자나 학파의 의견이나 이론에 대하여 질문을 하고자 할 때는 학자나 학파의 이름을 명기하고 질문할 수 있다. 이 역시 제한된 학자나 학파의 견해이므로 지엽적이 될 수밖에 없다.

> **예** 【수정 전】 열린교육은 어린이들의 창의성을 향상시킨다. (   )
>
> **분석** 이 질문에 열린교육을 지지하는 학자들이나 집단은 그렇다고 할 것이고, 열린교육의 용어 자체를 인정하지 않는 학자들이나 집단은 그렇지 않다고 할 것이다. 그러므로 이런 문항은 논쟁을 일으킬 좋지 않은 문항이다.

④ 하나의 질문에 하나의 내용만 포함되도록 한다.

질문에 여러 가지 내용이 포함되었을 때 능력 측정의 어려움이 있다. 모든 내용을 모두 알고 있을 때 1점을, 그리고 어느 부분이라도 모르면 0점을 얻는다. 다수의 내용을 알지 못한 피험자나 일부만 모른 피험자 모두 0점으로 처리되므로 능력 추정이 정확하지 않을 뿐만 아니라 피험자를 능력에 따라 구분하는 것이 용이하지 않게 된다. 또한 질문이 많은 내용을 포함하면 여러 문항으로 폭넓은 내용을 측정할 수 있는 진위형 문항의 특징을 상실한다.

> **예** 【수정 전】 프랑스 가요를 칸초네라 하고, 이태리 가요를 샹송이라 한다. (×)
>
> **분석** 이 질문은 두 가지 내용을 질문하고 있다. 한 문제가 두 가지 내용을 포함할 때, 두 가지 내용을 모두 인지하는 피험자만이 문항의 답을 맞힐 수 있다. 문항의 답을 맞히지 못한 피험자의 능력을 구분하기 위하여 두 문항으로 출제하거나 한 가지 내용만 질문하는 것이 바람직하다.
>
> 【수정 후】 프랑스의 가요를 칸초네라 한다. (×)

⑤ 부정문의 사용을 삼가한다. 이중부정은 더욱 삼가한다.

부정문이 사용된 질문이 때로는 긍정문으로 인식되어 실수로 문항의 답을 맞히지 못하는 경우가 생기게 된다. 특히, 능력수준이 높고 즉각적인 사고를 하는 피험자일수록 주의를 기울이지 않아 실수를 범하게 된다. 부득이한 경우 부정문을 사용할 때는 피험자의 주의를 환기시키기 위하여 밑줄을 긋는 것이 바람직하다.
이중부정문은 때로 피험자를 혼란에 빠지게 하여 실수를 유발하게 한다.

> **예** 【수정 전】 문항제작에서 질문을 부정문으로 하는 것은 바람직하지 않다. (○)
>
> > **분석** 이 문항은 실질적으로 이중부정의 내용을 지니고 있다. 첫째,
> > 부정문이란 단어가 부정의 의미를 지니고 있으며, 바람직하지 않다가 부
> > 정의 뜻을 지니고 있다. 그러므로 바람직하지 않다는 내용만 긍정문으로
> > 교정하든가 혹은 질문 모두를 긍정문으로 수정할 수 있다.
>
> 【수정 후】 문항제작에서 질문을 부정문으로 하는 것은 바람직하다. (×)
>
> > 혹은
> > 문항제작에서 질문을 긍정문으로 하는 것은 바람직하다. (○)

⑥ 교과서에 있는 똑같은 문장으로 질문하지 않는다.

교과서에 있는 문장을 그대로 진술하면 피험자들이 기억력에 의하여 문항의 답
을 맞힐 확률이 높을 뿐만 아니라 깊게 생각하지 않는 경향이 있다. 가능하면 피
험자가 생각하여 응답하게 하는 문항이 좋은 문항이므로 교과서나 어떤 참고서에
있는 내용을 그대로 진술하여 질문하는 것은 바람직하지 않다.

⑦ 가능한 간단명료하게 단문으로 질문한다.

질문을 간단명료하게 한다. 또한 문어체보다는 구어체가 더 간단할 수 있다. 복
문이나 여러 개의 단문을 늘어놓은 형태의 질문은 질문의 내용이 불명확할 수 있
다. 뿐만 아니라, 길게 제작된 질문은 측정내용의 인지 여부를 확인하기 전에 질
문에 대한 이해능력, 즉 독해능력이 요구되므로 독해능력이 없으면 측정하고자
하는 영역에 대한 지식은 있으나 답을 맞히지 못하게 된다. 이와 같은 문항은 검
사의 신뢰도를 저하시킨다.

⑧ 답의 단서가 되는 부사어를 사용하지 않는다.

'절대(absolutely)', '항상(always)', '모두(all)', '전혀(never)', '오직(only)' 등의 부사
어는 틀린 답의 단서가 될 수 있다. 반대로 '흔히(usually)', '간혹(sometimes)'이란

부사어는 진술문이 옳음을 암시한다. 그러므로 가능하면 두 종류의 부사어를 사용하지 않는 것이 바람직하다. 그 이유로 항상 진리일 수 있는 서술문에 '가끔'이란 단어를 사용하면 이는 틀린 답을 암시하고, 반대로 항상 진리가 아닌 서술문에 '항상', '절대'란 단어를 사용하면 옳지 않기 때문이다.

> **예** 【수정 전】 문항을 추가시키면 항상 신뢰도가 증가한다. (×)
>
> > **분석** '항상'이란 단어는 일반적으로 답이 틀림을 암시한다. 문항을 증가시킨다고 신뢰도가 항상 증가하는 것이 아니라 양질의 문항을 추가할 때 신뢰도가 증가한다.
>
> 【수정 후】 양질의 문항을 추가시키면 신뢰도는 증가한다. (○)

⑨ 정답이 ○인 문항과 ×인 문항의 비율을 비슷하게 한다.

일반적으로 정답이 ○인 문항과 ×인 문항의 비율이 동일하지는 않지만 유사하게 유지하여야 한다. 예를 들어, 10문항의 진위형 문항이 있다면 ○가 답인 문항과 ×가 답인 문항의 비율을 4 : 6 혹은 5 : 5 또는 6 : 4로 유지하는 것이 바람직하다. 이는 두 유형의 문항 비율을 꼭 동일하게 하여야 한다는 것을 의미하는 것은 아니다. 만약, 두 유형의 문항 비율을 동일하게 제작한다면, 현명한 피험자는 알고 있는 문항들에 대하여 우선 응답하고, 모르는 문항의 답은 문항반응비율에 의하여 응답하여 답을 맞힐 수 있다. 예를 들어, 10문항의 진위형 검사에서 9문항의 답을 알고 있으며 한 문항의 답을 알지 못할 때, 응답을 한 9문항 중 6문항의 응답이 ○이었다면 답을 알지 못하는 한 문항의 답을 ×로 응답하여 문항의 답을 맞힐 수 있게 된다. 반대로 피험자가 많은 문항의 답을 ×로 응답하고 난 후, 답을 모르는 어떤 문항이 있다면 답이 ○이거나 ×인 비율에 의하여 그 문항은 ○라고 응답하는 경향이 있다. 이런 관점에 비추어 가능한 한 추측에 의하여 문항의 답을 맞힐 수 있는 기회를 최소화할 수 있도록 문항을 제작하는 것이 바람직하다.

⑩ 정답의 배열이 규칙적이지 않고 무선적이 되게 한다.

정답의 배열이 ○, ×, ○, ×, ○, ×로 되거나 ○, ○, ×, ×, ○, ○, ×, ×, 혹은 ○, ×, ×, ○, ×, × 등의 어떤 규칙성을 가진 유형이 되지 않게 문항을 배열한다.

즉, 무선적으로 ○와 ×가 배열되도록 한다. 정답의 배열에 어떤 규칙이 있을 때, 문항의 답을 알지 못하면 그 정답 배열 규칙에 맞추어 답을 하게 된다. 예를 들어, 첫 번째 정답 유형의 응답 형태인 ○, ×, ○, ×, ○, ×를 지니고 있는 여섯 문항의 진위형 문항이 있을 때 만약 네 번째 문항의 답을 알지 못한 현명한 피험자는 ×로 응답하게 된다.

3) 특수한 형태

진위형 문항의 특수한 형태로 Oosterhof(1994)는 세 가지를 제안하고 있다. 즉, 수정을 요구하는 진위형 문항, 옳은 진술만 선택하는 문항, 연계성 진위형 문항이다. **교정진위형 문항**(true-false requiring correction item)이란 진위형 문항에서 만약 질문의 내용이 틀린다고 응답하였을 때 틀린 내용을 수정하게 하는 문항이다.

예 수정을 요구하는 진위형 문항

　　프랑스 가요를 <u>칸초네</u>라 한다. (×)
　　　　　　　└→ 샹송

옳은 진술만 선택하는 문항(multiple true-false item)이란 답지 중 옳은 답지만 선택하라는 질문 유형이다.

예 옳은 진술만 선택하는 문항

　　※ 다음 답지를 읽고 옳은 것만 고르시오. (정답: ①, ③, ④)
　　　선다형 문항과 비교하여 진위형 문항의 특징은?
　　　① 문항추측도가 높다.
　　　② 신뢰도를 높일 수 있다.
　　　③ 문항 개발에 시간이 적게 걸린다.
　　　④ 많은 문항으로 검사를 실시할 수 있다.

연계성 진위형 문항(sequential true-false item)이란 논리를 전개하는 문항이나 그 계산절차에 의한 단계에서 각 단계마다 맞고 틀림을 묻는 문항이다.

예 연계성 진위형 문항

※ 아래는 $(4x-3)(3x+8)=(3x+4)(3x+6)$ 식에서 x값을 구하는 절차다.
각 절차가 맞는지 틀리는지를 표시하라.

1. $12x^2+23x-24 = 9x^2+30x+24$ (○)

2. $3x^2-7x-48 = 0$ (○)

3. $(x+3)(3x-18) = 0$ (○)

4. $x = 3, -\dfrac{16}{3}$ (×)

분석 연속적으로 전개되는 계산절차에서 연속적으로 제기되는 질문에 대하여 진위형으로 응답하는 문항이다.

4) 장단점

진위형 문항은 일반적으로 능력수준이 낮은 피험자 집단인 초등학교에서 자주 사용되나 많은 피험자를 간단하게 분류하는 방법으로도 이용된다. 그 예로 회사의 입사시험과 수강생이 많은 교양과목에 자주 사용된다.

진위형 문항의 **장점**은 다음과 같다.

첫째, 문항제작이 용이하다. 간단한 진술문, 즉 문장에 의하여 질문하므로 문항제작이 쉽다.

둘째, 채점의 객관성을 높일 수 있다. 문항의 답이 정해져 있으므로 채점의 논란이 일지 않는다.

셋째, 정해진 검사시간 내에 다수의 문항으로 많은 교과내용을 측정할 수 있다.

이상과 같은 장점이 있는 **진위형 문항**은 다음과 같은 **단점** 또한 지니고 있다.

첫째, 추측에 의하여 문항의 답을 맞힐 수 있다. 즉, 문항의 답을 알지 못하고 문항의 답을 맞힐 확률이 .5에 해당하므로 추측에 의하여 문항의 답을 맞힐 확률이 높아 검사의 신뢰도가 낮아질 수 있다. Downing(1992)은 진위형 문항이 선다형 문항보다 쉽고 신뢰도도 낮게 추정된다고 보고하였다.

둘째, 고등정신능력보다는 단순정신능력을 측정할 가능성이 높다. 물론, 문항 제작자의 능력과 문항의 측정목적에 의하여 문항의 기능이 달라지지만 일반적으로 단순정신능력을 측정하기가 쉽다.

셋째, 학습동기가 감소된다. 검사의 문항 형태가 진위형으로 출제된다고 할 때, 학생들의 학습동기가 저하되는 경향이 있으며, 심지어는 그날의 운에 의지하는 경향마저 보이는 경우가 있다.

넷째, 문항의 변별력이 감소할 수 있다. 문항의 답을 맞히고 틀리는 이분점수이므로 문항의 변별도가 선다형 문항보다 낮은 경향이 있다.

다섯째, 곁눈질이 용이하다. 응답의 형태가 ○나 ×로 표기되므로 시험에서 부정행위인 곁눈질에 의하여 문항의 답을 맞히기 쉽다.

2 선다형 문항

1) 정 의

선다형 문항(multiple choice item)은 선택형 문항 유형 중 가장 많이 사용되는 문항으로 두 개 이상의 답지가 부여되어 그중 맞는 답지나 혹은 가장 알맞은 답지를 선택하는 문항으로 1914년 Kelly가 고안하였다. 선다형 문항은 매우 쉬운 문항에서부터 어려운 문항을 제작할 수 있어 학업성취도검사에 흔히 사용된다. 여러 개의 **답지**(alternative, choice, option) 중에 정답이 아닌 **틀린 답지**(distractor, foil)를 어떻게 제작하느냐에 따라 문항난이도가 변화되는 특징을 지니고 있다. 만약, 답지들을 단순하게 제작하면 단순 기억능력을 측정하는 문항이 되며, 복합적인 답지를 제작하면 고등정신능력까지 측정할 수 있는 특징을 지니고 있다. 그러므로 선다형 문항이 암기위주 교육을 유도한다는 주장은 타당하지 않다. Wood(1977)도 선다형 문항이 창의성과 감각적 사고를 저해한다는 비판에 대하여 반론을 제기하고 있다. 잘못 제작된 문항으로 검사가 실시될 때, 암기위주의 교육이 이루어지며, 학생들의 찍기기술이 발달된다고 본다.

선다형 문항은 일반적으로 답지가 세 개, 네 개, 혹은 다섯 개로 이루어진다. 진위형의 경우 주어진 질문에 대하여 맞고 틀림을 결정하는 문항으로, 이 문항 역시 두 개의 답지가 제공된 선다형 문항의 특수한 예라 할 수 있다. 선다형 문항이 측정하는 내용은 일반적으로 용어, 사실, 개념, 원리, 이론 등에 대한 지식을 묻는다.

선다형 문항은 옳은 답을 선택하는 **정답형 문항**(absolutely-correct type item)과 여러 답지 중 가장 옳은 답을 선택하는 **최선답형 문항**(best answer type item)이 있다. 최선답형 문항은 피험자에게 혼돈과 논쟁을 야기하므로 문항제작이 정답형 문항보다 다소 어렵다. 정답형 문항이나 최선답형 문항 모두 선다형 문항으로 분류한다.

선다형 문항의 적절한 답지 수에 대한 공통적 연구결과는 없다. 보통 4지 선다형이나 5지 선다형 문항을 제작하는 것이 일반적 경향이다. 답지 수와 문항 수는 신뢰도에 영향을 주며, Ebel(1969)은 문항 수가 적을 때는 답지 수를 늘리는 것이 좋고 문항 수가 많을 때는 답지 수가 적어도 된다고 하였다. 예를 들어, 1시간의 소요시간이 걸리는 검사에서 3지 선다형 70문항의 검사와 4지 선다형 50문항의 검사가 유사한 신뢰도를 지닌다고 보고하였다.

그러나 Budescu와 Nevo(1985)는 이와 같은 문항 수와 답지 수의 비율적 관계에 대한 개념을 모순이라고 지적하고 질문 자체에 의하여 답지 수가 결정되어야 한다고 주장한다. 즉, 질문의 내용에 따라 답지 수가 결정될 수 있으며, 답지 수를 증가시키기 위한 고의적 시도는 문항의 질을 저하시킬 가능성을 내포하고 있다. 뿐만 아니라, 매력도가 떨어지는 답지는 기능을 상실하므로 5지 선다형의 문항이라도 매력적이지 않은 오답지의 수에 따라 4지 혹은 3지 선다형 문항이 될 수 있다. 답지 수를 늘려야 하는 의무감 때문에 '모든 것이 정답', 혹은 '정답 없음'의 답지를 추가하여 작성하는 경우도 있다.

2) 제작원리

'문항제작은 예술이다(Embreston, 1985; Popham, 1984)'라는 말과 같이 문항제작에 많은 공을 들일수록 문항은 세련되고 좋은 문항이 된다.

선다형 문항의 **제작원리**는 다음과 같다.

선다형 문항의 제작원리

① 문항은 중요한 학습내용을 포함하여야 한다.
② 문항마다 질문의 내용이 하나의 사실을 묻도록 단순, 명쾌하게 구조화되어야 한다.
③ 정의나 개념을 묻는 질문에서 정의나 개념을 질문하고 답지에 설명을 나열한다.
④ 문항이나 답지의 서술이 간단하고 명확한 단어로 서술되어야 한다.
⑤ 문항의 질문 형태가 가능하면 긍정문이어야 한다.
⑥ 문항의 질문내용 중 답을 암시하는 내용이 포함되어 있지 않아야 한다.
⑦ 그럴듯하고 매력적인 틀린 답지를 만들어야 한다.
⑧ 답지 중 정답이 두 개 이상일 경우 최선의 답을 선택하도록 환기시켜야 한다.
⑨ 답지 안에 옳은 답지를 선택하거나 틀린 답지를 제거할 수 있는 단서를 제공하지 말아야 한다.
⑩ 답지만을 분석하여 문항의 답을 맞히게 하지 말아야 한다.
⑪ 가능하면 답지를 짧게 하는 것이 바람직하다.
⑫ 문항의 답지들의 내용이 상호 독립적이어야 한다.
⑬ 각 답지에 똑같은 단어들이 반복되는 것을 피한다.
⑭ 답지들의 형태를 유사하게 하여야 한다.
⑮ 유사한 답지끼리 인근 답지가 되게 하여야 한다. 답지 내용의 유사성이 있다면 유사한 내용의 답지들이 인접하게 배열한다. 그림으로 제시된 답지의 경우도 유사한 그림을 인접하게 배열한다.
⑯ 답지 사이에 중복을 피해야 한다.
⑰ 답지의 길이를 가능하면 비슷하게 하고, 다소 상이할 때는 짧은 길이의 답지부터 배열하는 것이 타당하다.
⑱ 답지들이 수나 연도로 서술될 때, 일반적으로 작은 수부터 큰 수로 배열한다. 또한 답지들이 간단한 하나의 단어로 표기될 때 가나다 순 혹은 abc 순으로 나열한다.

⑲ 답지에 어떤 논리적 순서가 있다면 논리적 순서에 따라 배열한다.
⑳ 답지 중 '모든 것이 정답' 혹은 '정답 없음'이란 답지를 사용하지 말아야 한다.
㉑ 질문에 그림이나 도표 등을 포함할 경우 그림, 도표, 질문, 그리고 답지가 모두 동일 쪽에 인쇄되도록 한다.
㉒ 정답의 번호가 일정 형태를 유지하지 않는 무선순에 의하도록 한다.
㉓ 정답의 번호가 일정 번호에 치우치는 것을 삼가야 한다.

① 문항은 중요한 학습내용을 포함하여야 한다.

문항을 제작할 때 중요한 학습내용을 측정하는 문항을 제작해야 한다. 문항의 난이도를 높이기 위하여 교수 · 학습과정에서 중요하게 다루지 않은 교과내용을 묻는 질문은 피하여야 한다. 교과내용은 제한되어 있고 많은 문항이 출제되다 보면 측정되지 않은 내용이 거의 없어 지엽적이고 하찮은 내용을 묻는 문항을 제작하는 경우가 있다. 그러므로 어떤 내용을 모두가 이해하였다면 다른 교육내용으로 대치하여 교육과정의 변화를 가져와야 된다. 이런 관점에서 교육평가와 교육과정은 상호 밀접한 관계를 지녀야 한다. 중요한 교과내용의 인지 여부를 측정하여야만 교육목표 성취 수준을 파악할 수 있다.

② 문항마다 질문의 내용이 하나의 사실을 묻도록 단순, 명쾌하게 구조화되어야 한다.

질문이 무엇을 묻는지가 명확하여야 한다. 질문이 모호하면 피험자는 답지를 보고 응답하기 때문에, 답지를 읽지 않고 질문을 이해할 수 있어야 한다.

예 【수정 전】 다음 중 '지식의 구조' 와 관계가 가장 먼 것은?

① 기본 개념   ② 핵심적 아이디어
③ 교과의 중간 언어   ④ 학문 중심 교육과정

분석   질문의 내용이 '지식의 구조'를 물을 때 이는 일반적 지식의 구조인지 혹은 어떤 이론에 의한 지식의 구조를 묻는지 분명하지 않다. 즉, 질문이 구조화되어 있지 않고 모호하므로 '지식의 구조'에 대한 구체적 내용을 제시하여야 한다.

【수정 후】 다음 중 브루너(Bruner)의 '지식의 구조'와 관계가 가장 먼 것은?

① 기본 개념　　　　　② 핵심적 아이디어

③ 교과의 중간 언어　　④ 학문 중심 교육과정

③ 정의나 개념을 묻는 질문에서 정의나 개념을 질문하고 답지에 설명을 나열한다.

용어의 정의와 개념에 대한 이해 여부를 묻기 위하여 두 가지 형태로 질문할 수 있다. 하나는 용어에 대한 정의나 개념을 설명하고 그에 대한 용어를 답지에서 찾게 하는 질문 형태다. 이와 같은 문항은 설명된 개념이나 관련 있는 용어를 답지에서 선택하게 하므로 용어를 구분하는 능력을 측정할 뿐, 복잡한 용어에 대한 정확한 이해 정도를 측정할 수 없다. 고등정신능력을 측정하기 위하여 용어에 대한 정의나 개념을 질문하고, 그 용어나 개념에 대한 설명을 답지에 열거하여 그중 가장 옳은 답지를 선택하게 하는 것이 바람직하다. 용어의 정의나 개념에 대한 정확한 이해를 하지 못한 피험자에게 이와 같은 문항은 어려운 문항이 되며, 문항의 교수적 기능도 높다. 중요한 용어나 혼돈이 자주 일어나는 용어에 대한 이해 여부를 묻기 위하여 자주 이용된다.

예 【수정 전】 모집단을 대표하는 표본을 반복하여 추출하였을 때 모집단 평균과 표본 평균들과 차이들의 표준편차는?

① 편차　　　　　　② 표준오차

③ 표준편차　　　　④ 표집오차

분석　이 질문은 표집에 따른 표준오차를 묻기 위하여 용어에 대한 정확한 설명을 하고 그에 대한 용어를 묻는 질문 형태다. 표준오차에 대한 이해가 확실하지 않더라도 네 개의 답지 중에 유사한 답지를 선택할 수 있다. 그러나 다음과 같이 수정하였을 때 표준오차에 대한 정확한 이해 없이는 답을 맞히기 어려우며 혼돈을 주어 답지의 비교, 분석 등의 고등정신능력을 측정할 수 있다.

【수정 후】 표준오차란?

① 표본분포 평균들의 표준편차

② 모집단 평균과 표본평균 차이의 평균

③ 모집단 평균과 표본평균 차이의 표준편차

④ 표집분포의 평균과 모집단 평균 차이의 표준편차

④ 질문과 답지가 간단하고 명확한 단어로 서술되어야 한다.

질문이나 답지를 서술할 때 가능한 정확한 단어로 서술하여야 하며, 불필요하게 어려운 단어나 복잡한 구문을 사용하지 말아야 한다. 복잡한 구문에 의한 서술은 측정하고자 하는 교과내용을 측정하기보다는 언어능력을 측정할 가능성이 크기 때문이다.

예 【수정 전】 남자 기계체조 경기에는 몇 종목이 있는지 맞는 답을 고르시오.

① 4종목   ② 5종목

③ 6종목   ④ 8종목

분석   위 문항은 대학입학시험의 기출 문제로서 규준참조검사의 성격과 총합평가의 목적을 지니고 있으므로 가능하면 간결하고 명확하게 질문하는 것이 바람직하다. 물론, 하나의 완성된 문장으로 질문을 하므로 친절할 수 있으나 검사의 목적상 간결하게 질문하는 것이 바람직하다.

【수정 후】 남자 기계체조 경기의 종목 수는?

① 4   ② 5

③ 6   ④ 8

⑤ 문항의 질문 형태가 가능하면 긍정문이어야 한다.

틀린 답을 찾는 것보다 맞는 답을 찾게 하는 것이 보다 교육적이다. 검사도 교육적 행위의 일부이므로 옳은 답을, 그리고 가장 옳은 답을 찾게 하는 것이 바람직하다. 또한 질문이 부정문으로 되어 있을 때, 높은 능력을 소유하고 있으나 주의력이 산만한 피험자는 부주의로 답을 맞히지 못하는 경우가 발생한다. 이는 측정의 오차를 유발시키는 원인이 되어 검사의 신뢰도를 저하시킨다. 선다형 문항을 제작할 때 문항제작 경험이 풍부하지 않은 문항제작자는 부정문에 의한 질문 형태의 문항을 제작하는 것이 편리할 때가 있다. 그러나 가능한 부정의문문의 형

태를 삼가고, 부득이 부정의문문을 사용하여야 할 경우는 피험자의 주의를 환기시키기 위하여 밑줄을 긋거나 진하게 표시하는 것이 바람직하다.

⑥ 문항의 질문에 답을 암시하는 내용이 포함되어 있지 않아야 한다.

문항제작의 경험이 풍부하지 않은 문항제작자는 질문의 내용 중에 답을 암시하는 내용을 기술하는 경우가 있다. 물론, 검사가 교육적 기능을 지니고 있으므로 질문을 하기 전에 질문내용을 설명할 수 있다. 그러나 질문의 내용에 답을 암시하는 내용이 포함되어 있다면 이는 피험자의 능력을 구분할 수도 없으며 질문의 기능을 상실한다.

예 【수정 전】황갈색의 탁한 물로서 비교적 수질오염에 내성이 강한 물고기나 거머리 등이 살 수 있는 물은?

① 1급수　　　② 2급수

③ 3급수　　　④ 4급수

분석　이 질문에서 '황갈색의 탁한 물'이나 '비교적 수질오염에 내성이 강한 물고기'란 내용에 의하여 피험자는 문항의 답을 맞힐 수 있다. 정확한 답을 알지 못하는 피험자라 할지라도 질문에 설명된 내용에 의하여 최소한 1급수는 답이 아닐 것이라 짐작하고 나머지 답지 중에서 답을 고르게 된다. 따라서 1급수냐 2급수냐를 판정 짓는 핵심적인 내용인 서식 가능한 생물의 종류만으로 간단하게 질문하는 것이 바람직하다.

【수정 후】거머리나 물벌레가 살 수 있는 물의 급수는?

① 1　　　② 2

③ 3　　　④ 4

⑦ 그럴듯하고 매력적인 틀린 답지를 만들어야 한다.

이 원리는 선다형 문항제작에서 가장 중요한 주의사항 중 하나다. 개념, 정의, 사실 등에 확실한 지식을 가지고 있지 않은 피험자는 매력적인 틀린 답지에 의하여 혼동을 하게 된다. 그러므로 선다형 문항에 대한 평가는 답지들의 매력에 의존한다 하여도 과언이 아니다. 매력적인 틀린 답지를 만든다는 것은 어려운 작업이고, 이와 같은 작업의 정도에 따라 선다형 문항은 단순기억을 측정하는 문항이 될 수도 있고, 고등정신능력을 측정할 수 있는 문항이 될 수도 있다. 저자의 경험에 의하면 선다형 문항도 피험자들의 고등정신능력을 측정할 수 있다고 본다. 매력적인 답지를 만들기 위해서는 교과내용에 대한 충분한 이해와 더불어 풍부한 문항제작 경험, 그리고 문항분석에 의한 문항 교정 경험이 풍부하여야 한다. 우리나라에서는 문항분석이 아직까지 문항수준에 그치고 있으나 답지에 대한 분석까지 확장되어야 할 것이다. 이에 대해서는 제10장에서 설명한다. 선다형 문항이 단순기억에 의한 지식만을 측정하기에 오늘의 교육이 암기위주의 교육으로 전락하였다는 주장은 모순이며, 선다형 문항을 잘못 제작, 사용하였기에 암기위주의 교육이 되었다고 분석하여야 할 것이다.

⑧ 답지 중 정답이 두 개 이상일 경우 최선의 답을 선택하도록 환기시켜야 한다.

선다형 문항 중에는 답이 하나 이상인 경우가 있다. 답지 중 정답이 두 개 이상인 경우 그중 가장 알맞은 답지를 선택하라는 내용이 질문내용에 포함되어야 한다. 검사제작자는 문항의 답이 하나인지 혹은 둘 이상인지를 정확히 알고 있어야 한다. 그래야만 문항의 질을 향상시킬 수 있을 뿐만 아니라 시험 후 발생할 수 있는 문제를 방지할 수 있다.

가능하면 가장 옳은 답을 찾게 하는 것이 측정학적 측면에서 바람직하고 피험자에게 혼란을 야기하지 않는다. 두 개의 정답을 선택하라고 할 경우, 두 개의 정답 중 한 개의 정답과 한 개의 오답을 고른 피험자와 두 개 모두 오답을 고른 피험자는 모두 점수를 부여받지 못하게 되므로 피험자 능력 추정의 정확성이 결여된다. 그러므로 가장 알맞은 것을 선택하라는 것이 더욱 바람직하다.

⑨ 답지 안에 옳은 답지를 선택하거나 틀린 답지를 제거할 수 있는 단서를 제공하지 말아야 한다.

예를 들어, 답지 중 특이한 형태로 서술된 답지는 정답이나 혹은 틀린 답이 될 것이라 암시할 수 있다. 또한 교재에 있는 문장을 그대로 답지에 사용하지 말아야 한다. 이는 피험자가 자연스럽게 정답으로 선택할 가능성이 높기 때문이다. 또한 답지를 서술할 때, 다른 답지보다 구체적이고 상세한 답지 역시 자연스럽게 정답이라는 암시를 줄 수 있다.

　⑩ 답지만을 분석하여 문항의 답을 맞히게 하지 말아야 한다.

　논리적 분석을 즐기는 피험자는 질문의 내용 혹은 지시문을 읽지 않고 답을 맞힐 수 있다. 또한 정답을 알지 못하더라도 답지 배열의 논리성을 분석하여 답을 찾을 수 있다. 예를 들어, 여러 답지에 열거된 보기나 항목이 있으며 공통적으로 열거된 보기나 항목을 포함하는 답지를 정답으로 선택하게 된다.

　예 【수정 전】〈보기〉에서 화폐가 실질 국민 총생산에 직접적인 영향을 미친 경우로 타당한 것은?

〈보기〉

　(ㄱ) 신용카드의 사용이 보편화됨에 따라 현금 수요가 감소하고 있다.
　(ㄴ) 조선 숙종 때 상평통보가 주조되어 생산물의 상품화를 촉진시켰다.
　(ㄷ) 1930년대 초 미국 연방은행의 긴축정책은 대공황의 장기화에 영향을 미쳤다.
　(ㄹ) 일본은 패망 직전 조선 은행권을 남발하여 우리나라 해방 후 물가폭등을 초래하였다.

---

① (ㄱ), (ㄴ)　　　　　② (ㄱ), (ㄷ)
③ (ㄴ), (ㄷ)　　　　　④ (ㄴ), (ㄹ)
⑤ (ㄷ), (ㄹ)

　분석　다섯 개의 답지를 분석할 때 (ㄱ)이 두 개의 답지에, (ㄴ)이 세 개의 답지에, (ㄷ)이 세 개의 답지에, (ㄹ)이 두 개의 답지에 포함되어 있으므로 가장 많이 열거된 보기는 (ㄴ)과 (ㄷ)이다. 그러므로 (ㄴ)과 (ㄷ)을 포함한 답지가 정답이 될 수 있음을 확률적으로 인지할 수 있다. 따라서 보기의 (ㄴ)이나 (ㄷ)이 보다 적게 열거될 수 있도록 답지를 작성하여야 한다.

【수정 후】① (ㄱ), (ㄴ)   ② (ㄱ), (ㄹ)

③ (ㄴ), (ㄷ)   ④ (ㄴ), (ㄹ)

⑤ (ㄷ), (ㄹ)

⑪ 가능하면 답지를 짧게 하는 것이 바람직하다.

질문이 짧고 답지들이 긴 질문들은 피험자들이 응답하기에 많은 시간과 더불어 집중력이 요구된다. 그러므로 질문을 자세하고 길게 하더라도 답지는 짧게 하는 것이 바람직하다.

> 예 【수정 전】 모형 보트의 출발 후 운동 상태에 대한 올바른 해석?
>
> ① 처음 4초 동안 보트의 속력은 감소하였다.
>
> ② 4초 때 보트가 잠시 멈추었다.
>
> ③ 4초가 지난 후 보트의 속력은 감소하였다.
>
> ④ 6초 때 보트의 운동에너지가 최소였다.
>
> ⑤ 6초 때 보트의 이동거리는 최대였다.
>
> 분석   질문에 이미 '보트의 운동상태'에 대한 내용이 포함되어 있으므로 답지에서는 반복되는 내용을 생략하고 핵심만 서술하는 것이 피험자에게 도움을 준다.
>
> 【수정 후】① 최초 4초 동안 속력 감소
>
> ② 4초 때 잠시 정지
>
> ③ 4초 후 속력 감소
>
> ④ 6초 때 운동에너지 최소
>
> ⑤ 6초 때 이동거리 최대

⑫ 문항의 답지들의 내용이 상호 독립적이어야 한다.

답지들이 매력적이나 어떤 답지들이 내용에서 상호 연관성을 갖는다면, 한 답지가 답이 아니면 그 답지와 관련된 다른 답지 역시 정답이 될 수 없으므로, 이는 답지의 기능을 상실하게 된다. 예를 들어, 답지가 네 개일 때, 내용의 연관성이 있는 답지가 두 개라면 4지 선다형의 문항이 아니라 3지 선다형의 문항이 된다.

예 【수정 전】 다음 논증의 짜임새를 옳게 분석한 것은?

① ㉠과 ㉡은 ㉢의 근거다.

② ㉠은 ㉣의 일반적 진술이다.

③ ㉡은 ㉢의 근거다.

④ ㉢은 ㉠의 예증이다.

⑤ ㉢과 ㉤은 ㉣의 근거다.

분석　답지 ①과 답지 ③은 내용의 일부분이 중복되어 답지 간의 상호 독립성을 결여하고 있다. 만약, 답지 ③의 '㉡은 ㉢의 근거다'라는 내용이 틀렸다면 답지 ①도 당연히 틀린 논리가 되어 5지 선다형 문항이 아니라 실제적으로 4지 선다형 문항으로 분석된다.

【수정 후】 ① ㉠은 ㉢의 근거다.

② ㉠은 ㉣의 일반적 진술이다.

③ ㉡은 ㉢의 근거다.

④ ㉢은 ㉠의 예증이다.

⑤ ㉢과 ㉤은 ㉣의 근거다.

⑬ 각 답지에 똑같은 단어들이 반복되는 것을 피한다.

답지에 공통적으로 반복하여 나타나는 단어를 가능한 한 질문에 서술하여, 피험자가 답지들을 읽을 때 소요되는 시간과 지겨움을 줄여야 한다. 답지에서 공통적으로 반복되는 단어, 문장을 제거하기가 용이하지 않을 때는 문항의 서술 형태를 변화시킬 수 있다.

예 【수정 전】 지표면에서 높이 올라갈수록 물의 끓는점이 낮아진다. 이 현상과 관련하여 물의 증기 압력 특성을 바르게 기술한 것은?

① 물의 증기 압력은 온도가 올라갈수록 증가한다.

② 물의 증기 압력은 고도가 높아질수록 증가한다.

③ 물의 증기 압력은 온도가 올라갈수록 감소한다.

④ 물의 증기 압력은 고도가 높아질수록 감소한다.

분석   이 문항은 질문에도 '물의 증기 압력의 특성을'이란 구문이 포함되어 있고, 모든 답지의 앞부분에도 '물의 증기 압력은'이라는 구문이 포함되어 있다. 질문의 내용에 포함된 구문은 모든 답지에 반복하여 포함시킬 필요가 없다. 답지에 공통적으로 포함된 구나 절은 질문에 포함하여 답지를 간단하게 표현할 수 있다.

또한 답지의 배열에서 ①번은 온도가 올라갈수록, ②번은 고도가 높아질수록, ③번은 온도가 올라갈수록, ④번은 고도가 높아질수록과 같이 배열하는 것보다는 유사한 내용을 인접하게 배열하여 피험자가 논리 전개의 점진성과 구분을 용이하게 할 수 있도록 답지를 배열하여야 한다. 문항 배열에 관한 세심한 배려는 검사불안이 높은 피험자에게 편안함을 주어 실수를 감소시켜 피험자 능력 추정오차를 낮추며, 검사의 신뢰도를 증가시킨다.

【수정 후】지표면에서 높이 올라갈수록 물의 끓는점이 낮아진다. 이 현상과 관련하여 물의 증기 압력 특성은?

① 온도가 올라갈수록 감소한다.
② 온도가 올라갈수록 증가한다.
③ 고도가 높아질수록 감소한다.
④ 고도가 높아질수록 증가한다.

⑭ 답지들의 형태를 유사하게 하여야 한다.

우선 답지들의 길이뿐 아니라 문법적 구조, 내용도 유사하게 하는 것이 바람직하다. 일반적으로 유난히 긴 답지가 정답이 될 수 있는 가능성이 있다. 검사제작 경험이 적은 문항제작자는 정답이 되는 답지를 길게 하는 경향이 있으며, 검사 지혜가 풍부한 피험자는 긴 답지를 정답으로 선택할 가능성이 높기 때문이다.

예 【수정 전】 윗 글을 〈보기〉와 같이 해석하고자 할 때, ( )에 가장 적절한 것은?

```
┌──────────────── 〈보기〉 ────────────────┐
│                                              │
│   승 객      →     기 차      →      목적지   │
│   (주체)     →    (매개체)    →     (지향점)  │
│   민 족      →     (    )      →    민족의 장래 │
│                                              │
└──────────────────────────────────────────┘
```

① 공공 질서 확립

② 공정한 분배

③ 경제적 자립

④ 민족 지도자

⑤ 김 주사 같은 사람

분석   앞의 다섯 개 답지를 볼 때 ④, ⑤ 답지는 사람을 의미하고 나머지 ①, ②, ③ 답지와 성격이 다르다. 답지들의 동질성을 유지하기 위하여 모두 사람과 관계된 내용으로 서술하는 것이 세련된 문항이라 할 수 있다.

【수정 후】 ① 교육자

         ② 기업가

         ③ 예술가

         ④ 민족 지도자

         ⑤ 정치 지도자

⑮ 유사한 답지끼리 인근 답지가 되게 배열하여야 한다.

답지 내용의 유사성이 있다면 유사한 내용의 답지를 인접하게 배열한다. 그림으로 제시된 답지의 경우도 유사한 그림을 인접하게 배열한다. 답지들이 여러 개의 유사한 단어로 서술될 때, 유사한 답지끼리 인접하게 하여야 피험자가 혼동하지 않고 비교 구별하기가 용이하며, 응답에 따른 불필요한 시간을 낭비하지 않는다. 답지가 유사한 문법적 구조를 지니면 응답자가 쉽게 다른 답지들의 내용을 파악할 수 있다. 그러므로 어순도 유사하게 배열하는 것이 바람직하다.

예 【수정 전】자동차 경주 코스를 두 자동차 A, B가 같은 방향으로 돌고 있다. A, B의 속력은 각각 a km/분과 b km/분이고, 경주 코스 한 바퀴의 길이는 c km이다. $3a - 3b = 2c$가 성립한다고 할 때, 다음 중 옳은 것은?

① 3분마다 A는 B보다 두 바퀴 더 돈다.

② 3분마다 A는 B보다 한 바퀴 더 돈다.

③ 2분마다 A는 B보다 세 바퀴 더 돈다.

④ 3분마다 B는 A보다 두 바퀴 더 돈다.

⑤ 2분마다 B는 A보다 세 바퀴 더 돈다.

분석 수리문제는 특히 혼동하기 쉬우므로 답지 배열에 어떠한 일관성이 있는 것이 필요하다. 앞의 문항에서는 시간의 순으로 배열하고, 'A는 B보다'의 내용을 인접하게 배열하는 것이 피험자들에게 혼동을 덜 일으키게 된다.

【수정 후】① 2분마다 A는 B보다 세 바퀴 더 돈다.

② 2분마다 B는 A보다 세 바퀴 더 돈다.

③ 3분마다 A는 B보다 한 바퀴 더 돈다.

④ 3분마다 A는 B보다 두 바퀴 더 돈다.

⑤ 3분마다 B는 A보다 두 바퀴 더 돈다.

⑯ 답지 사이에 중복을 피해야 한다.

답지들이 어떤 기간이나 수를 말할 때 '이상', '이하'가 동시에 답지에 포함되는 경우가 있다. 이럴 경우 두 개 이상의 답지에 어떤 수나 기간이 중복되어 있으면 답지가 두 개가 되는 실수를 범하게 된다. 작은 실수로 어려움에 처하는 경우가 가끔 있으므로 주의가 필요하다.

⑰ 답지의 길이를 가능하면 비슷하게 하고, 다소 상이할 때는 짧은 길이의 답지부터 배열하는 것이 타당하다.

열거된 답지 중 답지의 길이가 유난히 길거나 그 형태가 다른 답지들과 유사하지 않으면 그 답지는 정답이든지 아니면 선택할 고려의 대상이 되지 않는 오답이 될 가능성이 크다. 그러므로 답지의 길이를 유사하게 하여야 한다. 부득이 답지의 길이가 다를 경우는 짧은 답지부터 가나다 혹은 논리의 전개 순으로 배열한다.

예 【수정 전】 단백질 합성이 일어나는 세포 기관(소기관)은?

① 핵   ② 리소좀

③ 리보솜   ④ 인

분석   제시된 답지를 보면 한 단어로 구성되어 있지만 글자 수가 다르다. 그리고 '리보솜'과 '리소좀'은 글자 수가 같다. 이와 같은 답지들은 글자 수에 근거하고, 가나다 순으로 배열하는 것이 문항의 세련도를 높인다.

【수정 후】 ① 인   ② 핵

③ 리보솜   ④ 리소좀

⑱ 답지들이 수나 연도로 서술될 때, 일반적으로 작은 수부터 큰 수로 배열한다. 또한 답지들이 간단한 하나의 단어로 표기될 때 가나다 순 혹은 abc 순으로 나열한다.

혹자는 수에 의한 답지를 배열할 때 큰 수부터 작은 수로 배열한다. 어떤 원칙이든 검사 안에서 하나의 원칙을 지키면 큰 문제가 되지 않는다. 답지들이 한 단어이고 단어의 글자 수가 동일하거나 유사할 경우 글자 순으로 답지를 배열한다. 그러나 어떤 답지는 단어 그리고 어떤 답지는 구(句)로 구성되는 경우는 단어로 된 답지를 우선하고, 그다음 구로 된 답지를 배열한다. 단어와 구로 된 답지 내에서도 글자 순에 의하여 배열한다.

예 【수정 전】 (나) 시의 ⓛ '차도'가 가리키는 것을 고르시오.

① 학문의 길

② 출세의 길

③ 군신의 도

④ 교우의 도

분석   답지가 모두 글자 수와 형태가 같음에도 불구하고 어떤 규칙 없이 답지를 배열하고 있다. 이와 같은 경우 가나다 순으로 배열하면 세

련된 문항이 될 수 있다.

【수정 후】 ① 교우의 도

② 군신의 도

③ 출세의 길

④ 학문의 길

⑲ 답지에 어떤 논리적 순서가 있다면 논리적 순서에 따라 배열한다.

답지 배열 시 가나다 혹은 크기 순으로 배열하지만 답지에 어떤 논리적 근거, 예를 들어 기승전결 혹은 시대사적 근거가 있다면 논리적 근거에 따른다.

예 【수정 전】 격구, 마상재, 수박 등이 단순한 유희적 성격에서 스포츠 활동으로 정착된 시대를 고르시오.

① 통일신라시대

❷ 고려시대

③ 삼국시대

④ 조선시대

분석 답지는 모두 시대다. 굳이 가나다 순으로 배열하는 것보다 시대사의 순서에 모든 피험자가 익숙하여 있으므로 시대순으로 답지를 배열하는 것이 바람직하다.

【수정 후】 격구, 마상재, 수박 등이 단순한 유희적 성격에서 스포츠 활동으로 정착된 시대는?

① 삼국시대

② 통일신라시대

❸ 고려시대

④ 조선시대

⑳ '모든 것이 정답' 혹은 '정답 없음'이란 답지를 사용하지 말아야 한다.

'모든 것이 정답' 혹은 '정답 없음'의 답지는 선다형 문항에서 답지 수를 늘리기 위해 간혹 사용된다. 그러나 이 유형의 답지는 선다형 문항에서 권장되지 않는다.

피험자가 답지를 보고 정답이 되는 보기가 두 개 이상이라 판단할 경우 '모든 것이 정답'이란 답지를 답으로 선택하는 경향이 있다. 또한 만약 피험자가 답지 중 하나라도 답이 아닌 답지를 발견하면 '모든 것이 정답'이란 답지는 답지로서의 기능을 상실하게 된다. 반대로 피험자가 답지 중 하나라도 정답이 있음을 알 때 '정답 없음'의 답지는 자연적으로 제거되므로 답지의 기능을 상실한다.

'정답 없음'과 '모든 것이 정답'이란 답지는 매력적인 답지를 제작하기가 용이하지 않을 때 간혹 사용되고 있으나 '정답 없음'이란 답지 사용은 교육적으로도 문제를 지닌다. 시험을 하나의 교육 연장선상에서 교육목표 도달의 보조수단이라 볼 때, 답이 없는 문제를 출제하여 피험자를 변별한다 하여도 어떤 교육적 효과를 지니고 있는지를 고려하여야 한다.

'정답 없음' 혹은 '모든 것이 정답'이란 답지의 사용에 대하여 여러 주장이 있다. Gronlund(1971), Conoley와 O'Neil(1979)은 '정답 없음'과 '모든 것이 정답'이란 답지의 사용을 삼가는 것이 바람직하다고 하였다. Oosterhof와 Coats(1984) 역시 '정답 없음'과 '모든 것이 정답'이란 답지를 사용하는 데 주의를 기울여야 하며, '정답 없음'의 답지는 계산문제, 논리전개, 철자법, 역사적 사건, 역사적 일자 등을 묻거나 단순기억을 측정하고자 할 때 출제될 수 있다고 하였다. Kubiszyn과 Borich(1993)는 '정답 없음' 답지를 가능하면 사용하지 말고 정답에 대한 논란의 여지가 없을 때 사용할 수 있으나 가장 알맞은 답을 고르는 문항에서는 사용하지 말라고 하였다. 또한 '모든 것이 정답'은 일반적으로 정답이 되는 경향이 있으며 부분 정보만 가지고 있는 피험자에게 매우 쉬운 문항이 되므로 이러한 답지를 사용하지 말아야 한다고 주장한다. Oosterhof와 Coats(1984)는 수학문제에서 '정답 없음'은 신뢰도를 낮추고, '정답 없음'의 답지가 정답일 때만 효과적이며 능력이 낮은 학생들은 '정답 없음'의 답지를 정답으로 고르지 않는 경향이 있음을 발견하였다. Oosterhof와 Coats(1984), Tollefson(1987)은 '정답 없음'의 답지가 문항의 난이도를 높인다는 연구결과를 발표하였지만 모든 문항에 적용되는 일반화된 결과는 아니며, 문항의 난이도가 낮아질 수도 있다고 하였다. Kromhout(1987)는 '정답 없음'과 '모든 것이 정답'이라는 답지를 포함한 문항은 속임수를 쓰는 경향이 있는 문항이며, 그런 답지들이 쉽게 제외되어 좋은 문항이 될 수 없으므로 두 답지를 문항제작 시 삼가라고 하였다.

⑩ 【수정 전】 다음 글의 흐름으로 보아 밑줄 친 부분을 고칠 필요가 있다면 가장 잘 고친 것은?

> Robert was going study with Susan and was thinking of marrying her. He wanted to know what kinds of girls her sisters were, what her father was like, and <u>how long did her mother die</u>.

① 고칠 필요 없음

② how long her mother has died

③ how long was her mother dead

④ how long ago did her mother die

⑤ how long her mother had been dead

분석   질문내용에 '고칠 필요가 있다면'으로 표현하고, 답지 ①에 '고칠 필요 없음'이라 한 것은 논리적 일관성이 없으며, ①번 답지는 나머지 답지와 별개의 답지로서 질문을 위한 답지의 기능을 상실한다. 뿐만 아니라, 답지 ②번부터 ⑤번 중에 답이 있음을 강력히 암시받음으로써 ①번 답지는 매력적인 답지가 될 수 없다.

【수정 후】 다음 글의 흐름으로 보아 밑줄 친 부분을 가장 잘 수정한 것은?

> Robert was going study with Susan and was thinking of marrying her. He wanted to know what kinds of girls her sisters were, what her father was like, and <u>how long did her mother die</u>.

① how long her mother was died

② how long her mother has died

③ how long was her mother dead

④ how long ago did her mother die

⑤ how long her mother had been dead

㉑ 질문에 그림이나 도표 등을 포함할 경우 그림, 도표, 질문, 그리고 답지가 모두 동일 쪽에 인쇄되도록 한다.

양질의 문항은 문항 내용 못지않게 문항의 도안도 중요하다. 그러므로 그림이나 표 등의 제시가 정확하여야 하고 질문과 관계된 그림, 도표뿐 아니라 답지들도 동일 쪽에 있어야 피험자들의 불편을 줄일 수 있다. 간혹 긴 지문이나 그림 등에 의하여 답지 등이 다른 쪽에 인쇄될 경우 두 쪽으로 번갈아 가며 보아야 하는 불편함을 주기 때문에 이를 피해야 한다.

㉒ 정답의 번호가 일정 형태를 유지하지 않는 무선순에 의하도록 한다.

정답이 ①, ②, ③, ④, ①, ②, ③, ④ 순으로 된다면 피험자가 답을 모를지라도 이 규칙에 따라 문항의 답을 예견할 수 있다. 우연히 정답이 일정 순서에 의하여 나타날 때는 검사의 내용에 영향을 주지 않는 범위에서 문항의 순서를 바꾸는 것이 바람직하다.

㉓ 정답의 번호가 일정 번호에 치우치는 것을 삼가야 한다.

20문항으로 제작된 검사에서 특정 답지인 ③이 정답인 문항이 10문항이 된다든지 혹은 ②가 정답인 문항이 10문항 이상이 되게 제작하지 말아야 한다. 그렇다고 20문항을 각 답지인 ①, ②, ③, ④ 보기에 고루 5문항씩 정답이 되게 인위적으로 조절할 필요는 없다. 왜냐하면, 검사 지혜가 있는 피험자는 알고 있는 문항의 답을 먼저 쓰고, 모르는 문항의 답은 번호가 적은 답지 번호에 해당하는 답지를 정답으로 고르는 지혜를 지니고 있기 때문이다.

이상의 23가지 문항제작원리가 절대적인 것은 아니다. 문항제작 초보자에게 기본원리를 제공하여 피험자의 능력을 보다 정확하게 측정할 수 있도록 문항제작 경험을 풍부하게 하는 데 도움을 주고자 한 것이다. 문항제작 경험이 풍부해지면 이상에서 열거한 문항제작원리를 응용하여 때로는 문항제작원리에 예외가 되게 문항을 제작할 수 있으며, 기본원리를 응용하여 참신하고 좋은 문항을 제작할 수 있게 된다.

3) 장단점

선다형 문항제작이 용이하지 않음을 문항제작방법에서 느꼈을 것이다.
선다형 문항에 대한 **장점**은 다음과 같다.

첫째, 모든 문항 유형 중에서 학습영역의 많은 내용을 측정할 수 있다(Nitko, 1983).

둘째, 다른 문항 유형보다 넓은 교육내용을 대표하는 내용을 추출하여 측정하기가 용이하다. 그러므로 Haladyna와 Downing(1989)은 교과내용·전문가이며 검사제작 경험이 풍부한 교사는 선다형 문항을 선호한다고 하였다.

셋째, 선다형 문항은 내용타당도를 증진시킬 수 있다.

넷째, 채점 시 주관성을 배제할 수 있다.

다섯째, 양질의 문항은 고등정신능력을 측정할 수 있다.

요약하면, 문항이 지니는 구조적 특성 때문에 문항의 모호성을 배제할 수 있으며, 주어진 시험시간에 많은 문항으로 검사를 실시할 수 있으므로, 넓은 영역의 학업성취 수준을 파악할 수 있어 검사도구의 내용타당도를 증진시킬 수 있다.

이에 비해 **선다형 문항**의 **단점**은 다음과 같다.

첫째, 주어진 답지에서 하나를 선택하게 하므로 창의력, 분석력, 문제해결능력 등 복합적 사고능력의 발달을 제한할 수 있다.

둘째, 그럴듯하고 매력적인 틀린 답지를 제작하기가 용이하지 않으며 문항제작에 많은 시간이 소요된다.

셋째, 좋지 않은 문항은 피험자 기억에 의한 단순지식을 측정할 가능성이 있다.

넷째, 선다형 문항은 주어진 답지에서 정답을 선택하므로 문항의 답을 모를 때 추측에 의하여 답을 맞힐 확률이 존재한다.

4) 특수한 문항 형태

선택형 문항으로 분류할 수 있으나 최근에 사용빈도가 증가하는 두 가지 문항 형태가 있다. 하나는 그리드 문항이고, 다른 하나는 삽입형 문항이다.

(1) 그리드 문항

그리드 문항(grid item)은 수학문제에서 자주 사용되는 문항으로 SAT I에서도 사용되고 있다. 그리드 문항은 어떤 값을 구하는 문제에서 답을 쓸 경우 채점에 시간이 많이 소요되므로 답이 되는 수의 해당 칸에 검게 칠하도록 하는 문항으로 다음과 같다.

> 예 좌표공간에서 중심이 (1, 1, 1)이고 평면 x+2y-3z=31에 접하는 구의 반지름을 구하시오. (3점)
>
> 〈답지〉 ⓪ ●
>
>   ● ①
>
>   ② ②
>
>   ③ ③
>
>   ④ ④
>
>   ⑤ ⑤
>
>   ⑥ ⑥
>
>   ⑦ ⑦
>
>   ⑧ ⑧
>
>   ⑨ ⑨

정답은 10으로 ①과 ⓪에 칠하는 형태의 문항이다. 이 문항의 경우 답지 수가 100개가 될 수 있어 선다형 문항의 특수한 예라 할 수 있다. 이 문항은 사실상 서답형 문항이나 채점에 따른 시간을 절약하기 위하여 답지를 제공하는 형태의 문항이다. 그리드 문항을 사용하면 채점이 용이하고 추측에 의하여 답을 맞힐 확률이 낮은 장점이 있다.

(2) 삽입형 문항

삽입형 문항(embedded item)은 문항의 이해를 측정하기 위하여 지문의 어느 부분에 제시된 내용을 삽입할 수 있는가를 묻는 질문의 형태로 다음과 같다.

삽입형 문항은 종전의 선다형 문항의 변형으로 제시된 지문의 문장이나 문단 사이에 (가), (나), (다), (라)나 (ㄱ), (ㄴ), (ㄷ), (ㄹ)을 표기하여 해당 문장이나 구가 들어갈 적절한 위치를 선택하는 컴퓨터화 검사가 실시되면서 TOEFL 등에 널리 적용되는 문항으로써 특수한 형태의 선다형 문항이라 볼 수 있다. 삽입형 문항 역시 문항추측도를 낮출 수 있다는 장점이 있고, 컴퓨터화 검사의 경우 어느 곳을 클릭해도 제시된 내용이 삽입될 수 있도록 할 수 있다.

3 연결형 문항

1) 정 의

연결형 문항(matching item)이란 일련의 문제군과 답지군을 배열하여 문제군의 질문에 대한 정답을 답지군에서 찾아 연결하는 문항 형태로 **배합형**이라고도 한다. 연결형 문항 역시 선다형 문항의 특수한 형태로 볼 수 있다. 문제군에 있는 질문의 정답을 답지군에 있는 답지 중에서 하나를 선택하는 것이므로 답지가 많은 선다형 문항으로 간주할 수 있다. 연결형 문항은 두 가지 내용의 연관성에 대한 기초지식을 측정하는 데 적합하며, 그림, 지도, 표 등을 사용할 수 있다. 연결형 문항은 문제군과 답지군의 연관된 내용을 연결하는 문항으로 Linn과 Gronlund(1995)는 〈표 8-1〉의 내용을 문제군과 답지군으로 하여 연결형 문항을 제작할 수 있다고 설명하였다.

〈표 8-1〉 연결형 문항의 문제군과 답지군의 내용

문제군	답지군
업적	사람 이름
역사적 사건	연/월
용어	정의
규칙	예
기호/부호	개념
작품	저자
기계	사용목적
동/식물	분류
위계부분	기능

2) 제작원리

연결형 문항의 **제작원리**를 정리하면 다음과 같다.

연결형 문항의 제작원리

① 문제군과 답지군에 각각 동질성이 유지되어야 한다.
② 답지군의 답지 수는 문제군의 문제 수보다 많아야 한다.
③ 문제군의 문제들은 왼쪽에, 답지군의 답지들은 오른쪽에 배열하고 번호를 각기 달리한다.
④ 문제군의 문제들과 답지군의 답지들을 배열할 때 각각 문자 순이나 연대순으로 한다.
⑤ 문제군과 답지군은 같은 페이지에 인쇄되도록 한다.
⑥ 문제군의 문제 수가 10개 이상이 되지 않도록 한다.
⑦ 문제와 답지는 가능한 짧아야 한다.
⑧ 지시문이 명확하여야 한다.

---

① 문제군과 답지군에 각각 동질성이 유지되어야 한다.

문제군을 이루는 문항이 다른 문항들과 이질적일 때 그 문항에 대한 정답을 답지군에서 쉽게 찾을 수 있다. 예를 들어, 문학작품과 해당 작자를 연결할 때, 문제군의 문항들이 한국문학 작품인데 한 문항이 외국문학 작품이었다면 작자를 쉽게 찾을 수 있다. 이와 같은 문제점을 방지하기 위하여 문제군의 문항들끼리 답지군의 답지들끼리 서로 동질적이어야 한다.

② 답지군의 답지 수는 문제군의 문제 수보다 많아야 한다.

문제군의 문제 수와 답지군의 답지 수가 동일하다면 문제군의 정답을 답지군에서 고르고 한 문제의 답을 모를 경우 남은 하나의 답지가 자연적으로 정답이 되게 된다. 그러므로 답지군의 답지 수를 문제군의 문제 수보다 많게 하여 자연적으로 문항의 답을 맞히는 일이 일어나지 않도록 하여야 한다. 일반적으로 답지군의 답지 수는 문제군의 문제 수보다 1.5배 정도가 되게 한다.

③ 문제군의 문제들은 왼쪽에, 답지군의 답지들은 오른쪽에 배열하고 번호를 각기 달리한다.

문제군의 문제와 답지군의 답지를 배열하는 데 절대적인 규칙이 있는 것은 아니나 일반적으로 왼쪽에 문제군을 오른쪽에 답지군을 둔다. 또한 문제군의 문제 번호와 답지군의 답지 번호를 부여할 때 각기 다른 형태로 번호를 부여한다. 예를 들어, 문제군의 문제 번호를 ①, ②, ③, ④로 하였다면 답지군의 답지들이 한글일 때 답지 번호는 ⓐ, ⓑ, ⓒ, ⓓ, ⓔ, ⓕ로 한다든지, 답지들이 영어일 때 답지 번호는 ㉠, ㉡, ㉢, ㉣, ㉤으로 한다. 최근에는 문제군의 문제를 위에, 그리고 답지군의 답지를 아래에 두는 문항 형태도 있다.

④ 문제군의 문제들과 답지군의 답지들을 배열할 때 각각 가나다 순이나 연대순으로 한다.

문제군의 문제들과 답지군의 답지들이 문자로 되어 있으면 가나다 순으로 배열한다. 역사적 사건과 연대를 연결하고자 할 때 문제군은 가나다 순으로 답지군은 시대 순으로 한다. 특히, 답지군의 답지들을 시대 순에 의하여 배열하지 않으면 피험자들이 해당 연대를 찾는 데 시간을 소비할 수 있다.

⑤ 문제군과 답지군은 같은 페이지에 인쇄되도록 한다.

문제군의 문제와 답지군의 답지들이 모두 한쪽에 게재될 수 있도록 편집한다. 왜냐하면 문제군과 답지군의 일부분이 다음 페이지로 넘어가면 전체 문제들과 답지들을 볼 수 없으므로 정답을 선택하는 데 불편함을 줄 수 있고, 때로는 틀린 정답을 연결할 수 있기 때문이다.

⑥ 문제군의 문제 수가 10개 이상이 되지 않도록 한다.

문제군의 문제 수를 제한하는 이유는 문제군의 문제가 많아질 때 문제들의 동질성을 유지하기가 곤란하기 때문이다. 만약에 역사적 사건과 연대를 연결하게 할 때, 역사적 사건이라도 유사한 역사적 사건을 나열하는 것이 피험자의 높은 기억력을 측정할 수 있다.

⑦ 문제와 답지는 가능한 짧아야 한다.

일반적으로 연결형 문항은 논리적 사고나 창의성보다는 단순기억능력을 측정하는 경향이 있다. 그러므로 문제군의 문제들은 역사적 사건 혹은 문학작품, 간단한 사실들이 될 수 있다. 가능하면 문제들이나 답지들을 짧게 하는 것이 피험자의 단순기억능력을 측정하기 용이하다.

⑧ 지시문이 명확하여야 한다.

지시문에서 답지를 하나만 연결하는지, 혹은 다수를 연결하는지를 밝힌다. 연결형 문항에서 답이 하나일 때와 여러 개가 있을 때가 있다. 그러므로 문제군의 문제에 대한 답지군의 답지들을 선택할 때 혼동이 없도록 지시문을 정확히 제시하여야 한다.

3) 장단점

연결형 문항의 답은 진위형과 선다형 같이 답이 정해져 있으므로 채점이 용이한 장점을 지니고 있으며, 역사적 사건이 발생한 연도나 문학작품의 작가들을 구별하는 능력을 측정하기가 용이하다는 장점이 있다. 유사한 사실을 비교하여 구분하고, 판단하는 능력을 측정하기에 좋은 문항 형태다. 그러나 다음과 같은 단점이 있다.

첫째, 문항제작의 경험이 풍부하지 않으면 문항제작에 많은 시간이 소요된다.

둘째, 문제군과 답지군이 동질성을 상실하였을 경우 피험자가 쉽게 해답을 인지하게 된다.

셋째, 단순한 사실이나 역사적 사건을 질문하므로 고등정신능력을 측정하기가 다소 어렵다. 단순정신능력을 측정하는 경향이 있기 때문에 암기위주의 교육을 유도할 수 있다.

4 배열형 문항

1) 정 의

배열형 문항은 컴퓨터화 검사가 일반화되면서 작성되는 특수한 문항 형태로서 선택형 문항으로 분류될 수 있으나 선다형이나 연결형과는 다소 다르다. **배열형 문항**은 주어진 간단한 문장들을 배열하여 문단을 구성하거나, 열거된 문장이나 단어들을 논리적 순서에 의하여 배열하는 형태의 문항이다.

배열형 문항의 예는 다음과 같다.

> **예** 다음 문장을 읽고 순서대로 나열하시오.

〈보기〉

- 대중매체의 영향에 의한 대중문화 현상이 존재한다.
- 청소년들 사이에 문화사대주의 현상이 널리 퍼져 있다.
- 사회변동의 결과 사회계층이 안정되어 가고 있다.
- 청소년은 어른들보다 새로운 가치에 대한 적응이 빠르다.

지필검사의 경우 각 문장 뒤에 글을 구성하기 위하여 배열의 순서를 번호로 기록하게 하는 방법이 있으며, 컴퓨터화 검사에 이용되면서 각 문장을 클릭하여 문장을 배열하는 형태의 문항이 널리 이용되고 있다. 언어능력이나 논리적 분석능력 등을 측정하는 문항으로 주로 사용되었으나 과학의 실험절차 등을 묻는 질문으로도 사용될 수 있다. 예를 들면 다음과 같다.

예 철수는 우유가 상한 것을 우연히 발견하였다. 그리고 상한 우유에서는 세균 A가 많이 관찰되었다. 〈보기〉는 이 세균이 우유를 상하게 하는지 알아보기 위해 철수가 수행한 탐구과정을 순서 없이 나열한 것이다. 〈보기〉의 탐구과정을 순서에 맞도록 배열하시오.

〈보기〉

(가) 세균 A는 우유를 상하게 한다.
(나) 세균 A가 우유를 상하게 하였을 것이라고 가정하였다.
(다) 세균 A를 넣은 우유는 상하였고 세균 A가 많이 발견되었으나, 세균 A를 넣지 않은 우유에서는 아무런 변화가 없었다.
(라) 완전히 멸균된 우유가 든 병 두 개를 준비하였다. 한 병에만 상한 우유에서 분리한 세균 A를 넣고, 두 병 모두 적당한 온도를 유지하였다.

이와 같은 과학실험에 대한 질문을 선택형 문항으로 질문한다면 실험절차를 순서대로 배열한 것을 각 답지로 만들어 실험순서가 맞는 답지를 선택하도록 지시할 것이다. 그러나 컴퓨터화 검사에서 배열형 문항은 답지가 제시되는 것이 아니라 피험자가 순서를 나열하여야 한다.

배열형 문항의 경우 주어진 내용을 배열하는 형태의 문항으로서 선택형 문항의 특징이 있으나 배열의 경우가 다양하기 때문에 추측하여 답을 맞힐 수 없다. 배열형 문항은 다양한 정신능력을 측정할 수 있으나 문항제작이 어려울 수 있다.

주요 단어 및 개념

진위형 문항	선다형 문항	그리드 문항
삽입형 문항	연결형 문항	배열형 문항
답지(alternative)	틀린 답지(distractor, foil)	

연습 문제

1. 진위형 문항의 정의와 장단점을 설명하시오.

2. 진위형 문항을 작성하고, 문항제작원리에 의하여 평가하시오.

3. 선다형 문항의 정의와 장단점을 설명하시오.

4. 선다형 문항을 작성하고, 문항제작원리에 의하여 평가하시오.

5. 교원임용고사의 기출문항 중 다섯 문항을 문항제작원리에 의하여 평가하고 수정하시오.

6. '정답 없음'과 '모든 것이 정답'의 답지 사용에 대한 교육적 의미를 논하시오.

7. 연결형 문항의 정의와 장단점을 설명하시오.

8. 연결형 문항을 작성하고, 문항제작원리에 의하여 평가하시오.

9. 배열형 문항의 정의와 장단점을 설명하시오.

10. 어떠한 경우에 진위형, 선다형, 연결형, 배열형 문항을 사용하는지 각각 예를 들어 설명하시오.

11. 선다형 문항이 암기위주의 교육을 유도하였다는 주장에 대해 의견을 말하시오.

기출 문제

초등 01 선다형 문항을 제작할 때 고려할 사항으로 가장 적절한 것은?

① 전문적인 용어를 사용한다.
② 일반화를 강조하는 용어의 사용을 피한다.
③ 긍정 문장과 부정 문장을 균등하게 사용한다.
④ 형용사나 부사 같은 질적 표현을 많이 사용한다.

초등 03 선택형 문항제작원리에 대한 설명으로 옳은 것은?

① 답지의 길이와 형태를 다양하게 만든다.
② 긍정 질문과 부정 질문은 동일한 비율로 유지한다.
③ 틀린 답지에 '절대' 혹은 '항상'이라는 단어를 사용한다.
④ 문항의 질문에 정답을 암시하는 내용을 포함시키지 않는다.

초등 06 〈보기〉의 내용은 선다형 문항을 제작할 때 유의점이다. 공통적으로 지적하고 있는 것은?

〈보기〉

• 답지들의 형태를 유사하게 할 것
• 정답의 번호를 무선적으로 배열할 것
• 정답지와 오답지의 길이를 비슷하게 할 것

---

① 문항은 주요한 학습내용을 포함해야 한다.
② 객관적 채점이 가능하도록 문항을 진술해야 한다.
③ 요령이나 추측만으로 정답을 선태할 가능성이 낮아야 한다.
④ 문항은 가능한 한 단순암기가 아닌 고등사고능력을 측정해야 한다.

중등 98   선택형(multiple-choice type) 문항의 단점에 해당하는 것은?

① 문항제작자가 문항의 난이도를 조절하기가 어렵다.

② 많은 교수·학습내용을 포괄하여 평가하기가 어렵다.

③ 선발·분류·배치를 위한 시험에서 사용하기가 어렵다.

④ 교수·학습의 과정에 대한 정보를 제공하기가 어렵다.

09

서답형 문항제작

🔗 학습목표

- 서답형 문항에는 어떤 유형이 있는가?
- 논술형 문항은 무엇이고 어떻게 제작하며, 장단점은 무엇인가?
- 단답형 문항은 무엇이고 어떻게 제작하며, 장단점은 무엇인가?
- 괄호형과 완성형 문항은 무엇이고 어떻게 제작하며, 장단점은 무엇인가?

　　서답형 문항은 괄호형, 단답형, 논술형이 있다. 채점자의 신뢰도에 대한 문제를 고려할 경우는 선택형 문항의 출제 비중이 높아지고, 채점자의 신뢰도보다는 고등정신능력을 측정하고자 하는 목적이 강하게 대두될 때는 서답형, 특히 논술형 문항의 출제가 증가한다. 최근에 각 대학에서 실시하는 논술고사가 대학입학의 당락에 영향을 많이 주므로 이 장에서는 논술형 문항, 단답형 문항, 괄호형 문항 순으로 설명한다.

1 　논술형 문항

1) 정 의

　　논술형 문항(essay item)은 최초의 문항 유형이라 보며, 주어진 질문에 제한 없이 여러 개의 문장으로 응답하는 문항 형태를 말한다. 피험자가 문제를 접근하는 방법, 정보를 이용하는 부분, 응답을 구성하는 모든 부분에서 제한을 받지 않는다. 그러므로 논술형 문항은 피험자의 분석력, 비판력, 조직력, 종합력, 문제해결력, 창의력을 측정할 수 있다. 그러나 인간의 고등정신능력을 측정할 수 있는 장점에 비하여 채점의 주관성 문제가 제기되므로 응답의 범위를 제한하는 **제한된 논술형 문항**(restricted response question; restricted response essay item)의 형태가 있다. 이 제한된 논술형 문항은 논술의 범위를 지시문에서 축소시키거나 글자 수를 제한하는 문항을 말한다. 제한된 논술형 문항은 구체화된 내용과 연계시킬 수 있으며 채점이 용이하다는 이점이 있는데 반해 피험자가 제한된 범위에서 사고하고, 분석, 종합하므로 고등정신능력을 충분히 측정하지 못한다는 단점이 있다.

　　제한된 논술형 문항에 비하여 제한이 없는 문항을 **확장된 논술형 문항**(extended response question; extended response essay item)이라 한다. 확장된 논술형 문항은 시간 제한이나 글자 수에 제한이 없음은 물론 지시문에 의해 서술범위를 제한하지 않는다. 그러므로 확장된 논술형 문항은 피험자의 인지구조까지 측정할 수 있는 장점을 지니고 있다.

2) 제작원리

논술형 문항의 **제작원리**는 다음과 같다.

논술형 문항의 제작원리

① 복잡한 학습내용의 인지 여부는 물론 분석 · 종합 등의 고등정신능력을 측정할 수 있도록 하여야 한다.

② 논술형 문항의 지시문은 '비교 분석하라', '이유를 설명하라', '견해를 논하라' 등으로 한다.

③ 논쟁을 다루는 논술형 문항은 어느 한편의 견해를 지지하는 입장에서 논술을 지시하지 말고 피험자의 견해를 밝히고, 그 견해를 논리적으로 전개할 수 있게 유도하여야 한다.

④ 질문의 요지가 분명하며 구조화되어야 한다.

⑤ 제한된 논술형 문항인 경우 응답의 길이를 제한하여 주는 것이 바람직하다.

⑥ 논술문의 제시된 내용이나 지시문 등의 어휘수준이 피험자의 어휘수준 이하이어야 한다.

⑦ 여러 논술형 문항 중 선택하여 응답하는 것을 지양한다.

⑧ 질문의 내용이 광범위한 소수의 문항보다는 협소하더라도 다수의 문항으로 질문한다.

⑨ 문항을 배열할 때, 쉬운 문항에서 어려운 문항으로 배열한다.

⑩ 각 문항에 응답할 수 있도록 적절한 응답시간을 배려한다.

⑪ 문항점수를 제시한다.

⑫ 채점기준을 마련하여야 한다.

① 복잡한 학습내용의 인지 여부는 물론 분석·종합 등의 고등정신능력을 측정할 수 있도록 하여야 한다.

학습내용을 분석, 종합 혹은 평가하는 능력을 측정하기 위하여 선택형 문항을 사용하는 데 한계가 있을 경우가 있다. 이와 같은 경우, 교과내용의 전반적 사실의 이해, 분석, 종합, 평가 등의 고등정신능력을 측정할 수 있도록 문항을 제작하여야 한다.

② 논술형 문항의 지시문은 '비교 분석하라', '이유를 설명하라', '견해를 논하라' 등으로 한다.

논술형 문항에서 그냥 간단하게 무엇에 대하여 '서술하라'라는 형태의 문항은 암기 내용을 서술하라는 것밖에 되지 않는다. 이와 같은 단순한 지시문은 피험자의 이해력을 넘어서 종합력, 분석력, 문제해결능력, 창의력을 측정하기가 용이하지 않다.

예 【수정 전】 임상장학과 자기장학에 대하여 이야기해 보시오.

> **분석** 논술 문항의 지시문을 그냥 단순하게 무엇에 대해 '써라' 혹은 '이야기 하라'와 같은 방식으로 진술하는 것은 암기능력을 측정하는 문항이므로 '비교하라', '같은 점과 차이점을 논하라' 등의 지시문을 사용하여야 고등정신을 측정할 수 있다.

【수정 후】 임상장학과 자기장학에 대하여 비교 분석하고 장단점을 논하시오.

③ 논쟁을 다루는 논술형 문항은 어느 한편의 견해를 지지하는 입장에서 논술을 지시하지 말고 피험자의 견해를 밝히고, 그 견해를 논리적으로 전개할 수 있게 유도하여야 한다.

예를 들어, 어떤 나라에서 출산장려에 대한 논쟁이 뜨거울 때 이에 대한 찬성·반대 입장을 피험자에게 먼저 선택하도록 하고 그 논리를 열거하는 것이 바람직하다. 인구정책의 일환으로 국가정책상 출산을 장려할 수밖에 없는 입장이므로 출산장려를 지지하는 입장에서 인구정책을 논술하라는 지시문은 논술형 문항의 특징을 상실할 뿐만 아니라 반론을 지니고 있는 피험자의 논리적 사고를 제한하게 하여 고등정신능력을 평가하는 데 한계가 있다. 왜냐하면 출산장려에 대하여 반대 의견을 분석적이며 논리적으로 전개할 수 있는 능력이 뛰어난 피험자도 있기 때문이다.

④ 질문의 요지가 분명하며 구조화되어야 한다.

질문의 요지가 무엇인지 분명하지 않을 때, 출제자가 원하지 않는 답안이 제시되어 채점자를 당혹하게 하는 경우가 있다. 따라서 질문이 보다 구조화될 때, 정답이 분명해지며 채점이 용이하게 된다. 예를 들어, '조선시대 문화에 대하여 논하라'보다 '조선시대 백자에 대하여 논하라'라는 질문이 보다 구조화되었다고 할 수 있다.

⑤ 제한형 논술 문항인 경우 응답의 길이를 제한하여 주는 것이 바람직하다.

일반적으로 응답을 제한하지 않을 경우 채점의 신뢰도가 낮아지기 때문에 질문에 대한 응답의 길이를 제한하는 것이 바람직하다. 응답의 길이를 제한하는 경우 '500자 이내로 서술하라'할 때 빈칸이나 부호의 포함 여부를 밝혀 주는 것 등 지시문을 명료화하면 피험자의 불필요한 질문을 방지할 수 있다.

⑥ 제시된 내용이나 지시문 등의 어휘수준이 피험자의 어휘수준 이하이어야 한다.

논술문의 내용이나 지시문 내용이 너무 난해한 수준으로 표기될 때 피험자들이 질문의 요지를 파악할 수 없어 피험자의 의견을 서술할 기회를 잃고 만다. Oosterhof(1994)는 지문이나 지시문의 내용이 피험자에게 어려우면 측정내용에 대한 인지능력과 독해력이 포함되어 피험자의 능력 추정이 부정확하다고 보고하였다.

⑦ 여러 논술형 문항 중 선택하여 응답하는 것을 지양한다.

여러 논술 문항 중 피험자가 좋아하는 문항을 선택하여 응답하게 하는 것이 피험자에게 자유로움과 융통성을 주므로 바람직하게 보이나, 이는 서로 다른 피험자들이 서로 다른 조건하에서 검사를 치르게 되므로 평가의 기준이 달리 설정된다 할 수 있다. 또한 여러 개의 논술형 문항을 같은 수준의 문항난이도에 의하여 제작하기가 불가능하므로 선택하여 응답하게 하는 것은 삼가야 하고 피험자에게 같은 문항을 제시하여 응답하게 하는 것이 가장 바람직하다. 만약 '다섯 문제 중 아는 것 세 문제만 논하라'는 문항 형태에 익숙한 피험자는 넓은 교과내용 중 본인이 원하는 내용만을 공부하는 부분학습 습관 및 요행심을 키우게 될 가능성도 있다.

⑧ 질문의 내용이 광범위한 소수의 문항보다는 협소하더라도 다수의 문항으로 질문한다.

광범위한 내용을 질문하는 소수의 문항으로는 넓은 영역의 내용에 대한 인지 여부를 측정하기에 제한점을 지니고 있다. 가능하면 다수의 논술형 문항으로 넓은 학습내용을 질문할 수 있게 하여야 가르치고 배운 내용의 모든 범위의 인지 여부를 알 수 있다.

⑨ 문항을 배열할 때, 쉬운 문항에서 어려운 문항으로 배열한다.

피험자가 만약 어려운 문항을 처음에 접하게 된다면 검사불안도가 높아져, 답을 알고 있는 문항도 응답하지 못하는 경우가 있게 된다. 이와 같은 경우 피험자 능력 추정의 오차가 발생하여 검사의 신뢰도가 떨어진다.

⑩ 각 문항에 응답할 수 있도록 적절한 응답시간을 배려한다.

피험자가 문제를 인지하고 문제해결전략을 구상하여 비교, 종합, 분석하고 새로운 의견을 제시하려면 충분한 응답시간이 주어져야 한다. 문제의 난이도 수준에 비추어 적절한 시간이 부여될 때 피험자의 고등정신능력을 측정할 수 있다.

⑪ 문항점수를 제시한다.

다수의 간단한 논술형 문항으로 인지능력을 측정할 때, 혹은 학업성취도를 측정할 때 각 문항에 대한 점수를 명시하는 것이 바람직하다. 문항의 점수가 제시될 때 피험자는 문항의 점수를 고려하여 문항에 응답하는 전략을 세울 수 있다. 문항점수가 높은 문항 중 피험자에게 보다 익숙한 문항이 있다면 그 피험자는 편안하게 느껴지고 높은 문항점수가 부여된 문항부터 답안을 작성할 수 있기 때문이다.

⑫ 채점기준을 마련하여야 한다.

논술형 문항의 가장 큰 단점은 채점에 있다. 문항 특성상 구조화될 수 없는 특성 때문에 동일한 답안이라도 채점자마다 다른 점수를 부여할 수 있으며, 심지어 동일한 답안을 동일한 채점자가 다시 채점을 하더라도 다른 점수를 부여할 수 있다. 이를 방지하기 위하여 채점기준을 마련하여야 한다. 채점기준은 가능한 모든 답안을 열거하여 해당 부분에 몇 점을 주어야 할 것인가까지 결정되어야 한다. 모범답안을 허술하게 작성해 놓고 피험자들의 답안을 보아 가면서 채점을 하면 채점의 일관성을 결여하기 쉽다.

채점기준이 추상적일 경우 때로는 문제지에 명시하는 것도 바람직하다. 피험자가 이 문제가 어떤 정신능력을 측정하는 것인지 몰라서 당황해하는 것을 방지하기 위하여서도 채점기준을 명시하는 것이 바람직하다.

3) 장단점

논술형 문항의 가장 중요한 **장점**은 피험자의 응답을 어느 형태로든 제한하지 않고 자유를 주므로 피험자가 지니고 있는 모든 정신능력을 발휘할 수 있다는 점이다. 예를 들어, 문제를 이해하는 능력, 문제를 해결하는 능력, 논리적으로 전개하는 능력, 분석적 사고력, 그리고 논리 전개에 따라 결론을 유도하는 능력, 새로운 견해와 문제를 제시하는 능력 등 매우 다양한 정신능력을 측정할 수 있다. 수리능력과 관계된 논술형 검사는 문제 풀이 과정을 통하여 피험자의 문제해결능력과 인지구조를 분석할 수 있다. 그러므로 논술형 문항은 피험자들의 조직력, 분석력, 비판력, 종합력, 창의력, 문제해결능력을 함양시킬 수 있다. 또한 문항의 형태에 따르는 장점으로 문항제작이 선다형이나 단답형에 비해 상대적으로 수월하다는 점이 있다.

그러나 이상의 중요한 장점에 못지않게 다음과 같은 **단점**들도 있다.

첫째, 논술형 검사는 많은 문항을 출제하기가 용이하지 않으므로 학업성취도검사 시 넓은 교과영역을 측정하기가 쉽지 않다.

둘째, 광범위한 내용을 논술하는 문제는 어렵다. 교수·학습에 근거한 내용을 물어보는 논술형 문항은 그래도 학습내용에 근거하므로 추상적이지 않으나, 대학별고사에서 실시하는 논술문제는 매우 추상적이다. 이는 무엇을 써야 될지 막연하다는 것이다.

셋째, 문장력이 작용하여 채점에 영향을 줄 수 있다. 논술형 문항은 일반적으로 고등정신능력을 측정하기 위한 문항임에도 불구하고 문장력이 뛰어난 피험자의 답안은 상대적으로 높은 점수를 얻을 수 있다.

넷째, 가장 심각한 단점이라 할 수 있는 채점의 일관성 문제다. 논술형 문항의 답을 여러 채점자가 채점할 때, 모두 다른 점수를 부여할 수밖에 없다. 같은 피험자의 답안지를 같은 채점자가 다른 시간에 채점할 때도 다른 점수를 부여할 수 있다. 이와 같은 문제는 채점자간신뢰도와 채점자내신뢰도로 채점의 객관성을 확보하여야 할 부분이다.

다섯째, 문항이 제대로 제작되지 않는다면 선택형보다 더욱 단순한 지식의 인지 여부를 묻는 질문이 될 수 있다. '무엇에 대하여 써라'라는 형태의 문항은 단순한 사실에 대한 기억 여부나 이해 정도를 묻는 질문이 된다. 그러므로 논술형 문항이라 해서 모두 고등정신능력을 측정한다고 볼 수는 없다.

4) 채점방법

논술형 문항에 대하여 주의를 기울여야 할 점은 채점에 있어서 주관성이 개입될 가능성이 있다는 것이다. 채점자가 피험자의 인상, 느낌에 따라 채점에 영향을 주는 **후광효과**(Halo effect)가 나타날 수 있다. 또한 채점을 피험자별로 채점한다면 앞에 있는 문항의 응답결과가 다음 문항의 채점에 영향을 주는 **문항 간의 시행효과**(carry over effect)가 발생할 수 있다.

이와 같은 채점에 따른 문제점을 제거하기 위하여 점수 부여 기준을 명료화하거나 채점방법을 체계화하여야 한다. 채점방법에는 분석적 채점방법과 총괄적 채점방법이 있는데, **분석적 채점방법**(analytical scoring method)은 응답내용을 요소 요소로 구분하여 점수를 부여하는 채점방법이고, **총괄적 채점방법**(global scoring method; holistic scoring method)은 피험자의 응답을 전반적으로 읽은 후, 전체적인 느낌에 의하여 점수를 부여하는 방법이다.

총괄적 채점방법은 상대적으로 빠른 시간에 채점하여 정답을 구성요소로 나누지 않는 장점이 있으나 채점의 신뢰도가 떨어지며 피험자의 응답이 정답이 되고 안 되는 이유를 설명하지 못하는 단점이 있다. 총괄적 채점방법은 피험자의 응답이 다양할 수 있는 보다 복합적인 논술형 질문을 채점하는 데 이용된다.

분석적 채점방법은 채점을 하기 전에 교재, 노트, 참고서 등을 종합하여 모범답안을 작성하고, 그에 따른 부분 점수 부여 기준을 설정하는 것이 총괄적 채점방법과 다르다. 특히, 답안 요소의 중요성에 따라 점수가 배분되고, 부분 점수 채점기준이 명시되어야 한다. 그렇지 않으면 채점의 일관성을 상실하여 평가가 신뢰롭지 못하게 된다. 총괄적 채점이든 분석적 채점이든 **채점**의 신뢰성을 높이기 위해서는 다음과 같은 **방법**이 있다.

첫째, 답안지를 일차적으로 한 번 읽고 난 뒤, 구체적으로 채점기준에 의하여 채점하여야 한다. 이는 피험자에 따라서 서술하는 방법이 다르므로 응답의 내용이 다른 순서에 의하여 기술될 수 있기 때문이다.

둘째, 후광효과를 없애기 위하여 피험자의 성명과 수험번호를 가리고 채점을 하여야 한다.

셋째, 문항 간의 채점 시행효과를 없애기 위하여, 피험자의 답안지별로 채점하지 말고, 문항별로 채점하여야 한다. 즉, 모든 피험자의 논술형 문항 1번의 응답을 채점하고 난 후, 모든 피험자의 2번 문항의 응답결과를 채점하고, 모든 피험자의 3번 문항의 응답을, 즉 문항별로 채점한다.

넷째, 두 명 이상의 채점자가 필요하다. 이는 주관성을 배제하고 채점의 객관성을 유지하기 위해서다. 논술형 검사에서 고려되는 것은 **채점자간신뢰도**(inter-rater reliability)로서, 채점자들의 채점이 얼마나 유사한가를 측정한다. 채점자간신뢰도를 추정하는 방법으로 간단히 채점자 간의 점수의 상관관계로 입증하는 방법이 있으며, 나아가서는 일반화가능도이론이 있다.

1994학년도부터 실시된 우리나라 대학별 고사에서 실시하고 있는 논술고사의 경우 문제점이 지적되고 있다. 논술고사가 분석력, 비판력, 문제해결능력, 창의성 등의 고등정신능력을 함양하기 위하여 실시되었으나 마치 문장력을 측정하거나 철학적 사고 여부를 측정하는 검사인 듯하여 논술시험에 대한 출제와 채점방법에 대한 연구가 필요하다고 생각된다. 김성숙(1995)은 논술고사에서 채점자의 영향을 무시할 수 없다고 보고하고 있다. 이에 비추어 볼 때 논술고사에서 무엇을 측정하는지 측정의 목적을 분명히 하여야 한다. 철학과 신입생 선발을 위한 검사라면 철학적 사고능력이 측정내용이 될 수 있으며, 국문과 신입생 선발을 위한 검사라면 문장력과 문학적 표현이 평가항목으로 충분하다. 대학별 고사에서 실시되는 논술고사의 경우는 고등학교 수준에 맞는 보편적인 주제에 대한 피험자의 생각을 서술하고 능력을 측정하여야 한다. 논술형 문항의 평가항목으로 Kubiszyn과 Borich(1993)는 〈표 9-1〉과 같이 여섯 가지 요소를 열거하였으며, 질문내용에 따라 평가항목이 변화될 수 있다.

논술형 문항에 대한 여섯 가지 평가요소를 5단계의 평정법에 의하여 '매우 우수함', '우수함', '보통', '부족함', '매우 부족함'으로 평가하거나 'A', 'B', 'C'의 3단계 평정법으로 평가할 수 있다. 보다 구체적인 채점표로서 각 평가항목을 보다 구체화하여 부분점수를 부여하는 방법을 강구할 수 있다.

〈표 9-1〉 논술형 문항의 평가 요소

항목	내용	항목별 평가방법
내용(content)	질문의 내용에 타당한 응답 여부	〈5단계 평정〉 매우 우수함 우수함 보통 부족함 매우 부족함 혹은 〈3단계 평정〉 A B C
조직(organization)	서론, 본론, 결론 혹은 기승전결에 따른 문장의 조직	
과정(process)	응답내용이 정신기능의 이해, 적용, 분석, 종합, 평가의 어느 수준에 해당하는지의 여부	
정확성/합리성 (accuracy/rationality)	과학적 질문에 대한 응답의 정확성 논리적 질문에 대한 응답의 합리성	
완성도/내적 일관성	질문의 내용에 대한 응답의 완성도 응답내용의 일관적 서술	
독창성/창의성	응답내용의 독창적이고 창의적 여부	

2 단답형 문항

1) 정 의

단답형 문항(short-answer item)이란 간단한 단어, 구, 절 혹은 수나 기호로 응답하는 문항 형태로, 용어의 정의나 의미를 물을 때나 계산문제에 자주 사용된다. 단답형 문항제작이 선다형 문항제작에 비하여 상대적으로 용이하나, 다음과 같은 두 가지의 문제점을 지니고 있다.

첫째, 정답이 하나가 되도록 질문을 하기가 쉽지 않다.

둘째, 답에 틀린 글자가 있을 때 정답 처리의 문제에 직면하게 된다. 가능하면 철자법에 따라 점수 부여가 영향을 받지 않아야 하지만, 철자법이 틀린 정도의 기준을 설정하기가 용이하지 않다.

2) 제작원리

단답형 문항의 **제작원리**를 정리하면 다음과 같다.

단답형 문항의 제작원리

① 가능한 간단한 형태의 응답이 되도록 질문한다.
② 직접화법에 의한 질문으로 한다.
③ 교과서에 있는 구, 절의 형태와 같은 문장으로 질문하지 않는다.
④ 채점하기 전에 정답이 될 수 있는 답들을 준비한다.
⑤ 계산문제의 경우 정답이 되기 위하여 계산의 정확성 정도나 계산절차의 수준을 명시하여야 한다.
⑥ 정답이 수로 표기될 때 단위를 표기하여야 한다.

① 가능한 간단한 형태의 응답이 되도록 질문한다.

질문의 내용이 간결 명확할 때, 정답이 여러 개가 될 수 있는 가능성을 배제할 수 있다. 그러므로 질문에서 어떠한 답을 원하는지를 묻는 정확한 용어가 사용되어야 한다. 단답형은 일반적으로 정의나 간단한 개념, 법칙, 사실 등을 질문하므로 간단한 응답이 되도록 질문하여야 한다.

② 직접화법에 의한 질문으로 한다.

질문의 방법이 간접적일 때 질문의 초점을 흐려져 모호해질 수 있으므로 직접화법으로 질문한다.

예 【수정 전】 중국 남북조시대에 보리달마에 의하여 창립되었다고 하고, 자기 마음이 곧 부처라고 하는 불교의 종파 이름은 무엇인가?

분석 질문의 내용에서 '창립되었다고 하고'와 '부처라고 하는' 표현은 간접적 표현으로 확실하지 않은 내용을 질문하는 것으로 간주할 수 있다. 그러므로 정확한 사실이라면 간접적 표현보다 직접적 표현을 사용하는 것이 바람직하다.

【수정 후】 중국 남북조시대에 보리달마에 의하여 창립되었고, 자기 마음이 곧 부처라는 불교의 종파 이름은 무엇인가?

③ 교과서에 있는 구, 절의 형태와 같은 문장으로 질문하지 않는다.

교과서에 있는 문장을 그대로 출제한다면 피험자들이 교과서에 있는 내용을 이해하기보다는 암기한다. 새로운 문장으로 질문을 할 때, 피험자의 단순기억능력보다 분석, 종합, 문제해결 등의 고등정신능력을 측정할 수 있다. Ebel과 Frisbie(1986)는 단답형 문항 작성요령으로 정답을 얻을 수 있는 단어나 구를 우선 결정하고 질문을 만들기 위하여 선택된 단어나 구를 배열하라고 권유하고 있다.

④ 채점하기 전에 정답이 될 수 있는 답들을 준비한다.

가능하면 정답이 하나가 되게 질문을 하여야 하나, 동의어 문제로 여러 개의 정답이 될 수 있는 경우가 있다. 그러므로 이 같은 경우, 여러 개의 정답을 예시하는 것이 좋다.

예 【수정 전】 다음 대화가 이루어지고 있는 장소의 이름을 쓰시오.

> Clerk: Your room will be ready in approximately one hour, sir. We're getting it ready right now.
> Man: I'm sorry, but that just won't do. I want my room now. I've had a long flight from Chicago.
> Clerk: Our official check-in time is 4 p.m., sir. The departing guest don't have to check out until noon. I'm afraid we don't have any vacancy at the moment.
> Man: I want to speak to the manager!

분석 피험자의 반응이 다양하게 나타날 것이기 때문에 정답이 될 수 있는 가능한 모든 답을 추출하여 정답 기준을 마련하여야 한다(hotel, motel, inn, hostel, condominium 등의 숙박업소).

⑤ 계산문제의 경우 정답이 되기 위하여 계산의 정확성 정도나 계산절차의 수준을 명시하여야 한다.

계산하여 간단한 답을 쓰는 계산문제의 경우 소수 셋째 자리에서 반올림하여 계산하라 든지, 혹은 계산절차를 어느 수준까지 제시하라는 지시가 포함되어야 한다.

⑥ 정답이 수로 표기될 때 단위를 표기하여야 한다.

정답이 어떠한 단위에 의한 수일 경우 단위를 표기하지 않는다면 피험자들은 어떤 단위로 환산된 정답을 써야 되는지 혼동할 경우가 있을 뿐만 아니라 정답이 여러 개가 되므로 채점에도 번거로움이 따른다.

3) 장단점

단답형 문항의 **장점**은 문항제작이 용이하며, 정의, 개념, 사실 등을 질문하므로 넓은 범위의 내용을 측정할 수 있다. 또한 추측에 의하여 정답을 맞힐 수 있는 요인을 배제할 수 있으며, 채점이 논술형보다 객관적으로 될 수 있다. 그리고 문장력에 의하여 점수가 부여되는 효과를 배제할 수 있는 장점이 있다. 반면 **단점**으로는 짧은 답을 요구하는 문항의 유형 특성상 단순지식, 개념, 사실 들을 측정할 가능성이 높다. 또한 선택형 문항에 비하여 채점의 객관성을 보장받기 힘들다. 특히, 다양한 정답이 만들어지는 문항의 경우 정답의 다양성 때문에 논란이 야기될 수 있다. 그러므로 주로 단답형 문항으로 평가가 이루어질 때 기억능력에 의존하는 학습이 조장될 수 있다.

3 괄호형, 완성형 문항

1) 정 의

괄호형 문항(close item)은 질문을 위한 문장에 여백을 두어 응답을 유도하는 문항 형태를 말한다. 여백의 형태가 괄호일 수도, 상자일 수도, 밑줄이 그어질 수도 있으며, 어떤 형태라도 무방하다. **완성형 문항**(completion item)은 질문을 위한 문장의 끝에 응답을 하게 하는 문항 형태다. 즉, 문장의 끝에 응답을 하므로 문장을 완결한다는 의미에서 완성형 문항으로 불린다. 괄호형이나 완성형 문항 모두 질문을 위한 문장에 여백을 두어 질문하는 형태로 정의할 수 있다. 그러므로 완성형 문항은 괄호형 문항의 특수한 예로 볼 수 있다.

괄호형 문항은 처음에 Taylor(1953)에 의하여 완성형 문항의 문항 중간에 여백을 주어 써 넣게 하는 방법으로 여백 앞뒤의 문맥을 파악하는 독해능력을 측정하기 위하여 고안되었다. 독해능력을 측정하는 괄호형 문항의 난이도는 제시된 지문의 난이도와 관계가 있다. 이후 Bormuth(1970)가 괄호형 문항의 이용과 개발을 위한 이론을 제시하였다. 처음에는 질문의 문장에 언제, 어디서, 무엇을, 어떻게, 왜 등을 묻기 위하여 여백을 두었으나, 이와 같은 질문은 좋은 문항이 되지 못하며, 시(詩)에 대한 내용을 묻는 질문이 되기가 쉽지 않으므로 문항의 형태가 발전하게 되었다.

완성형 문항의 특징은 응답이 문장의 끝에 여백이 주어지므로 우리 한글 구문

상 제작하기가 쉽지 않은 형태다. 예를 들어, 영문으로 빛의 삼원색을 질문할 때
질문은 다음과 같다.

The three primary colors of the light are red, blue, and (   ).

이 영문은 한글로 질문할 때는 '빛의 삼원색은 빨강, 노랑, (   )이다.'가 된다.
그러므로 우리 문법에 의한 문항 형태를 분류할 때 완성형 문항을 달리 구분하지
않고 괄호형 문항에 완성형 문항을 포함시키는 것이 바람직하다.

2) 제작원리

Finn(1978), Roid와 Haladyna(1978)가 제시한 **괄호형 문항**의 **제작원리**를 정리하
면 다음과 같다.

괄호형 문항의 제작원리

① 중요한 내용을 여백으로 한다.
② 여백은 가능한 질문의 후미에 둔다.
③ 정답이 가능한 단어나 기호로 응답되도록 질문한다.
④ 교과서에 있는 문장을 그대로 사용하지 않는다.
⑤ 질문의 여백 뒤의 조사가 정답을 암시하지 않게 하여야 한다.
⑥ 여백에 들어갈 모든 정답을 열거한다.
⑦ 채점 시 여백 하나를 채점단위로 한다.

괄호형 문항을 제작하는 것은 쉽지 않다. 왜냐하면 단순히 어떤 문장이나 단어
에 대하여 무선적으로 여백을 두는 것이 아니라 질문의 의미를 파악하고 중요한
부분을 여백으로 남겨야 하기 때문이다.

① 중요한 내용을 여백으로 한다.
검사는 학습의 내용을 알고 있느냐를 확인하는 작업으로 질문은 중요한 내용의

인지 여부를 확인하여야 한다. 그러므로 지엽적이고 미세한 내용보다는 중요한
내용을 물어야 한다.

② 여백은 가능한 질문의 후미에 둔다.

질문을 위한 여백은 문장의 어느 부분에 둘 수 있으나 Oosterhof(2001)는 문장
의 후반부에 여백을 두도록 권장한다. 문장의 뒷부분에 여백을 둠으로써 피험자
들이 문장을 읽고 자연스럽게 응답할 수 있기 때문이다.

③ 정답이 가능한 단어나 기호로 응답되도록 질문한다.

괄호형 문항은 문장의 중간이나 끝에 여백을 두어 질문하는 형태이므로 긴 형
태의 서술이 응답이 될 수 없다. 그러므로 가능한 한 짧은 단어로 응답되도록 하
여야 한다.

④ 교과서에 있는 문장을 그대로 사용하지 않는다.

질문의 문장이 교과서에 있는 문장 그대로일 때, 피험자들은 암기력에 의하여 쉽
게 응답할 수 있다. 완성형 문항이라도 암기력보다는 이해력, 응용력, 분석력, 종합
력 등을 측정하는 것이 바람직하므로 교과서에 있는 문장을 그대로 사용할 것이 아
니라 다른 문장으로 구성하여 질문하는 것이 바람직하다. 또한 여러 문장을 조합하
여 간단한 문장으로 변형시켜 여백을 두는 문항은 좋은 문항이라 할 수 있다.

⑤ 질문의 여백 뒤의 조사가 정답을 암시하지 않게 하여야 한다.

질문의 중간에 여백을 두어 질문을 하게 되면 여백 뒤에 조사나 어떤 글자를 쓰
게 된다. 예를 들어, '을'과 '를', '은'과 '는' 혹은 '이'와 '가' 등이다. 그러므로 '을' 대
신에 '를'을 쓰면 '를'과 관계된 단어가 정답이 될 것임을 암시할 수 있다. 그러므로
문장의 여백 뒤에 '을', '를'을 모두 사용하는 것이 바람직하다.

예 【수정 전】 방송, 영화, 연극 등의 제작에 종사하는 작가, 조명, 장치, 음향, 영상 등을
담당하는 배우(성우, 탤런트) 이외의 모든 사람을 일컬어 (   )라 한다.

(정답: 스태프)

분석 피험자들이 여백 뒤의 조사와 관계된 단어를 정답으로 연상하기 쉬우므로 여백 뒤에 가능한 조사를 모두 서술하는 것이 바람직하다.

【수정 후】방송, 영화, 연극 등의 제작에 종사하는 작가, 조명, 장치, 음향, 영상 등을 담당하는 배우(성우, 탤런트) 이외의 모든 사람을 일컬어 (   )(이)라 한다.

⑥ 여백에 들어갈 모든 정답을 열거한다.

여백 안에 들어갈 정답이 하나가 아니라 여러 개일 때 가능한 모든 답을 추출하여 정답 기준을 설정하여야 한다. 간단한 정의를 물어 하나의 명사로 대답하는 괄호형 문항에는 별문제가 없으나 형용사나 부사가 정답이 될 때는 정답이 여러 개가 될 수 있다. 예를 들어, '소비가 증가하면 물가는 (   )한다'는 질문에 정답은 여러 개가 될 수 있다. 정답의 예로 '하강', '감소', 그리고 '내려간다'로 쓴 피험자도 있게 된다. 여기서 '내려간다'라는 응답은 문장의 구문상 말이 되지 않으므로 피험자의 응답이 틀렸다고 할 수 있다. 그러나 이 문제는 국어의 문법시험이 아니므로 구문이 옳게 만들어지지 않은 응답이라도 질문에 대한 정답을 알고 있으므로 정답으로 처리하여야 한다. 그러므로 정답이 되는 모든 내용을 채점 전에 열거하여야 한다.

⑩ 【수정 전】 다음 대화를 읽고 'May I help you?' 와 같은 의미가 되도록 빈칸에 들어갈 적절한 말을 쓰시오.

> Jane: Thanks for visiting me, Tom.
>
> Tom: How long are you going to be in the hospital?
>
> Jane: About a week.
>
> Tom: That's too bad.
>
> Is there anything I _____?
>
> Jane: No, I'm fine.

분석 'need to help', 'can help you with', 'can do to help', 'can should do for you' 등 여백에 들어갈 정답이 매우 많다. 그러므로 정답

으로 가능한 모든 답을 채점 전에 결정하여야 한다. 또한 '적절한 말을 쓰시오'라는 지시문보다는 단어, 구, 절 등으로 쓰게 지시하는 것이 바람직하다.

⑦ 채점 시 여백 하나를 채점단위로 한다.

채점의 정확성과 체계성을 위하여 여백 하나하나를 채점단위로 한다. 어떤 여백의 경우 두 개를 묶어 점수를 부여하고 다른 여백의 경우 세 개를 묶어 점수를 부여할 때, 여백을 묶는 방법에 대한 논란이 일 수 있으며, 채점의 일관성이 결여된다.

예 【수정 전】(지문 중 일부)

> [B] … The snow was (a) deep that the woodcutters went very
>   slowly. …
> [D] … "Why do we want to live? Life is so hard for the poor.
>   It would be better to die (b) cold in the forest. …

빈칸 (a)와 (b)에 들어갈 단어를 쓰시오. (3점)

분석   한 질문에 두 개의 여백을 둘 경우, 두 개의 응답이 모두 맞았을 때 문항점수를 부여하기보다는 여백 하나하나에 독립된 점수를 부여하거나, 중요한 내용 하나만을 여백으로 남겨두는 것이 더욱 바람직하다.

【수정 후】빈칸 (a)와 (b)에 들어갈 단어를 쓰시오. (각 2점)

3) 장단점

괄호형 문항의 **장점**은 다음과 같다.

첫째, 정의, 개념, 간단한 사실 등의 인지 여부를 질문하므로 광범위한 내용을 측정할 수 있다.

둘째, 선택형 문항처럼 답지가 제공되지 않으므로 추측 요인을 배제할 수 있다.

셋째, 검사의 타당도와 신뢰도가 높다. Hively, Patterson, Page(1968), Finn (1978), Roid와 Haladyna(1982)는 괄호형 문항이 서답형의 논술형 문항이나 단답형 문항보다 신뢰도뿐 아니라 타당도가 높으며, 선택형 문항인 선다형 문항보다 신뢰도가 높다고 밝히고 있다. 특히, 괄호형 문항이 선택형 문항보다 높은 신뢰도를 갖는 것은 문항의 추측요인을 배제하기 때문이다.

넷째, 문항제작이 수월한 편이다. 선택형의 선다형 문항제작에서 답지를 제작하는 것보다 문장 내용의 중요 부분에 여백을 남기는 것이 보다 수월하다.

다섯째, 채점의 객관성을 유지할 수 있다. 정답이 간단한 용어이므로 채점자 간의 일치도를 높일 수 있으므로 채점이 용이하다.

여섯째, 문장력에 의한 효과를 배제할 수 있다. 여러 문장으로 응답하는 문항일 경우 문장력이 점수 부여에 영향력을 줄 수 있으나, 명사, 형용사, 부사로 응답되는 괄호형은 문장력이 채점에 영향을 주지 않는다.

이에 비해 **단점**으로는 단순한 지식, 개념, 사실 등만을 측정할 가능성이 높다는 점이다. 또한 정답이 여러 개가 있을 수 있다.

! **주요 단어 및 개념**

논술형 문항	제한형 논술 문항	단답형 문항
괄호형 문항	완성형 문항	분석적 채점
총괄적 채점	후광효과	채점시행효과
채점자간신뢰도		

🗨 연습 문제

1. 논술형 문항의 정의와 장단점을 설명하시오.

2. 제한형 논술 문항을 작성하고, 문항제작원리에 의하여 평가하시오.

3. 분석적 채점과 총괄적 채점의 정의와 장단점을 비교 · 설명하시오.

4. 후광효과를 정의하고, 이를 방지하기 위한 채점방법을 설명하시오.

5. 채점시행효과를 정의하고, 이를 방지하기 위한 채점방법을 설명하시오.

6. 단답형 문항의 정의와 장단점을 설명하시오.

7. 단답형 문항을 문항제작원리에 의하여 평가하시오.

8. 괄호형 문항의 정의와 장단점을 설명하시오.

9. 괄호형 문항을 제작하고 문항제작원리에 의하여 평가하시오.

⊕ 기출 문제

초등 01   서술형 문항의 객관적인 채점을 위해 고려할 사항으로 가장 적절한 것은?

① 학생단위가 아닌 문항단위로 채점한다.
② 검사를 실시한 후에 채점기준표를 만든다.
③ 학생의 선행학습 수준을 고려하면서 채점한다.
④ 어려운 문항부터 쉬운 문항의 순서로 채점한다.

초등 08   A교사는 평가문항 제작원리에 근거하여 수업시간에 다루었던 중요한 교과내용을 중심으로 〈보기〉와 같이 두 가지 유형의 시험지를 제작하고, 이 중 어느 하나로 학기말고사를 실시하려고 한다. ㉮형과 비교해 볼 때, ㉯형에 대한 설명으로 잘못된 것은?

〈보기〉

㉮형: 30개의 문항으로 된 4선다형(multiple-choice type) 시험
㉯형: 2개의 문항으로 된 논술형(essay type) 시험

① 문항표집의 대표성이 높다.
② 채점 시 채점자의 주관이 개입될 가능성이 높다.
③ 학생이 정답을 모를 때 추측으로 정답을 할 가능성이 거의 없다.
④ 학생의 표현력과 문장력이 평가결과에 영향을 미칠 가능성이 높다.

중등 91 주관식 평가와 객관식 평가의 비교가 <u>잘못된</u> 것은?

〈주관식〉 ——————— 〈객관식〉

① 반응의 자유도: 넓음 ——————— 좁음

② 반응의 강조점: 종합적 이해 ——————— 정확한 지식

③ 추측의 가능성: 비교적 큼 ——————— 비교적 작음

④ 채점의 객관도: 비교적 낮음 ——————— 비교적 높음

중등 01 다음 논술형 문항의 행동 지시어 가운데 가장 고차적인 정신능력을 요구하는 것은?

① 한국 사회의 병리현상을 열거하라.

② 한국 사회의 병리현상을 평가하라.

③ 한국 사회의 병리현상을 서술하라.

④ 한국 사회의 병리현상을 제시하라.

정답 [초등 01] ①   [초등 08] ①   [중등 91] ③   [중등 01] ②

제5부 문항분석과 점수보고

10

문항분석

🔗 학습목표

- 문항분석을 하기 위한 방법에는 어떤 방법이 있는가?
- 고전검사이론이 무엇이고, 기본 가정은 무엇인가?
- 고전검사이론에 의한 문항난이도, 문항변별도, 문항추측도, 답지 매력도 는 무엇이고, 어떻게 추정하는가?
- 고전검사이론의 장단점은 무엇인가?
- 문항반응이론이란 무엇이고, 무엇을 가정하는가?
- 문항반응이론에 의한 문항난이도, 문항변별도, 문항추측도는 무엇이고, 어떻게 추정하는가?
- 문항반응이론의 장단점은 무엇인가?

문항에 대한 평가는 크게 두 가지 방법으로 분석한다. 하나는 질적 평가이며, 다른 하나는 양적 평가다. **문항**에 대한 **질적 평가**는 문항이 측정의 목적에 부합되게 제작되었는지를 점검하는 방법으로 이는 내용타당도를 확인하는 과정이며 검사 내용 전문가의 주관적 판단에 의존한다. 또한 문항이 문항 유형의 특성과 제작원리에 따라서 제작되었는지를 분석한다. **문항**에 대한 **양적 평가**는 피험자의 응답결과를 검사이론에 입각하여 문항난이도, 문항변별도, 문항추측도를 분석하는 것이며, 선다형의 경우 답지의 매력도 등도 분석한다. 문항분석을 위한 검사이론에는 고전검사이론과 문항반응이론이 있다.

문항을 평가하기 위해서는 문항의 내용을 우선 분석하여야 한다. 이를 위하여 문항 내용이 문항제작 이전에 작성한 이원분류표와 일치하는가를 검토하여야 하며, 각 문항 유형에 따른 문항제작원리에 근거하여 제작되었는지를 점검하여야 한다. 문항의 내용분석뿐 아니라 문항 형식에 대한 분석도 요구되는데 보다 객관적인 방법을 통하여 체계적으로 분석하기 위하여 문항내용점검표와 문항형식점검표를 사용할 수 있다.

문항내용점검표는 문항 내용과 관계된 것으로서 측정영역과 일정한 관계를 지니고 있으며, 측정 교과목에 따라서 다양한 점검내용이 포함될 수 있다. 〈표 10-1〉은 문항내용점검표의 예다.

〈표 10-1〉의 문항내용점검표는 대학수학능력시험 준비를 위한 참고서의 문항들이 대학수학능력시험의 성격에 부합하는가를 평가하기 위하여 작성한 표로서 문항의 내용이 이원분류표에 의한 교과내용을 측정하고 있는지에 대해 평가하는 것은 아니다. 문항형식점검표는 문항 유형에 따라 각기 다른 점검내용을 포함하며, 〈표 10-2〉와 같다. 문항제작원리 중 중요한 내용들이 문항형식점검표의 내용이 될 수 있으며, 문항형식점검표에 의하여 문항에 대한 종합적인 평가를 한 후 사용가, 수정 후 사용가, 사용 불가를 판정한다. 또한 문항 수정내용을 구체적으로 서술하면 문항 수정이 용이하다.

〈표 10-1〉 **문항내용점검표**

문항내용점검표

문제집 명:

문제집 영역:

문항 번호: No.

평가자:

평가 일자:　　　년　　　월　　　일

1. 문항 내용에 대한 평가

　예　　　아니요

_____ _____ (1) 문항의 내용이 대학수학능력시험의 기본개념과 부합합니까?

_____ _____ (2) 문항의 내용이 대학입학 후 학업하는 데 중요한 내용을 측정합니까?

_____ _____ (3) 문항이 단순기억이 아닌 고등정신(분석력, 종합, 비판)을 측정합니까?

_____ _____ (4) 문항의 내용이 고교 교육과정의 내용과 수준에 맞습니까?

_____ _____ (5) 문항의 내용이 통합교과적 출제라고 생각하십니까?

_____ _____ (6) 문항의 내용과 정답이 논쟁거리가 되지 않습니까?

_____ _____ (7) 문항과 답지가 피험자 언어수준에 적합한 단어들로 서술되었습니까?

_____ _____ (8) 정답이 되는 두 개 이상의 답지가 없습니까?

_____ _____ (9) 오답지들이 매력적입니까?

_____ _____ (10) 답지의 내용들이 모두 문항과 관계된 내용을 포함하고 있습니까?

_____ _____ (11) 문항에 답을 암시하는 단어나 내용이 포함되지 않습니까?

_____ _____ (12) 문항의 내용이 성별에 따른 편견성을 배제하였습니까?

2. 문항에 대한 총평:

(　　) 사용가

(　　) 수정 후 사용가

(　　) 사용 불가

3. 특이사항 및 문항 수정 내용

〈표 10-2〉 문항형식점검표

문항형식점검표

문제집 명:

문제집 영역:

문항 번호: No.

평가자:

평가 일자: 년   월   일

1. 문항형식에 대한 평가

   예   아니요

___ ___ (1) 질문의 내용이 간결, 명확합니까?

___ ___ (2) 부정문을 사용하지 않았습니까? 사용하였다면 밑줄이 그어졌습니까?

___ ___ (3) 질문과 답지들이 간단한 단어와 단문으로 구성되어 있습니까?

___ ___ (4) 답지의 수가 4개 혹은 5개입니까?

___ ___ (5) 답지들의 문법적 구조가 동일합니까?

___ ___ (6) 답지들에 공통되는 단어, 구, 절들이 반복하여 포함되어 있지 않습니까?

___ ___ (7) 답지들의 길이가 유사합니까? 만약 유사하지 않다면 짧은 답지부터 긴
            답지로 배열되어 있습니까?

___ ___ (8) 답지들이 연도나 수를 나타낼 때 작은 수부터 큰 수로 배열되었습니까?

___ ___ (9) '모든 것이 정답'이나 '정답 없음'의 답지를 사용하지 않았습니까?

___ ___ (10) 질문과 답지의 서술, 표현형식이 문항작성 편집지침에 부합합니까?

2. 문항에 대한 총평:

(   ) 사용가

(   ) 수정 후 사용가

(   ) 사용 불가

3. 특이사항 및 문항 수정 내용

1 고전검사이론

문항과 검사의 질을 분석하는 이론을 **검사이론**(test theory)이라 하며, 검사이론에는 고전검사이론과 문항반응이론이 있다.

고전검사이론(Classical Test Theory)은 문항과 검사를 검사총점에 의하여 분석하는 이론으로 1920년대 이후 개발되어 지속적인 이론적 발전과 더불어 널리 응용되어 왔고, 지금까지도 우리나라에서 많이 사용되고 있다.

1) 기본 가정

고전검사이론에서 관찰점수는 진점수와 오차점수로 이루어졌다고 가정하고 검사와 문항분석은 총점에 의존한다.

$$X \;=\; T \;+\; e$$
관찰점수   진점수   오차점수

유학을 준비하는 학생의 TOEFL 점수가 550점이 나왔다면 이 점수는 유학 준비생의 영어에 대한 진짜 능력이라기보다는 관찰된, 즉 측정된 점수일 것이다. 이 측정된 능력 점수는 알지 못하는 진짜 능력에 해당하는 점수와 검사를 실시하는 과정에서 발생할 수 있는 오차점수로 구성되어 있음을 가정한다.

이 기본 가정을 포함하여 **고전검사이론**의 **기본 가정**은 다음과 같다.

고전검사이론의 기본 가정

① 관찰점수는 진점수와 오차점수로 이루어진다.
② 피험자의 진점수는 무수히 반복하여 측정된 관찰점수의 평균값(기대값)이다.

$$T = \frac{\Sigma X}{n} = E(X)$$

③ 진점수와 오차점수의 상관은 0이다.

$$\rho_{Te} = 0$$

④ 한 검사에서 얻은 오차점수와 다른 검사에서 얻은 오차점수와의 상관이 0이다.

$$\rho_{ee'} = 0$$

⑤ 한 검사에서 얻은 진점수와 다른 검사에서 얻은 오차점수의 상관은 0이다.

$$\rho_{Te'} = 0$$

⑥ 오차점수의 평균은 0이다.

$$\bar{e} = \frac{\Sigma e}{n} = 0$$

⑦ 관찰점수의 분산은 진점수 분산과 오차점수 분산으로 합성된다.

$$\sigma_X^2 = \sigma_T^2 + \sigma_e^2$$

2) 문항분석

고전검사이론은 총점에 의하여 분석되는 이론으로서 고전검사이론에 의한 문항난이도, 문항변별도, 문항추측도를 계산·추정하는 방법을 설명하면 다음과 같다.

(1) 문항난이도

문항난이도(item difficulty)는 문항의 쉽고 어려운 정도를 나타내는 지수로서, 총 피험자 중 답을 맞힌 피험자의 비율, 즉 확률이 된다. 일부 미국 학자들은 지수가 높을수록 문항이 쉽다는 것을 의미하므로 Item easiness로 표현하여야 한다고 주장하고 있다. 그러나 오랜 세월 Item difficulty로 사용하여 왔기에 그대로 사용하고 있으며 우리나라에서도 영문을 그대로 직역하여 문항곤란도라고도 하는데, 의미상 문항의 쉽고 어려운 정도를 나타내므로 문항난이도로 번역하는 것이 바람직하다.

문항난이도를 계산하는 공식은 다음과 같다.

$$P = \frac{R}{N}$$

N: 총 피험자 수

R: 문항의 답을 맞힌 피험자 수

문항난이도에 의하여 문항을 평가하는 절대적 기준은 없으나 세부적으로 평가하기 위해서는 5단계로 〈표 10-3〉과 같이 분류할 수 있다.

〈표 10-3〉 문항난이도에 의한 5단계 문항평가

문항난이도	문항평가
.00 ~ .20 미만	매우 어려운 문항
.20 이상 ~ .40 미만	어려운 문항
.40 이상 ~ .60 미만	중간 난이도 문항
.60 이상 ~ .80 미만	쉬운 문항
.80 이상 ~ 1.00 미만	매우 쉬운 문항

문항난이도 지수가 높으면 쉬운 문항이고 낮으면 어려운 문항이나, 학교나 연수기관과 언론에서 문항난이도를 말할 때 '상'이라고 하면 어려운 문항, '하'라고 하면 쉬운 문항으로 이해하고, 문항난이도를 높인다면 어려워지게, 낮춘다면 쉽게 하는 것을 의미한다고 습관적으로 통용하고 있다.

(2) 문항변별도

문항변별도(item discrimination)란 문항이 피험자를 변별하는 정도를 나타내는 지수를 말한다. 능력이 높은 피험자가 문항의 답을 맞히고 능력이 낮은 피험자가 문항의 답을 틀렸다면 이 문항은 피험자들을 제대로 변별하는 문항으로 분석된다. 반대로 그 문항에 능력이 낮은 피험자가 맞히고 능력이 높은 피험자가 틀렸다면, 이 문항은 피험자들을 변별하였지만 거꾸로 변별한 나쁜 문항으로 검사에 절대로 포함되어서는 안 될 문항이다.

능력이 높은 학생이나 능력이 낮은 학생들이 모두 문항의 답을 맞히지 못하였거나, 모두 문항의 답을 맞혔다면 그 문항들은 변별력이 없는 문항, 즉 문항변별도 지수가 0인 문항이 될 것이다.

〈표 10-4〉에 제시된 5명의 피험자가 3문항에 응답한 응답결과와 총점을 보고 문항변별도를 추정하여 보자. 1번 문항의 문항변별도를 계산할 때 능력이 높은 A, B, E 학생이 문항의 답을 맞히고 능력이 낮은 C, D 학생이 문항의 답을 맞히지 못함을 알 수 있다.

〈표 10-4〉 **5명의 3문항 검사 응답결과**

문항 피험자	문항점수 (X)			총점 (Y)
	(1)	(2)	(3)	
A	1	1	1	3
B	1	1	0	2
C	0	0	1	1
D	0	0	0	0
E	1	1	0	2

문항의 변별도 지수는 문항의 정답 여부와 학생들의 능력의 관계임을 알 수 있으며, 학생들의 능력은 검사의 총점이라 할 수 있다. 그러므로 문항변별도 지수는 문항점수와 피험자 총점의 상관계수에 의하여 추정된다.

문항변별도를 추정하는 상관계수 계산 공식은 다음과 같다. 상관계수에 대한 이론 공식과 계산 공식에 대한 설명과 jamovi나 SPSS 통계프로그램에 의한 상관계수 추정 절차는 [부록 2]를 참고하라.

$$r = \frac{N\Sigma XY - \Sigma X \Sigma Y}{\sqrt{N\Sigma X^2 - (\Sigma X)^2}\ \sqrt{N\Sigma Y^2 - (\Sigma Y)^2}}$$

N: 총 피험자 수
X: 각 피험자의 문항점수
Y: 각 피험자의 총점

상관계수 공식에 자료를 대입하지 않더라도 1번 문항이 3번 문항보다 변별을 더 잘 하고 있음을 알 수 있다. 3번 문항의 경우 능력이 높은 E학생이 문항의 답을 맞히지 못하였기 때문이다. 1번 문항의 문항변별도 계산절차는 〈표 10-5〉와 같으며, 문항변별도는 .88로 매우 높고 3번 문항의 문항변별도는 .32다. 물론, 2번 문항의 문항변별도는 1번 문항과 같이 .88이다.

〈표 10-5〉 **1번 문항의 문항변별도 추정**

	X	Y	XY	X^2	Y^2
A	1	3	3	1	9
B	1	2	2	1	4
C	0	1	0	0	1
D	0	0	0	0	0
E	1	2	2	1	4
Σ	3	8	7	3	18

$$r = \frac{5(7)-(3)(8)}{\sqrt{5(3)-3^2}\,\sqrt{5(18)-8^2}} = \frac{11}{\sqrt{6}\,\sqrt{26}} = .88$$

3번 문항의 경우, 3점 만점을 받은 A 피험자는 3번 문항의 답을 맞혔고, 2점을 받은 B와 E 피험자는 틀렸으나, 1점을 받은 C 피험자는 답을 맞혔으므로 이 문항은 피험자의 능력에 따라 변별하는 기능이 낮음을 알 수 있다.

문항변별도 지수에 의하여 문항을 평가하는 절대적 기준은 없으나, Ebel(1965)은 문항변별도 지수와 관련하여 〈표 10-6〉과 같이 기준을 설정하고 있다.

〈표 10-6〉 **Ebel의 문항변별도 평가 기준**

문항변별도 지수	문항평가
.10 미만	변별력이 없는 문항
.10 이상 ~ .20 미만	변별력이 매우 낮은 문항
.20 이상 ~ .30 미만	변별력이 낮은 문항
.30 이상 ~ .40 미만	변별력이 있는 문항
.40 이상	변별력이 높은 문항

문항변별도를 추정하는 다른 방법은 피험자 집단을 상위능력집단과 하위능력
집단으로 구분하여 상위능력집단의 정답비율과 하위능력집단의 정답비율의 차
이로 추정한다(Johnson, 1951). 검사 총점의 분포를 특정 기준에 의해 두 집단 혹
은 세 집단으로 나누고 상위능력집단에서의 문항 정답비율과 하위능력집단의 문
항 정답비율에 차이가 있다면, 이 문항은 피험자를 변별하는 기능이 있다고 해석
한다. 능력이 높은 피험자 집단의 정답자 비율이 높고, 능력이 낮은 피험자 집단
의 정답자 비율이 낮다면 이 문항은 학생들을 제대로 변별한 문항이라 할 수 있
다. 만약 두 집단에서의 문항 정답비율의 차이가 없다면, 그 문항은 변별력이 없
는 것으로 해석된다. 1,000명이 실시한 20점 만점의 수리검사에서 12점을 준거로
상위능력집단과 하위능력집단으로 구분하였을 때 집단별 문항의 정답 여부는 [그
림 10-1]과 같다.

	상위집단	하위집단	
정답	300	180	480
오답	100	420	520
	400	600	

$$U-L = \frac{300}{400} - \frac{180}{600} = .45$$

[그림 10-1] 상·하위능력집단의 정답비율에 의한 문항변별도 지수

1,000명의 피험자 중 상위능력 피험자는 400명이고, 그중 문항의 답을 맞힌 피
험자는 300명이므로 정답비율은 .75이고, 하위능력 피험자는 600명 중 180명이
문항의 답을 맞혔으므로 정답비율은 .3이다. 그러므로 문항변별도는 .45임을 알
수 있다.

두 집단 간의 정답비율 차이에 의한 문항변별도 추정은 간단하나, 집단을 어떻게
구분하는가에 따라 문항변별도 지수가 변화되어 최근에는 거의 사용되지 않는다.

(3) 문항추측도

진위형 문항이나 선다형 문항에서 문항의 답을 맞힌 피험자 중에는 추측에 의하여 문항의 답을 맞힌 피험자도 있다. 틀린 문항에 벌점을 주지 않는 경우 추측은 검사에서 일어날 수 있는 행위이므로 문항추측도 역시 문항분석의 요소가 된다.

문항추측도(item guessing)는 총 피험자 중 문항의 답을 알지 못하고 추측하여 문항의 답을 맞힌 피험자 수의 비율을 말한다. 그런데 추측을 한 피험자 수를 알 수가 없으므로 이를 G명이라 할 때, G명 중 정답지를 선택한 피험자 수는 1/답지 수의 비율이 될 것이고, 문항의 답을 맞히지 못한 피험자는 G명 중 오답지 수/답지 수의 비율이 될 것이다. 따라서 추측하여 문항의 답을 맞힌 피험자 수와 답을 맞히지 못한 피험자 수는 다음과 같다.

$$G_R = G \times \frac{1}{Q}$$

$$G_W = G \times \frac{Q-1}{Q}$$

G : 추측한 피험자 수
Q : 답지 수
G_R : 추측하여 문항의 답을 맞힌 피험자 수
G_W : 추측하여 문항의 답을 맞히지 못한 피험자 수

추측에 의하여 문항의 답을 맞히지 못한 피험자 수가 실제 검사에서 문항의 답을 틀린 피험자 수가 되므로 추측하여 응답한 피험자 수는 다음 공식과 같이 틀린 피험자 수를 답지 수로 곱해서 답지 수에서 1을 뺀 수로 나눈 값이 된다.

$$G_W = G \times \frac{Q-1}{Q} = W$$

$$G = \frac{WQ}{Q-1}$$

W : 문항의 답을 맞히지 못한 피험자 수
Q : 답지 수

예를 들어, 500명의 피험자 중 80명이 5지 선다형 문항에 응답하여 답을 맞히지 못하였다면 추측한 피험자의 수는 100명이 된다.

$$G = \frac{80 \times 5}{5-1} = 100$$

추측에 의하여 문항의 답을 맞힌 피험자 수는 처음에 설명한 문항추측도 개념에 의하여 다음 공식과 같이 계산된다.

$$G_R = G \times \frac{1}{Q} = 100 \times \frac{1}{5} = 20$$

앞의 예에서 500명의 피험자 중 100명이 추측한 것으로 분석되므로 추측하여 문항의 답을 맞힌 피험자 수는 20명이 된다. 문항추측도는 문항의 답을 모르고 추측으로 문항의 답을 맞힌 비율이 되므로 다음 공식에 의하여 추정된다.

$$P_{G_R} = \frac{G_R}{N} = \frac{20}{500} = .04$$

앞의 예에서 추측하여 문항의 답을 맞힌 피험자는 20명이므로 문항추측도는 .04가 된다.

(4) 문항 교정난이도

문항난이도는 총 피험자 중 문항의 답을 맞힌 피험자의 비율이라 하였다. 여기에는 추측하여 문항의 답을 맞힌 피험자의 비율도 포함되어 있으므로 이를 제거하여야 한다. 문항난이도에서 문항의 답을 추측하여 맞힌 피험자의 비율인 문항추측도를 제거한 난이도를 문항 **교정난이도**라 하며, 다음 공식에 의하여 계산한다.

$$P_C = P - P_{G_R}$$

500명의 피험자가 5지 선다형 문항에 응답하여 80명의 피험자가 문항의 답을 틀린 앞의 예에서 420명이 문항의 답을 맞혔으므로 문항난이도 P는 .84이고 문항추측도 P_{G_R}는 .04이므로 문항의 교정난이도 P_C는 .80이 된다.

(5) 오답지 매력도

선다형의 문항에서 답지 작성은 문항의 질을 좌우할 뿐 아니라 고등정신능력의 측정에도 영향을 준다. 답지들이 그럴듯하고 매력적일 때 문항이 어려워지며 비교, 분석, 종합 등의 고등정신능력을 측정할 수 있게 된다. 만약 매력이 전혀 없을 경우 답지의 기능을 상실하게 되므로 4지 선다형 문항은 3지 선다형 문항으로 변하게 된다. 따라서 선다형 문항에서 답지에 대한 분석은 문항의 질을 향상시키는 중요한 작업이 된다.

답지 중 오답지를 선택한 피험자들은 문항의 답을 맞히지 못한 피험자들이고, 이들은 확률적으로 균등하게 오답지를 선택하게 된다. 그러므로 문항의 답을 맞히지 못한 피험자들이 오답지를 선택할 확률은 다음과 같다.

$$P_o = \frac{1-P}{Q-1}$$

P_o : 답지 선택 확률

P : 문항난이도

Q : 답지수

각 **오답지 매력도**는 각 오답지에 대한 응답비율에 의해 결정되는데, 오답지에 대한 응답비율이 오답지 매력도보다 높으면 매력적인 답지, 그 미만이면 매력적이지 않은 답지로 평가한다.

1,000명의 피험자가 4지 선다형 문항의 각 답지에 응답한 결과와 그에 따른 오답지 매력도 추정의 예는 〈표 10-7〉과 같다.

〈표 10-7〉 **오답지 매력도 추정**

답지 내용	응답자	응답비율	비 고
ⓐ	100	.1	매력적이지 않은 오답지
ⓑ	400	.4	정답
ⓒ	300	.3	매력적인 오답지
ⓓ	200	.2	매력적인 오답지

〈표 10-7〉에서 전체 피험자 중 문항난이도 .4에 해당하는 피험자들이 문항의 답을 맞혔다. 이는 피험자 중 .6에 해당하는 비율의 피험자들이 오답을 선택하였음을 의미하며, 4지 선다형 문항에서 오답의 매력이 균등하다면 3개의 각 오답지에 균등하게 응답할 것이므로 각 오답지에 응답한 비율은 .2가 된다.

오답지의 매력을 판단하는 기준은 앞의 공식에 의해서 .2로서 ⓐ 답지는 매력적이지 않은 답지로 평가된다. 실제 응답자료를 가지고 답지를 분석할 경우 어떤 답지의 응답비율이 너무 낮은 경우를 볼 수 있다. 이런 경우 답지를 수정함으로써 선다형 문항의 질을 향상시킬 수 있다. 앞 문항에서 ⓐ 답지의 매력도를 높이면 이 문항을 어려운 문항으로 수정할 수 있고, ⓒ 오답지의 매력도를 낮추면 더 쉬운 문항으로 수정할 수 있다.

고전검사이론에 의한 문항난이도, 문항변별도, 오답지 매력도 분석과 점수보고 등은 [부록 6]에 설명되어 있는 절차에 따라 TestAn 프로그램을 다운로드하여 실행할 수 있으며, 실행절차는 매뉴얼을 참고하라.

3) 고전검사이론의 장단점

고전검사이론은 19세기 말부터 전개되어 현재까지 사용되고 있는 이론으로서 비교적 간단한 절차에 의해 문항분석과 검사분석을 실시할 수 있다. 문항난이도, 문항변별도, 문항추측도, 신뢰도, 타당도 등의 용어는 고전검사이론에서 연유되었으며, 우리나라 교육현장에서는 추정방법과 계산이 쉬운 고전검사이론을 사용하고 있다.

고전검사이론에 의한 문항난이도 추정의 문제점은 그 문항에 응답한 피험자 집단의 특성에 의하여 문항 특성이 달리 분석된다는 것이다. 즉, 어떤 문항에 응답한 피험자 집단의 능력이 높으면 쉬운 문항으로 분석되고, 피험자 집단의 능력이 낮으면 어려운 문항으로 분석되므로 고전검사이론은 **문항모수의 불변성 개념**을 유지하지 못한다. 고전검사이론에 의한 피험자 능력 추정은 검사의 난이도에 따라 피험자 능력 추정이 변화된다는 문제점이 있다. 다시 말하면, 검사가 쉽게 제작되면 피험자 능력은 과대추정되고, 검사가 어렵게 제작되면 피험자 능력이 과소추정된다. 이를 **피험자 능력의 불변성 개념**을 유지하지 못한다고 한다.

또한 고전검사이론에서는 총점에 의하여 피험자들의 능력을 비교할 때 만약 두 학생이 맞힌 문항 수가 같으면 두 피험자의 능력은 같다고 해석한다. 그러나 난이도가 각기 다른 문항의 답을 맞혔다면 능력은 달리 추정되어야 한다.

고전검사이론의 **단점**은 크게 세 가지로 요약할 수 있다.

첫째, 문항난이도, 문항변별도와 같은 문항의 고유한 특성이 피험자 집단의 특성에 의하여 변화된다.

둘째, 피험자의 능력이 검사도구의 특성에 따라 달리 추정된다.

셋째, 피험자들의 능력을 비교할 때 총점에 근거하므로 정확성이 결여된다.

이상의 문제점을 해결하기 위하여 문항반응이론이 등장하게 되었다.

2 문항반응이론

고전검사이론이 관찰점수는 진점수와 오차점수에 의하여 합성되었음을 가정하고 총점에 의하여 문항을 분석하고 피험자 능력을 추정하는 검사이론이라면, **문항반응이론**(Item Response Theory)은 총점에 의하여 문항을 분석하고 피험자 능력을 추정하는 것이 아니라 문항 하나하나에 근거하여 분석하는 이론이다. 그러므로 문항반응이론은 각 문항마다 고유한 문항특성곡선에 의하여 문항을 분석한다. 문항반응이론은 고전검사이론이 입증하지 못하는 문항 특성의 불변성 개념과 피험자 능력의 불변성 개념을 유지하기 때문에 문항 특성 추정과 피험자 능력 추정에 널리 사용되고 있다.

문항반응이론은 이론적 모형이나 수리적 배경에서 전개되었다고 하기보다는 경험적 필요에 의하여 전개되었다고 할 수 있다. Binet와 Simon(1916)은 지능을 측정하기 위한 문항을 제작한 후 [그림 10-2]와 같이 연령에 따라 문항에 정답한 피험자의 비율을 표시한 점들을 연결하는 곡선을 그려서 연령에 따른 정답률의 변화를 파악하고, 이를 기초로 연령에 적합한 문항을 선택하여 검사를 제작하였다.

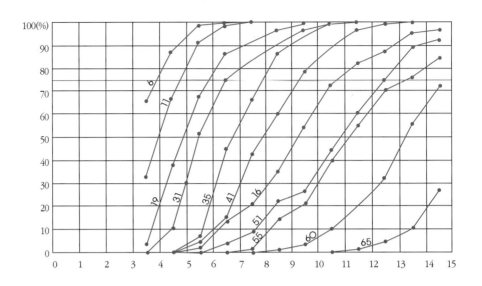

[그림 10-2] 연령에 따라 문항의 답을 맞힌 피험자의 비율

6번 문항의 경우 3.5세 아동들의 65%가 문항의 답을 맞혔고, 4.5세 아동들의 88%, 5.5세 아동들의 99%, 6.5세 이상의 아동들은 모두가 문항의 답을 맞혔다. 41번 문항의 경우 4.5세 이하의 아동들은 문항의 답을 전혀 맞히지 못하였으며, 5.5세 아동들의 5%, 6.5세 아동들의 15%, 7.5세 아동들의 43.5%, 8.5세 아동들의 60%, 9.5세 아동들의 78%, 11.5세 아동들의 97%, 12.5세 아동들의 99.5%, 13.5세 아동들은 모두가 문항의 답을 맞혔다. 6번, 41번 문항의 곡선에서 알 수 있는 것은 나이가 증가하면서 문항의 답을 맞히는 아동들의 비율이 증가함을 알 수 있고, 더욱 중요한 것은 6번, 41번 문항이 나이에 따라 달리 기능함을 알 수 있다. 6번 문항은 3세부터 7세 아동들의 지능은 잘 측정할 수 있는 문항이고, 41번 문항은 5세 이상 13세 이하 아동들의 지능을 측정할 수 있는 문항임을 알 수 있다.

연령에 적합한 문항을 선정하기 위하여 Binet와 Simon은 피험자 집단의 정답 비율이 .75에 해당되는 기준을 설정하여 정답 비율 .75에 해당되는 나이가 그 문항을 실시하기에 적합한 나이로 판정하였다. 그러므로 6번 문항은 4세 아동에게, 41번 문항은 9세와 10세 아동에게 실시할 수 있는 적합한 문항으로서 나이에 따른 지능검사를 구성하는 문항이 된다.

1) 문항특성곡선

　[그림 10-2]의 나이에 따라 문항의 답을 맞힐 확률을 나타내는 곡선에서 나이가 많으면 능력이 높음을 가정하여 나이를 능력으로 바꾸면 이 곡선은 능력에 따라 문항의 답을 맞힐 확률을 나타낸 곡선이 되며, 이를 문항특성곡선이라 한다. 문항특성곡선이라는 용어는 Tucker(1946)에 의하여 처음 사용되었다. **문항특성곡선**(Item Characteristic Curve: ICC)은 피험자 능력과 문항의 답을 맞힐 확률과의 함수관계로 피험자 능력에 따라 문항의 답을 맞힐 확률을 나타낸다. 문항특성곡선의 형태는 다양하나 일반적으로 [그림 10-3]과 같이 S자 형태의 곡선을 나타낸다.

Ledyard R. Tucker(1910~2004)

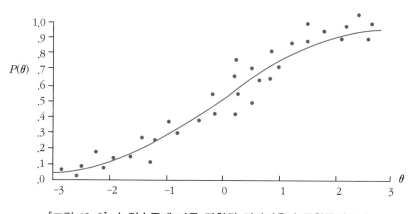

[그림 10-3] **능력수준에 따른 관찰된 정답비율과 문항특성곡선**

　문항특성곡선의 X축은 피험자 능력을 나타내며 θ로 표기하고, 피험자 능력은 평균이 0이고 표준편차가 1인 표준점수척도를 사용하므로 대부분의 피험자 능력은 -3에서 $+3$에 위치한다. 문항특성곡선의 Y축은 피험자 능력 θ에 따라 문항의 답을 맞힐 확률을 나타내며 $P(\theta)$로 표기한다. 문항특성곡선은 능력수준에 따라 문항의 답을 맞힐 피험자들의 정답비율, 즉 관찰된 정답비율의 점들을 대표하는 곡선이다. [그림 10-3]에서 각 능력수준에 있는 많은 피험자 중에 그 문항에 답을 맞힌 피험자들의 정답비율은 어느 특정 선상에 있는 것이 아니라 흩어져서 어떤 경향을 띠게 된다.

[그림 10-3]에 제시되어 있는 문항특성곡선을 통하여 능력이 −2에 있는 피험자가 문항의 답을 맞힐 확률은 약 .1이고, 능력이 +3에 있는 피험자가 문항의 답을 맞힐 확률은 1.0에 가까움을 알 수 있다.

문항특성곡선은 문항마다 고유한 특성을 지니고 있으므로 각기 다른 형태로 나타난다. 만약 세 문항의 문항특성곡선이 [그림 10-4]와 같다고 하자.

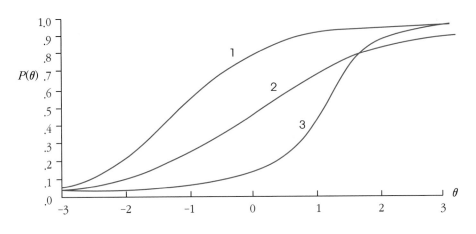

[그림 10-4] 세 문항의 문항특성곡선

1번, 2번, 3번 문항 모두 다른 형태의 문항특성곡선을 가지고 있으며, 이는 각기 달리 기능함을 의미한다. 1번 문항과 3번 문항을 비교할 때, 3번 문항은 1번 문항보다 오른쪽에 위치하여 능력이 높은 피험자들에게 기능하고, 1번 문항은 능력이 낮은 피험자들에게 기능한다. 이를 볼 때 3번 문항이 1번 문항보다 더 어렵다는 것을 알 수 있다. 2번 문항과 3번 문항을 비교하면, 피험자 능력이 증가할 때 3번 문항은 2번 문항보다 피험자가 문항의 답을 맞힐 확률의 변화가 심하므로, 즉 확률의 차이가 크므로 피험자의 능력을 더 잘 변별할 수 있다. 그러므로 문항특성곡선에 의하여 그 문항의 어려운 정도, 변별 정도, 추측 정도를 분석할 수 있다.

2) 문항분석

(1) 문항난이도
문항난이도(item difficulty)는 문항의 어려운 정도를 나타내는 지수로서 문항반응이론에서는 문항특성곡선이 어디에 위치하여 기능하는가와 연관된다. 어떤 문항은 높은 능력수준의 피험자들에게 기능하고, 어떤 문항은 능력수준이 낮은 피험자들에게서 기능할 수 있다. 문항의 기능이 각기 다른 세 문항의 문항특성곡선이 [그림 10-5]와 같다고 가정하자.

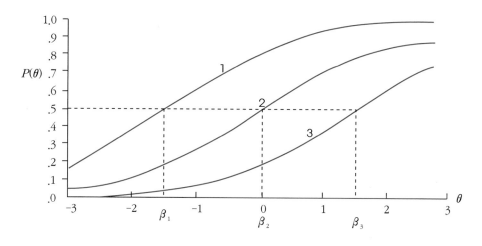

[그림 10-5]　**문항난이도가 다른 세 문항의 문항특성곡선**

　[그림 10-5]의 세 문항이 기능하는 위치는 전체 능력범위에 걸치나, 1번 문항은 주로 능력수준이 낮은 피험자들에게 기능하고 3번 문항은 보다 높은 능력수준의 피험자 집단에서 기능함을 알 수 있다. 그러므로 직감적으로 3번 문항이 1번 문항보다 어렵다는 사실을 알 수 있다. 1번, 2번, 3번 문항의 문항특성곡선을 보고 설명을 하더라도 능력수준이 0에 있는 피험자가 1번 문항의 답을 맞힐 확률은 .8이며, 2번 문항의 답을 맞힐 확률은 .5, 3번 문항의 답을 맞힐 확률은 .1로서 3번 문항이 가장 어려움을 알 수 있다.

　문항반응이론에서 문항특성곡선이 나타내는 **문항난이도**는 문항의 답을 맞힐 확률이 .5에 해당되는 능력수준의 점을 의미한다. 즉, 문항난이도란 문항의 답을 맞힐 확률이 .5에 해당되는 능력수준의 점을 말하며, β 혹은 b로 표기한다. 문항난이도의 이론적 범위는 $-\infty$에서 $+\infty$에 존재하나 실제적으로는 일반적으로 -2에서 $+2$ 사이에 존재하며, 그 값이 클수록 그 문항은 어렵다고 해석된다. 문항반응이론에 의한 문항난이도는 총 응답자 중 정답자의 비율로 정의하는 고전검사이론에 의한 문항난이도와 다름을 알 수 있다.

　문항반응이론에 의한 문항난이도에 따른 언어적 표현은 〈표 10-8〉과 같다. 이와 같은 문항의 난이도에 대한 해석의 기준은 절대적 기준이라기보다는 이해를 돕기 위한 서술적 표현이다.

〈표 10-8〉 **언어적 표현에 의한 문항난이도의 범위**

문항난이도 지수	언어적 표현
-2.0 미만	매우 쉽다
-2.0 이상 ~ -0.5 미만	쉽다
-0.5 이상 ~ +0.5 미만	중간이다
+0.5 이상 ~ +2.0 미만	어렵다
+2.0 이상	매우 어렵다

(2) 문항변별도

　문항변별도(item discrimination)는 문항난이도를 나타내는 피험자의 능력수준보다 낮은 능력의 피험자와 높은 능력의 피험자를 변별하는 정도를 나타낸다. 즉, 문항이 피험자의 능력수준을 변별하는 정도를 나타낸다. 문항반응이론에 의한 세 개의 문항특성곡선에 의하여 문항변별도를 설명하면 [그림 10-6]과 같다.

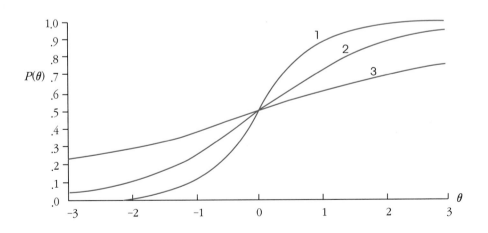

[그림 10-6] **문항변별도가 다른 세 문항의 문항특성곡선**

1번, 2번, 3번 세 문항의 문항난이도는 같으나 문항특성곡선의 기울기가 다름을 알 수 있다. 3번 문항은 피험자의 능력수준이 증가하여도 문항의 답을 맞힐 확률의 변화가 심하지 않은 반면에 1번 문항은 능력수준이 변함에 따라 문항의 답을 맞힐 확률이 심하게 변함을 알 수 있다. 따라서 1번 문항이 3번 문항보다 피험자를 잘 변별하여 준다고 말할 수 있다.

두 문항특성곡선의 기울기가 다름을 통해 1번 문항의 변별력이 3번 문항의 변별력보다 높다는 사실을 두 문항특성곡선을 볼 때 알 수 있다. 즉, 문항특성곡선의 기울기가 가파를수록 문항변별도가 높은 것이다. 그렇다면 문항특성곡선의 어느 지점에서의 기울기인가가 문제가 된다. 문항특성곡선에서 문항의 기울기가 가장 가파른 부분은 문항난이도를 나타내는 문항특성곡선상의 점이므로 **문항변별도**는 문항난이도를 나타내는 점에서의 문항특성곡선의 기울기를 말한다. 문항변별도는 α 혹은 a로 표기하며, 일반적으로 0에서 +2.0의 범위에 있다. 문항변별도의 언어적 표현에 대응하는 문항변별도 지수의 범위는 〈표 10-9〉와 같다.

〈표 10-9〉 **언어적 표현에 의한 문항변별도의 범위**

문항변별도 지수	언어적 표현
.00	없다
.00 이상 ~ .35 미만	거의 없다
.35 이상 ~ .65 미만	낮다
.65 이상 ~ 1.35 미만	적절하다
1.35 이상 ~ 1.70 미만	높다
1.70 이상	매우 높다
$+\infty$	완벽하다

(3) 문항추측도

능력이 전혀 없는 피험자는 문항의 답을 전혀 맞히지 못한다. 그러나 실제 시험에 있어서 능력이 전혀 없는 학생도 추측에 의하여 문항의 답을 맞힐 수 있다. 이를 **문항추측도**(item guessing)라 하며, 문항특성곡선에 의하면 [그림 10-7]과 같다.

[그림 10-7]의 문항특성곡선에서 능력이 전혀 없는, $-\infty$에 있는 피험자가 문항의 답을 맞힐 확률은 0이 아니라 .1이다. 문항추측도는 c로 표기하며 4지 선다형 문항에서 일반적으로 문항추측도는 .2를 넘지 않는다.

　　문항반응이론에 의한 문항분석은 RaschAn과 BayesAn 프로그램으로 문항모수
와 피험자 능력을 추정할 수 있다. RaschAn은 문항난이도만 추정하고 BayesAn은
문항난이도와 문항변별도를 추정한다. [부록 6]에 설명된 절차에 따라 RaschAn과
BayesAn 프로그램을 다운로드하고 실행할 수 있으며, 프로그램 실행은 매뉴얼을
참고하라.

[그림 10-7] 문항특성곡선상의 문항추측도

3) 문항반응이론의 장점

　　고전검사이론에 의하여 문항난이도, 문항변별도, 문항추측도를 추정하면 동일
한 문항일지라도 피험자 집단의 특성에 따라 달리 추정된다. 동일한 문항이라도
어떤 집단에서 검사를 실시하느냐에 따라 쉬운 문항으로 분석되거나 그와 반대로
어려운 문항으로 분석될 수도 있다. 또한 문항변별도도 피험자들의 능력수준이
보다 유사한 경우에는 낮게 추정된다.
　　이에 비하여 문항반응이론은 능력이 낮은 피험자 집단에 검사를 실시한 후 그
응답자료를 가지고 문항난이도, 문항변별도, 문항추측도를 추정하고, 능력이 높
은 집단에 검사를 실시한 후 문항난이도, 문항변별도, 문항추측도를 추정하였을
때 이들 값은 같다는 것이다. 이를 **문항 특성**의 **불변성 개념**이라고 한다.
　　능력이 낮은 피험자 집단에게 검사를 실시하여 얻은 피험자 집단의 관찰된 문

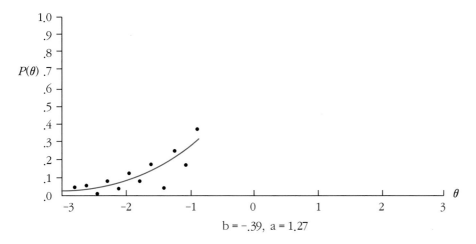

[그림 10-8] **능력이 낮은 피험자 집단의 관찰된 문항 정답비율과 문항특성곡선**

항정답비율과 이를 대표하는 문항특성곡선은 [그림 10-8]과 같다.

능력수준이 낮기 때문에 능력수준이 -1 이하에서 피험자 능력수준별로 정답비율이 나타나고 그를 대표하는 문항특성곡선을 그리게 된다. 수리적 모형에 의하여 이 문항특성곡선은 능력수준 -1 이상으로도 연속적으로 그려질 수 있다. 능력수준이 낮은 피험자 집단의 응답자료에 의하여 추정된 문항난이도는 -.39이고 문항변별도는 1.27이다. 고전검사이론에 의하여 문항난이도를 추정하면 문항의 답을 맞힌 확률이 능력수준 -3에서 능력수준 -1까지 낮기 때문에 문항난이도가 .2 정도로 매우 어려운 문항으로 분석된다.

같은 문항을 능력이 높은 피험자 집단에게 실시하여 얻은 피험자 집단의 관찰된 문항 정답비율과 이를 대표하는 문항특성곡선은 [그림 10-9]와 같다.

능력수준이 높은 피험자 집단에게 검사를 실시하였기 때문에 능력수준이 1.0 이상인 범위에서 피험자의 정답비율이 나타나며, 그 점들을 대표하는 문항특성곡선은 능력수준이 1.0 이상인 범위에서 그려지게 된다. 능력수준이 1.0 이상에서 그려진 문항특성곡선은 수리적 모형에 의하여 능력수준이 1.0 이하로도 연속적으로 그려질 수 있으며, 추정된 문항난이도는 -.39이고 문항변별도는 1.27이 된다. 고전검사이론에 의하여 문항난이도를 분석하면 능력이 1에서부터 3까지인 학생들이 문항의 답을 맞힌 피험자의 비율이 높기 때문에 문항난이도는 .9 정도로 쉬운 문항으로 분석된다.

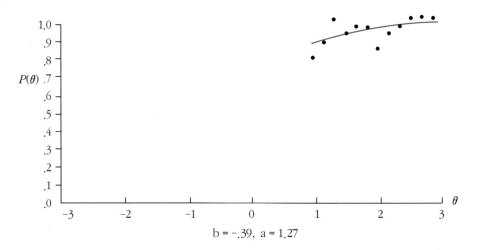

[그림 10-9] **능력이 높은 피험자 집단의 관찰된 문항 정답비율과 문항특성곡선**

그러나 문항반응이론에 의하면 능력수준이 낮은 피험자 집단의 응답자료로 나
타낸 문항특성곡선이나 능력수준이 높은 피험자 집단의 응답자료로 나타낸 문항
특성곡선이나 [그림 10-10]과 같이 동일한 문항특성곡선임을 알 수 있다. 그러므
로 문항반응이론에 의하여 문항을 분석하였을 때는 피험자 집단의 특성에도 불구
하고 문항난이도, 문항변별도, 문항추측도가 일관성 있게 추정된다.

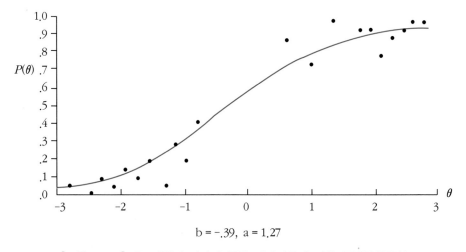

[그림 10-10] **두 피험자 집단의 문항 정답비율에 의한 문항특성곡선**

　　문항반응이론의 다른 **강점**으로는 피험자의 능력을 추정할 때 쉬운 검사를 실시하여도 혹은 어려운 검사를 실시하여도 검사의 난이도에 관계없이 일관성 있게 피험자의 능력을 추정한다는 것이다. 예를 들어, 검사를 구성하는 문항들의 평균 문항난이도가 1.0인 어려운 검사를 가지고 어떤 피험자의 능력을 추정하였을 때, 그 피험자의 능력이 1.25이었다면 평균 문항난이도가 −2.0인 쉬운 검사를 가지고 그 피험자의 능력을 추정하여도 1.25가 된다. 이와 같은 강점은 서열에 의하여 당락이 결정되는 경우 피험자 능력 추정의 정확성과 안정성을 확보하므로 매우 바람직하다 할 수 있다.

　　문항반응이론에 의하여 피험자의 능력을 추정하면 검사의 난이도에 따라 피험자의 능력이 과대 추정되거나 과소 추정되지 않는다. 어려운 검사에 의한 피험자 능력추정이나 쉬운 검사에 의한 피험자 능력추정이 거의 같게 추정된다. 또한 문항의 답을 맞힌 문항 수에 의하여 추정되는 고전검사이론은 정답의 문항 수가 같을 경우 문항 배점이 다르지 않으면 동점자로 판정하나 문항반응이론은 정답의 문항 수가 같더라도 같은 문항들의 답을 맞힌 경우가 아니라면 문항의 난이도에 따라 능력추정이 달리 추정된다. 어려운 문항의 답을 맞힌 피험자의 능력이 쉬운 문항의 답을 맞힌 피험자의 능력보다 높게 추정된다. 나아가 문항의 답을 맞히지 못한 피험자들이라도 다른 답지를 선택한 경우에는 보다 매력적인 오답지를 선택한 피험자의 능력이 매력적이지 못한 오답지를 선택한 피험자의 능력보다 높게 추정한다.

> (!) **주요 단어 및 개념**
>
> | | | |
> |---|---|---|
> | 고전검사이론 | 관찰점수 | 신점수 |
> | 오차점수 | 문항난이도 | 문항변별도 |
> | 문항추측도 | 문항교정난이도 | 오답지매력도 |
>
> 문항반응이론(Item Response Theory: IRT)
> 문항특성곡선(Item Characteristic Curve: ICC)
> 문항 특성의 불변성 개념   피험자 능력의 불변성 개념

🗨 연습 문제

1. 고전검사이론의 기본 가정을 설명하시오.

2. 고전검사이론의 장단점을 설명하시오.

3. 〈표 10-4〉의 (3)번 문항의 문항난이도와 문항변별도를 구하고, 그 결과에 대하여 해석하시오.

4. 부적 변별도가 나오는 응답자료의 예를 들고, 부적 변별도가 나온 이유에 대하여 설명하시오.

5. 문항반응이론의 정의와 장단점을 설명하시오.

6. 문항특성곡선의 정의와 특징, 그리고 문항난이도, 문항변별도, 문항추측도를 설명하시오.

7. 고전검사이론과 문항반응이론을 비교하여 장단점을 논하시오.

기출 문제

초등 97   문항분석에 관련된 다음의 설명 중 잘못된 것은?

① 문항이 어려울수록 변별력이 높아진다.
② 문항 추측을 많이 할수록 변별력이 떨어진다.
③ 문항이 쉬우면 문항 추측의 가능성이 떨어진다.
④ 문항의 난이도는 문항의 통과율과 같은 말이다.

초등 03   10개의 문항으로 이루어진 국어시험에서 4개의 문항에 대한 학생들의 응답이 다음과 같을 때 문항변별도가 가장 높은 문항은?   (○: 정답, ×: 오답)

문항 번호 학생	1번	2번	…	9번	10번	검사 총점
기영	X	O	…	X	O	3점
소림	O	X	…	X	O	6점
민지	O	X	…	O	O	6점
대환	O	X	…	O	X	8점

① 1번
② 2번
③ 9번
④ 10번

초등 04   아래 자료는 학생 100명이 응시한 검사에서 4개 문항에 대한 반응을 분석한 것이다. 이들 문항 중 가장 양호한 문항은? (단, 표 안의 '◀'는 정답 번호를 의미함.)

문항	답지 번호	응답자 수(명)		
		상위집단	하위집단	합
A	①	16	17	33
	②	18	16	34
	③ ◀	5	3	8
	④	11	14	25
B	①	6	12	18
	② ◀	35	15	50
	③	5	11	16
	④	4	12	16
C	① ◀	42	38	80
	②	3	5	8
	③	2	3	5
	④	3	4	7
D	①	6	7	13
	②	20	8	28
	③	7	8	15
	④ ◀	17	27	44

① 문항 A
② 문항 B
③ 문항 C
④ 문항 D

초등 07 다음은 두 문항의 각 답지에 대한 학생 90명의 반응을 상위집단, 중간집단, 하위집단으로 나누어 분석한 문항반응 분포표다. 이 표를 보고 알 수 있는 문항의 특성에 대한 진술로 적절하지 <u>않은</u> 것은?

A 문항				
답지	상	중	하	전체
①	5	8	3	16
✓ ②	17	14	5	36
③	0	0	17	17
④	8	8	5	21
합계	30	30	30	90

(✓ 표시된 답지가 정답지임)

B 문항				
답지	상	중	하	전체
①	0	0	0	0
②	1	2	0	3
✓ ③	29	27	30	86
④	0	1	0	1
합계	30	30	30	90

① A 문항의 문항난이도는 0.4이다.
② B 문항의 문항변별도는 0.5이다.
③ A 문항은 상위집단과 중간집단에겐 사실상 3지 선다형이다.
④ B 문항은 정답이 너무 뚜렷하고, 오답지의 매력이 매우 낮다.

초등 08   다음의 문항특성곡선들에 대한 해석으로 옳은 것은?

① 문항 2의 문항난이도 지수는 1이다.
② 문항 1이 문항 2보다 문항추측도가 높다.
③ 문항 2가 문항 3보다 문항변별도가 낮다.
④ 문항 1은 능력수준이 높은 피험자들을 변별하는 데 적합하다.

중등 91   4지 선다형 문항에서 50명의 응답자 중 38명이 정답을 했을 때, 추측요인을 제거한 이 문항의 곤란도는?

① 65%   ② 68%
③ 72%   ④ 76%

중등 92   다음에서 변별도가 높은 것은?

	W	R
H	A	D
L	B	C

① A-B가 낮을 경우
② B-C가 낮을 경우
③ C-D가 높을 경우
④ B-D가 높을 경우

중등 94   〈보기〉의 공식을 활용하여 문항 곤란도와 변별도를 산출하였다. P=70%이고, rt=0.01이었다면, 이를 바르게 해석한 것은?

〈보기〉

$P = (R / N - NR) \times 100$

P : 문항곤란도
R : 당해 문항의 정답자 수
N : 검사의 전체 반응자 수
NR : 당해 문항에 미달한 자의 수

$rt = 2(RH - RL) / N$

rt : 문항변별도
RH : 상위집단의 정답자 수
RL : 하위집단의 정답자 수
N : 상하위집단을 합한 피검사자 수

---

① 비교적 쉬운 문항이었고 변별은 잘 되었다.
② 비교적 어려운 문항이었고 변별은 잘 되었다.
③ 비교적 쉬운 문항이었고 변별은 잘 되지 않았다.
④ 비교적 어려운 문항이었고 변별은 잘 되지 않았다.

중등 99   다음 중 곤란도와 변별도를 비교해 활용한 사례는?

① 변별도를 높이기 위해 시험문제를 어렵게 만들었다.
② 변별도 지수가 '0'이거나 음수로 나온 문항은 제외시켰다.
③ 특히 목표지향평가를 실시할 때 곤란도와 변별도를 중요하게 고려하였다.
④ 상위집단과 하위집단 간의 반응의 차이를 알아보기 위해 곤란도를 산출하였다.

중등 00   다음은 한 문항에 대한 학생 100명의 반응을 분석한 표다. 이 표로 알
수 있는 문항의 특성은?

집단 답지	상위집단	하위집단	전체
㉮	3	17	20
㉯ 〈정답〉	35	15	50
㉰	7	10	17
㉱	5	8	13
계	50	50	100

① 오답지가 매력적으로 잘 제작되어 있다.
② 문항변별도가 낮아 검토가 요청되는 문항이다.
③ 하위집단의 학생에게는 ㉰번 답지가 가장 매력적이다.
④ 전체 학생의 70% 이상이 정답 반응을 한 쉬운 문항이다.

중등 01   다음 중 선다형 검사문항을 구성하는 답지들의 유용성을 판단하는 데
가장 적합한 것은?

① 문항 유형 분석
② 문항난이도 분석
③ 문항변별도 분석
④ 문항반응분포 분석

중등 02   다음은 K학교의 1학기 수학 기말시험을 치른 학생 10명의 문항 응답 결과와 개인별 점수를 제시한 자료다. 다음 물음에 답하시오.

학생 \ 문항	1번 문항	2번 문항	3번 문항	4번 문항	……	점수
A	○	○	○	○	……	92
B	○	○	×	○	……	88
C	○	×	×	○	……	80
D	○	○	○	○	……	80
E	○	○	×	×	……	72
F	×	○	○	○	……	68
G	○	×	○	×	……	60
H	○	○	×	×	……	56
I	○	○	×	×	……	48
J	×	×	×	×	……	28

○: 해당 문항을 맞춘 경우, ×: 해당 문항을 틀린 경우

위 표에서 가장 어려운 문항은?

① 1번 문항
② 2번 문항
③ 3번 문항
④ 4번 문항

위 표에서 변별도가 가장 높은 문항은?

① 1번 문항
② 2번 문항
③ 3번 문항
④ 4번 문항

중등 03   100명의 학생을 대상으로 50문항의 시험을 보았다. 아래 표는 상위집단과 하위집단이 1번과 2번 문항에서 정답과 오답을 한 빈도분포를 나타낸 것이다.

	문항 1			문항 2		
	정답	오답	계	정답	오답	계
상위집단	31	19	50	27	23	50
하위집단	10	40	50	11	39	50
계	41	59	100	38	62	100

'문항 1'과 '문항 2' 중에서 변별도가 더 큰 문항과 난이도(difficulty)가 더 높은 문항을 묶은 것은?

	변별도	난이도
①	문항 1	문항 1
②	문항 1	문항 2
③	문항 2	문항 1
④	문항 2	문항 2

중등 04   검사문항을 개선하기 위해 실시하는 문항분석에 관한 설명으로 옳지 않은 것은?

① 문항(답지)반응분포는 오답지 매력도에 관한 정보를 제공한다.

② 문항에 대한 정답자 비율로 산출되는 난이도 지수는 수험자 집단에 따라 변할 수 있다.

③ 한 문항에서 검사점수가 높은 상위집단과 낮은 하위집단의 수험자가 모두 정답을 골랐을 때 변별도는 1이 된다.

④ 검사점수가 낮은 하위집단이 높은 상위집단에 비해 정답을 고른 수험자의 수가 더 많을 때, 그 문항은 변별기능을 제대로 하지 못한 것이다.

중등 05   다음은 A중학교 1학년 1반 30명의 사회과 기말고사 문항 중 1~4번에 대한 문항반응이다. 학생들을 성적에 따라 상하 각각 50%로 구분하고 상위집단의 정답비율과 하위집단의 정답비율의 차이로 문항변별도를 구할 때, 문항변별도가 가장 높은 것은?

집 단 \ 문 항		1	2	3	4
상 위	정답자 수	10	8	12	13
	오답자 수	5	7	3	2
하 위	정답자 수	5	9	9	4
	오답자 수	10	6	6	11

① 문항 1   ② 문항 2
③ 문항 3   ④ 문항 4

중등 06   다음은 한 문항의 답지 ㉮~㉯에 대한 전체 응답자 200명의 반응과 이들을 상위집단 100명과 하위집단 100명으로 나누어 그들의 반응을 분석한 표다. 분석결과에 대한 해석으로 가장 적절한 것은?

답지	전체 응답자 (200명)	상위집단 (100명)	하위집단 (100명)
㉮	53명	25명	28명
㉯ 정답임	60명	20명	40명
㉰	30명	20명	10명
㉱	1명	0명	1명
㉲	56명	35명	21명

① 문항곤란도(item difficulty)가 0.6이다.
② 모든 답지가 매력적으로 잘 작성되어 있다.
③ 상위집단에게 가장 매력적인 답지는 ㉱이다.
④ 문항변별도(item discrimination)가 낮아 문항 검토가 요구되는 문항이다.

중등 07   다음 그래프는 문항반응이론의 '3-모수' 모형으로 추정한 문항 난이도, 변별도, 추측도를 바탕으로 그린 문항특성곡선이다. 네 문항의 특성에 대한 설명 중 옳은 것은?

① 문항 1은 능력수준이 중간 정도인 사람들을 변별하는 데에 적합하다.
② 문항 2는 문항 1보다 변별도가 높다.
③ 문항 3은 문항 4보다 변별도가 높다.
④ 문항 4는 능력수준이 높은 사람들을 변별하는 데에 적합하다.

검사점수 보고와 해석

1   검사점수

검사는 사용목적에 따라 준거참조검사와 규준참조검사로 구분된다고 하였다. 규준참조검사는 피험자가 얻은 검사점수가 전체 피험자 집단에 비추어 어디에 위치하는가를 나타내는 상대서열점수를 제공한다. 그러므로 규준참조검사에서 중요시되는 것은 규준과 그에 따른 규준점수다. 규준점수는 원점수의 상대적 위치를 알려 주므로 상호비교는 용이하지만 무엇을 알고 모르는지에 대한 정확한 정보를 제공하지는 못한다.

준거참조검사는 피험자가 학습목표인 준거에 도달하였는지의 여부를 판정하기 위한 검사로서 무엇을 측정하느냐와 준거점수가 몇 점인지가 관건이 된다. 그러므로 준거참조검사일 경우 일반적으로 학생들이 얻은 점수와 학습목표 도달 여부를 밝히는 준거(criterion), 준거수준(criterion-level), 분할점수(cut-off score, cut score)를 제시한다. 준거를 설정하는 방법은 간단한 방법이 아니며, 주관적일 수 있다. 그러나 준거를 보다 과학적이고 체계적이며 객관적으로 설정하는 방법이 제안되었다.

준거참조검사에서 얻은 검사점수는 준거 혹은 분할점수에 비추어 피험자가 어떤 영역을 얼마만큼 알고 있는지에 대한 정확한 정보를 제공할 수 있다. 1960년대 말 미국에서 상대비교평가인 규준참조평가가 비판을 받으면서, 절대평가인 준거참조평가가 여러 분야에서 널리 이용되고 있는 추세다.

2   규준점수

1) 정 의

제4장에서 **규준**(norm)은 원점수의 상대적 위치를 알기 위하여 쓰이는 자로써

모집단을 대표하는 표본에서 얻은 점수에 기초한다고 설명하였다. 검사의 목적상 상대비교에 의한 서열점수를 알고자 할 때, 규준참조검사를 실시하여 상대서열에 대한 정보를 얻을 수 있다. 이와 같이 규준에 비추어 피험자의 원점수에 대한 상대서열을 나타내는 점수를 **규준점수**라 한다. 규준점수에는 퍼센타일, Z점수, T점수, 스테나인 점수가 있다. 규준점수는 모집단의 모든 피험자 능력이나 특성이 정규분포를 이루어야 한다는 가정을 필요로 한다. 만약 정규분포 가정을 충족하지 않는다면 규준점수를 사용하지 않아야 한다.

2) 종류와 계산방법

(1) 퍼센타일

퍼센타일(percentile)은 **백분위수**로서 얻어진 자료를 크기 순으로 늘어놓아 100등분한 값을 말한다. 그러므로 가장 작은 수부터 가장 큰 수 사이의 중간에 있는 점수는 50퍼센타일 혹은 50백분위수가 된다. 백분위수보다 퍼센타일이란 용어가 보편적이므로 퍼센타일로 통용한다. 원점수가 50점인 학생의 규준점수가 40퍼센타일이라면, 그 학생의 상대적 서열이 40%에 해당됨을 나타낸다.

원점수에 해당되는 규준점수는 정규분포에 의하여 계산되므로 평균과 표준편차의 개념 및 정규분포의 특성에 대하여 이해하여야 한다. 평균은 모든 값을 더한 후, 총 사례 수로 나눈 값으로 분포의 위치를 말해 주고, 표준편차는 각 값이 평균들로부터 떨어진 편차들의 평균으로 분포의 흩어진 정도를 말해 준다. 평균과 표준편차는 각각 다음 공식에 의하여 계산된다.

$$\overline{X} = \frac{\sum X}{N}$$

$$S_X = \sqrt{\frac{\sum(X - \overline{X})^2}{N}}$$

정규분포는 좌우대칭이면서 평균, 중앙값, 최빈값이 같은 단봉분포를 말하며 [그림 11-1]과 같다.

정규분포에서 어떤 피험자의 점수가 평균점수와 같았다면, 그 학생의 규준점수

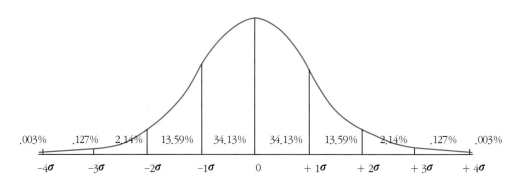

[그림 11-1] 정규분포에 의한 퍼센타일

는 50퍼센타일이 된다. 또한 다른 학생의 점수가 평균보다 1 표준편차 위에 있다면 84.13퍼센타일이 된다. 이를 상위 15.87퍼센타일이라 부르기도 한다. 예를 들어, 400점 만점의 학업성취도검사에서 평균이 200점이며, 표준편차가 50점일 때, 300점을 얻었다면 평균점수보다 2 표준편차 위에 있으므로 정규분포에서 97.72 퍼센타일에 해당하며, 이를 상위 2.28퍼센타일로 표현하기도 한다.

　규준점수로서 원점수에 해당하는 퍼센타일이 제공되면 학생의 상대적 서열을 쉽게 알 수 있다. 현재 대학수학능력시험의 경우, 원점수와 그에 해당하는 퍼센타일 점수가 제공되고 있다.

(2) 표준점수

정규분포 가정하에서 원점수에 해당하는 상대적 서열을 나타내는 점수에는 **표준점수**(standard score)가 있으며, 표준점수에는 Z점수와 T점수가 있다.

① Z점수

Z점수는 평균을 0, 표준편차를 1로 하는 점수로서 계산공식은 다음과 같으며, 앞의 예의 경우 Z점수는 2가 된다.

$$Z = \frac{X - \overline{X}}{S_x} = \frac{300 - 200}{50} = 2$$

피험자가 얻은 점수를 표준점수인 Z점수로 표현하였을 때, 평균점수 미만을 받은 모든 피험자의 Z점수는 음수가 되며, 소수점이 되는 경우도 많다. jamovi와 SPSS 프로그램으로 원점수를 Z점수로 변환하는 절차는 [부록 3]을 참고하라.

② T점수

음수나 소수로 표현되는 Z점수의 불편함을 해결하기 위해 T점수가 제안되었으며, **T점수**는 평균은 50, 표준편차는 10으로 하는 점수로서 계산공식은 다음과 같다.

$$T = 50 + 10Z = 50 + 10 \times 2 = 70$$

이 경우, 평균이 200점이고 표준편차가 50점인 검사에서 300점을 얻어 Z점수가 2이었으므로, T점수는 70점이 된다. jamovi와 SPSS 프로그램으로 Z점수를 T점수로 변환하는 절차는 [부록 3]을 참고하라. 정규분포상에서 평균과 표준편차에 따른 Z점수와 T점수는 [그림 11-2]와 같다.

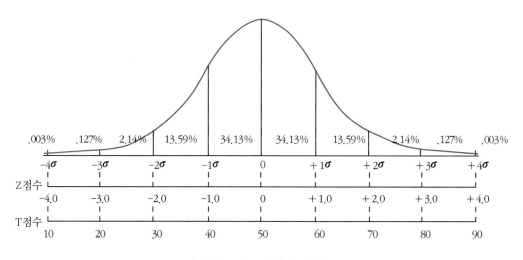

[그림 11-2] **Z점수와 T점수**

[그림 11-2]는 Z점수, T점수에 의한 상대적 서열, 즉 퍼센타일을 알려 준다. 만약 어떤 학생이 평균보다 1 표준편차 위인 점수를 얻었다면 Z점수는 1, T점수는 60점이며, 상대적 퍼센타일은 84.13이다. 다른 예로 어떤 학생이 대학수학능력시험의 언어영역에서 T점수를 40점 받았다면 그의 Z점수는 -1점이고 상대적 서열은 15.87%퍼센타일임을 알 수 있다.

Z점수에 해당하는 퍼센타일은 [부록 1]에서 찾을 수 있다. 예를 들어, 어느 학생의 Z점수가 1.65이었다면 누적백분율은 95.05%임을 알 수 있으며, 이는 상위 4.95퍼센타일에 해당한다.

③ 스테나인

스테나인(stanine)은 9개의 범주를 가진 표준점수로서 제2차세계대전 중 미공군에서 개발한 것으로 평균을 5, 표준편차를 2로 표준화한 점수다(Hopkins, Stanley, & Hopkins, 1990). 정규분포에 기초한 스테나인 점수와 그에 해당하는 Z점수, T점수는 [그림 11-3]과 같다.

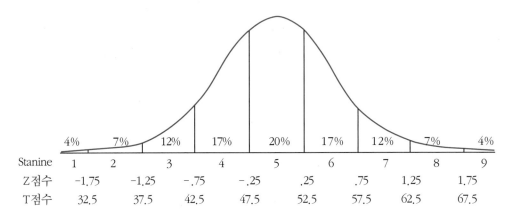

[그림 11-3] 스테나인 점수와 Z점수, T점수

스테나인 점수(stanine scores)는 원점수의 분포를 정규분포로 가정하고 가장 낮은 점수부터 높은 점수로 배열한 후, 맨 아래의 4%에 1을, 그 다음 7%에 2를, 그 다음 12%에 3을, 그 다음 17%에 4를, 그 다음 20%에 5를 부여하며, 상위 4%에 만점인 9를 부여한다. 스테나인 점수 1점과 2점을 구분하는 지점의 Z점수는 -1.75이며 2점과 3점을 구분하는 지점은 -1.25이다. 스테나인 점수를 구분하는 지점의 Z점수는 [그림 11-3]에서와 같이 0.5의 간격으로 등간성을 유지하고 있으며, T점수도 5점의 간격으로 구분되어 있다.

정규분포 가정을 충족하지 않으면 스테나인 점수를 적용하는 것이 적합하지 않다(Anastasi, 1976). 스테나인 점수는 상대적 서열에 대한 자세한 정보를 얻을 수는 없지만 유사집단을 하나로 묶어 한 자리 수의 지수를 제공하는 특징이 있으며, 점보다는 구간으로 묶는 특징을 지니고 있다. 상대비교평가에서 점수가 주는 영향을 교육적으로 약화시키기 위하여 사용되는 점수로서 우리나라에서도 2002학년도부터 대학수학능력시험에서 스테나인 점수를 제공한다. 다만, 스테나인 점수 1을 9로, 9를 1로 하는 것이 다르다.

(3) 변환점수

변환점수(transformed score)는 Z점수를 특정한 평균과 표준편차를 갖도록 선형변환한 것이다. SAT 점수와 GRE 점수, 지능점수인 Wechsler 점수와 Binet-Simon 점수를 예로 들 수 있다. SAT, GRE, ACT, Wechsler 및 Stanford Binet IQ 점수는 [그림 11-4]와 같다.

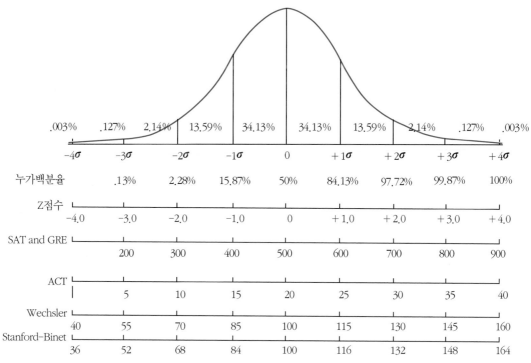

[그림 11-4] **SAT, GRE, ACT, Wechsler, Stanford-Binet 변환점수**

SAT와 GRE의 평균은 500점이고 표준편차는 100점으로서 어떤 학생이 SAT의 언어영역에서 600점을 받았을 때 84.13%에 해당됨을 알 수 있다. ACT의 평균은 20점, 표준편차는 5점이다. 지능검사의 평균은 100점이며 Wechsler 검사의 표준편차는 15점, Stanford-Binet 검사의 표준편차는 16점이다.

3) 적용과 장단점

학교현장에서 학생들이 얻은 점수의 등위가 보고되고 있으며, 대학수학능력 모의시험이나 적성검사 등에는 T점수가 보고되고 있다.

규준점수인 퍼센타일이나 Z점수, T점수에 의하여 피험자의 상대적 서열을 파악하여 의사결정을 용이하게 내릴 수 있다. 그러나 규준점수는 모집단을 대표하는 표본이 대표성을 띠어야 하며, 규준을 작성하기 위하여 사용되는 검사가 타당하고 신뢰로워야 한다. 규준점수가 지니는 한계는 무엇을 얼마만큼 알고 모르는지에 대한 직접적인 정보를 제공해 주지 못함으로써 교수·학습에 충분한 도움을 주지 못한다는 점이다.

3 준거점수

1) 정 의

준거(criterion, cut-off, standard)란 피험자가 어떤 일을 수행할 수 있다고 대중(public)이 확신하는 지식 혹은 기술 수준을 말한다(AERA/APA/NCME, 1985). AERA, APA, NCME(1999)에서 **준거점수** 또는 **분할점수**(cut score)란 성패나 당락을 구분하는 점수라 정의한다.

Glaser(1963)는 인간의 성취수준을 지식 획득의 연속선상에서 영점인 상태에서부터 완전한 상태까지 나타낼 수 있다고 보기 때문에 준거는 개인의 성취적합성에 따라 어느 점에서도 설정할 수 있다고 주장한다. 특히, 학교 학습에서 학생의 학업성취가 수업목표에 도달하였는지의 여부를 결정하기 위하여 준거를 설정할 필요가 있으며, 학습자를 이 준거에 의해 완전학습자 혹은 불완전학습자로 구분한다. 그러므로 준거는 준거참조검사에 있어 매우 중요한 요소다.

Glass(1978)는 모든 준거설정방법은 임의적이며, 근본적으로 결함을 가지고 있기 때문에 교육적 의사결정이나 검사점수를 해석하기 위하여 사용할 수 없다고

주장하였다. 그러나 Block(1978)과 Popham(1978b)은 임의적(arbitrary)이란 단어의
사전적 의미를 분석해 보면 '제멋대로의 변덕스러운'이라는 의미도 있지만, '심사
숙고한 재량'이라는 뜻도 있으므로 준거설정방법은 무원칙에 의한 것이 아니라 이
론적 배경을 근거로 하여 과학적 방법을 동원한 주관적 판단이 요구되는 방법이라
고 반박하였다. 교육현장에서 일어나는 모든 연속변인을 인위적인 이분법에 의하
여 분류할 때 판단의 오류를 완전히 배제할 수는 없다. 그러나 특정 준거를 기점으
로 교수 · 학습의 장에서 완전학습자와 불완전학습자로 분류하거나 자격검사에서
자격 부여를 결정하기 때문에 준거는 과학적이고 객관적으로 설정하여야 한다.

2) 준거설정방법

준거설정방법은 무원칙에 의한 임의성에서 탈피하여야 하며, 이론 혹은 규칙을
근거로 하는 타당하고 과학적인 방법이어야 한다. 물론 연구자에 따라 상정하고
있는 이론적 방법이 고유하므로 각 방법에 따라 설정된 준거는 차이가 있을 수 있
다. Shepard(1984)는 준거설정방법은 절대적 혹은 규준적 기준을 도출하기 위한
것으로써 그 기준은 준거설정방법 내에 존재하기보다는 교사나 평가전문가의 마
음속에 가정하고 있는 심리적 구인이라고 설명하고 있다.

Mills와 Melican(1988)은 현재까지 제안된 준거설정방법을 네 가지 범주로 구분
한다. 네 범주는 규준적 준거설정방법, 피험자 집단 특성평가에 의한 준거설정방
법, 검사도구 내용분석평가에 의한 준거설정방법, 절충적 준거설정방법이며, 각
범주에 속하는 준거설정방법은 다음과 같다. 최근에는 문항반응이론에 의한 문항
난이도를 고려한 북마크(book mark) 방법과 맵마크(map mark) 방법이 사용되고
있다. 준거설정방법에 대하여 보다 자세한 내용은 성태제(1991, 2011)나 Cizek과
Bunch(2007)를 참고하라.

- 규준적 준거설정방법
- 피험자 집단 특성평가에 의한 준거설정방법
  경계선 집단방법

집단비교방법
- 검사도구 내용분석평가에 의한 준거설정방법
  Nedelsky 방법
  Angoff 방법
  Jager 방법
  Ebel 방법
  북마크 방법
  맵마크 방법
- 절충적 준거설정방법
  Hosfee 방법
  Beuk 방법
  de Gruijter 방법

이상의 준거설정방법 중 여기서는 규준적 준거설정방법, 피험자 집단 특성평가에 의한 준거설정방법, 검사도구 내용분석평가에 의한 준거설정방법을 설명한다.

(1) 규준적 준거설정방법

규준적 준거설정방법은 검사를 택한 피험자들의 상대적 서열이나 피험자 집단의 일정 비율에 의하여 준거를 설정하는 방법이다. 예를 들면, 어떤 검사를 택한 피험자 집단의 상위 20% 학생들에게 자격증을 부여한다면 20%가 준거가 된다.

이 방법은 검사를 실시하기 전에 일정한 비율을 쉽게 결정할 수 있으므로 의사결정을 할 때 많이 사용된다. 그러나 일정한 비율에 의하여 선발된 피험자들이 기대하는 성취수준에 도달하였는지에 대해서는 확신할 수 없다. 앞의 예에서 상위 20% 학생들에게 자격증을 부여한다면 상위 20%에 해당되는 피험자 중에는 성취수준 또는 최소한의 능력수준(Minimum competence level)에 도달하지 못한 피험자도 포함될 수 있다. 그러므로 교수·학습 프로그램 개발이나 개인의 학습발달 정도를 분석하고자 할 경우에는 이 규준적 준거설정방법을 사용하지 않는다. 또한 Ebel(1979)도 규준적 준거설정방법은 합리적이지 않은 비율을 임의로 설정하기 쉽다고 지적하였다. 이 방법은 준거를 설정하기 때문에 준거참조평가를 위한 방법이라 간주할지 모르나 엄밀하게 분류하면 규준참조평가를 위한 준거설정방법이라 할 수 있다.

(2) 피험자 집단 특성평가에 의한 절대적 준거설정방법

① 집단비교방법

집단비교방법(Contrasting groups method)은 Zieky와 Livingston(1977)이 제안한 방법으로서 교사 혹은 교과전문가 또는 평가전문가가 피험자 집단 개개인을 주관적으로 완전학습자 혹은 불완전학습자로 구분하여 검사를 실시한 후 완전학습자의 점수분포와 불완전학습자의 점수분포가 교차되는 점을 준거로 설정하는 방법으로 [그림 11-5]와 같다.

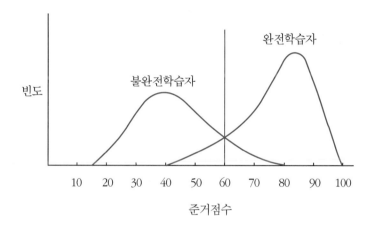

[그림 11-5] 두 집단 비교에 의한 준거점수 설정방법

피험자 개인을 완전학습자 혹은 불완전학습자로 분류하는 방법은 일반적으로 교사가 학점을 부여할 때 사용하는 것으로서 교수·학습 이전이나 진행중에 평가의 대상이 되는 모든 자료를 수집하여 판정하거나 규준적 준거설정방법을 이용하여 분류할 수 있다.

집단비교방법의 단점은 다음과 같다.

첫째, 완전학습자와 불완전학습자의 집단 분류에 따라 준거점수가 변화한다. 즉, 두 집단의 능력 특성에 따라 준거점수가 달라진다.

둘째, 준거점수가 불완전학습자로 분류된 소수의 고득점 피험자들에 의해 높아지거나, 완전학습자로 분류된 소수의 하위점수 피험자들에 의해 낮아질 수 있다.

셋째, 준거점수에 도달하지 못하였어도 완전학습자로 분류되거나 준거점수를 능가하였음에도 불완전학습자로 분류되는 판정의 오류가 일어날 수 있다. 집단비교방법에 의한 준거점수는 여러 요인, 즉 불완전학습자와 완전학습자 표본의 비율, 완전학습의 정도를 어떻게 정의하느냐에 따라 변화되기 때문에 안정적이지 못하다는 비판을 받는다.

② 경계선 방법

경계선 방법(Borderline group method)은 집단비교방법의 두 집단 분류에 의해 준거점수가 변화되는 모순점을 해결하기 위하여 Livingston과 Zieky(1982)가 제안한 방법과 Mills(1983) 방법이 있다.

Mills(1983)가 제안한 경계선 방법은 두 가지 점수를 설정해야 한다.

첫째, 완전학습자로 분류할 수 있는 확실한 최저점수, 즉 완전학습자로 규명하기 위한 기준점수를 설정한다.

둘째, 어느 점수 미만이면 불완전학습자로 분류할 수 있는 확실한 최고점수, 즉 불완전학습자로 분류하기 위한 기준점수를 설정한다. 예를 들어, 100점 만점의 검사에서 80점 이상이면 완전학습자로 분류하고, 60점 미만이면 불완전학습자로 분류한다는 판단을 내린다.

셋째, 불완전학습자로 분류되는 최고점수와 완전학습자로 분류되는 최저점수 사이에 있는 피험자들의 검사점수의 중앙값을 준거점수로 설정한다.

앞의 예에서 60점 미만이면 불완전학습자로, 그리고 80점 이상이면 완전학습자로 분류된다고 하였을 때 60점 이상과 80점 미만의 피험자들은 어느 집단으로도 분류할 수 없으므로 60점 이상과 80점 미만 사이에 있는 피험자들의 점수를 나열한 후 그 가운데 있는 피험자의 점수를 준거로 설정하며 [그림 11-6]과 같다.

Mills의 경계선 방법은 두 집단으로 구분하여 나타나는 분포의 영향은 받지 않으나 불완전학습자로 분류하는 최고점수와 완전학습자로 분류하는 최저점수에 의하여 준거점수가 변화될 수 있다는 단점을 지닌다.

[그림 11-6] Mills에 의한 경계선 방법

(3) 검사도구 내용분석평가에 의한 절대적 준거설정방법

규준적 준거설정방법이나 집단비교방법, 경계선 방법은 검사도구 내용분석에 의한 것이 아닌 규명된 집단의 상대적 정보에 의해 준거점수를 설정하는 방법이다. Glaser(1963)는 준거참조검사의 문항을 작성하기 위해서는 상대적 규준에 의한 정보보다 검사내용에 주안점을 두어야 한다고 주장하였다. 역사적으로도 검사도구의 내용분석에 기초하여 준거를 설정하는 것이 타당하다고 보았다. 검사내용에 근거하여 준거를 설정하면 피험자 집단의 특성에 영향을 받지 않으므로 준거점수가 변화되지 않는 장점이 있다.

검사도구 내용분석평가에 의해 준거를 설정하는 방법으로는 Nedelsky 방법, Angoff 방법, Ebel 방법, Jaeger 방법, 북마크 방법, 맵마크 방법이 있다. 이 준거설정방법은 문항 하나하나에 대한 분석과 평가과정을 통하여 준거점수를 설정한다. 이 장에서는 간단한 Angoff 방법, Jaeger 방법, 북마크 방법을 소개한다.

① Angoff 방법

Angoff 방법은 Angoff(1971)가 제안한 것으로 교사나 평가전문가가 문항을 분석한 후 최소능력 보유 피험자들로 구성된 가상적 집단에서 어느 정도 비율의 피험자가 문항의 정답을 맞힐 수 있는가를 판정한 다음, 각 문항의 답을 맞힐 피험자 비율의 합을 준거점수로 설정하는 방법이다. 예를 들어, 5문항으로 구성된 검사에

William H. Angoff(1920~1993)

서 준거를 설정하는 절차는 〈표 11-1〉과 같다.

〈표 11-1〉 Angoff 방법에 의한 준거설정방법

문항	P
1	.5
2	.8
3	.7
4	.9
5	.1
	C = 3.0

　교사나 내용전문가가 내용을 보고 분석한 결과, 최소능력을 소유한 완전학습자 100명을 가상하였을 때 1번 문항에 대해서는 50명이 문항의 답을 맞힐 것이라 판단하였고, 2번 문항은 80명, 5번 문항은 10명만이 문항의 답을 맞힐 것이라 판단하였다. 이와 같이 각 문항의 내용을 분석하여 확률을 구한 뒤 그 값을 더하면 3이 되므로 준거점수는 3점이다. 그러므로 5점 만점의 검사에서 피험자의 점수결과를 통보할 때, '준거점수는 3점이고, 홍길동의 점수는 1점이다'라는 식으로 보고한다.

　최소능력을 보유한 100명의 가상적 피험자 집단을 상상하기가 어려운 경우 대안적 방법으로 교사나 평가자가 최소능력을 보유한 피험자 한 명이 문항난이도가 같다고 생각되는 100문항을 연상한 후 그 100개 문항 중 몇 %를 맞힐 수 있는가를 판정한 다음, 각 문항의 정답확률을 합하여 준거점수를 설정할 수 있다.

　Angoff 방법은 절차가 간단하고 문항을 맞힐 수 있는 확률이 다양하며 선다형이 아닌 문항에도 적용할 수 있는 장점이 있다. 단점으로는 교사나 평가전문가가 문항의 난이도를 부여할 때 문항의 내용보다는 문항의 지시문이나 문항의 답지에 의해 영향을 받게 되어 문항난이도가 과소 추정되거나 과대 추정되는 경우가 있다. 즉, 교사나 평가전문가에 따라 문항난이도가 다르게 추정되면 준거점수도 달라지게 된다. 준거점수가 변화되는 문제를 해결하기 위하여 다수의 교사나 평가전문가가 Angoff 방법을 사용하여 준거를 설정한 후 준거점수들의 평균을 추정하면 보다 타당한 준거점수를 얻을 수 있다.

② Jaeger 방법

Jaeger(1978)가 제안한 방법으로 개념적으로 가장 간단하다. **Jaeger 방법**은 교사나 평가전문가가 최소능력을 보유한 피험자가 각 문항을 맞힐 수 있는지 없는지를 판정한 후, 맞힐 수 있는 문항의 수를 합한 것이 준거점수가 된다. 확률에 의한 결정이 아니라 정답 여부 질문에 대한 '예', '아니요'의 판정에 의해 준거가 결정된다. 이 방법의 장점은 교사나 평가전문가가 개념적으로 가상적 최소능력 보유 피험자 집단을 연상할 필요가 없어 간단명료하다는 것이다.

Richard M. Jaeger(1938~2000)

〈표 11-1〉의 문항들을 Jaeger 방법에 의하여 분석한 뒤, 준거를 설정하는 절차는 〈표 11-2〉와 같다.

〈표 11-2〉 **Jaeger 방법에 의한 준거설정방법**

문항 \ 방법	Angoff	Jaeger
1	.5	0
2	.8	1
3	.7	1
4	.9	1
5	.1	0

$$C = 3$$

Jaeger 방법은 Angoff 방법보다 간단하다. 두 방법 모두 각 문항의 내용을 분석하여 그 결과에 의하여 준거를 설정하였으므로 막연하게 검사도구 전체의 느낌을 보아 준거를 설정하는 것보다 객관적이고 과학적이라 할 수 있다. 한 명의 교사나 내용전문가의 판단에 의하여 준거점수를 설정하는 것보다는 다수의 교사나 내용전문가의 판단에 의하여 준거를 설정하는 것이 바람직하다. 이때는 교사나 내용전문가가 각각 문항을 분석하여 교사나 내용전문가마다 계산된 각기 다른 준거점수의 평균이 준거점수가 된다. 앞으로 많은 전형제도에서 준거참조평가가 이용될 것이므로 준거참조검사 결과에 대한 해석과 보고방법에 관심을 기울여야 할 것이다.

③ 북마크 방법

북마크(bookmark) **방법**은 Angoff 방법의 단점을 보완하기 위해, Lewis, Mitzel, Green(1996)에 의해 처음으로 소개되었고, 최근에 널리 사용하는 준거설정방법이다. 이 방법은 선택형 문항과 서답형 문항으로 구성된 검사에서도 사용하며, 준거설정자들이 단순하게 준거를 설정할 수 있도록 하고, 성취수준에 대한 기술을 용이하게 하기 위하여 개발되었다. 북마크 방법의 기본적인 특징은 문항반응이론에 의하여 문항난이도를 추정하고 문항난이도에 따라 문항을 배열한 문항순서집에 의하여 준거를 설정한다. **문항순서집**(ordered item booklet: OIB)이란 문항난이도에 의해 쉬운 문항부터 어려운 문항 순서로 각 문항의 위치를 결정하여 한 페이지에 한 문항씩 정렬한 문항집을 말한다.

문항순서집에는 선택형 문항과 서답형 문항이 모두 하나의 문항집에 포함되는데, 선택형 문항이든, 서답형 문항이든 해당 부분 점수마다 한 번씩 문항집에 등장하게 된다. 또한 서답형 문항의 경우 각 부분 점수를 받기 위한 채점기준과 학생들의 응답 예시가 함께 제시된다. 문항순서집에는 실제 검사에 포함된 문항들로만 구성되어야 하는 것은 아니다. 실제로 시행된 검사의 문항보다 더 많거나 적은 수의 문항을 포함하기도 한다. 만약 실제 검사에 포함된 문항보다 더 많은 문항을 문항순서집에 포함시킨다면 문항의 내용과 문항난이도가 다양하여 난이도 간격을 채워 줄 수 있으므로 준거설정자들에게 더 많은 정보를 제공할 수 있다(Cizek & Bunch, 2007). 이렇게 제작된 하나의 문항순서집을 통해 준거설정자들은 문항의 위치척도와 실제 문항번호, 문항이 측정하고자 하는 내용에 대한 정보뿐아니라 한 문항이 다른 문항보다 더 어렵거나 쉬운 이유와 같은 준거설정에 필요한 다양한 정보를 한 번에 얻을 수 있다.

북마크 방법의 기본 질문은 "최소능력보유자가 이 문항의 답을 맞힐 만한가?" 하는 것이다. 이 질문에서 '할 만한가(likely)'에 관한 정의, 즉 숙달 정도에 대한 정의를 내리는 것이 가장 중요하다. 일반적으로 북마크 방법에서는 최소능력보유자의 정답률이 67% 이상이 되는 경우를 '숙달'로 정의하고, 이 값을 응답확률 혹은 숙달 준거라고 한다. 준거설정자들은 이 기본질문을 바탕으로 문항순서집의 첫번째 문항부터 검토를 시작하여 최소능력보유자의 정답률이 사전에 설정된 응답확률보다 낮은 정답률을 가질 것이라고 판단되는 문항에 북마크하고, 그 문항의 모수를 바탕으로 준거를 설정한다. 이렇게 마크된 문항의 난이도가 준거가 되어 이를 준거점수로 선정하고, 문항 내용도 함께 참고한다.

북마크 방법의 **장점**은, 첫째 선택형 문항과 서답형 문항으로 구성된 검사에서도 준거를 설정할 수 있으며, 둘째 개념이 명료하여 다른 준거설정방법에 비해 간단하고 준거설정에 필요한 시간이 절약될 수 있다. **단점**으로는, 첫째 문항순서집을 제작하여야 한다는 번거로움, 둘째 문항난이도에 의한 문항순서집을 만들기 위하여 문항반응모형과 이때 사용되는 응답 확률에 대해 여전히 다양한 의견이 존재한다는 것이다. 셋째, 문항난이도에 의해 문항이 정렬되므로 문항의 변별도와 추측도 그리고 문항의 외적 요인이 경시될 수 있다. 이러한 단점에도 불구하고 북마크 방법은 절차적·개념적으로 문항반응이론을 적용함으로 인해 다양한 분야에서 선호하는 준거설정 방법 중 하나다(성태제, 2011).

3) 적용

준거점수는 교수·학습이 끝난 후 학생들을 완전학습자나 불완전학습자 혹은 성공과 실패로 분류하거나 자격증을 부여하는 기준점으로 사용하고 있다. 특히, 제7차 교육과정에 의한 수준별 학습을 진행하기 위하여 특성 교과에 따라 학생들을 분류·배치할 때 사용할 수 있다.

NCLB 사진

미국에서는 「**낙오방지법**(No Child Left Behind Act; NCLB)」을 실시하면서 학생들을 우수(advanced), 탁월(proficient), 기본(basic), 기본 이하(below basic)로 분류할 때 준거설정방법을 사용하고 있다.

4 　점수보고

점수를 보고하는 방법은 원점수를 보고하는 방법, 규준점수를 보고하는 방법,

준거에 비추어 보고하는 방법이 있다. 원점수에 대한 상대비교의 의미를 갖게 하기 위하여 규준점수를, 절대기준에 의한 평가를 위하여 준거점수를 제공한다.

1) 원점수와 규준점수 보고

원점수와 규준점수를 동시에 보고할 경우, 평균점수와 표준편차를 동시에 보고하여 상대적 서열을 알 수 있을 뿐 아니라, 학생들이 얻은 점수의 분포도 분석할 수 있도록 하며, 그 예는 [그림 11-7]과 같다.

[그림 11-7]에서도 알 수 있듯이, 일반계 고등학교에서는 학생의 원점수와 함께 석차와 석차등급을 제공하여 학생의 상대적인 성취도를 파악할 수 있도록 하고 있으며, 과목 평균과 표준편차가 보고되어 과목별로 학생들의 분포를 분석할 수 있다.

학생의 원점수를 평균점수와 표준편차를 고려하여 변환한 표준점수, 백분위, 등급(스테나인 점수)을 보고하는 대학수학능력시험 성적통지표의 예시는 [그림 11-8]과 같다.

성적통지표 (예시)

2020학년도 *학기   1학년 3반 31번 이름: 홍길동

00고등학교
담임교사: 이순신

보통교과 및 전문교과과목 (표1)

과목	지필/수행	고사/영역명(반영비율)	만점	받은 점수	합계	원점수	성취도	석차 등급	석차 (동석차수)/ 수강자수	과목평균 (표준편차)
수학 (4)	지필	2학기 1차 지필평가(30%)	100.00	68.00	64.02	64.00	C	4	81/207	53.4
	지필	2차 지필평가(30%)	100.00	55.40						
	수행	창의융합 문제해결능력평가 (18%)	18.00	10.00						
	수행	수학영상의 이해와 논술(6%)	6.00	6.00						
	수행	수학용어·기호사전(6%)	6.00	2.00						
	수행	포트폴리오(10%)	10.00	9.00						

[그림 11-7] 일반계 고등학교 성적표 예시

<2020학년도 대학수학능력시험 성적통지표(예시)>

수험번호	성 명		생년월일	성별	출신고교 (반 또는 졸업연도)		
12345678	홍 길 동		01.09.05.	남	한국고등학교 (9)		
구 분	한국사 영역	국어 영역	수학 영역	영어 영역	사회탐구 영역		제2외국어 /한문 영역
			나형		생활과 윤리	사회·문화	일본어 I
표준점수		131	137		53	64	69
백분위		93	95		75	93	95
등 급	2	2	2	1	4	2	2

2019. 12. 4.

한국교육과정평가원장

[그림 11-8]　2020학년도 대학수학능력시험 성적통지표 예시

2) 원점수와 준거점수 보고

준거점수는 앞 절에서 설명한 바와 같이 설정되고 이에 대하여 학생이 얻은 점수를 해석한다. 이는 상대적 서열에 관심이 있다는 것이 아니라 준거에 비추어 어느 정도 달성하였는지를 해석할 수 있게 하며 그 예는 [그림 11-9]와 같다.

[그림 11-9]에서 알 수 있듯이 홍길동 학생은 읽기, 쓰기에서 준거점수 이상의 점수를 받았다. 이와 같이 준거점수에 비추어 학생의 성취를 보고하면 준거의 도달 여부와 함께 준거로 설정한 내용에 비추어 학생이 무엇을 할 수 있는지를 확인할 수 있다.

교과별 성취수준 특성과 영역별 평가 결과

국어 가나 +− AB / 다라 ×÷ CD

우수학력
- 글을 읽고, 구조적 특징을 파악할 수 있고, 생략된 정보와 글쓴이의 의도를 추론할 수 있다.
- 문단의 구성 원리에 따라 내용을 조직할 수 있다.
- 남북한 언어의 차이와 단어 형성법의 원리를 이해하고, 품사의 특징을 알고 활용할 수 있으며, 사동 표현의 개념을 알고 적용할 수 있다.
- 소통 행위로서의 문학의 특성을 이해하고, 시에 드러나는 정서 및 아름다움과 가치, 소설 속 비유적 표현의 효과를 파악할 수 있다. 인물 행동의 원인을 추론할 수 있고, 문학 작품을 다른 갈래로 바꾸어 쓸 수 있다.

보통학력
- 방송 대담의 중요 내용을 정리할 수 있고, 말하는 이의 말하기 특성과 토론에서 의견의 공통점을 파악할 수 있다.
- 글을 읽고, 중심 내용과 문장 간 연결 표지의 의미를 파악할 수 있고, 글의 내용을 재구성할 수 있으며, 사회적·문화적 특징을 추론할 수 있다. 글의 구조와 표현의 적절성 및 주장의 합리성과 타당성을 평가할 수 있다.
- 국어 어휘의 특징을 알고, 이어진 문장을 둘 이상의 문장으로 분리할 수 있으며, 단어 형성법의 원리를 알고 적용할 수 있다.
- 시의 의미와 표현상 특징을 파악할 수 있고, 시나리오의 갈등 해결 과정과 인물의 심리 상태와의 관계를 파악할 수 있다.

기초학력
- 말하는 이의 의도를 추론할 수 있고, 글쓰기 상황에 알맞은 내용을 생성할 수 있다.

기초학력 미달
- 말과 글의 내용을 이해하고, 자신의 생각을 글로 표현하는 기본적인 능력을 신장시키기 위한 노력이 필요하다.
- 작품의 내용 및 표현 효과를 파악하는 기본적인 능력, 국어를 이해하고 활용하는 능력을 신장시키기 위한 노력이 필요하다.

영역	내용	성취율(%)
듣기	사실적 듣기, 추론적 듣기, 비판적·감상적 듣기	0 ———————— 100
읽기	내용 확인, 추론, 평가와 감상	0 ———————— 100
쓰기	내용 생성, 내용 조직, 표현	0 ———————— 100
문법	언어 지식, 언어 활용, 언어 탐구	0 ———————— 100
문학	문학 지식, 문학의 수용, 문학의 생산, 문학의 생활화	0 ———————— 100

영어 가나 +− AB / 다라 ×÷ CD

우수학력
- 일상생활이나 일반적인 주제에 관한 말을 듣고, 주제 및 요지를 이해할 수 있다.
- 과거, 현재, 미래에 관한 간단한 대화를 듣고, 그 세부적 내용을 이해할 수 있다.
- 일상적인 주제에 관한 말/대화를 듣고 세부 사항을 말할 수 있으며, 간단한 이야기나 대화를 듣고 일어난 사건들에 대해 말할 수 있다.
- 글을 읽고, 소재나 주제, 일의 순서와 절차, 논리적 연결 관계, 세부 사항 등을 파악할 수 있다.
- 문맥을 통해 내용을 유추하거나 낱말이나 어구의 의미를 문맥으로 추측할 수 있다.
- 쉬운 글을 읽고 결론이나 요약문을 완성할 수 있으며, 대화문이나 짧은 글을 읽고 어법에 맞게 고쳐 쓸 수 있다.

보통학력
- 일상생활이나 일반적 주제에 관한 말을 듣고, 상황 및 목적, 말하는 사람의 감정이나 태도, 세부 사항 등을 파악할 수 있다.
- 일상생활에 관한 전화 대화를 듣고 이에 적절히 응답할 수 있으며, 친숙한 주제에 대한 글을 읽고 그 내용에 대해 설명 또는 이야기할 수 있다.
- 다양한 실용적 목적의 글이나 그림/도표가 포함된 글을 읽고 내용을 이해할 수 있다.
- 글을 읽고 글의 분위기나 상황, 원인과 결과 등을 파악할 수 있다.
- 일상생활이나 일반적 주제에 대한 말/대화를 듣거나 간단한 글을 읽고 세부적인 정보에 대해 쓸 수 있다.

기초학력
- 간단한 대화를 듣고, 상황 및 말하는 사람 사이의 관계를 추측할 수 있다.
- 일반적인 화제에 대한 친숙한 내용의 대화를 듣고, 주제 및 요지를 파악할 수 있다.
- 다양한 실용적 목적의 글을 읽고 내용을 제한적으로 이해할 수 있다.

기초학력 미달
- 일상생활이나 친숙한 일반적 주제에 관한 말/대화를 듣고 대화의 상황, 주제 및 요지 등의 기본 정보를 이해하기 위한 노력이 필요하다.
- 일상생활이나 친숙한 일반적 주제에 관한 글을 읽고 기본 어휘 및 문장구조를 이해하고 중심 내용을 파악하기 위한 노력이 필요하다.

영역	내용	성취율(%)
듣기	말(담화)/대화를 듣고 이해하기	0 ———————— 100
읽기	설명문/논설문/문학작품/실용문 및 기타 종류의 글을 읽고 이해하기	0 ———————— 100
말하기	듣고 말하기, 보거나 읽고 말하기	0 ———————— 100
쓰기	듣고 쓰기, 보거나 읽고 쓰기	0 ———————— 100

[그림 11-9] 국가수준 학업성취도 평가 결과 보고 예시

주요 단어 및 개념

규준점수	퍼센타일	Z 점수
T 점수	스테나인	SAT와 GRE 점수
준거점수	집단비교방법	경계선 방법
Angoff 방법	Jaeger 방법	

연습 문제

1. 한 학급 학생들에게 검사를 실시하여 규준점수를 계산하여 보고, 학생들의 퍼센타일, Z점수, T점수를 산출하시오.

2. 스테나인 점수를 설명하고, T점수와 같은 점과 다른 점은 무엇인지, 그리고 어떤 효과가 있는지 설명하시오.

3. 집단비교방법에 의하여 준거점수를 설정하는 방법을 설명하고, 장단점을 설명하시오. 그리고 가장 타당한 준거점수를 설정하기 위한 방법을 논하시오.

4. Mills가 제안한 경계선 방법을 설명하고, 장단점을 논하시오.

5. Angoff, Jaeger 방법에 의한 준거설정방법을 비교 · 설명하고, 장단점을 논하시오. 그리고 실제로 두 방법에 의하여 준거점수를 설정하여 보시오.

6. 현재 우리나라에서 중 · 고등학교에서 사용하고 있는 고교내신으로 스테나인 점수의 문제점을 지적하고 개선점을 제시하시오.

기출 문제

초등 98   평균이 78이고 표준편차가 7인 전국 초등학교 6학년 수학학력검사에서 어떤 학생의 점수가 92였다. 다음의 정상분포곡선을 참고하면, 전국에서 이 학생보다 높은 점수를 받은 학생의 비율은 대략 얼마나 되겠는가?

정상분포곡선

① 0.13%   ② 2.14%   ③ 2.27%   ④ 15.86%

초등 02   다음은 한 학생의 적성검사결과표의 일부다. 검사결과에 대한 해석으로 적절하지 <u>못한</u> 것은?

하위영역	원점수	표준점수(T점수)	백분위(percentile)
언어추리	64	54	60
수추리	84	68	91
기계추리	91	62	80
공간추리	64	48	45

① 모든 영역에서 평균점수보다 높은 점수를 획득하였다.
② 수추리 능력을 요구하는 영역에서 높은 적성을 보인다.
③ 전체 집단의 40% 정도가 언어추리 영역에서 이 학생보다 높은 점수를 받았다.
④ 언어추리와 공간추리 영역의 원점수는 동일하지만 상대적인 위치는 서로 다르다.

초등 03   다음 자료 가운데 (가)는 어느 학급의 국어와 수학의 시험결과에 대한 기술통계표이고, (나)는 표준정규분포의 일부다. A학생의 국어점수는 80점, 수학점수는 70점이라고 할 때, 다음 중 옳은 것은?

(가) 국어 · 수학 시험

과목	평균	표준편차
국어	65	15
수학	50	10

(나) 표준정규분포표의 일부

z	-3.0	-2.0	-1.0	0	1.0	2.0	3.0
P	.0013	.0228	.1587	.5000	.8413	.9772	.9987

① 국어에 비해 수학에서 학생들의 개인차가 컸다.
② A학생은 수학에 비해 상대적으로 국어를 더 잘했다.
③ 수학시험에서 상위 1%내의 학생들은 90점 이상을 받았다.
④ 국어시험에서 전체 집단의 15%가 A학생보다 높은 점수를 받았다.

초등 05   어떤 학생의 적성검사결과표다. 이 학생이 가장 높은 적성을 보이는 것은?

적성	원점수	평균	표준편차
언어	30	20	5
수리	30	30	10
공간지각	40	30	10
예능	40	50	5

① 언어   ② 수리
③ 공간지각   ④ 예능

초등 05   점수 또는 순위에 대한 설명으로 바른 것은?

① 1등과 10등의 능력 차이는 41등과 50등의 차이와 같다.

② 국어성적이 4등, 수학성적이 10등인 학생의 평균성적 순위는 7등이다.

③ 두 검사에서 똑같이 50점을 받았다고 하더라도 표준점수는 다를 수 있다.

④ 수학시험에서 80점을 받은 사람은 40점을 받은 사람보다 두 배의 수리능력을 가지고 있다.

초등 06   스테나인(stanine) 척도에 대한 설명으로 적절한 것은?

① 9개의 등급으로 나누어진 척도다.

② 준거지향평가에서 주로 사용되는 척도다.

③ 평균을 50, 표준편차를 10으로 표준화한 척도다.

④ 동일 등급 내 상대적 서열에 대한 자세한 정보를 제공한다.

초등 07   국어와 수학 두 과목의 성적분포를 평균과 표준편차가 다음과 같고 각 성적분포는 정상분포를 이룬다고 가정할 경우, 이러한 성적분포로 알 수 있는 것은?

과목	평균	표준편차
국어	70	10
수학	70	5

① 국어와 수학에서 평균보다 5점씩 높은 점수의 백분위는 동일하다.

② 수학에서의 85점을 9등급 점수(스테나인 점수)로 환산하면 1등급에 속한다.

③ 국어에서 60점에서 80점 사이의 점수를 얻은 학생 수는 전체 학생 수의 50%이다.

④ 수학성적분포의 표준편차가 국어성적분포의 표준편차의 1/2이므로 수학이 국어보다 2배 어렵다.

중등 91　N=200, M=72, σ=9인 점수분포에서 90점 이상의 득점자는 약 몇 명인가?

① 5명　　　　　　　② 10명
③ 15명　　　　　　④ 20명

중등 92　M=70, S.D=5일 때 85점의 T점수는?

① 6　　　　　　　② 70
③ 75　　　　　　④ 80

중등 93　표는 어떤 학생의 점수를 분석한 것이다. 잘못 해석한 것은?

과목	점수	학급평균	표준편차	T 점수
국어	84	75	9	60
영어	70	70	8	50
수학	65	60	10	55

① 이 학생의 성적은 중간 이상이다.
② 이 학생의 Z점수로는 수학이 가장 높다.
③ 이 학생의 백분위 점수로는 국어가 가장 높다.
④ 이 학급에서 개인차가 가장 적은 과목은 영어다.

중등 94　어느 학급의 수학평균이 60, 표준편차가 10일 때, 50점을 받은 학생의 T점수는?

① 35　　　　　　　② 40
③ 50　　　　　　④ 60

중등 95 다음과 같은 모의고사 성적표를 토대로 국어, 영어, 수학의 점수를 같은 비중으로 반영하여 각 학생의 총점을 계산하는 가장 적절한 방법은?

교과별 점수 이름	국어		영어		수학	
	원점수 (100점 만점)	T점수	원점수 (80점 만점)	T점수	원점수 (120점 만점)	T점수
강 갑 을	76	58	74	57	100	60
김 병 정	92	66	70	55	100	60
박 무 기	40	40	24	32	50	35
* T점수의 평균은 50, 표준편차는 10이다.						

① 국어와 영어 점수에 기본점수로 20점과 40점을 각각 더하여 만점이 모두 같게 한 후, 세 교과의 점수를 합산한다.

② 세 교과의 원점수를 그대로 합산하되, T점수가 유난히 높거나 낮은 경우에는 표준편차인 10점을 빼거나 더한다.

③ 세 교과의 원점수와 T점수를 모두 합산한 후 그 합계를 2로 나누어 합계의 중복을 피한다.

④ 원점수를 고려하지 않고 단순히 T점수만을 합산한다.

중등 96 한 학교에 어떤 검사를 실시하여 〈보기〉와 같은 결과를 얻었다. 그 검사에서 75점을 받은 한 학생의 백분위 점수와 T점수의 관계를 바르게 나타낸 것은?

───── 〈보기〉 ─────

M(평균)= 60   SD(표준 편차)= 15

(단, 점수분포는 정상분포곡선을 이루고 있다.)

① 백분위 점수가 T점수보다 높다.

② 백분위 점수가 T점수보다 낮다.

③ 백분위 점수와 T점수가 같다.

④ 백분위 점수와 T점수 간의 차이를 알 수 없다.

중등 99 표준편차의 기능을 옳게 기술한 것은?

① 여러 과목의 점수를 비교할 수 있다.
② 사례 수가 가장 많은 점수를 알 수 있다.
③ 점수분포의 분산 정도를 확인할 수 있다.
④ 극단적으로 높거나 낮은 점수의 사례 수를 알 수 있다.

중등 00 표준점수(Z-score)를 가장 잘 설명한 것은?

① 표준화된 검사에서 얻은 원점수
② 원점수와 평균의 차이를 표준편차로 나눈 점수
③ 상대적인 기준이 되는 검사 점수의 기본단위 점수
④ 100점을 만점으로 하여 표현한 상대적인 위치 점수

중등 02 다음은 4개의 각 집단구성원(각 50명)의 점수분포다. 표준편차
(Standard deviation)가 가장 큰 집단은?

점수 \ 집단	I (N=50명)	II (N=50명)	III (N=50명)	IV (N=50명)
100점			10명	
90점			10명	10명
80점			10명	
70점	10명		10명	10명
60점	10명		10명	10명
50점	10명	10명		10명
40점	10명	10명		
30점	10명	10명		10명
20점		10명		
10점		10명		
평균	50점	30점	80점	60점

① I   ② II   ③ III   ④ IV

중등 04 　어떤 학급에서 학생들의 시험점수가 평균 70점이고 표준편차 10점인 정상분포를 나타낼 때, 다음 중 성적이 가장 높은 학생의 점수는?

① 원점수 50　　　　　　② Z점수 1
③ T점수 50　　　　　　④ 백분위 50

중등 05 　A 교사는 국어과 2학기 중간고사에서 60점을 받은 어떤 학생의 상대적 위치가 어느 정도인지 알고 싶어 한다. 국어과 성적은 정규분포를 따르고 평균 60, 표준편차 10이라고 할 때, 이 학생의 상대적 위치를 나타내는 것으로 **틀린** 것은?

① T는 50　　　　　　　② Z는 1
③ 백분위는 50　　　　　④ 구간점수(stanine)는 5

중등 06 　세 과목의 시험에서 얻어진 점수를 합산한 총점으로 학생들의 성적을 서열화하고자 한다. 합산된 총점의 서열화에 각 시험점수가 미치는 비중(weight)을 가능한 한 동등하게 하기 위해 고려해야 할 사항으로 가장 적합한 것은?

① 각 시험의 문항 유형을 동일하게 출제한다.
② 각 시험의 실시시간을 동일하게 조정한다.
③ 각 시험의 점수분산이 같아질 수 있도록 한다.
④ 세 과목의 시험이 같은 날에 실시되도록 한다.

중등 06   다음은 한 학생의 기말고사 점수와 과목별 학교(전체 시험응시집단)의 평균과 표준편차를 제시한 자료다. 과목별 성적분포가 모두 정상분포를 이루고 있다고 할 때, 제시된 자료를 해석한 진술로 적절하지 <u>않은</u> 것은?

과목명	점수	평균	표준편차
국어	80점	63	8
영어	85점	85	6
수학	77점	72	10
과학	79점	70	12

① 네 과목 중 개인차가 가장 큰 과목은 과학이다.
② 영어점수를 백분위점수로 변환하면 백분위 50이 된다.
③ 수학점수를 9등급 점수(9간척도, stanine점수)로 변환하면 1등급이다.
④ 네 과목의 점수를 표준점수로 변환하면 국어의 표준점수가 가장 높다.

중등 07   평균이 50점이고 표준편차가 10점인 정규분포를 이루고 있는 수학 시험에서 60점을 얻은 A 학생에 대한 설명으로 옳은 것은?

① Z점수는 1.0이다.
② T점수는 40이다.
③ 60백분위에 해당한다.
④ A 학생보다 높은 점수를 얻은 학생은 10%이다.

중등 09 다음은 물리와 화학 과목에서 철수가 받은 개인 점수, 과목 평균 및 표준편차를 제시한 것이다. 두 과목의 점수분포가 정규분포를 이루고 있을 때, 규준점수에 대한 설명으로 옳은 것을 〈보기〉에서 모두 고른 것은?

과목	철수의 점수	과목 평균	과목 표준편차
물리	70점	80점	10점
화학	60점	50점	10점

───── 〈보기〉 ─────

(ㄱ) 철수의 물리과목 Z점수는 -1.0이고, 화학과목 Z점수는 1.0이다.

(ㄴ) 철수의 물리과목 T점수는 40점이고, 화학과목 T점수는 60점이다.

(ㄷ) 원점수의 분포가 정규분포이기 때문에 T점수의 분포도 정규분포를 이룬다.

(ㄹ) 모집단의 정규분포 가정하에 철수가 받은 물리점수 70점보다 낮은 점수를 받은 학생의 비율은 약 16%이다.

① (ㄱ), (ㄷ)   ② (ㄴ), (ㄹ)   ③ (ㄷ), (ㄹ)
④ (ㄱ), (ㄴ), (ㄷ)   ⑤ (ㄱ), (ㄴ), (ㄷ), (ㄹ)

정답 [초등 98] ③   [초등 02] ①   [초등 03] ④   [초등 05] ①   [초등 05] ③
     [초등 06] ①   [초등 07] ②   [중등 91] ①   [중등 92] ④   [중등 93] ②
     [중등 94] ②   [중등 95] ①   [중등 96] ①   [중등 99] ③   [중등 00] ②
     [중등 02] ④   [중등 04] ②   [중등 05] ②   [중등 06] ③   [중등 06] ③
     [중등 07] ①   [중등 09] ⑤

제6부

타당도와 신뢰도

타당도

학습목표

- 타당도에 대한 최신 정의와 의미는 무엇인가?
- 타당도의 종류가 어떻게 변화되었고, 어떤 종류가 있는가?
- 내용타당도(내용에 기초한 근거)가 무엇이고 어떻게 검증하며, 장단점은 무엇인가?
- 구인타당도(내적 구조에 기초한 근거)가 무엇이고 어떻게 검증하며, 장단점은 무엇인가?
- 수렴 및 판별근거가 무엇이고 어떻게 검증하며, 장단점은 무엇인가?
- 예측타당도(예측 근거)가 무엇이고 어떻게 검증하며, 장단점은 무엇인가?
- 공인타당도(공인 근거)가 무엇이고 어떻게 검증하며, 장단점은 무엇인가?
- 타당도 일반화가 무엇이고 어떻게 검증하며, 장단점은 무엇인가?
- 반응과정에 기초한 근거가 무엇이고 어떻게 검증하며, 장단점은 무엇인가?
- 결과타당도(검사 결과에 기초한 근거)가 무엇이고 어떻게 검증하며, 장단점은 무엇인가?

1 정 의

키를 측정하기 위하여 자를, 그리고 무게를 측정하기 위해서는 저울을 사용하는 것이 타당하듯이 인간의 잠재적 특성인 지능을 측정하기 위하여 지능검사를, 적성을 측정하기 위하여 적성검사를, 인성을 측정하기 위하여 인성검사를 사용하는 것이 타당하다. **타당도**(validity)는 검사점수가 검사의 사용목적에 얼마나 부합하는가의 문제로서 검사도구가 측정하고자 하는 것을 얼마나 충실히 측정하였는가를 의미한다. 즉, 검사도구 목적의 적합성에 해당된다. 타당도는 항상 무엇을 측정하는가와 타당한 정도를 언급한다. 모든 내용에 타당한 검사는 존재하지 않고 타당도가 있다 혹은 없다의 이분적 판단을 하기보다는 타당도의 정도를 나타내는 것이다.

타당도의 이론적 개념에 대한 발전은 계속적으로 진화되어 왔으며, 검사점수나 측정치의 의미와 관계되어 있다. 미국심리학회(American Psychology Association: APA)에서 Technical Recommendation을 1954년에 발간하여 타당도에 대하여 언급하였으며, 이어 *Standards for Educational and Psychological Testing* (AERA, APA, NCME, 1966)에서 타당도를 세 종류로 정리하였고, 이 세 종류의 타당도가 개념적으로 독립적인 것이기 때문에 한 측정도구의 타당도를 검증함에 있어 모든 종류의 타당도로 검사도구의 타당성을 검증하는 것이 바람직하다고 하였다. AERA, APA, NCME에서 1974년 *Standards for Educational and Psychological Testing*을 개정하면서 내용타당도를 검사에서 측정되는 행위들이 어떤 행동들의 표본을 얼마나 잘 대표하느냐의 개념으로 확대하여 행위에 대한 주관적 판단도 포함하였으며, 검사의 편파성, 검사의 응용에 따른 사회적 문제 등을 거론하였다.

타당도에 대한 개념에도 변화가 있어 타당도는 검사가 갖는 고유한 속성이라기보다 검사에서 얻는 결과를 가지고 검사의 타당성의 근거를 제시하는 것이라는 것이 최근 견해로서 타당도를 타당성의 근거를 수집하는 과정으로 본다. 1985년 개정된 *Standards for Educational and Psychological Testing*(AERA, APA,

NCME, 1985)에서는 **타당도**를 단일 개념으로 간주하여 검사점수로 만들어진 추리의 적합성, 의미성, 유용성을 말한다고 정의하였다.

그러므로 **타당도**(validity)란 단어 대신에 **타당도의 근거**(related evidence of validity; evidence based on)란 용어를 사용한다. 예를 들어, 내용타당도(content validity)란 단어 대신에 내용과 관련된 타당도의 근거(content-related evidence of validity; evidence based on test content)란 용어를 사용한다. 그리고 검사도구의 타당성을 검증하기 위하여 여러 종류의 타당도로 검증하는 것이 바람직하며, 때로는 두 종류 이상의 타당도의 복합(combination)적인 증거를 얻는 것이 바람직하다고 밝히고 있다.

1999년에 발간된 개정판에서는 **타당도**를 검사점수의 해석에 대하여 근거나 이론이 지지하여 주는 정도(the degree to which evidence and theory support the interpretations of test score entailed by proposed uses of tests)로 정의하였다. 이 정의 또한 타당도를 검사 자체의 문제가 아니라 이론이나 근거가 검사점수의 해석을 얼마나 지지하는가를 논하므로 1985년 정의에 포함된 유용성(usefulness)을 배제하더라도 개념적으로 정의를 넓히고 있다. 그리고 타당도로서 '~related evidence validity'란 용어 대신에 'evidence based on ~'이란 용어를 사용하고 있다.

타당도의 영문을 'validity'에서 '~related evidence of validity'로, 그리고 'evidence based on ~'으로 변화됨에 비추어 볼 때 **타당도**란 용어보다는 '~**와 관련된 타당도의 근거**'로 나아가 '~**에 기초한 근거**'로 번역한다. 타당도에 대한 정의, 역사, 종류, 종류에 따른 정의와 추정방법, 그리고 장단점의 구체적 내용은 『타당도와 신뢰도』(성태제, 2002)를 참조하라.

Gronlund와 Linn(1990)은 **타당도를 이해하는 데** 다음의 네 가지 **주의점**을 제시하고 있다.

첫째, 타당도는 피험자 집단에 사용된 측정도구나 검사에 의하여 얻은 검사결과의 해석에 대한 적합성이지 검사 자체와 관련된 것이 아니다. 그러므로 편의상 검사의 타당도라 표현하지만 정확히 말하여 검사결과로부터 만들어진 해석에 대한 타당성을 말하는 것이다.

둘째, 타당도는 정도의 문제다. 타당도가 있다 혹은 없다로 말하는 것이 아니라 어느 정도, 즉 낮다, 적절하다, 높다 등으로 표현하여야 한다.

셋째, 타당도는 특별한 목적이나 해석에 제한된다. 즉, 한 검사가 모든 목적에 부합할 수 없듯이 이 검사는 무엇을 측정하는 데 타당하다고 표현하여야 한다.

넷째, 타당도는 단일한 개념이다. 타당도 개념을 다양한 종류로 구분하기보다는 다양한 종류의 근거에 기초한 단일한 개념으로 해석하고 있다.

2 종 류

예전에는 미국심리학회에서 타당도를 내용타당도, 예측타당도, 공인타당도, 그리고 구인타당도의 4종류로 구분하였다. 이어 AERA, APA, NCME(1966)에서 예측타당도와 공인타당도를 준거타당도(criterion-related validity)로 통합하여, 내용타당도, 준거타당도, 구인타당도로 구분하였으며, 1985년에는 타당도란 단어 대신에 타당도의 근거란 단어를 사용하였다. 예를 들어, 내용타당도(content validity)란 용어 대신에 내용과 관련된 타당도의 근거(content-related evidence of validity)를, 구인타당도(construct validity) 대신에 구인과 관련된 타당도의 근거(construct-related evidence of validity)를, 준거타당도(criterion-related validity)란 용어 대신에 준거와 관련된 타당도의 근거(criterion-related evidence of validity)란 용어를 사용하였다. 준거와 관련된 타당도의 근거에는 예측근거와 공인근거의 두 종류가 있다.

AERA, APA, NCME(1999)에서는 타당도의 개념을 보다 확대하고 교육현장뿐 아니라 산업현장에 적용될 수 있으며, 계량적 접근에 의한 타당도 수준을 초월하여 질적인 접근에 의한 타당도의 개념으로 넓혀 크게 다섯 종류의 타당도를 소개하고 있다. 1966년, 1985년, 1999년과 2014년에 분류한 타당도의 종류는 〈표 12-1〉과 같다.

1999년과 2014년 분류에서는 검사내용에 기초한 근거, 내적 구조에 기초한 근거, 다른 변수와의 관계에 기초한 근거, 반응과정에 기초한 근거, 검사결과에 기초한 근거로 분류하였으며, 다른 변수와의 관계에 기초한 근거에 수렴 및 판별근

〈표 12-1〉　AERA, APA, NCME에서 제시한 타당도

APA(1966)	AERA, APA, NCME(1985)	AERA, APA, NCME(1999, 2014)
• content validity	• content-related evidence of validity	• evidence based on test content
• construct validity	• construct-related evidence of validity	• evidence based on internal structure
• criterion-related validity	• criterion-related evidence of validity	• evidence based on relations to other variables 　- convergent and discriminant evidence 　- test-criterion relationships 　- validity generalization
		• evidence based on response processes • evidence based on consequences of testing

거, 검사-준거 관련성, 타당도 일반화가 있다. 다섯 종류의 타당도 중 새로운 개념의 타당도는 반응과정에 기초한 근거, 수렴 및 판별근거, 타당도 일반화, 그리고 검사결과에 기초한 근거다.

1) 내용타당도: 검사내용에 기초한 근거

(1) 정 의

내용타당도(검사내용에 기초한 근거, evidence based on test content)는 논리적 사고에 입각한 분석과정으로 판단하는 주관적인 타당도로 객관적 자료에 근거하지 않는다. 이는 검사내용전문가에 의하여 검사가 측정하고자 하는 속성을 제대로 측정하였는지를 주관적으로 판단한다. 그러므로 내용타당도에 의한 검사도구의 타당성 입증은 논란이 따르게 마련이다. 예를 들어, 인성검사를 제작하였을 때 성격심리를 전공한 전문가가 문항들의 내용을 분석한 후 주관적인 판단에 의하여 내용타당도가 있다고 판정하였어도, 다른 내용전문가는 성격의 정의에 대하여 다른 견해를 지니고 있으므로 그 검사에 대하여 내용타당도가 결여되어 있다고 주장할 수 있다.

교수 · 학습과정에서 설정하였던 교육목표의 성취 여부를 묻는 학업성취도검사의 타당성 검증을 위하여 내용타당도가 많이 쓰인다. 그래서 내용타당도를 교과타당도와 교수타당도로 구분하는 의견도 있다. **교과타당도**(curriculum validity)란 검사가 교육과정에 있는 내용을 얼마나 잘 포함하고 있느냐 하는 문제이며, **교수타당도**(instructional validity)란 교수 · 학습 중에 가르치고 배운 내용이 얼마나 포함되었느냐를 말한다. 학업성취도검사에서 교과, 교수타당도를 증진시키기 위하여 내용소와 행동소로 나누는 이원분류표를 체계적으로 작성하는 것이 중요하다.

종전에는 내용타당도란 용어와 유사하게 안면타당도(face validity)란 용어를 사용하기도 하였다. 안면타당도는 검사도구의 문항들이 검사제작자나 피험자에게 친숙한 정도를 말한다. 이는 문항들이 피험자들과 얼마만큼 친숙도를 형성하고 있는가와 일반적 관계를 지니고 있느냐의 문제로서, 어떤 특성을 측정할 때 자주 접해 본 문항들이 있으면 안면타당도가 있다고 한다. 이같은 개념은 학문적으로 과학성을 상실하므로 안면타당도란 용어를 사용하지 않는다.

AERA, APA, NCME(1999/2014)에서 분류한 **검사내용에 기초한 근거**(evidence based on test content)는 검사의 문항, 질문, 목적이 측정을 위하여 규정된 내용영역이나 전체를 얼마나 잘 대표하느냐의 정도를 나타내며 검사의 내용과 측정하고자 하는 구인과의 관계를 분석하는 작업으로 검사내용은 검사시행과 점수화와 관련된 절차를 위한 안내, 주제, 어휘, 문항 유형, 검사의 질문, 과제와 관련된다. 내용영역을 상세화하는 작업으로부터 시작하여, 내용을 구체적으로 기술하고, 내용영역과 문항 유형의 분류 등을 포함하게 된다. 이를 검증하기 위하여 논리적이거나 경험적으로 검사문항이 검사내용을 적절하게 대표하고 있는가, 내용영역과 검사점수의 해석에 차이가 있는가를 분석한다. 그러므로 이러한 검사와 검사를 구성하는 요소 사이의 관계에 대한 분석은 일반적으로 내용전문가들의 판단에 의해 이루어지며, 종전의 내용타당도를 검증하는 방법을 사용한다.

검사내용에 기초한 근거는 검사개발에서 중심 관건이며, 전문가의 전문적 판단이 측정내용의 전집, 내용 선택, 문항 유형 선택, 점수화 등의 의사결정을 하는 데 중요한 역할을 한다. Anastasi(1988)는 준거참조검사 제작 시 내용타당도가 강조되어야 한다고 주장한다. 그러므로 내용타당도가 계량화되지 않는다고 하여도 과학성이 상실되었다고 볼 수는 없다.

(2) 추정방법

내용타당도는 주관적 판단에 의하므로 객관적 자료를 사용하지 않으며 타당도에 대하여 수치로 나타내는 객관적 정보를 제공하지 않는다. 검사내용전문가의 전문지식에 의하여 내용타당도가 검증된다. 학업성취도검사의 내용타당도의 검증은 문항들이 검사제작 전 작성한 이원분류표에 의하여 제작되었는지를 확인하는 방법을 사용한다.

(3) 장단점

내용타당도는 계량화되어 있는 정보를 제공하지 못한다 하여도 전문가들의 판단에 의하여 검사의 타당성을 입증받게 되므로 검사의 목적에 부합함의 여부를 검증할 수 있는 장점이 있다. 일반적으로 전문가들이란 어느 측정영역에 대한 인식을 공유하므로 검사의 타당성 입증에 다른 견해를 표출하는 경우는 많지 않다.

그러나 정의에 대한 공통된 인식이 없는 특성, 특히 정의적 행동특성을 측정할 때 전문가마다 각기 다른 견해를 가지므로 내용타당도에 대한 각기 다른 검증결과를 얻을 수 있다. 예를 들어, 성격에 대한 정의가 60개 이상 존재하면 한 연구자가 작성한 성격검사에 대하여 어떤 전문가는 내용타당도가 있다고 평가하였으나 다른 전문가는 내용타당도가 없다고 평가할 수 있는 단점을 지니고 있다. 또한 내용타당도는 계량화되지 않기 때문에 타당성의 정도를 표기할 수 없는 단점도 지니고 있다.

2) 구인타당도: 내적 구조에 기초한 근거

(1) 정 의

구인타당도(내적 구조에 기초한 근거, evidence based on internal structure)란 조작적으로 정의되지 않은 인간의 심리적 특성이나 성질을 심리적 구인으로 분석하여 조작적 정의를 부여한 후, 검사점수가 조작적 정의에서 규명한 심리적 구인을 제대로 측정하였는가를 검증하는 방법이다. 즉, 검사점수를 관심 있는 심리적 속성의 측정자로 보는 데 주안점을 두고 있다. 구인타당도를 **구성타당도**라고도 한다. AERA, APA, NCME(1985)는 다음과 같이 구인타당도를 정의하고 있다.

"The evidence classed in the construct-related category focuses primarily on the test score as a measure of the psychological characteristic of interest."

예를 들어, 창의력을 측정할 때 창의력은 민감성, 이해성, 도전성, 개방성, 자발성, 그리고 자신감의 구인으로 구성되어 있다는 조작적 정의에 근거하여 검사를 제작, 실시한 뒤 그 검사도구가 이 같은 구인들을 측정하고 있다고 판단되면 그 검사는 구인타당도를 지니고 있다고 한다. 만약 검사결과가 조작적으로 규정한 어떤 심리적 특성의 구인을 제대로 측정하고 있지 못하거나 다른 구인을 측정한다면 이는 구인타당도가 결여되어 있는 것이다.

구인(構因, construct)이란 심리적 특성이나 행동양상을 설명하기 위하여 존재를 가정하는 심리적 요인을 말한다. 창의력검사의 예에서 민감성, 이해성, 도전성 등을 구인이라 할 수 있다. 지능검사에서는 Thurstone이 제안한 7가지 기본정신능력, 즉 어휘력, 수리력, 추리력, 공간력, 지각력, 기억력, 언어유창성이 구인이다.

내적 구조에 기초한 근거(evidence based on internal structure)는 문항과 검사 구성요소와의 관계가 구인에 어느 정도 합치되는가를 분석한다. 검사가 측정하고자 하는 구인들을 측정할 수 있도록 구성되어 있는가의 문제로서 문항들의 관계가 검사구조의 가정을 지지하는 정도를 말한다. 예를 들어, 건강에 대한 지각을 묻는 검사가 신체적 건강지수와 정신적 건강지수를 측정한다면 검사는 두 구인에 의하여 측정이 적합하도록 구조화되어야 한다.

검사는 단일한 영역을 측정하거나 동질성을 지닌 여러 요소를 측정한다. 검사의 일차원성이 지켜지지 않은 검사일 경우에는 내적 구조에 기초한 타당도의 증거를 찾아보기 어렵다. 그러므로 내적 구조에 기초한 근거를 확인하기 위하여 종전의 구인타당도를 검증하는 방법으로 사용되는 요인분석을 사용할 수 있다.

(2) 추정방법

구인타당도, 내적 구조에 기초한 근거는 어떤 심리적인 특성이 무엇인가를 규명한 다음 이에 근거하여 문항을 작성하고 시행하여 얻은 응답결과를 분석하여 정의된 심리적 특성이 제대로 측정되었는가를 수량적으로 규명한다. 이와 같은 기본개념에 의하여 **구인타당도**를 **추정**하는 세부적인 **절차**는 다음과 같다.

① 측정하고자 하는 심리적 특성을 구성하는 구인으로 요소들이 무엇인지 이론적, 경험적 배경에 의하여 밝힌다. 즉, 심리적 특성에 대한 조작적 정의를 내린다.
② 구인과 관련된 이론에 근거하여 구인을 측정할 수 있는 문항을 제작한다.
③ 구인들을 측정하는 문항들로 검사를 제작한다.
④ 측정대상에게 검사를 실시하여 응답자료를 얻는다.
⑤ 응답자료를 분석하여 검사가 측정하고자 하는 구인들을 제대로 측정하였는지를 밝힌다.
⑥ 심리적 특성을 규명하는 조작적 정의에 포함되어 있는 구인과 관계가 없는 문항을 제거한다.

이상의 여섯 단계에 의하여 구인타당도를 검증하며, 통계적 방법으로 상관계수법, 요인분석, 실험설계법을 들 수 있다.

상관계수법은 각 구인들을 통해 얻은 점수와 심리특성을 측정하는 총점과의 상관계수에 의하여 타당도를 검증하는 방법으로, 만일 특정 구인을 나타내는 점수와 심리적 특성 점수와의 상관계수가 낮으면 그 구인은 심리적 특성을 설명하여 주지 못함을 알 수 있다. 예를 들어, 창의성은 민감성, 이해성, 도전성, 개방성, 자발성, 자신감, 그리고 암기능력으로 구성되어 있다고 조작적 정의를 내렸다면 각 구인에 의한 점수와 창의력 총점과의 상관계수를 구할 수 있다. 각기 10문항으로 각 구인을 측정하고 70문항 점수를 각 구인별로 점수를 내어 점수를 계산한 후 총점과 상관계수를 추정한다. 각 구인들의 점수 간의 상관계수를 추정한 결과는 〈표 12-2〉와 같다.

〈표 12-2〉 창의성을 구성하는 구인과 총점 간의 상관계수

	민감성	이해성	도전성	개방성	자발성	자신감	암기능력
이해성	.7						
도전성	.8	.7					
개방성	.9	.8	.9				
자발성	.8	.8	.8	.8			
자신감	.7	.9	.9	.9	.8		
암기력	.2	.3	.2	.1	.3	.2	
총 점	.8	.9	.8	.8	.7	.9	.2

〈표 12-2〉에서 창의성을 구성하는 7개 구인 중에 암기력을 제외한 모든 구인은 창의성 총점과 상관계수 .7 이상으로 높은 데 비하여 암기력은 창의성 총점과의 상관계수가 .2로 상관이 거의 없다고 할 수 있다. 또한 각 구인들 간의 상관계수가 높은 데 비하여 암기력은 다른 여섯 개의 구인들과 상관계수가 낮다. 그러므로 암기력은 창의성을 나타내는 구인이 될 수 없다고 판단하게 된다.

구인타당도를 검증하기 위하여 가장 많이 쓰이는 통계적 방법은 요인분석이다. **요인분석**(factor analysis)이란 복잡하고 정의되지 않은 많은 변수 간의 상호관계를 분석하여, 상관이 높은 변수들을 모아 요인으로 규명하고 그 요인의 의미를 부여하는 통계적 방법이다. 구인타당도 검증을 위한 요인분석의 기본절차는 다음과 같다. 요인분석에 대한 자세한 설명은 김석우와 최용석(2001)을 참고하라.

① 문항을 제작하여 검사를 실시한 후 문항점수를 얻는다.
② 문항들 간의 상관계수 행렬을 구한다.
③ 회전하지 않은 요인을 추출한다.
④ 요인을 회전시킨다.
⑤ 회전된 요인과 관계있는 요인부하량이 큰 문항들의 문항 내용에 근거하여 해석하고 이름을 부여한다.

(3) 장단점

구인타당도는 응답자료에 의하여 계량적 방법으로 검증되므로 과학적이고 객관적이라 할 수 있다. 또한 심리적 특성에 부여한 조작적 정의의 타당성을 밝혀 주므로 많은 연구의 기초가 될 수 있다. 그러나 요인분석을 실시할 경우 변수 혹은 문항들 간의 보다 안정적인 상관계수를 얻기 위하여 많은 연구대상이 필요하다는 단점이 있다. 요인분석을 하기 위하여 일반적으로 300명 이상의 응답자가 필요하다.

3) 다른 변수에 기초한 근거

다른 변수와의 **관계에 기초한 근거**(evidence based on relations to other variables)

는 검사점수와 외적 변수와의 관계를 분석하여 검사의 타당도를 검증하는 방법이다. 외적 변수에는 동일하거나 관련된 구인을 측정하는 검사점수, 고용 상황에서의 수행준거, 집단 분류와 같은 범주변수 등이 포함된다. 다른 변수와의 관계에 기초한 근거는 크게 수렴 및 판별 근거(convergent and discriminant evidence)와 검사-준거 관련성(test-criterion relationships), 타당도 일반화(validity generalization)로 분류한다.

(1) 수렴 및 판별 근거

수렴 및 판별 근거(convergent and discriminant evidence)에서 검사점수와 유사한 구인을 측정하는 측정치는 수렴근거를 제공하고, 검사점수와 다른 구인을 측정하는 측정치들로부터는 판별근거를 얻을 수 있다. 예를 들어, 학생들의 독해력을 알아보기 위한 선택형 검사점수와 동일한 능력을 측정하는 논술형 검사점수 간에 관련성이 높으면 이를 통해 수렴증거를 확인하게 된다. 반면 독해력 검사점수는 논리적 추론과 같은 기능과는 관련이 없기를 기대하게 되며, 이는 판별근거를 의미한다. 이와 같이 구인을 측정하는 다른 검사와의 관계는 점수의 의미를 명료화하고 구체적인 해석을 하는 데 도움을 준다. 여러 방법으로 동일한 특성을 측정할 때 그들 간의 상관이 높으면 수렴근거가 있으며, 동일한 방법에 의하여 다른 특성을 측정할 때 다른 특성들 간의 상관이 높지 않으면 판별근거를 가진다(임인재, 1980). 수렴 및 판별 근거를 확인하기 위하여 중다특성-중다방법을 사용할 수 있다.

(2) 검사-준거 관련성

검사-준거 관련성(test-criterion relationships)은 기본적으로 검사점수가 얼마나 정확하게 다른 준거, 즉 고려되는 내용과 관계가 있는가, 얼마나 정확하게 준거수행을 예측하는가에 관심을 둔다. 준거변수는 학교운영자, 회사경영자, 고객 같은 검사 사용자들이 관심을 가지는 속성이나 결과를 말한다. 그러므로 검사-준거 관련성은 주어진 검사를 적용하는 상황에서 준거변인에 기초한 해석과정의 적합성, 신뢰도, 타당도에 따라 달라진다. 예전의 예측타당도와 공인타당도가 검사-준거 관련성에 포함된다. 예측타당도는 검사자료가 얼마나 정확하게 차후의 준거점수를 예측하는가를 확인하는 것이라면, 공인타당도는 같은 시간에 다른 검사로부터 예측치와 준거정보를 획득하는 것이다. 검사점수와 준거변수 간의 상관계수를 산출하여 검증할 수 있다.

① 예측타당도: 준거와 관련된 예측근거

a. 정 의

예측타당도(준거와 관련된 **예측근거**, criterion-related evidence-predictive)는 준거타당도의 하나로서 제작된 검사에서 얻은 점수와 준거로서 미래의 어떤 행위와의 관계로 추정되는 타당도다. 즉, 검사점수가 미래의 행위를 얼마나 잘 예측하느냐 하는 문제다. 예를 들어, 비행사 적성검사를 보았을 때 그 적성시험에서 높은 점수를 받은 비행사가 안전운행 기록이 높다면 그 검사의 예측타당도가 높다고 할수 있다. 예측타당도를 **예언타당도**라고도 한다.

일반적으로 적성검사가 예측타당도(예측근거)를 중요시하는 경향이 있으며, 임상심리에서 사용되는 심리검사 등에도 자주 이용된다. 대학입시제도에서 시행되는 대학수학능력시험도 예측타당도가 중요시된다. 즉, 대학수학능력시험에서 높은 점수를 획득한 학생이 대학에서 성공적으로 학업을 수행할 때, 다시 말하여 학점이 높을 때 대학수학능력시험의 예측타당도는 높다고 할 수 있다. 예측타당도역시 검사점수와 미래의 행동과의 관계에 의하여 추정되므로 계량화되는 특징이있다.

b. 추정방법

예측타당도 역시 공인타당도와 같이 상관계수에 의하여 추정되며, 추정절차는다음과 같다.

① 피험자 집단에게 새로 제작한 검사를 실시한다.
② 일정기간 후 검사한 내용과 관계가 있는 피험자들의 행위를 측정한다.
③ 검사점수와 미래 행위의 측정치와 상관 정도를 추정한다.

　주의해야 할 사항은 미래 행위에 대한 측정이다. 미래의 행위에 대한 측정은 이전에 만들었던 검사로 다시 측정하는 것이 아니라 검사에서 특정한 내용과 관련된 행동이어야 한다. 그러므로 미래의 행동을 측정하는 데 어려움이 있을 수 있다.

　예측타당도를 검증하는 예로 10점 만점인 비행사 적성시험을 치룬 결과와 비행사 교육을 마친 후 1년 동안 무사고 운행 거리의 결과는 〈표 12-3〉과 같다.

〈표 12-3〉 비행사의 적성시험점수와 무사고 운행 거리

비행사	적성시험(X)	운행 거리(Y: 만 Km)
A	9	8
B	8	6
C	6	7
D	5	5
E	8	6

　〈표 12-3〉에 있는 자료에 의하여 비행사 적성검사의 예측타당도를 검증하는 절차는 〈표 12-4〉와 같다.

〈표 12-4〉 비행사 적성시험의 예측타당도 추정

비행사	적성시험(X_i)	운행 거리(Y_i)	X_iY_i	X_i^2	Y_i^2
A	9	8	72	81	64
B	8	6	48	64	36
C	6	7	42	36	49
D	5	5	25	25	25
E	8	6	48	64	36
Σ	36	32	235	270	210

$$r = \frac{n\sum X_iY_i - \sum X_i \sum Y_i}{\sqrt{n\sum X_i^2 - (\sum X_i)^2}\sqrt{n\sum Y_i^2 - (\sum Y_i)^2}}$$

$$r = \frac{5(235) - 36(32)}{\sqrt{5(270) - 36^2}\sqrt{5(210) - 32^2}} = \frac{23}{\sqrt{54}\sqrt{26}} = .614$$

비행사 적성검사의 예측타당도는 .614로서 예측타당도가 높은 편이다. [부록 2]에 예시한 jamovi나 SPSS 실행절차를 따르면 상관계수가 .614이다.

c. 장단점

예측타당도의 장점으로는 검사도구가 미래의 행위를 예언하여 주기 때문에 예측타당도가 높으면 선발, 채용, 배치 등의 목적을 위하여 검사를 사용할 수 있다. 예를 들어, 약사고시, 의사고시 등의 검사에서는 예측타당도가 중요시되어야 하며, 높은 예측타당도를 지녀야 한다. 단점으로는 동시 측정이 불가능하므로 검사의 타당성을 검증하기 위하여 시간적 여유가 필요하다는 것이다. 또한 일정 시간 뒤에 측정한 행위와 검사의 점수 간에 상관계수에 의하여 타당도를 검증하기 때문에 검사를 실시하고 난 후 인간의 특성이 변화되지 않았다고 보장하기가 힘들다. 그러나 예측타당도는 적성검사를 위한 중요한 타당도가 된다.

예측타당도는 과소추정되는 특징이 있는데, 이는 미래의 행위를 동시에 측정할 수 없으며, 시간의 흐름에 따라 평가대상의 사고나 행동이 변화되기 때문이기도 하지만 통계적으로 자료가 절단되기 때문이다. 예를 들어, 대학입학을 위한 대학수학능력시험 점수의 예측타당도를 추정할 때 일정 점수 이상의 수학능력시험 점수를 얻은 학생이 입학하므로 수학능력시험 점수가 절단되어 있어 예측타당도가 낮게 추정된다. 예측타당도를 보정하는 방법은 성태제(2005)나 Lord와 Novick(1968)을 참고하라.

② 공인타당도

a. 정의

공인타당도(공인근거, concurrent evidence)는 준거타당도의 한 종류로 검사점수와 준거로 기존에 타당성을 입증받고 있는 검사로부터 얻은 점수와의 관계에 의하여 검증하는 타당도다. 새로운 검사를 제작하였을 때 새로 제작한 검사의 타당성을 검증하기 위하여 기존에 타당성을 보장받고 있는 검사와의 유사성 혹은 연관성에 의하여 타당성을 검증하는 방법이 공인타당도이며, **공유타당도**라고도 한다. APA, AERA, NCME(1999)에서는 **공인근거**(concurrent evidence)라고 한다. 예를 들어, 연구자가 본인의 연구에 부합하는 인성검사를 제작하였을 때 그

인성검사의 공인타당도를 검증하기 위하여 MMPI(Minnesota Multiple Personality Inventory) 검사와의 관계를 검증하여 새로 제작한 검사의 타당성을 판정한다.

공인타당도는 새로 제작한 검사에 의한 점수와 준거점수로 타당성을 인정받고 있는 검사의 점수와의 상관계수에 의하여 검증되므로 계량화된다.

b. 추정방법

공인타당도는 새롭게 제작된 검사의 점수와 기존에 타당성을 검증받고 있는 검사의 점수 간의 상관계수에 의하여 추정되며, 추정절차는 다음과 같다.

① 피험자 집단에게 새로 제작된 검사를 실시한다.
② 동일 집단에게 동일한 시험상황에서 타당성을 인정받고 있는 검사를 실시한다.
③ 두 검사점수 간의 상관계수를 추정한다.

공인타당도를 검증하는 실제 예로 어떤 교사가 수리능력을 간단히 측정하는 간편 수리검사를 개발하였다. 5문항으로 구성된 간편수리검사의 공인타당도를 검증하기 위하여 5명의 학생에게 검사를 실시하고, 이들에게 10문항으로 구성된 표준화 수리검사를 실시한 결과 얻은 두 검사점수는 〈표 12-5〉와 같다.

〈표 12-5〉 새로 제작한 간편수리검사와 표준화 수리검사 점수

피험자	간편 수리검사	표준화 수리검사
A	1	2
B	2	3
C	4	5
D	3	3
E	5	7

새로 제작한 간편 수리검사의 공인타당도를 추정하기 위하여 간편 수리검사에서 얻은 점수와 표준화 수리검사에서 얻은 점수 간의 상관계수를 추정한다. [부록 2]에 있는 상관계수 공식에 간편 수리검사와 표준화 수리검사점수를 대입하여 상관계수를 추정하는 세부적인 계산절차는 〈표 12-6〉과 같으며, 이 검사의 공인타

당도는 .95로서 '매우 높은 편이다'로 해석한다.

〈표 12-6〉 간편 수리검사의 공인타당도 검증절차

피험자	간편 수리검사(X_i)	표준화 수리검사(Y_i)	X_iY_i	X_i^2	Y_i^2
A	1	2	2	1	4
B	2	3	6	4	9
C	4	5	20	16	25
D	3	3	9	9	9
E	5	7	35	25	49
Σ	15	20	72	55	96

$$r = \frac{n\sum X_iY_i - \sum X_i\sum Y_i}{\sqrt{n\sum X_i^2 - (\sum X_i)^2}\sqrt{n\sum Y_i^2 - (\sum Y_i)^2}}$$

$$r = \frac{5(72) - 15(20)}{\sqrt{5(55) - 15^2}\sqrt{5(96) - 20^2}} = \frac{60}{\sqrt{50}\sqrt{80}} = \frac{60}{63.25} = .95$$

[부록 2]에 예시한 jamovi나 SPSS 실행절차를 따르면 상관계수가 .95이다.

c. 장단점

공인타당도는 계량화되어 타당도에 대한 객관적인 정보를 제공할 수 있으며, 타당도의 정도를 나타낼 수 있는 장점을 갖는다. 그러나 기존에 타당성을 입증받고 있는 검사가 없을 경우 공인타당도를 추정할 수 없으며, 기존에 타당성을 입증받은 검사가 있을지라도 그 검사와의 관계에 의하여 공인타당도가 검증되므로 기존에 타당성을 입증받은 검사에 의존한다는 단점이 있다.

(3) 타당도 일반화

타당도 일반화(validity generalization)는 교육이나 고용상황에서 검사-준거 관련성에 기초한 타당도의 근거를 새로운 상황에 일반화할 수 있는 정도를 말한다. 이는 검사가 다른 시간, 다른 상황에서 검사-준거 관련성은 매우 다양할 수 있기 때문에 타당도의 증거로써 검사-준거 관련성을 위하여 얻는 자료에 의존한다. 교육에서 새로운 상황에 대하여 타당성 연구를 하지 않고 축적된 자료를 통해 그 검사의 검사-준거 관련성에 기초한 타당도를 일반화시킬 수 있으나 주의가 요청된다. 다른 시간이나 다른 장소에서 같거나 유사한 수행능력을 예측할 때, 검사-준거 관계가 매우 다양하게 관찰될 것이다.

타당도 일반화 연구가 이루어지기 전에는 다양하게 나타나는 상황에 대하여 개별적이고 지엽적인 연구가 수행되었다. 그러나 메타분석적인 연구가 이루어짐에 따라 새로운 상황에서 검사-준거 관련성을 측정하는 일에 도움을 주고 있다. 타당도 일반화 연구에서 포함되는 주요 국면은 예측하고자 하는 구인측정의 방법상의 차이, 직업 또는 교육과정의 유형, 준거측정이 사용되는 유형, 피험자 유형, 타당화 연구 시기다. 유사한 상황에서 과거의 타당화 연구인 통계값들이 새로운 상황에서도 유용하다면 이는 타당도 일반화로 간주된다. 어떤 특별한 타당화 연구나 어떤 다양한 국면에서 타당도 일반화의 목적은 경험적으로 여러 국면에서 다양성이 검사-준거 관계에 미치는 영향의 정도를 결정하는 것이다.

4) 반응과정에 기초한 근거

반응과정에 기초한 근거(evidence based on response process)란 피험자의 응답에 대한 분석으로 이루어지며 반응과정에 대한 이론적이고 경험적인 분석을 통하여 검사가 측정하고자 하는 구인과 피험자의 수행 또는 반응이 얼마나 일치하는가에 근거하여 타당도를 검증한다. 예를 들어, 학생들의 수학적 추론능력을 측정하기 위한 검사에서 일반적 공식에 따르기보다는 주어진 자료에 대하여 학생들이 실제로 추론하는가를 검증하는 것을 중요시한다.

반응과정에 대한 연구는 피험자에게만 국한된 것은 아니다. 학생들의 수행을 관찰하고 판단하는 관찰자 혹은 평가자들도 연구의 대상에서 제외될 수 없으며, 이 경우 평가자의 관찰과 판단이 의도한 점수 해석과 어느 정도 일치하는지를 분석하게 된다. 만약 학생들의 수행을 채점하는 데 있어 특별한 준거를 적용하도록 되어 있다면, 적절한 준거를 적용하였는지, 의도된 해석에 부적절한 요인이 개입되지는 않았는지 등을 확인하는 일이 중요하다. 따라서 반응과정에 기초한 타당화는 의도한 점수 해석과 구인에 비추어 반응과정이 얼마나 적절한가를 분석하는 경험적인 연구가 필요하다.

반응과정에 기초한 근거를 밝히는 작업은 전문가의 판단에 의존하며 반응하는 과정에 대한 내용분석을 통하여 검증할 수 있다.

5) 결과타당도: 검사결과에 기초한 근거

AERA, APA와 NCME(1985)에서 규정한 타당도 못지않게 중요한 점은 실시한 평가가 무엇을 위한 평가이고, 어떠한 결과를 가져왔는지를 점검해 보는 것이다. Cureton(1951)은 동일한 검사에 의하여 측정된 점수의 의미도 검사를 치른 집단의 경험에 의존한다고 주장하였다. Cronbach(1971)도 타당도는 검사 자체의 속성이 아니라 각 검사의 활용에 비추어 새롭게 평가되어야 한다고 주장하였다. 이는 타당도의 개념을 검사점수에 기초한 기술적 해석뿐 아니라 평가결과와 그에 따른 조치에 대한 평가도 포함되어야 함을 의미한다.

1985년도에 출판된 *Standards for Educational and Psychological Testing*에서도 검사개발자는 검사의 결과와 영향을 고려하여야 한다고 하였다. 타당도의 개념이 검사도구 특성의 문제라기보다는 검사점수 결과를 적용하는 데 관심이 주어지면서 Messick(1989)은 1970년 후반 평가점수 사용을 둘러싼 사회적 가치와 윤리적 이유를 제기하였다. 그는 타당도의 개념이 사회적 결과와 연관되어 있다고 주장하고, 검사 사용의 사회적 결과는 타당도의 틀 속에서 중요한 부분이라며 결과타당도(consequential validity)를 제안하였다.

결과타당도(결과에 기초한 근거)란 검사나 평가를 실시하고 난 결과에 대한 가치판단으로, 평가결과의 평가목적과의 부합성, 평가결과를 이용할 때의 목적 도달, 평가결과가 사회에 주는 영향, 그리고 평가결과를 이용할 때 사회의 변화들과 관계가 있다.

결과타당도가 제기되면서 결과타당도를 타당도의 범주 안에 포함하는가에 대한 논쟁이 제기되었다(Shepard, 1997; Linn, 1997; Popham, 1997; Mehrens, 1997; 성태제, 1999).

Shepard(1997)는 검사개발자가 검사의 기초가 되는 이론에 대한 검증을 하여야 하며 검사와 검사결과의 관계를 검토함으로써 검사가 의도한 결과와 의도하지 않은 결과에 대해서도 책임져야 하므로 결과타당도가 중요하다고 하였다. 그러면서 검사결과 중 의도하지 않은 결과가 발생하였을 경우 부정적 충격(adverse impact)과 부수효과(side effect)에 대한 검증을 실시하여 검사의 목적에 맞게 검사도구를 수정하여야 한다고 하였다. Linn(1997)도 검사결과에 대한 고려를 타당도에서 배제하는 것은 검사결과에 대한 배려를 등한시하게 된다면서 검사 사용결과에 대한 검토는 검사에 대한 평가에 있어 매우 중요한 요소라 주장한다.

　Popham(1997)은 검사 사용의 결과를 검토하여야 하는 당위성과 검사점수로부터의 추론이 정확하여야 함에는 동의하지만 결과타당도의 개념이 모호하여 현장의 교사나 학교행정가들에게 혼란을 야기하고 검사결과의 불합리한 활용에 관심을 갖도록 하기 때문에 사회적 결과에 대한 확인은 타당도와 분리되어야 한다고 주장하였다. 그러나 Popham(2011)은 검사 자체가 타당하다 혹은 타당하지 않다라고 논하는 것이 아니라 검사점수에 근거한 추론의 정확성에 대하여 타당하다 혹은 그렇지 않음을 논하여야 하고 사려 깊은 교육자들은 검사를 사용한 결과가 중요하다는 것을 인지하여야 한다고 주장한다. Shepard(1997)도 최근에 고부담검사 제작자들이 검사결과에 대한 충분한 주의를 기울이지 않는다고 우려를 표명하였다. Mehrens(1997)는 검사결과들을 검토할 필요가 있지만 긍정적 결과 혹은 부정적 결과의 분석은 검사의 구인에 대한 추론의 정확성에 대한 타당도보다는 검사결과에 대한 처

[그림 12-1] **사회 속의 검사와 검사결과**

리, 그리고 사회적 허용성 등을 강조하고 때로는 정치적 가치판단을 포함하게 되므로 결과타당도는 타당도의 종류에 포함되지 않는 것이 바람직하다고 주장한다.

성태제(1999)는 [그림 12-1]과 같이 검사는 교육적 목적에 의하여 제작되나 정치, 경제, 사회, 문화와 국가의 교육이념에 둘러싸여 있으므로 시대적 배경이나 환경을 고려하여야 하며, 검사결과는 의도한 결과, 의도하지 않은 결과, 긍정적 결과, 부정적 결과, 실제적 결과, 그리고 잠재적 결과를 분석하여야 한다고 주장하고 있다.

검사의 결과타당도를 고려하면 검사 제작, 실시, 수집, 분석, 해석, 활용까지 체계적으로 검사를 운영하며, 검사가 사회에 미치는 영향까지 고려하기 때문에 양질의 검사를 제작하게 된다. APA, AERA, NCME(1999)에서 '**검사결과에 기초한 근거**(evidence based on consequence of testing)'를 제시하였는데, 이는 검사결과에 기초한 근거는 검사결과가 검사의 목적과 얼마나 부합하는가, 즉 의도한 결과를 얼마나 달성하였으며, 의도하지 않은 어떤 결과가 나타났는지에 대한 검증이다. 다른 집단에 검사목적과 다른 결과가 관찰되는 것은 심각한 문제로서 검사의 타당화와 사회정책 간의 괴리에 기인한다고 볼 수 있다. 예를 들어, 고용과 승진을 시키는 검사점수에 집단 간 다른 효과가 있다면 관심의 수준을 넘어 문제가 된다. 검사결과의 타당성에 대한 판단은 어떠한 배경에 의하여 그러한 결과가 나타났느냐, 즉 결과에 대한 원인에 초점을 둔다. 고용시험에서 검사제작자가 검사 사용이 직원채용을 위한 경비절감, 작업효율성 증진, 그리고 다른 혜택을 가져왔다면 결과타당도가 있다고 할 수 있다. 다른 예로 대안적 평가방법으로 제안되고 있는 수행평가가 학생들의 학습동기를 얼마나 유발하고 학습의 변화를 어떻게 유도하는지, 그리고 의도하지 않은 부정적 결과가 무엇인지는 결과타당도를 분석하여 알 수 있다.

Linn과 Gronlund(2000)는 **검사결과에 기초한 근거**는 다음의 네 가지 **질문**을 통하여 분석할 수 있다고 하였다.

첫째, 검사가 측정하고자 하는 것이 원래 의도한 것인지, 즉 검사가 중요한 학습목표와 부합하는지를 확인

둘째, 학생이 평가를 준비하기 위하여 더 열심히 공부한다고 믿는 이유가 있는지를 확인

셋째, 평가가 인위적으로 학생들의 공부를 제한하지 않는지를 확인

넷째, 평가가 학생들의 창의적 표현이나 탐구정신을 격려 혹은 좌절시키는지를 확인

검사내용에 기초한 근거(내용타당도)는 검사도구의 타당도를 검증하는 기본적인 절차로서 검사가 측정하고자 하는 내용을 측정하는지를 검증하므로 필수적인 절차로 간주된다. 내용타당도는 학업성취도검사에만 적용되는 것으로 아는 것은 잘못된 것이며, 모든 검사도구의 타당성을 검증하는 방법이다.

내적 구조에 기초한 근거(구인타당도)는 심리적 특성을 측정하는 검사의 타당성을 검증하기 위하여 주로 사용되는 방법으로 알려져 있으나 임상심리학, 정신의학, 교육학, 체육학 등 모든 분야에서 적용범위가 넓혀지고 있는 타당도다. 즉, 측정하고자 하는 내용을 구인들로 규정하고, 그 구인들을 제대로 측정하였는지를 검증하므로 타당도 중 검사도구의 타당성을 검증하는 합리적인 방법으로 고려되어 검사도구의 타당도를 검증함에 있어 구인타당도를 사용하는 경향이 증가하는 추세다.

검사내용에 기초한 근거, 내적 구조에 기초한 근거, 다른 변수에 기초한 근거 모두가 개념적으로 독립되어 있으므로 각각의 타당도는 검사도구의 다른 측면의 타당성을 검증한다. 그러므로 검사도구의 타당도를 검증하기 위하여 모든 방법에 의하여 타당도를 검증하는 것이 바람직하다. 성취도검사는 내용타당도, 적성검사는 예측타당도, 인성검사는 구인타당도로 제한하는 경향으로 타당도의 선택이 검사도구의 사용목적에 의존할 수 있으나 이는 바람직하지 않다.

Kubiszyn과 Borich(1993)는 일반적으로 검사도구의 공인타당도가 예측타당도보다 높게 추정된다고 주장한다. 이는 공인타당도는 동시에 추정되는 데 비하여 예측타당도는 얼마간의 시간이 지난 후에 행위변수와의 관계를 추정하기 때문이다. 이들은 공인타당도가 .8 이상이거나 예측타당도가 .6 이상이면 타당한 검사

라고 할 수 있다고 하였다.

타당도 검증은 검사도구의 측정목적의 달성 여부를 증명하므로 모든 행동과학을 위한 자료분석의 기본절차다. 타당도 검증 없이 얻은 자료를 가지고 심리적 증상의 진단, 인성측정, 학업성취도 비교, 교육효과 확인 등은 잘못된 결론을 유도할 수 있다.

타당도 지수에 의하여 평가하는 절대적 기준은 없으나 상관계수에 의하여 추정되는 공인타당도와 예측타당도는 성태제(2007)의 상관계수의 언어적 표현기준에 의하여 〈표 12-7〉과 같이 평가할 수 있다.

〈표 12-7〉 상관계수 추정에 의한 타당도 평가

상관계수에 의한 타당도 지수	타당도 평가
.00 이상 ~ .20 미만	타당도가 거의 없다
.20 이상 ~ .40 미만	타당도가 낮다
.40 이상 ~ .60 미만	타당도가 있다
.60 이상 ~ .80 미만	타당도가 높다
.80 이상 ~ 1.00 미만	타당도가 매우 높다

AERA, APA, NCME(2014)에서는 타당한 근거를 통합하는 것을 강조하였으며 이전에 발표된 연구로부터의 근거에 새로운 연구에서의 타당한 근거를 추가하는 것을 강조하였다. 이런 과정을 통하여 내적구조에 기초한 근거를 재조정하는 절차를 거쳐 검사를 재정립함으로 타당화과정은 끝이 없는 작업이라 하였다.

주요 단어 및 개념

내용타당도	검사내용에 기초한 근거	교과타당도
교수타당도	구인타당도	조작적 정의
내적 구조에 근거한 타당도	수렴 및 판별근거	검사-준거 관련성
예측타당도	준거와 관련된 예측근거	공인타당도
타당도 일반화	반응과정에 기초한 근거	결과타당도
검사결과에 기초한 근거		

연습 문제

1. 타당도에 대한 AERA, APA, NCME 학회의 정의와 분류기준 및 명칭의 변화를 설명하시오.

2. 내용타당도의 정의와 장단점을 설명하시오. 그리고 2008학년도 대학수학능력시험 언어영역 검사의 내용타당도를 검증하시오.

3. 구인타당도의 정의와 검증절차를 설명하고, 구인타당도를 검증한 검사를 선택하여 구인타당도 검증절차가 타당한지 확인하시오.

4. 수렴 및 판별근거를 설명하고, 이를 검증하는 방법을 구안하시오.

5. 예측타당도를 정의하고, 검사의 예를 들어 예측타당도를 검증하는 절차를 구안하시오.

6. 공인타당도를 정의하고, 검사의 예를 들어 공인타당도를 검증하는 절차를 구안하시오.

7. 타당도 일반화를 설명하고, 검증하는 절차를 구안하시오.

8. 반응과정에 기초한 근거를 설명하고, 예를 들어 검증하시오.

9. 결과타당도를 설명하고, 왜 중요한지 논하시오.

기출 문제

초등 03   다음 중 검사도구의 양호도에 대한 설명으로 적절한 것은?

① 신뢰도는 타당도의 충분조건이다.

② 반복 시행하여 일관성 있는 검사결과를 얻었다면 타당한 검사도구다.

③ 성취도검사를 제작하기 전에 이원분류표를 작성하면 내용타당도를 높일 수 있다.

④ 속도검사(speed test)의 신뢰도는 검사를 전후로 분할하여 반분검사신뢰도로 추정한다.

초등 04   다음 질문에 근거해서 판단하고자 하는 타당도로 가장 적합한 것은?

- 검사가 원래 의도한 것을 측정했는가?
- 검사가 학생들의 학습동기 유발에 효과가 있었는가?
- 검사가 교수 · 학습방법에 긍정적 변화를 유도했는가?

① 예언타당도   ② 공인타당도
③ 구인타당도   ④ 결과타당도

초등 08   〈보기〉에서 공인타당도에 대한 설명으로 옳은 것을 모두 고르면?

───────── 〈보기〉 ─────────

(가) 계량화되어 타당도에 대한 객관적인 정보를 제공할 수 있다.

(나) 타당성이 입증된 기존의 검사가 없을 경우 타당도를 추정하기 어렵다.

(다) 검사점수가 심리적 구성요인들을 제대로 측정하였는가를 요인분석을 통해 검정하는 타당도다.

(라) 새로 제작한 인성검사와 MMPI검사를 피험자에게 실시하여 나온 두 검사점수의 상관계수로 타당도를 검정한 것이 그 예다.

① (가), (나)   ② (가), (나), (라)
③ (다), (라)   ④ (가), (나), (다), (라)

중등 91　지능검사를 만들어서 예비검사를 실시한 결과를 표준화된 다른 지능검사 결과와 비교하였더니, 의의 있는 상관도가 나타나지 않았다. 이 검사에서 문제가 되는 것은?

① 내용타당도　　　　② 예언타당도
③ 공인타당도　　　　④ 구인타당도

중등 93　〈보기〉에서 알아보고자 하는 타당도는?

──────── 〈보기〉 ────────

　새로 작성한 인성검사와 현재 널리 사용되고 있는 인성검사와의 상관 계수를 산출하였다.

① 예언타당도　　　　② 구인타당도
③ 공인타당도　　　　④ 내용타당도

중등 96　대학입학 당시 교직적성검사에서 높은 점수를 받은 학생이 졸업 후 교직에 종사하면서 우수한 교사로 인정받았다면, 이 검사에서 높게 나타났다고 판단되는 타당도는?

① 예언타당도　　　　② 공인타당도
③ 내용타당도　　　　④ 구인타당도

중등 98　검사도구의 '공인타당도'에 관한 옳은 진술은?

① 검사내용에 관한 전문가가 검사의 타당성을 주관적으로 판단한다.
② 피험자의 미래 행동이나 특성의 예언 정도를 공인해 주는 타당도다.
③ 기존 검사와 새롭게 제작한 검사 사이에 어느 정도의 상호 관련성이 있는가를 검토한다.
④ 검사내용이 피험자들의 사회문화적 배경이나 주변상황에 어느 정도로 적합한가를 검토한다.

중등 99   어느 학교에서 효(孝)에 대한 지식을 알아보는 지필검사의 결과로 효행 학생을 선발하였다면, 다음의 평가조건 중 어느 것을 위배했다고 볼 수 있는가?

① 타당도   ② 신뢰도   ③ 객관도   ④ 변별도

중등 00   학생들의 학업성취도를 평가하기 위한 검사도구를 개발하려고 할 때 교사가 가장 관심을 기울여야 하는 타당도는?

① 내용타당도   ② 구인타당도
③ 공인타당도   ④ 예언타당도

중등 04   다음은 수학시험이 끝난 후에 교사와 학생이 나눈 대화의 내용이다. 학생이 제기하고 있는 검사의 양호도 판단기준은?

> 교사: 이번 시험은 수업시간에 배운 공식만 알면 풀 수 있는 아주 쉬운 문제였지요?
>
> 학생: 저도 그 공식은 잘 아는데, 시험에 나온 어휘들이 너무 어려워서 문제를 이해할 수 없었어요. 이번 시험은 수학보다 국어를 잘 하는 학생한테 유리한 것 같아요.

① 신뢰도   ② 타당도   ③ 객관도   ④ 실용도

중등 07   A라는 교육목표의 달성 여부를 알아보기 위해 문항 a가 작성되었을 때, 이 문항의 내용타당도 또는 목표지향타당도의 관점에서 진술한 내용 중 가장 적절한 것은?

① 문항 a를 틀린 사람은 목표 A를 달성하지 못했을 수 있다.
② 문항 a를 맞힌 사람은 목표 A를 달성했다고 말하기에 충분하다.
③ 문항 a를 맞힌 사람들이 많다면 목표 A가 교육적으로 바람직하다는 증거다.
④ 문항 a를 틀린 사람들이 많다면 목표 A가 교육적으로 바람직하지 않다는 증거다.

정답 [초등 03] ③   [초등 04] ④   [초등 08] ②   [중등 91] ③   [중등 93] ③
[중등 96] ①   [중등 98] ③   [중등 99] ①   [중등 00] ①   [중등 04] ②
[중등 07] ①

신뢰도

🔗 학습목표

- 신뢰도의 정의는 무엇인가?
- 신뢰도를 추정하는 방법에는 무엇이 있는가?
- 재검사신뢰도의 정의, 추정방법, 장단점은 무엇인가?
- 동형검사신뢰도의 정의, 추정방법, 장단점은 무엇인가?
- 반분검사신뢰도의 정의, 추정방법, 장단점은 무엇인가?
- 문항내적일관성신뢰도의 정의, 추정방법, 장단점은 무엇인가?
- 신뢰도에 영향을 주는 요인은 무엇인가?
- 타당도와 신뢰도의 관계는 무엇인가?

1 정 의

저울은 몸무게를 측정하기 위한 목적에 타당한 측정도구라 할 수 있지만 모든 저울이 몸무게를 정확하게 측정할 수 있는 것은 아니다. 몸무게를 잴 때마다 다르게 측정되는 저울이 있을 것이고, 항상 일관성 있게 측정하는 저울이 있을 것이다. 어떤 사물의 무게를 변함없이 일관성 있게 측정하는 저울이 신뢰로운 저울이다.

검사도구의 타당성이 입증되었다면 신뢰성이 고려되어야 한다. 인간의 어떤 속성을 측정할 때마다 같은 점수를 얻는다면, 이 검사도구는 신뢰성이 있다고 한다. AERA, APA, NCME(1999)에 의하면 신뢰도란 피험자들에게 동일한 검사를 반복 실시하였을 때 측정의 일치성이라 정의하였다. 그러므로 **신뢰도**(reliability)란 측정하려하는 것을 얼마나 안정적으로 일관성 있게 측정하였느냐의 문제며, 검사도구가 정확하게 오차 없이 측정한 정도를 의미하므로, 만약 측정 시 오차가 크다면 신뢰도는 낮아진다.

2 개 념

신뢰도를 이해하는 데 가장 **기본**이 되는 **개념**은 크게 두 가지로 설명된다.

첫째, 고전적인 접근방법으로 동일한 피험자 집단에게 동일한 검사를 **반복 시행**하거나, 한 검사와 동형검사를 실시하여 얻은 두 측정치 간의 상관계수를 추정하는 방법이다. 동일한 검사를 두 번 실시하여 얻은 결과는 검사도구의 안정성을 의미하며, 한 검사와 다른 동형검사 점수와의 상관계수에 의한 검사의 신뢰도는 두 검사의 유사성을 의미한다. 검사를 두 번 실시하여 검사의 안정성이나 유사성을 추정하기 위하여 두 검사 간의 상관계수를 이용한다. 이를 위하여 Pearson(1896)의 단순적률 상관계수를 이용한다. 상관계수에 대한 설명은 [부록

2]를 참조하라.

둘째, 접근방법은 고전검사이론의 기본가정 중에서 **측정**의 **오차 개념**에 의한 것으로 동일 측정대상을 무한히 반복측정하였을 때 측정치들이 유사할수록 신뢰도가 높아진다. 다시 말하여, 동일한 측정대상을 동일한 측정도구로 무한히 반복측정한 결과에 대한 진점수와 오차점수의 분산에 기초한 방법이다. 관찰점수에서 진점수가 차지하는 비중이 크고, 오차점수가 차지하는 부분이 작으면 신뢰도가 높다고 할 수 있듯이, 관찰점수의 분산에서 진점수 분산이 차지하는 비율이 높고, 오차점수의 분산이 작다면 이는 일관성 있게 측정한 것으로 간주되어 신뢰도가 높게 된다.

제10장의 고전검사이론에 의한 문항분석에서 설명하였듯이 관찰점수는 다음과 같이 그 측정대상이 지니고 있는 진짜 특성 혹은 진점수와 측정과정에서 발생하는 오차점수로 구성되었다고 하였다. 동일 대상을 무한히 반복측정하였을 때 관찰점수가 항상 같았다면 이는 측정 시마다 오차 없이 측정하였다 할 수 있다. 그러나 이와 같은 경우는 사실상 거의 불가능하므로 관찰점수는 각각 다르게 측정되는 경우가 흔하다. 이럴 경우 진점수를 추정하는 방법은 무한히 측정한 관찰점수를 모두 더해서 사례 수로 나눈 값, 즉 평균값이 된다고 하였다.

관찰점수는 진점수와 오차점수로 합성되어 있으므로 반복측정하였을 때 **관찰점수의 분산**은 다음의 식과 같이 **진점수 분산**과 **오차점수 분산**으로 구성되어 있으며, [그림 13-1]과 같다.

$$\sigma_X^2 = \sigma^2_{(T+e)} = \sigma_T^2 + \sigma_e^2$$

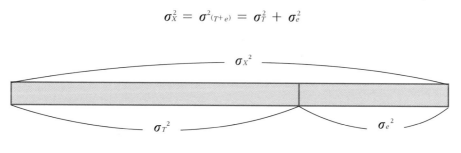

[그림 13-1] **관찰점수, 진점수, 오차점수의 분산**

[그림 13-1]에서 오차점수의 분산 부분이 0이면 측정오차가 없음을 의미하는

것으로 관찰점수의 분산이 진점수의 분산과 같기 때문에 신뢰도가 1이 된다. 반대로 진점수 분산이 0이라면 모든 관찰점수의 분산이 오차점수의 분산으로 되어 있음을 의미하며, 신뢰도는 0이 된다. 그러므로 신뢰도는 관찰점수의 분산 중 진점수 분산이 차지하는 비율임을 알 수 있다. 따라서 신뢰도를 추정하는 공식은 다음과 같다.

$$\rho_{xx'} = \frac{\sigma_T^2}{\sigma_X^2} = \frac{\sigma_X^2 - \sigma_e^2}{\sigma_X^2} = 1 - \frac{\sigma_e^2}{\sigma_X^2}$$

관찰점수 분산 전체가 진점수 분산이 되는 경우에는 신뢰도는 1이고 모든 측정의 오차는 0이 되며, 이때 검사결과를 완전히 신뢰할 수 있다. 즉, $\rho_{xx'} = 1$이면 $\sigma_X^2 = \sigma_T^2$이고 $\sigma_e^2 = 0$으로, 이때의 측정은 오차 없이 이루어졌음을 의미한다.

3 종 류

신뢰도에는 검사도구의 안정성을 측정하는 재검사신뢰도, 두 검사 간의 유사성을 측정하는 동형검사신뢰도, 그리고 진점수 분산의 비율 개념에 의한 내적일관성신뢰도가 있다.

추정방법에 의한 신뢰도는 Pearson의 단순적률상관계수 추정공식에 의한 재검사신뢰도, 그리고 동형검사신뢰도가 있으며, Spearman과 Brown의 반분검사신뢰도, 문항점수의 분산과 공분산 개념을 이용한 Kuder-Richardson 20, Kuder-Richardson 21, 분산분석을 이용한 Hoyt 신뢰도, Cronbach α가 있다.

1) 재검사신뢰도

(1) 정 의

재검사신뢰도(test-retest reliability)는 동일한 검사를 동일한 피험자 집단에 일정 시간 간격을 두고 두 번 실시하여 얻은 두 검사점수의 상관계수에 의하여 신뢰도를 추정하는 방법이다. 재검사신뢰도는 Karl Pearson의 단순적률상관계수 추정공식에 의하여 산출되며, 이는 검사도구의 안정성에 대한 지표가 된다. 재검사신뢰도 추정을 위한 검사의 실시 간격은 일반적으로 피험자의 기억이 소멸된다고 여겨지는 2주에서 4주로 설정하나 검사도구의 특성, 측정내용에 따라 달라질 수 있다.

(2) 추정방법

재검사신뢰도는 동일한 검사를 동일 집단에게 두 번 실시하여 얻은 두 검사점수 간의 상관계수로 추정한다. 예를 들어, 10문항으로 제작된 수학시험의 재검사신뢰도를 추정하기 위하여 6명의 학생에게 두 번의 검사를 실시하여 얻은 점수는 〈표 13-1〉과 같다.

〈표 13-1〉 **수학시험의 검사, 재검사 점수**

피험자	검사	재검사
A	7	7
B	5	6
C	9	9
D	8	7
E	6	6
F	8	8

검사와 재검사에서 얻은 〈표 13-1〉의 점수를 가지고 재검사신뢰도를 추정하는 절차는 〈표 13-2〉와 같다.

〈표 13-2〉 **수학시험의 재검사신뢰도 추정절차**

피험자	검사(X)	재검사(X')	XX'	X^2	X'^2
A	7	7	49	49	49
B	5	6	30	25	36
C	9	9	81	81	81
D	8	7	56	64	49
E	6	6	36	36	36
F	8	8	64	64	64
Σ	43	43	316	319	315

$$r = \frac{6(316)-(43)(43)}{\sqrt{6(319)-43^2}\ \sqrt{6(315)-43^2}} = .910$$

수학검사의 재검사신뢰도는 .910으로서 매우 높다고 할 수 있다. [부록 2]에서 예시한 jamovi나 SPSS 실행절차를 따르면 상관계수가 .91이다.

(3) 장단점

재검사신뢰도는 추정방법이 간단하다는 **장점**이 있는 반면, 다음과 같은 **단점**도 있다.

첫째, 시험 간격 설정에 따른 문제가 있다. 시험 간격은 검사를 두 번 시행하는 데 따른 기억효과를 배제하기 위한 기간을 의미한다. 검사의 문항 수, 검사도구의 문항 특성, 검사의 난이도 등에 의하여 시험 간격은 변화되며, 시험 간격에 따라 신뢰도 계수가 달리 추정되는 근본적인 문제점을 지니고 있다. 기억효과를 배제하기 위하여 시험 간격을 3개월 혹은 6개월로 설정하는 경우도 있으나, 이 기간은 학습능력의 변화 혹은 피험자의 성장·성숙 등 인간의 특성이 변화되기에 충분한 기간이 되므로 검사도구의 신뢰도를 추정하는 적절한 시험 간격이라 할 수 없다.

둘째, 검사를 두 번 시행하는 데 따른 문제점이다. 실질적으로 검사를 두 번 시행해야 하는 어려움과 동일한 검사환경, 검사에 대한 동일한 동기와 검사태도를 만들기 어렵다. 이와 같은 문제점에도 불구하고 재검사신뢰도를 사용하는 이유는 일반적으로 검사의 신뢰도를 과대추정하기 때문이다.

2) 동형검사신뢰도

(1) 정의

동형검사신뢰도(parallel-form reliability)를 구하기 위해서는 검사도구의 신뢰도를 검증하기 위하여 두 개의 동형검사를 제작한 뒤, 동일 피험자 집단에게 검사를 실시해야 한다. 이때 얻은 두 검사점수의 상관계수로 신뢰도를 추정한다. 동형검사신뢰도는 두 검사 간의 유사성을 측정하며, 평행검사신뢰도라고도 한다.

동형검사의 기본조건은 한 검사에 의한 진점수와 다른 동형검사에 의한 진점수가 같아야 하고, 한 검사에 의한 오차점수의 분산과 동형검사에 의한 오차점수 분산이 같아야 한다.

동형검사를 제작할 때에는 두 검사가 동일한 내용을 측정하여야 하며, 동일한 형태의 문항과 문항 수, 그리고 동일한 문항난이도와 문항변별도를 가져야 한다. 그러므로 동형검사 제작이 용이하지 않음을 알 수 있다.

(2) 추정방법

동형검사신뢰도를 추정하기 위하여 두 개의 동형검사가 제작되어 동일 피험자에게 두 번 검사가 시행되어야 한다. 10문항으로 제작된 학업성취도검사와 동형검사를 5명의 피험자에게 실시한 결과 얻은 점수는 〈표 13-3〉과 같다.

〈표 13-3〉 학업성취도 두 동형검사 점수

피험자	검사(X)	동형검사(X')
A	7	6
B	5	6
C	9	8
D	8	7
E	6	6

두 동형검사로부터 얻은 두 점수의 동형검사신뢰도를 추정하는 절차는 〈표 13-4〉와 같다.

〈표 13-4〉 학업성취도검사의 동형검사신뢰도 추정절차

피험자	검사(X)	동형검사(X')	XX'	X^2	X'^2
A	7	6	42	49	36
B	5	6	30	25	36
C	9	8	72	81	64
D	8	7	56	64	49
E	6	6	36	36	36
Σ	35	33	236	255	221

$$r = \frac{5(236)-(35)(33)}{\sqrt{5(255)-35^2}\ \sqrt{5(221)-33^2}} = .884$$

동형검사신뢰도는 .884로서 매우 높다고 해석할 수 있다. [부록 2]에서 예시한 jamovi나 SPSS 실행절차를 따르면 상관계수가 .884이다.

(3) 장단점

동형검사신뢰도의 **장점**은 두 개의 동형검사를 동일 집단에 동시에 시행하므로 시험 간격이 문제가 되지 않는 점과 신뢰도 계수 추정이 쉽다는 점이다. 반면 동형검사 제작이 어렵다는 **단점**이 있다. 검사제작전문가라도 두 개의 동형검사를 제작하기란 쉽지 않다. 뿐만 아니라, 두 검사의 동형성 여부에 따라 동형검사신뢰도 계수가 달리 추정되며, 재검사신뢰도처럼 검사를 두 번 시행하는데 따른 현실적인 문제점이 있다. 동일한 검사환경, 피험자의 동일한 검사동기와 검사태도를 유지하기 어렵다.

3) 내적일관성신뢰도

재검사신뢰도와 동형검사신뢰도는 동일 피험자에게 검사를 두 번 실시하는 번거로움이 따르며, 시험 간격과 검사의 동형성 정도에 따라 신뢰도 계수가 변화하는 문제점을 지니고 있다. 이에 비하여 내적일관성신뢰도는 검사를 두 번 실시하지 않고 검사의 신뢰도를 추정할 수 있는 방법이다. **내적일관성신뢰도**(internal consistency reliability)란 검사를 구성하고 있는 부분 검사, 또는 문항 간의 일관성의 정도를 말하며, 검사를 구성하는 부분검사나 문항들이 측정하고자 하는 내용을 얼마나 일관성 있게 측정하였느냐 하는 문제다. 내적일관성신뢰도는 검사를 구성하는 두 부분검사 간의 유사성에 의해 추정되는 반분검사신뢰도와 문항 간의 측정의 일관성에 의해 추정되는 문항내적일관성신뢰도가 있다. 문항내적일관성신뢰도에는 KR-20, KR-21, Hoyt 신뢰도, Cronbach α가 있다. 문항내적일관성을 문항내적일치성 혹은 문항내적합치성이라고도 한다.

(1) 반분검사신뢰도

① 정 의

반분검사신뢰도(split-half reliability)는 한 번 실시한 검사를 두 부분으로 나누어 두 부분검사 점수의 상관계수를 계산한 후, Spearman-Brown 공식에 의하여 추정한다. 반분검사신뢰도는 내적일관성신뢰도의 한 종류로서 검사를 두 부분검사로 나누어 두 부분검사 점수에 대한 측정의 유사성을 추정하는 방법이다.

반분검사신뢰도를 추정할 때 검사를 양분한 두 부분검사 점수의 상관계수를 그대로 사용하면 신뢰도가 과소추정된다. 만약, 20문항으로 제작된 검사도구를 10문항씩 양분하여 두 부분검사 점수 간의 상관계수를 추정하였다면 이는 20문항으로 구성한 검사의 내적일관성신뢰도가 아니라 10문항으로 제작된 두 검사의 동형검사신뢰도가 된다. 그러므로 10문항으로 구성된 두 검사의 동형검사신뢰도가 아니라 20문항으로 제작된 검사의 신뢰도를 추정하기 위해서는 상관계수를 그대로 사용하지 않고 Spearman-Brown(1910)이 제안한 다음 공식을 사용한다.

$$\rho_{xx'} = \frac{2\rho_{YY'}}{1+\rho_{YY'}}$$

$\rho_{xx'}$: 반분검사신뢰도 계수
$\rho_{YY'}$: 반분된 검사점수의 상관계수

Spearman-Brown의 반분검사신뢰도 추정공식에 의하면 반분검사신뢰도 계수는 양분된 검사점수의 상관계수보다 커진다. 검사도구의 길이, 즉 문항 수를 감소시키면 신뢰도 계수는 감소하고, 문항 수를 증가시키면 신뢰도 계수는 증가함을 알 수 있다. 〈표 13-5〉에 의하면 검사의 길이를 두 배로 할 때 신뢰도 계수는 증가하며, 양분한 검사 간의 상관계수와 반분검사신뢰도 사이에는 함수적 관계가 있다. 〈표 13-5〉를 통하여 단위검사에 의한 신뢰도 계수($\rho_{YY'}$)를 가지고 동형검사를 유지하며, 검사의 문항 수를 두 배로 증가시켰을 때의 신뢰도 계수 $\rho_{xx'}$를 추정할 수 있다.

〈표 13-5〉 **검사의 길이를 두 배로 증가시켰을 때 신뢰도 계수의 변화**

$\rho_{YY'}$	.050	.100	.200	.300	.400	.500	.600	.700	.800	.900	.950
$\rho_{xx'}$	.095	.182	.333	.462	.571	.667	.750	.824	.889	.947	.974

단위검사신뢰도가 중간 수준일 때 검사의 길이를 두 배로 증가시키면 신뢰도가 큰 폭으로 증가하나 신뢰도가 매우 높거나 낮은 경우에는 증가폭이 적어짐을 알 수 있다.

② 추정방법

반분검사신뢰도 추정 시 검사를 반분하는 방법에는 짝수번 문항과 홀수번 문항으로 반분하는 기우법과 전체 검사를 문항순서에 따라 전과 후로 나누는 전후법, 무작위로 분할하는 단순무작위법, 문항특성에 의하여 반분하는 방법이 있다. 문항특성에 의한 반분법은 문항난이도와 문항변별도에 의존한다. 문항특성에 의하여 검사를 반분하면 동일한 난이도와 동일한 진점수를 갖는 두 부분 검사를 만들 수 있다.

검사를 피험자에게 충분한 시험시간을 주어 능력을 발휘하게 하는 역량검사와 제한된 시간에 많은 문제를 풀게 하는 속도검사로 구분한다. 속도검사를 위한 반분검사신뢰도를 추정할 때는 검사를 앞뒤로 나누는 전후법은 사용하지 말아야 한다. 왜냐하면 속도검사 시 능력이 부족한 피험자는 앞부분만을 응답하고 뒷부분은 응답하지 못하기 때문이다.

4문항으로 제작된 검사를 5명의 피험자에게 실시하여 얻은 검사의 문항점수와 총점이 〈표 13-6〉과 같다고 하자.

〈표 13-6〉 **검사의 문항점수와 총점**

피험자 \ 문항	1	2	3	4	총점
A	1	1	1	1	4
B	1	1	1	0	3
C	1	1	0	0	2
D	1	0	0	0	1
E	0	0	0	0	0

이때 앞의 2문항과 뒤의 2문항으로 양분하여 반분검사신뢰도를 추정하는 절차는 〈표 13-7〉과 같으며, 이 검사의 반분검사신뢰도는 .720으로 높은 편이라고 할 수 있다.

⟨표 13-7⟩　반분검사신뢰도 추정절차

검사 피험자	앞 문항	뒤 문항	YY'	Y^2	Y'^2
A	2	2	4	4	4
B	2	1	2	4	1
C	2	0	0	4	0
D	1	0	0	1	0
E	0	0	0	0	0
Σ	7	3	6	13	5

$$\gamma_{rr'} = \frac{5(6) - 7(3)}{\sqrt{5(13)-7^2}\sqrt{5(5)-3^2}} = .563$$

$$\gamma_{xx'} = \frac{2(.563)}{1+.563} = .720$$

SPSS에 의하여 ⟨표 13-6⟩에 있는 검사결과의 반분검사신뢰도 추정방법은 [부록 4-1]을 참고하라.

③ 장단점

반분검사신뢰도는 재검사신뢰도나 동형검사신뢰도를 추정할 때처럼 두 번 검사를 시행하지 않고 신뢰도를 추정할 수 있는 장점을 지니고 있다. 그러므로 시험 간격이나 동형검사 제작 등의 문제를 고려할 필요가 없다. 그러나 검사를 양분하는 방법에 따라 반분검사신뢰도 계수가 달리 추정된다는 단점이 있다. 만약 ⟨표 13-7⟩과 같이 전후법으로 양분하지 않고 기우법으로 검사를 반분한다면 두 부분 검사점수의 상관계수는 .768이고 반분검사신뢰도는 .869가 된다. 일반적으로 반분검사신뢰도를 높게 추정하기 위해서는 문항특성에 의하여 두 부분 검사가 동형이 되도록 검사를 반분하는 방법을 사용하는 것이 바람직하다.

(2) 문항내적일관성신뢰도

검사도구의 내적일관성신뢰도를 추정하는 방법으로 검사를 두 부분으로 나누어 부분검사 간의 유사성을 추정하는 방법과 문항 하나하나를 하나의 검사로 간주하여 문항 간의 유사성 혹은 측정의 일치성을 추정하는 방법이 있다고 설명하였다. 문항내적일관성을 추정하는 방법으로 KR(Kuder-Richardson)-20, KR-21, Hoyt 신뢰도, Cronbach α가 있다. 이상의 신뢰도 추정방법은 진점수의 분산을 관찰점수의 분산으로 나눈 비율에 기초한 개념으로 KR-20, KR-21, Hoyt 신뢰도, Cronbach α의 순으로 제안되었다.

KR-20은 이분문항에만 적용되고, KR-21은 이분문항이 아닌 다분문항에만 적용되며, Hoyt 신뢰도와 Cronbach α는 이분문항뿐 아니라 다분문항의 신뢰도도 추정한다. Hoyt 신뢰도는 분산분석방법을 사용하므로 추정방법이 복잡하게 여겨져 보편화되어 있지 않으며, Cronbach α가 흔히 사용되고 있다. Cronbach α가 신뢰도 추정을 위하여 흔히 사용되는 이유는 이분문항뿐 아니라 연속적으로 점수가 부여되는 문항들의 신뢰도 추정이 가능하며, 신뢰도 계산공식의 유도과정과 개념이 보다 간단하기 때문이다. 역사적으로 가장 늦게 제안된 것이 Cronbach α이고 이분이나 다분문항으로 구성된 검사의 신뢰도를 추정할 수 있으므로 Cronbach α만 설명한다.

① Cronbach α

a. 정의

Lee J. Cronbach(1916~2001)

Cronbach(1951)는 문항내적일관성을 측정하기 위하여 검사를 두 부분으로 나누지 않고 문항점수의 분산을 고려한 **Cronbach α**를 제안하였다. Cronbach α 역시 신뢰도의 두 번째 기본개념에 의한 관찰점수 분산과 진점수 분산 비율에 근거한다. 그러므로 Cronbach α는 문항점수가 이분점수가 아닐 때도 적용되는 KR-20의 일반화된 공식이라 말할 수 있으며, 다음 공식에 의하여 문항내적일관성을 측정하는 신뢰도를 계산할 수 있다.

$$\rho_{xx'} \geq \alpha = \frac{n}{n-1}\left[1 - \frac{\sum_{i=1}^{n}\sigma^2_{Y_i}}{\sigma^2_X}\right]$$

n : 문항 수
$\sigma^2_{Y_i}$: i번째 문항점수의 분산
σ^2_X : 총점의 분산

b. 추정방법

〈표 13-6〉의 응답자료를 가지고 Cronbach α에 의한 문항내적일관성신뢰도를 추정하는 절차는 〈표 13-8〉과 같다.

〈표 13-8〉 Cronbach에 의한 신뢰도 추정절차

피험자\문항(Y)	1	2	3	4	총점(X)
A	1	1	1	1	4
B	1	1	1	0	3
C	1	1	0	0	2
D	1	0	0	0	1
E	0	0	0	0	0
$\overline{Y}$	.8	.6	.4	.2	2

$$S_1 = \frac{(1-.8)^2 + (1-.8)^2 + (1-.8)^2 + (1-.8)^2 + (0-.8)^2}{5} = .16$$

$$S_2 = \frac{(1-.6)^2 + (1-.6)^2 + (1-.6)^2 + (0-.6)^2 + (0-.6)^2}{5} = .24$$

$$S_3 = \frac{(1-.4)^2 + (1-.4)^2 + (0-.4)^2 + (0-.4)^2 + (0-.4)^2}{5} = .24$$

$$S_4 = \frac{(1-.2)^2 + (0-.2)^2 + (0-.2)^2 + (0-.2)^2 + (0-.2)^2}{5} = .16$$

$$\Sigma S_i^2 = .16 + .24 + .24 + .16 = .8$$

$$S_Y^2 = \frac{(4-2)^2 + (3-2)^2 + (2-2)^2 + (1-2)^2 + (0-2)^2}{5} = 2$$

$$\alpha = \frac{n}{n-1}\left[1 - \frac{\Sigma S_i^2}{S_X^2}\right] = \frac{4}{3}\left[1 - \frac{.8}{2}\right] = .80$$

Cronbach α에 의한 문항내적일관성신뢰도는 .80으로 신뢰도가 높다고 할 수 있다.

jamovi와 SPSS에 의하여 〈표 13-8〉의 검사자료에 대한 Cronbach α 추정절차는 [부록 4-2]를 참고하라.

c. 장단점

Cronbach α에 의하여 신뢰도를 추정하면 검사를 양분하지 않아도 되는 장점과 문항 간의 일관성에 의하여 단일한 신뢰도 추정결과를 얻을 수 있다는 장점이 있으므로, 재검사신뢰도, 동형검사신뢰도, 반분검사신뢰도가 지니는 단점을 극복할 수 있다. 그러나 검사도구의 신뢰도를 과소추정되는 경향이 있으나 검사도구의 질을 분석함에 있어 어느 정도의 엄격성이 요구되기 때문에 과소추정되는 정보가 더 바람직하다.

4 신뢰도의 적용과 영향을 주는 요인

1) 적용

검사를 개발할 때는 신뢰도에 대한 정보를 제공하여야 하고, 검사를 선택할 때는 신뢰도에 대한 정보를 참고하여야 한다. 검사도구의 신뢰도를 추정할 때 재검사신뢰도, 동형검사신뢰도, 반분검사신뢰도, 문항내적일관성신뢰도를 사용한다.

예전에 개발된 검사도구나 검사제작회사에서 만든 검사에는 신뢰도 계수가 가장 높게 추정되는 재검사신뢰도를 보고한다. 그러나 재검사신뢰도는 신뢰도의 과대추정과 과학성을 결여하기 때문에 최근에는 사용을 권장하지 않는다.

신뢰도 계수의 관점에서 볼 때, 일반적으로 재검사신뢰도 계수가 가장 높고, 동형검사신뢰도, 그리고 반분검사신뢰도, 문항내적일관성신뢰도 순이다. 문항내적일관성신뢰도에서 설명하였듯이 문항내적일관성신뢰도는 과학적이고 가장 낮은 계수를 제공하므로 검사에 대한 가장 확실한 정보를 제공한다. 그러므로 검사도구를 개발하거나 선택할 때 문항내적일관성신뢰도를 사용하는 것이 바람직하다.

2) 영향을 주는 요인

검사도구제작자는 검사도구의 신뢰도를 높이기 위하여 **신뢰도에 영향을 주는 요인**을 숙지하여야 한다.

첫째, 신뢰도에 영향을 주는 요인은 문항 수다. 적은 수의 문항으로 인간이 지니고 있는 속성을 측정할 때보다 많은 수의 문항으로 검사를 실시할 때 측정의 오차를 줄일 수 있다. 이때 문항은 문항제작절차와 제작원리에 준하여 제작된 문항이어야 한다. 양질의 문항 수를 증가시키면 신뢰도 계수는 계속 선형적으로 증가하는 것이 아니라 곡선형적으로 증가한다.

둘째, 문항의 난이도가 적절할 때 검사의 신뢰도는 증가한다. 검사가 너무 어렵거나 쉬우면 피험자의 검사불안과 부주의가 발생하여 일관성 있는 응답을 하지 못하므로 신뢰도가 저하된다.

셋째, 문항변별도가 높을 때 검사의 신뢰도는 증가한다. 즉, 문항이 피험자를 능력에 따라 구분할 수 있는 문항변별력이 있어야 검사의 신뢰도가 높아진다.

넷째, 검사도구의 측정내용이 보다 좁은 범위의 내용일 때 검사의 신뢰도는 증가한다. 예를 들어, 한국사 시험에서 검사의 내용범위가 근대사로 제한된다면 한국사 전체의 내용을 포함하는 검사보다 신뢰도가 높을 것이다. 이는 검사내용의 범위를 좁힐 때, 문항 간의 동질성을 유지하기가 용이하기 때문이다.

다섯째, 검사시간이 충분하여야 한다. 이는 문항 수와 관계되는 문제이기도 하다. 충분한 시간이 부여될 때 응답의 안정성을 보장받을 수 있다. 그러므로 속도검사보다는 역량검사가 신뢰도 측면에서 바람직하다.

검사가 중간 정도의 난이도를 가지며 변별도가 높은 문항이 많고 검사 길이가 길 때 신뢰도는 증가한다. 이를테면, 동일한 내용을 측정하고 검사의 다른 측정학적 조건이 동일하다고 가정할 때 난이도가 다양한 검사 중에서 중간 난이도 검사의 신뢰도 계수가 가장 높고, 변별도가 다양한 검사 중에서는 변별력이 높은 검사의 신뢰도 계수가 가장 높으며, 동일한 난이도와 변별도의 특성을 가진 검사들에서는 검사의 길이가 길수록 신뢰도 계수는 높게 나타난다(김경희, 1993). 일반적으로 좋은 문항은 변별도가 높으며, 타당도는 물론 신뢰도도 높인다. 이와 같은 문항은 제작할 때부터 주의를 기울인 문항으로써 문항제작지침에 근거하여 제작된 문항이다. 문항을 제작할 때 세심한 배려를 하기 위해서는 성태제(2004)의 『문항제작 및 분석의 이론과 실제』를 참조하라.

5 타당도와 신뢰도의 관계

　타당도는 검사도구가 측정하고자 하는 내용을 얼마나 충실히 측정하였느냐 하는 검사목적에 따른 검사도구의 적합성이고, 신뢰도는 측정하고자 하는 내용을 얼마나 정확하게 오차 없이 측정하였느냐 하는 검사도구의 일관성을 말한다. 타당도와 신뢰도가 다른 개념이라 할지라도 분리하기보다는 연관성을 두고 분석하는 것이 두 개념을 이해하는 데 도움이 된다.

　검사점수를 구분한다면 진점수와 오차점수로 구분할 수 있고, 진점수는 타당한 진점수와 타당하지 않은 진점수로 구분되며, [그림 13-2]와 같다.

[그림 13-2] **관찰점수의 구성요소**

　검사도구에 의한 관찰점수는 크게 진점수와 오차점수로 구분되는데, 신뢰도는 진점수에 해당되는 부분을 말한다. 진점수는 검사도구의 특성상 측정하고자 하는 내용을 측정한 타당한 점수와 다른 특성을 측정한 타당하지 않은 점수로 구분된다. 전체 관찰점수 중 타당한 점수 부분이 타당도가 된다.

  그러므로 신뢰도는 타당도의 중요한 선행요건으로서 타당도가 높기 위하여 신뢰도는 높아야 한다. 그러나 신뢰도가 높다고 반드시 타당도가 높은 것은 아니다. 신뢰도와 타당도의 관계에서 신뢰도는 타당도를 위한 필요조건이지 충분조건은 아니다. 또한 타당도는 신뢰도의 제곱근 값보다 작거나 같다.

(!) 주요 단어 및 개념

관찰점수 분산	진점수 분산	오차점수 분산
측정오차	신뢰도 계수	재검사신뢰도
동형검사신뢰도	반분검사신뢰도	문항내적일관성신뢰도
Cronbach α	KR-20, KR-21	

연습 문제

1. 신뢰도를 정의하고, 분산의 개념에 의하여 설명하시오.

2. 재검사신뢰도를 정의하고, 검증하는 절차와 장단점을 설명하시오.

3. 동형검사신뢰도를 정의하고, 검증하는 절차와 장단점을 설명하시오.

4. 반분검사신뢰도를 정의하고, 검증하는 절차와 장단점을 설명하시오. 그리고〈표 13-6〉의 자료를 이용하여 기우법에 의한 반분검사신뢰도를 계산하시오.

5. 가장 높은 반분검사신뢰도를 얻기 위하여 검사를 양분하는 방법을 설명하시오.

6. 문항내적일관성신뢰도를 정의하고, 검증하는 절차를 설명하시오.

7. 반분검사신뢰도에서 Spearman-Brown 공식을 사용하는 이유를 설명하시오.

8. KR-20, Hoyt신뢰도, Cronbach a의 공통점과 차이점에 대하여 설명하시오.

9. KR-20과 KR-21의 다른 점을 설명하고, 그 관계를 논하시오.

10. 신뢰도에 영향을 주는 요인을 설명하시오.

11. 공인타당도와 동형검사신뢰도의 같은 점과 다른 점, 그리고 그 관계를 설명하시오.

12. 신뢰도와 타당도의 관계를 설명하시오.

기출 문제

초등 01　K-R 20, K-R 21, 크론바흐(Cronbach)의 알파계수는 다음 중 어느 유형의 신뢰도에 속하는가?

① 반분신뢰도
② 재검사신뢰도
③ 동형검사신뢰도
④ 문항내적신뢰도

초등 02　동형의 두 선택형 검사를 개발하여 임의로 선정된 5명의 학생들에게 두 검사를 모두 실시한 후, 학생들을 성적순으로 나열한 결과는 〈보기〉와 같다. 이 결과를 근거로 검사의 양호도에 대하여 할 수 있는 진술로 가장 적절한 것은?

┌─────────────── 〈보기〉 ───────────────┐

검사 1: 김정희, 나연수, 최인철, 한인수, 박인영
검사 2: 최인철, 한인수, 나연수, 박인영, 김정희

└──────────────────────────────────────┘

① 타당도가 적절하다.
② 실용도가 적절하다.
③ 신뢰도가 의심스럽다.
④ 객관도가 의심스럽다.

초등 06　검사의 양호도에 대한 설명으로 가장 적절한 것은?

① 안면타당도는 준거타당도의 일종이다.
② 신뢰도가 낮아도 타당도는 높을 수 있다.
③ 객관도는 타당도보다 신뢰도에 가까운 개념이다.
④ 측정오차는 신뢰도보다 타당도에 가까운 개념이다.

초등 09   검사도구의 양호도에 대한 진술로 적절하지 <u>않은</u> 것은?

① 높은 타당도는 높은 신뢰도의 선행조건이다.
② 검사가 너무 어렵거나 쉬우면 신뢰도는 낮아진다.
③ 타당도는 무엇을 측정하느냐의 문제로 반드시 준거의 개념이 수반된다.
④ 객관도는 채점자가 편견없이 얼마나 공정하게 채점하느냐의 문제와 관련된다.
⑤ 신뢰도는 어떻게 측정하느냐의 문제로 얼마나 오차 없이 측정하고 있느냐를
   뜻한다.

중등 91   평가도구가 갖추어야 할 조건으로서 측정의 일관성 및 측정의 오차와
관계 깊은 것은?

① 타당도   ② 신뢰도
③ 객관도   ④ 실용도

중등 92   지능지수를 측정하기 위해 머리둘레를 정확하게 재었다. 이 방법에서
(   )는 낮으나, (   )는 높다. (   ) 안에 들어갈 말이 차례대로 짝지어진 것은?

① 타당도, 신뢰도   ② 객관도, 신뢰도
③ 신뢰도, 타당도   ④ 객관도, 실용도

중등 95   〈보기〉와 같은 채점절차를 통해 얻고자 하는 것은?

─────────────〈보기〉─────────────

논술시험지 답안을 채점할 때 수험자의 이름을 가리고, 복수의 채점자가
채점한 결과를 합하여 평균을 낸다.

① 객관도의 향상   ② 난이도의 조정
③ 실용도의 증대   ④ 타당도의 확보

중등 97   검사도구의 타당도와 신뢰도에 관한 진술 중에서 옳은 것은?

① 신뢰도는 타당도를 높이기 위한 필요충분조건이다.
② 타당도는 측정의 오차에 관한 것으로 주로 계수로 수량화된다.
③ 타당도는 검사가 목적으로 삼는 특성을 충실하게 재는 것에 관련된다.
④ 한 답안에 두 사람의 채점점수가 다른 것은 신뢰도의 문제다.

중등 01   규준지향평가에서 평가결과의 신뢰도 확인을 위해서 '동시에 실시한 동형검사신뢰도 계수'를 산출하였다. 이때 동형검사신뢰도 계수의 크기에 가장 큰 영향을 줄 수 있는 요인은?

① 기억력   ② 문항의 동질성
③ 검사내용의 대표성   ④ 수험자의 성장 발달

중등 05   검사-재검사신뢰도 추정과 관계 <u>없는</u> 것은?

① 검사 실시 간격에 따라 결과가 다르다.
② 기억 및 연습 효과가 결과에 영향을 미친다.
③ 검사문항을 반으로 나누어 신뢰도를 추정한다.
④ 동일한 검사환경, 검사동기, 검사태도의 조성이 어렵다.

중등 08   내적일관성신뢰도에 대한 설명으로 옳지 <u>않은</u> 것은?

① 호이트(Hoyt) 신뢰도는 분산분석방법을 사용해서 신뢰도를 추정한다.
② 검사를 한 번만 실시하고도 검사의 신뢰도를 추정할 수 있는 방법이다.
③ 반분검사신뢰도의 경우 검사를 양분하는 방법에 따라 신뢰도 계수가 다르게 추정된다.
④ 스피어만-브라운(Spearman-Brown) 신뢰도는 각각의 문항을 하나의 검사로 간주하여 문항들 간의 유사성을 측정한다.

정답 [초등 01] ④ [초등 02] ③ [초등 06] ③ [초등 09] ① [중등 91] ②
[중등 92] ① [중등 95] ① [중등 97] ③ [중등 01] ② [중등 05] ③
[중등 08] ④

제7부

컴퓨터화 검사와 수행평가

14

컴퓨터화 검사

학습목표

- 컴퓨터화 검사가 무엇이고, 세대 구분은 어떻게 하는가?
- 컴퓨터 이용검사는 무엇이고, 장단점은 무엇인가?
- 컴퓨터화 능력적응검사는 무엇이고 어떻게 진행되며, 장단점은 무엇인가?
- 컴퓨터화 검사의 제3세대인 연속측정과 제4세대인 지적측정은 무엇인가?

1 컴퓨터화 검사의 정의

컴퓨터는 워드프로세서, 빠른 자료 처리와 저장, 그래픽과 동영상, 온라인 전송 등의 다양한 기능을 가지고 있다. 이러한 기능이 검사의 제작, 시행, 채점, 결과분석 및 자료 저장, 관리에 이르기까지 검사의 모든 과정에서 검사를 보다 빠르고 용이하게 수행하는 데 도움을 준다.

컴퓨터를 이용한 모든 검사를 **컴퓨터화 검사**(Computerized Test)라 한다. 컴퓨터화 검사의 종류로는 지필검사의 종이와 연필 대신에 컴퓨터의 화면과 키보드를 사용하여 실시하는 검사인 컴퓨터 이용검사와 피험자의 개별능력에 따라 다음 문항을 선택하여 제시하는 개별적인 적응검사인 컴퓨터화 능력적응검사가 있다.

2 컴퓨터화 검사의 발달

1900년대 후반 이후 문항반응이론이 출현함으로써 검사이론 분야에 많은 학문적인 발전을 가져왔으며, 이러한 검사이론을 교육현장에 적용하는 데 컴퓨터의 신속한 계산수행능력이 필요하게 되었다. 이처럼 컴퓨터화 검사는 검사의 이론적 발전에 고도화된 컴퓨터 관련 기술이 결합하여 급속도로 발전하게 되었으며, Bunderson, Inouye와 Olsen(1989)은 컴퓨터화 검사를 컴퓨터 이용검사, 컴퓨터화 능력적응검사, 연속측정, 지적측정의 4세대로 구분하였다.

제1세대는 **컴퓨터 이용검사**(Computer Based Test: CBT)로 전통적인 지필검사와 동일한 내용의 검사를 컴퓨터를 이용하여 실시하는 단계를 말한다. 그저 단순히 매체만 종이에서 컴퓨터로 전환하여 실시하여도 검사결과의 채점 및 보고에 소요되는 시간과 경비를 절감하고, 즉각적인 송환으로 검사를 통한 학습 향상을 도모할 수 있으며, 동영상이나 음향파일을 이용하여 다양한 형태의 문항을 제작할 수 있다.

컴퓨터를 이용한 검사의 제2세대는 **컴퓨터화 능력적응검사**(Computerized Adaptive Test: CAT)로 모든 피험자에게 동일한 검사를 실시하는 것이 아니라, 개별 피험자의 능력에 맞는 문항을 제시하여 문항을 맞추면 더 어려운 문항을, 틀리면 더 쉬운 문항을 제시하여 피험자의 응답결과에 적응하는 방식으로 실시하는 검사다. 컴퓨터화 능력적응검사의 실현을 위해서는 즉각적인 채점과 다음 문항 선택을 위한 컴퓨터의 빠른 실시간 계산능력이 필수적이며, 이를 통해서 피험자 능력에 적합한 보다 효율적이고 개별적인 검사가 가능하게 되었다.

연속측정(Continuous Measurement: CM)은 컴퓨터를 이용한 검사의 제3세대에 해당하며, 컴퓨터화 검사를 일회적으로 시행하는 것이 아니라 학습진행에 따른 학생의 변화를 연속적으로 측정하는 방법이다. 그러므로 측정이 교육과정의 수립과 더불어 학습의 시작에서부터 목표달성에 이르기까지 지속적으로 실시되어 학습진행 상태의 변화과정을 파악할 수 있게 되므로 검사를 통하여 학습에 도움을 줄 수 있으며, 학습능력 향상을 위한 많은 정보를 얻을 수 있다. 뿐만 아니라, 학생의 변화과정을 측정할 수 있으므로 성장참조평가를 실시하는 데 유용하다.

컴퓨터를 이용한 검사의 마지막 단계는 제4세대인 **지적측정**(Intelligent Measurement: IM)으로 소위 인공지능으로 불리는 지식중심연산(knowledge-based computing)을 이용하여 학습자의 인지구조를 분석하고 잘못된 부분을 교정하여 학습의 극대화 실현에 그 목적이 있는, 매우 고도화된 측정단계다. 이 단계에서는 측정결과에 대한 전문가적 해석과 견해가 필요하므로, 이러한 복합적인 과정을 정교하게 프로그래밍하여 컴퓨터의 인공지능이 전문가의 역할을 대신할 수 있어야만 실현될 수 있다. 지적측정을 통해 Findley(1963)가 주장하는 검사의 교수적 기능이 강화될 수 있다.

미국에서는 이미 1970년대 중반부터 표준화된 지필검사를 컴퓨터화 검사로 전환하기 위한 연구가 시도되어, 다양한 검사가 컴퓨터화 검사의 형태로 실시되고 있다. 예를 들어, 대표적인 성격검사인 MMPI(Minnesota Multiphasic Personality Inventory), ETS에서 개발한 GRE(Graduate Record Examination)와 TOEFL 등이 컴퓨터화 검사의 형태로 시행되고 있다.

현재 컴퓨터화 검사는 컴퓨터 이용검사의 단계를 지나서 컴퓨터화 능력적응검사로 발전하고 있으며, 연속측정, 지적측정을 적용한 검사들이 시도되고 있다. 이미 미국에서는 지필검사의 형태로 실시되었던 많은 대규모의 표준화 검사들을 컴퓨터화 검사로 전환하였다가, 점차 컴퓨터화 능력적응검사로 개발하려는 노력이 지속되고 있다. 예를 들어, 군대에서 실시되는 적성검사로 미국 해군 입대자들의 배치를 위한 ASVAB(Armed Services Vocational Battery)나 미국 육군에서 실시하는 CAST(Computerized Adaptive Screening Test) 등이 컴퓨터화 능력적응검사로 개발되어 지필검사와 병행하여 실시되고 있다(McBride & Sympson, 1985; Sands, 1985). ETS에서도 대부분의 학력, 자격검사를 컴퓨터화 능력적응검사 형태로 개발·실시하고 있다. 일반 대학원 입학시험인 GRE, 경영대학원 입학시험인 GMAT 등은 이미 전 세계적으로 컴퓨터화 능력적응검사 형태로 실시하고 있으며, 간호사 자격시험인 NCLEX(Nurse Council Licensure Examination)와 같은 자격시험들도 컴퓨터화 능력적응검사의 형태와 병행하여 시행되고 있다. 또한 미국 임상병리학회에서 실시하는 의학기술자 자격검사인 MLT(Medical Laboratory Technician Examination)도 컴퓨터화 능력적응검사와 지필검사 중에서 선택하여 검사를 치르도록 하고 있다. 국내에서는 한국교육과정평가원에서 컴퓨터를 이용한 초·중·고등학교의 수학·과학 교과에 대한 학력검사 개발 연구를 실시하여, 네트워크상에서 컴퓨터화 검사와 컴퓨터화 능력적응검사 형태의 학력검사를 시범 시행하고 있다(백순근, 채선희, 1998).

3 컴퓨터 이용검사

컴퓨터 이용검사는 지필검사를 컴퓨터를 이용하여 실시하는 검사로서 문항의 제시순서가 지필검사의 문항순서와 동일하다. 다만, 컴퓨터의 기능에 따라 그래프, 사진, 동영상, 음성 등 문항의 제시형태가 다양할 수 있다는 특징을 지닌다.

시험을 종이로 보는 것보다 **컴퓨터**로 보는 **장점**은 다음과 같다(Wise & Plake, 1989; 성태제, 1992).

첫째, 응답결과나 검사결과의 즉각적인 송환은 학습능력 향상을 촉진할 수 있으며, 채점과 결과 통보에 걸리는 인력과 시간, 경비를 절약한다.

둘째, 그래프, 사진, 동영상, 음성 등의 새롭고 다양한 형태의 문항을 통하여 지금까지 지필검사로는 측정하지 못하였던 능력을 측정할 수 있으며, 피험자에게 질문을 보다 쉽고 정확하게 이해시킬 수 있고, 검사에 대한 흥미를 유발시킬 수 있다.

셋째, 실시상의 어려움이 따르던 수행평가도 컴퓨터를 이용한 모의실험(simulation)을 통하여 다양하고 편리한 방법으로 실시할 수 있다. 예를 들어, 환자의 증상을 컴퓨터로 보고 그 증상에 대한 진단과 치료방법을 서술하게 하든가, 아니면 실제로 키보드나 마우스와 같은 컴퓨터의 입력장치를 치료도구로 하여 환부의 치료를 시행하도록 할 수 있다. 뿐만 아니라, 실험 · 실습과 관련된 내용의 인지 여부를 확인할 수 있다.

넷째, 검사일정에 구애받지 않고 언제라도 원하는 시기에 검사를 실시할 수 있다. 또한, 네트워크를 이용하면 굳이 검사장에 입실하지 않아도 컴퓨터만 있다면 어디에서든지 응시가 가능하다.

다섯째, 기존의 지필검사를 치르지 못하던 피험자에게도 검사를 실시할 수 있다. 지시문을 읽지 못하는 시각장애인이나 유아에게도 음성을 이용하여 검사를 실시할 수 있는 등 장애 정도에 따라 적절한 평가환경을 제공하는 것이 가능하다.

여섯째, 문항과 피험자에 대한 다양한 정보를 제공하고 지속적으로 저장, 관리할 수 있다. 피험자의 응답결과뿐 아니라, 각 문항마다 응답에 걸리는 시간, 문항의 재검토나 수정 여부 등을 알 수 있으므로 보다 정확한 피험자의 능력 추정을 위한 자료로 이용할 수 있다.

일곱째, 검사를 종이에 인쇄하여 운반하거나 보관할 필요가 없으므로 검사내용에 대한 비밀보장이 용이하고, 그만큼 경비도 절감할 수 있다.

이상과 같이 많은 장점이 있지만, 컴퓨터화 검사를 실시하기 위해서는 검사내용의 입출력을 위한 컴퓨터 하드웨어 설비와 문제은행을 관리하고 검사결과를 분석하기 위한 소프트웨어가 갖추어져야 한다. 컴퓨터화 검사를 실시할 때에는 지필검사에서 검사환경을 동일하게 하여 피험자 평가에 공정성을 기하는 것과 마찬가지로 컴퓨터 환경과 설정양식을 동일하게 하는 것이 필요하다.

국내에서 컴퓨터 통신망을 이용한 간단한 형태의 검사나 설문들이 실행되고 있으며, 컴퓨터 보조학습(Computer-Assisted Instruction: CAI) 프로그램의 중간에 형성평가를 목적으로 실시되기도 한다. 또한 TestWizard(에버케이션, 2000)와 같은 컴퓨터화 검사의 제작·실행을 위한 프로그램이 개발되기도 하였다([부록 6] 참고).

4 컴퓨터화 능력적응검사

1) 역사

지금까지 시행되어 온 지필검사에서 개별검사와 집단검사는 검사의 목적을 동시에 만족시킬 수 없는 특성을 가지고 있다. 개별검사를 실시하면 피험자에게 적절한 문항만을 선택하여 검사를 치르고 피험자가 과제를 이해하였는지 여부를 자세히 알 수 있는 반면, 검사환경의 동일성을 유지하고 비용을 절감할 수 있는 집단검사의 장점을 잃게 된다. 이러한 이유로 집단검사가 현재 더 널리 사용되고 있다. 그러나 집단검사는 너무나 넓은 범위의 능력수준을 가정하고 있다는 문제점이 있다. 측정의 정확도는 능력수준에 맞는 문항을 제시할 때 높아지지만, 대부분의 집단검사에서는 평균수준의 능력자들에게 초점을 맞추기 때문에 중간난이도 수준의 문제가 대부분이고 아주 쉽거나 어려운 문제는 소수다. 이러한 검사의 구성으로 인하여 문제가 발생할 수 있다. 능력이 높은 피험자에게 능력보다 쉬운 문제를 제시하는 것은 많은 시간과 노력의 낭비일 뿐 아니라 지루함에 의한 부주의와 같은 측정의 방해요인이 발생하기 쉽다. 또한, 능력이 낮은 피험자에게 어려운 문항이 주는 정보는 거의 없으며 오히려 검사불안, 혼란이 발생하고 측정에서 잡음변수가 되는 추측의 가능성이 증가하는 역효과를 초래하게 된다.

이러한 검사상의 문제점을 해결하기 위한 시도로 등장한 것이 **맞춤검사**(tailored test) 또는 **적응검사**(adaptive test)다. 검사의 난이도가 피험자의 능력수준에 적합할 때 측정의 오차가 최소화되어 가장 많은 검사정보를 얻을 수 있다는 논리에 기초하여, 제시된 문항을 맞추면 더 어려운 문항을, 틀리면 더 쉬운 문항을 제시하도록 문항의 제시순서를 미리 정해 놓은 검사다.

적응검사의 기원은 구술형식의 검사에서 찾아볼 수 있다. 실제로 구술시험은 공식적, 비공식적 상황에서 거의 매일 행해지고 있다고 볼 수 있다. 질문을 하는 사람은 응답자가 맞추면 더 어려운 질문을 하고 틀리면 더 쉬운 질문을 하게 된다. 이렇게 질문의 난이도를 피험자의 능력에 적합하도록 맞추는 것이 적응검사의 가장 기초적이고 핵심적인 특성이다. 보다 형식적인 최초의 적응검사는 1900년대 초 아동의 지능발달 정도를 측정하기 위한 검사(Binet & Simon, 1905)로, 연령단계에 따라 난이도가 점차 증가하는 지능검사를 제작하여 아동의 연령에 맞춰서 검사를 시작하고, 어떤 연령 단계 문항을 모두 틀렸을 때 검사를 종료하며, 응답한 마지막 연령 수준의 지능을 가지고 있다고 해석하였다.

Binet 이후 1950년대 초반까지는 특별한 발전이 없다가, 1950년대 중반에 이르러 지필검사 형태의 적응검사가 시도되었다. Lord(1971)는 적응검사의 가장 간단한 형태로 첫 번째 검사의 수행에 기초하여 보다 능력에 부합하는 두 번째 검사를 제시하는 2단계 검사(two-stage test)를 시도하였으며, 이후에 유동수준검사(flexilevel test)로 발전시키면서, 이러한 검사원리를 통칭하여 맞춤검사(tailored test)라고 명명하였다.

Frederic M. Lord(1912~2000)

측정학적으로 많은 이점을 가지고 있음에도 불구하고 실행상의 복잡성으로 발전하지 못했던 적응검사는 1970년대 중반에 이르러 검사에 컴퓨터의 사용이 가능하게 되면서부터 컴퓨터화 능력적응검사로 발전되었다. 그동안 많은 기관이 적응검사의 장점을 인식하고 연구를 실행해 왔지만 강력하고 경제적인 최초의 진정한 적응검사는 컴퓨터에 의해 실현되었다고 볼 수 있다. 문항은 컴퓨터 화면을 통해서 제시되고, 피험자는 키보드를 이용하여 응답하며, 컴퓨터의 연산장치에 의해 다음 문항이 선택되므로 컴퓨터가 검사를 위한 수단으로 사용되는 것이다.

다시 말하면, **컴퓨터화 능력적응검사**는 지필검사와 같이 모든 피험자에게 동일한 순서에 의해 동일한 문항을 제시하는 것이 아니라, 사전에 구축된 문제은행에서 컴퓨터의 연산능력을 이용하여 피험자의 정답 여부에 따라 능력수준에 부합하는 난이도를 가진 문항을 선택하여 제시하는 과정을 반복함으로써 피험자의 능력을 추정하는, 컴퓨터를 이용한 검사방법이다(성태제, 1992; 임현정, 1999).

2) 특 성

컴퓨터화 능력적응검사는 컴퓨터 이용검사와 마찬가지로 컴퓨터라는 매체를 이용함으로써 얻을 수 있는 일반적인 컴퓨터화 검사의 장점과 피험자 능력수준에 적합한 문항만을 선별하여 개별화된 검사를 치름으로써 얻을 수 있는 적응검사만의 장점을 가지고 있다.

컴퓨터화 능력적응검사에서는 현명한 검사시행자나 교사가 검사를 실시하는 것과 같은 논리로 검사가 진행된다. 그러므로 컴퓨터화 능력적응검사의 모든 장점은 측정의 효율성에서 기인한다. 효율성이란 검사의 길이를 고려한 측정의 정확도를 의미한다. 피험자의 능력수준에 부합한 검사를 실시하였을 때 보다 정확한 결과를 얻을 수 있으므로 다양한 능력수준의 피험자에게 동일한 형태의 검사를 실시하는 것보다 컴퓨터화 능력적응검사를 이용하면 보다 적은 수의 문항으로 보다 정확한 피험자의 능력을 추정한다. **컴퓨터화 능력적응검사**의 이러한 특성에 의해 얻을 수 있는 **장점**은 다음과 같다.

첫째, 누구에게나 공정하고 정확한 검사결과를 얻을 수 있다. 컴퓨터화 능력적응검사를 실시하면 피험자에게 높은 정보를 주는 문항만을 선별적으로 제시할 수 있으므로 모든 피험자의 능력을 같은 정도로 정확하게 측정할 수 있다.

둘째, 피험자의 능력에 맞는 문제를 제시함으로써 동기를 유발시키고, 사기를 진작시켜, 검사상황에서 유발되는 측정의 오차를 감소시킬 수 있다.

셋째, 효율적인 검사를 실시할 수 있기 때문에 검사에 소요되는 시간을 단축할 수 있으며, 검사 실시에 따르는 경비절감에도 기여한다.

넷째, 개인마다 다른 형태의 검사를 시행함으로써 검사 도중에 발생하는 부정행위를 방지할 수 있다.

다섯째, 검사문항 내용에 대한 정보유출의 가능성을 최소화할 수 있다.

이와 같이 많은 장점을 지니고 있는 컴퓨터화 능력적응검사는 가장 발전된 검사형태의 하나로 실시되고 있다. 그러나 실제 컴퓨터화 능력적응검사의 양호도 검증 문제나 검사를 실시하는데 발생하는 문제점이 없는 것은 아니다. 컴퓨터화 능력적응검사와 관련되어 문제가 되거나 특히 주의해야 할 사항들은 다음과 같다.

첫째, 컴퓨터화 능력적응검사와 지필검사를 병행하여 실시하는 경우, 두 검사 점수의 상호 교환 가능성 충족 여부를 증명해야 한다. 특히, 검사시기와 관계없이 검사점수를 개인자료로 이용하는 경우에는 추정된 능력의 동등성 여부가 더욱 중요하다.

둘째, 컴퓨터화 능력적응검사에서 피험자가 체감할 수 있는 문제점은 검사 진행 중에 문항을 재검토 또는 수정하거나, 문제를 풀지 않고 다음 문항으로 건너뛸 수 없다는 것이다. 이러한 제약이 피험자에게 검사불안을 유도할 수 있기 때문에 검사 실시 이전에 컴퓨터화 능력적응검사를 치루는 방법에 대한 자세한 설명이 필요하다.

3) 구성요소

컴퓨터화 능력적응검사는 문제은행, 문항반응모형, 검사 알고리즘의 세 가지 요소가 밀접하게 연결되어 구성된다.

첫째, 문제은행은 컴퓨터화 능력적응검사뿐만 아니라 모든 검사의 기본적인 구성요소이며, 특히 컴퓨터화 능력적응검사는 지필검사보다 충분한 수의 양질의 문항을 가진 문제은행을 필요로 한다.

둘째, 피험자 능력과 문항 모수추정의 불변성을 유지함으로써 고전검사이론보다는 문항반응이론이 보다 안정적인 컴퓨터화 능력적응검사를 실시하는 데 필수적이다.

셋째, 검사 시행의 논리라고 말할 수 있는 검사 알고리즘은 컴퓨터화 능력적응검사의 고유한 특성을 나타내는 부분으로 검사를 시작할 때 특정 문항을 제시하는 기준, 다음 문항을 선택하는 기준, 검사를 종료하는 기준으로 구성되어 있다.

4) 검사 알고리즘

실제로 피험자에게 검사를 실행하기 위해서는 검사의 진행과정에 대한 규칙이 명확히 규명되어 있어야 한다. 이러한 검사 진행방식을 검사의 알고리즘이라 하며, 검사의 시작, 진행, 종료를 위한 기준으로 나누어 볼 수 있다. 컴퓨터화 검사의 알고리즘은 지필검사의 경우와 동일하지만, 컴퓨터화 능력적응검사는 다른 검사와는 차별되는 적응검사만의 고유한 알고리즘에 따라 진행되며, [그림 14-1]과 같다.

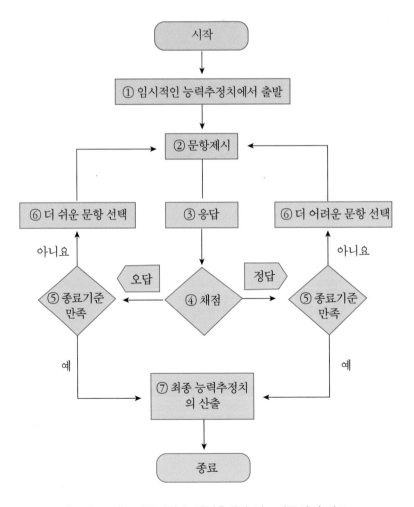

[그림 14-1] **컴퓨터화 능력적응검사 알고리즘의 순서도**

　컴퓨터화 능력적응검사에서는 피험자의 사전 정보에 의해 임시적으로 추정된 능력수준에 해당하는 난이도를 가진 문항에서 검사를 시작하여, 맞히면 어려운 문항이 제시되고 틀리면 보다 쉬운 문항이 제시되어 제시된 문항에 대한 정답 여부에 따라 새로운 능력이 추정되고, 다시 이 능력에 적합한 문항을 선정하는 방식으로 검사가 진행된다. 그리고 컴퓨터화 능력적응검사는 일정 수준의 능력추정정확도에 도달하거나, 검사시간이나 문항 수에 대한 기준이 만족되면 종료된다. 그러므로 컴퓨터화 능력적응검사에서 피험자들은 각자의 능력수준에 해당되는 난이도를 가진 문항으로 검사를 시작하여, 능력수준에 따라서 다른 수의 다른 문항에 응답하게 되며, 종료기준을 만족하면 언제라도 검사를 마칠 수 있다.

(!) 주요 단어 및 개념

컴퓨터화 검사   컴퓨터 이용검사   컴퓨터화 능력적응검사
연속측정   지적측정   맞춤검사(tailored test)
문제은행   문항반응이론

연습 문제

1. 컴퓨터화 검사의 4세대를 설명하고, 컴퓨터화 검사가 추구하는 목적이 무엇인지 논하시오.

2. 컴퓨터화 검사의 장단점을 논하시오.

3. 맞춤검사와 컴퓨터화 능력적응검사의 원리를 설명하고, 장단점을 논하시오.

⊞ 기출 문제

초등 00　전통적 지필검사와 비교해 볼 때 컴퓨터를 이용한 개별적응검사
(Computerized Adaptive Testing: CAT)가 가지는 가장 큰 장점은?

① 적은 수의 문항으로 학습자의 능력을 측정할 수 있다.
② 교육목표 달성 여부를 체계적으로 파악하기에 적합하다.
③ 교수·학습의 수준을 높이기에 적절하다.
④ 컴퓨터를 사용하여 검사를 제작할 수 있다.

15

수행평가

교육평가 방법은 평가의 내용과 목적에 따라 매우 다양하다. 특히, 평가대상이 교수 · 학습내용을 어느 정도 알고 있는지를 평가하는 학업성취도 평가방법은 학습내용과 특징, 그리고 평가목적에 따라 다양하다. 최근 교육 분야뿐 아니라 사회 전반에서 관심이 높아지고 있는 수행평가는 다양한 학습내용과 학습자의 능력을 평가할 수 있는 방법으로 알려져 있다. 이 장에서는 학업성취도 평가방법의 변화와 본래의 수행평가를 설명하고 수행평가의 정의와 특징, 그리고 문제점을 설명한다.

1 학업성취도 평가방법의 변화

교육의 대상인 인간의 특성은 인지적, 정의적, 심동적으로 분류되며, 각 특성을 평가하는 방법은 〈표 15-1〉과 같다.

〈표 15-1〉 **인간의 세 가지 특성과 평가방법**

특성	평가방법
인지적 특성	대화, 구술, 지필검사(논술, 단답, 괄호, 진위, 배합, 선다), 실험 · 실습
정의적 특성	자연관찰, 관찰기록, 면접, 관찰점검표, 자기서술, 질문지
심동적 특성	관찰에 의한 수행과정평가, 지필검사

인지적 행동특성에 대한 평가의 목적은 가르치고 배운 내용을 어느 정도 알고 있는지를 확인하는 것이다. 인지적 특성을 평가하는 최초의 평가방법은 대화였으나 평가대상의 증가에 따른 시간적 제한 때문에 대화는 보다 구조화된 형태의 구술시험으로 대치된다. 대화나 구술시험에 의한 평가결과는 기록으로 남길 수 없는 취약점 때문에 종이가 발명되면서 논술형 지필검사가 개발되었다. 논술형 문항에 의한 지적능력평가는 채점의 신뢰도 문제를 근본적으로 지니고 있어 경쟁이 심한 산업사회에서는 채점의 객관성을 높일 수 있도록 구조화된 형태의 문항을 사용하게 되었다. 구조화된 문항 유형은 단답형, 괄호형, 진위형, 배합형, 선다형

을 들 수 있다. 또한 교과내용이 다양해지면서 과학교과인 경우 특정 지식을 알고 있는가보다는 실제로 실험을 할 수 있는지를 평가하는 실험ㆍ실습방법이 사용되기도 하였다.

정의적 행동특성을 평가하기 위해서는 실제적이고 자연적인 상황에서 사람들의 태도나 가치관 등과 관련된 행동이 어떻게 나타나는가를 평가하는 방법이 가장 타당하다. 그러나 실제상황에서 모든 정의적 행동특성을 평가하기가 불가능하기 때문에 실생활과 근접한 맥락이나 인위적인 상황에서 관찰이나 면접을 통하여 정의적 행동특성을 평가한다. 이와 같은 평가방법조차 실시하기 어려울 때는 질문지에 의한 평가를 실시할 수 있다. 예를 들어, 인성이나 가치관 혹은 도덕성을 측정하기 위하여 질문지를 사용할 수 있다. 이와 같은 평가방법은 허위반응이나 가치중립화 경향을 배제할 수 없는 간접적인 평가방법이므로 결과 해석에 제한이 있을 수 있다.

신체적 활동이나 기능과 관련된 심동적 영역의 교육은 실제로 행위를 잘하게 하는 데 목적이 있다. 그러므로 심동적 행동특성 평가방법은 행위를 전개하는 과정과 행위의 결과에 대한 수행 정도를 평가하여야 하므로 관찰에 의존한다. 예를 들어, 고전무용을 가르치고 난 후 학생이 얼마나 고전무용을 잘 하는지, 혹은 다이빙 자세를 가르치고 난 후 바른 동작으로 다이빙을 하는지를 관찰에 의하여 평가한다. 체조의 경우도 체조를 준비하는 단계에서부터 체조하는 과정, 체조 행위를 종료하는 순간까지 모든 과정과 결과를 평가한다. 그러므로 심동적 영역에서의 평가는 아느냐 혹은 모르느냐를 확인하는 작업도 중요하지만, 얼마나 잘 행위하느냐에 관심을 두며 행위하는 과정의 수준과 질에 관심을 둔다. 다시 말해서, 앎(knowing)보다도 행함(doing)에 초점을 두는, 수행(performing)하는 정도를 평가하므로 이를 **수행평가**라 한다. 그러나 심동적 행동특성을 평가함에 있어 모든 행위의 정도를 평가하기가 수월하지 않으므로 자연적인 상황에서의 수행평가보다는 인위적인 상황에서의 수행평가, 그것도 불가능할 경우에는 지필검사로 대치하는 경우도 있다.

각 행동특성에 따른 전통적 평가방법으로 지적 능력을 평가하는 방법은 대화법이었으며, 정의적 행동특성을 평가하는 방법은 자연관찰, 그리고 심동적 행동특성을 평가하는 방법은 관찰에 의한 수행 정도를 평가하는 방법이었다. 그러나 인지적 행동특성을 평가함에 있어 평가대상이 많아지고 평가결과가 개인이나 사회에 중요한 영향을 미침에 따라 평가결과를 기록·보존하여야 하는 필요성이 제기되었다. 이에 따라 인지적 행동특성의 평가는 지필검사의 형태로 정착되면서 보다 객관적인 평가방법을 구안하고, 평가 유형을 구조화하여 선택형 문항으로 구성된 학업성취도검사에 의한 평가로 발전하였다. Mislevy(1997)는 미국의 경우도 1930년대 말부터 대단위 형태의 검사 프로그램이 구술시험이나 서술시험에서 표준화된 선다형 문항의 검사로 대치되기 시작하였다고 하였다. 평가에 있어서 타당도보다는 평가결과의 객관성으로서 신뢰도를 강조하게 되므로 평가방법은 구조화될 수밖에 없었으며, 선다형 문항이 가장 발전된 문항 형태라 할 수 있다. 보다 간편하고 구조화된 평가방법을 사용하면 교육목적을 달성하는 데 어려움이 있을 수 있다. 예를 들어, 정의적 행동특성을 교육하는 데 평가의 편리함과 객관성을 높이기 위하여 Likert척도에 의한 질문지로 도덕성을 측정한다면 도덕성을 함양하는 교육보다는 문항에 어떻게 잘 반응하는가에 치중할 수 있다.

최근 들어 지적 능력을 함양하기 위한 방법으로 선택형 문항보다는 논술형 문항에 의한 평가에 비중을 두는 추세고, 정의적 영역의 평가는 지필검사보다는 심층면접을, 심동적 영역의 평가는 지필검사보다는 실기 위주의 평가에 비중을 두는 경향이다. 나아가 각 영역의 행동특성을 평가함에 있어 다른 영역의 특성을 평가하는 방법을 상호 참고하여 보완해 나가는 추세다.

지식과 정보를 알고 이해하는 능력과 지식과 정보를 다룰 줄 아는 능력을 함께 요구하는 지식산업사회에서 인간에 대한 평가는 어떤 사실을 아는 정도는 물론, 알고 있는 지식을 얼마만큼 잘 행하는지, 즉 실제생활에 얼마만큼 적용하는지를 평가하는 수준까지 요구한다. 예를 들어, 워드프로세서를 사용하는 방법에 대한 지식과 더불어 실제로 워드프로세서를 사용하여 문서를 작성하는 수준까지 평가하는 것이 문서편집과 관련된 능력을 총체적으로 평가하는 것이다. 이와 같이 어떤 지식을 이해하고 기억하며 재생하는 능력뿐 아니라 지식을 수행하는 정도까지 평가하는 방법이 모든 교과영역에 적용되고 있다.

Herman, Aschbacher와 Winters(1992)는 선택형 문항에 의한 평가방법을 전통적인 평가방법이라 하고, 이에 대응되는 평가방법을 대안적 평가방법이라 하였으며, 두 가지 평가방법을 〈표 15-2〉와 같이 비교하였다.

〈표 15-2〉 **전통적 평가방법과 대안적 평가방법**

구분 내용	전통적 방법	대안적 방법
학습관	학습결과에 관심	학습과정과 결과에 관심
학습자관	수동적 관점 분리된 지식과 기술을 평가	능동적 관점 통합된 지식과 기술을 평가 메타인지적 관점
평가형태	지필검사	수행평가 참평가 포트폴리오
평가실시	일회적 평가	지속적 평가
평가내용	단일 속성	다원적 속성(여러 측면)
평가대상	개인평가 강조	집단평가 강조(협동)

선택형 문항 위주의 전통적 평가방법은 문제풀이과정을 분석하지 못하고 성취에만 관심이 있으며, 지필검사에 의존한다는 특징이 있다. 반면 대안적 평가방법은 학습결과뿐 아니라 학습자의 학습과정도 평가할 수 있다. 또한 대안적 평가는 학습자가 자신의 학습과정이나 문제풀이과정을 스스로 검토하고 평가할 수 있다는 메타인지적 관점에서 학습자를 보며, 평가의 유형으로 수행평가, 참평가, 포트폴리오 등을 들고 있다. 전통적 평가방법은 단일 속성을 평가하는 반면 대안적 평가방법은 문제를 풀어 가는 과정 중에 필요한 모든 능력을 평가하는 특징이 있기 때문에 다양한 정보를 다루는 복합적인 능력과 기술을 요구하므로 공동과제의 형태로 제공될 수 있다. 이러한 경우는 개인평가보다는 공동으로 문제해결에 참여하는 집단평가를 강조한다.

앞에서 설명한 것처럼 지적 능력을 평가하는 최초의 방법은 대화나 구술이었고, 과학교과인 경우는 실험·실습이 주된 평가방법이었다. 그러나 평가의 편리성과 객관성이 강조되면서 평가방법은 선택형 위주의 지필검사를 실시하게 되었다. 즉, 선택형 위주의 지필검사에 의한 평가방법은 대화나 구술, 그리고 실험·실습에 의한 평가방법의 대안이었다. 선택형 위주의 평가방법이 지난 수십년 동안 인지적 능력을 평가하는 방법으로 주로 사용되었으나, 다시 수행평가, 포트폴리오 등의 대안적 평가방법이 대두되는 추세다. 성태제(1995)는 고등정신능력

신장을 위한 교육평가 방안의 탐색으로 수행평가, 참평가, 포트폴리오를 제안하였다. 국내에서도 점차 수행평가에 대한 관심이 높아지면서 수행평가에 대한 서적들이 출간되었다(권오남, 김경자, 1997; 김경자, 2000; 남명호 외 2인, 2000; 배호순, 2000; 백순근 외 11인, 1998; 석문주 외 7인, 1997).

2 수행평가의 정의와 특징

최근 수행평가에 대한 관심이 높아지면서 수행평가에 대한 다양한 정의가 소개되고 있다. 수행평가의 정의들은 대체로 수행평가의 장점과 선다형 문항 위주의 평가방법이 갖는 단점을 대비하는 차원에서 서술되는 경향이 있다. 즉, 선다형 문항에 의한 지필검사를 전통적 평가방법으로 규정하고 그 외 다른 평가방법을 수행평가로 정의하여, 우리나라에서 실시하는 선다형 문항 위주의 평가방법은 모두 잘못된 것이므로 수행평가를 실시해야 한다는 논리들이 그것이다. 그러나 이러한 주장은 최소한 다음과 같은 두 가지의 오류를 가지고 있다.

첫째, 수행평가의 정의에 대하여 올바르게 이해하지 못하고 있다.
둘째, 수행평가와 선다형 문항에 의한 평가의 기능과 목적이 다름을 고려하지 못한다.

앞에서 설명한 것과 같이 수행평가는 전혀 새로운 평가방법이 아니라 심동적 영역의 행동특성을 평가하기 위하여 사용되었던 평가방법을 인지적 영역의 행동특성 평가에 도입한 것이다. 그러므로 인지적 영역에서의 수행평가는 기존의 선택형 검사에 근거한 평가방법을 보완하는 측면에서 해석하는 것이 타당하다. 남명호(1995)도 수행평가는 관련 있는 과제에 대해 학생들의 실제적인 수행을 검사하고 판단하는 평가로서 최근에 처음 사용되는 평가방법이 아니라고 하였으며, 오래 전부터 실시되었던 예·체능계의 실기평가와 과학실험평가, 그리고 의과대학의 실습 등이 대표적인 수행평가의 예라고 하였다.

1) 수행평가의 개념적 구분

수행평가의 개념을 이해하기 위해서는 수행평가와 관련되거나 수행평가와 혼용하여 사용되고 있는 용어들을 이해할 필요가 있다. 이러한 용어로는 참평가, 포트폴리오, 직접평가, 대안적 평가가 있다. 성태제(1998a; 1998b)는 수행평가와 혼용되어 사용되고 있는 이러한 용어들에 대해 〈표 15-3〉과 같이 설명하고 있다.

〈표 15-3〉 수행평가와 관련된 용어 정의

용어	정의
수행평가	지식이나 기능, 혹은 기술의 수행 정도를 측정하는 평가
참평가	실제상황에서 수행 정도를 측정하는 평가
포트폴리오	개인의 작업이나 작품을 모아 둔 자료집이나 서류철
직접평가	표출되는 행위에 대한 직접관찰을 통하여 실시하는 평가
대안적 평가	기존의 어떤 평가방법을 대치할 수 있는 평가

수행평가(performance assessment)는 배운 내용이나 지식, 그리고 습득한 기술이나 기능을 행위로 나타내는 정도를 측정하여 판단하는 평가방법을 말한다. **참평가**(authentic assessment)는 실제생활에서 실시되는 수행평가로서 평가상황이 평가의 목적에 따라 인위적으로 고안되지 않는 특징을 지니고 있다. 그러므로 Meyer(1992)는 교육현장에서 의미 있는 평가방법이 되기 위해서는 수행평가와 참평가가 구분되어야 한다고 주장한다. 정의에 의하면 참평가는 모두 수행평가가 될 수 있으나 모든 수행평가가 참평가가 될 수는 없다. **포트폴리오**(portfolio)는 작업결과나 작품 혹은 어떤 수행의 결과를 모아 놓은 자료집이나 서류철을 보고 평가하는 방법으로 자료집에 넣을 작업결과를 학생이 스스로 선택하는 방법이다. **직접평가**(direct assessment)는 간접평가와 반대되는 개념으로 사용되는 용어다. 인간의 능력은 잠재되어 있기 때문에 잠재되어 있는 속성을 직접 측정하기가 불가능하므로 검사라는 도구를 사용하여 간접측정을 실시하게 된다. 그러나 수행평가는 검사에 의한 간접적인 측정이 아니라 어떤 행위를 직접 관찰하면서 평가하기 때문에 직접평가라는 용어를 사용한다. **대안적 평가**(alternative assessment)는 평가

방법의 특성을 염두에 두고 사용된 용어가 아니며 기존의 어떤 평가방법을 대치할 수 있는 평가방법을 말한다. 의미상으로 대안적 평가가 수행평가의 동의어는 아니다. 다만, 대안적 평가가 수행평가를 지칭하여 사용되는 경우는 기존의 평가방법이 다루지 못한 영역을 수행평가가 다룰 수 있기 때문에 수행평가가 기존의 평가방법에 대한 하나의 대안이 될 수 있다는 측면을 부각시킨 것이다.

〈표 15-3〉에서 제시되어 있는 용어들은 수행평가와 혼용되어 사용되면서 수행평가의 특성을 잘 나타내고 있기 때문에 이러한 용어에 대한 이해는 수행평가의 개념을 정의하는 데 도움이 된다. 특히, 수행평가 중 하나의 방법이 될 수 있는 참평가와 포트폴리오의 정의, 특성 등의 이해는 수행평가를 구체적으로 정의하는 데 도움이 될 것이다.

(1) 참평가

수행평가는 학습자들의 과제수행이 실제생활의 문제들과 직접적으로 관련되기 때문에 참평가(authentic assessment)로 부르기도 한다(Linn & Baker, 1996). Wiggins(1989)에 의하여 처음으로 소개된 **참평가**는 학습자들의 지식과 기술을 학교 밖의 실제세계(real world)에서 사용하는 것과 동일한 방식으로 적용하도록 요구하는 평가를 의미한다.

수행평가와 참평가는 대체로 구분 없이 사용되지만 수행이 이루어지고 있는 맥락에 따라 다소 다른 의미를 가지기도 한다. 수행평가가 학습자들에게 평가될 구체적인 행동을 수행하도록 요구하는 경우라면, 참평가에서 학습자는 요구된 행동을 완성하거나 드러내는 것이 아니라 실생활의 맥락에서 행동한다. 수행평가가 학생들에게 제한된 조건과 기준하에서 결과를 산출하거나 문제를 해결하길 요구한다면, 참평가는 평가의 과제와 맥락의 실생활적 성격을 부각시킨다고 볼 수 있다(Khattri & Sweet, 1996). 즉, 참평가에서는 어떤 기술이나 지식을 교수 · 학습의 맥락이 아니라 실제적인 맥락에서 적용하도록 요구한다(Oosterhof, 1994). 수행평가와 참평가의 구분은 평가상황이 실제에 얼마나 근접한가에 달려 있다. 따라서 모든 참평가는 수행평가라 할 수 있지만, 모든 수행평가가 참평가가 되는 것은 아니다. 그러나 좋은 수행평가 과제가 갖추어야 할 준거 중 하나가 평가과제의 실제맥락성(혹은 진실성, authenticity)이기 때문에 이런 측면에서 참평가는 수행평가의 특성 중 하나가 될 수 있다.

(2) 포트폴리오

앞에서 언급하였듯이 **포트폴리오**는 하나 이상의 영역에서 학습자들의 진보가 드러나는 학습결과에 대한 작품집으로서 수행평가 방법의 하나지만, 포트폴리오 평가라는 용어로도 종종 사용된다. 이것은 포트폴리오가 한 학기나 한 해 등의 가장 장기간의 평가시간을 필요로 하며, 학습자들의 자기평가를 중요한 판단으로 사용한다는 점에서 다른 수행평가 방법들과 구별되는 경향이 있기 때문이다. 포트폴리오의 예로서 언어나 문학에서 자주 사용되는 작문표본집과 연설 녹음테이프들, 미술에서의 작품집, 과학에서의 실험기록들, 수학에서 문제풀이에 사용하는 연습장(worksheets) 등을 들 수 있다.

포트폴리오의 유형은 대체로 과정중심의 폴리오(process folio)와 결과중심의 포트폴리오(portfolio)로 나뉘기도 한다. 과정중심의 폴리오는 학습하는 과정이나 산출물을 만들어 가는 과정의 특징과 범위를 기록하는 학습과정중심의 평가기법이고 결과중심의 포트폴리오는 학습결과물 자체의 특징과 범위를 기록하고 스스로 평가하는 방법이다.

Gordon과 Bonilla-Bowman(1996)에 의하면, 포트폴리오를 통하여 학습자들은 종합적인 인지능력을 활용하며, 자신들의 학습을 반성하고, 스스로 학습을 구안하며, 다양한 학습의 형태를 활용할 수 있게 되므로 평가를 수업의 과정으로 인식할 뿐 아니라, 수업의 과제와 학교 밖에서의 그들의 생활을 관련시키게 된다. 학습자들은 한 학기 혹은 한 해 동안 모아 온 작품집에서 작품을 선별하여 평가자에게 제출하기 때문에 포트폴리오에서는 학습자의 자기반성과 평가의 과정이 포함된다. 또한 포트폴리오는 수행과정이나 그 결과에 대한 평가뿐 아니라, 학습자들의 발달과정까지 평가할 수 있다는 장점이 있다(성태제, 1998a). 즉, 포트폴리오는 학습자들에게 자기평가의 기회를 제공할 뿐 아니라 교사와 학부모에게도 학생들의 학습의 진보와 강·약점에 대한 정보를 제공하여 학생들의 성취에 대한 의사소통을 하는 데 용이하다. 또한 포트폴리오는 개별화된 수업목표에 쉽게 적응할 수 있다는 장점도 있다. 학생들은 스스로 자신의 작품집을 준비하고 교사들은 이러한 작품집을 개별적으로 검토하기 때문에 학생 개개인의 구체적인 수업목표를 설정할 수 있다(Oosterhof, 1994).

2) 수행평가의 정의

수행평가, 참평가, 포트폴리오, 그리고 직접평가 등은 동일한 의미로 사용될 때가 많다. 그러나 앞에서 논의하였듯이 참평가, 포트폴리오, 직접평가, 대안적 평가 등은 수행평가의 범주 속에 모두 포함될 수도 있다. 이런 경우의 수행평가를 광의의 수행평가라 한다. 그러므로 주목하여야 할 것은 수행평가의 정의가 〈표 15-3〉에서 설명한 본래의 수행평가의 정의가 있고, 확산된 개념으로 광의의 수행평가에 대한 정의가 있다는 것이다. 본래 수행평가에 대한 정의를 기초로 수행평가의 범위를 넓히는 것이 수행평가를 이해하기가 용이하다.

본래 의미의 수행평가는 심동적 행동특성을 평가하기 위하여 음악이나 체육 등과 같은 분야에서 주로 사용하던 평가방법으로 학습한 지식이나 습득한 기능, 기술을 얼마나 잘 수행(doing, preforming)하느냐를 판단하는 평가방법이다. 일반적으로는 관찰에 의존하여 행위를 수행하는 모든 과정과 수행이 끝났을 때의 결과를 종합적으로 판단한다. 그러므로 본래 의미의 수행평가는 행위의 정도를 보여주는 분야에서 개발된 평가방법이라 할 수 있다.

수행평가의 장점 때문에 심동적 행동특성을 평가하던 수행평가는 인지적 행동특성뿐 아니라 정의적 행동특성을 평가하는 방법으로 이용되었으며, 이에 따라 수행평가의 정의는 확대되었다. 확대된 수행평가는 참평가, 포트폴리오, 직접평가 등을 모두 포함하고 있으며, 다양한 평가방법을 사용한다. 수행평가의 정의는 습득한 지식, 기능이나 기술을 실제생활이나 인위적 평가상황에서 얼마나 잘 수행하는지(doing, performing) 혹은 어떻게 수행할 것인지(how to do, how to perform)를 서술, 관찰, 면접 등의 방법을 통하여 지식이나 기능에 의한 정답 여부나 산출물에만 관심이 있는 것이 아니라 수행과정과 그 결과까지 종합적으로 판단하는 평가다(성태제, 1999; 최연희, 권오남, 성태제, 1999).

수행평가가 많은 교과영역에 적용되면서 선다형 문항에 의한 평가를 제외한 모든 평가방법은 수행평가라고 하며, 서술형 및 논술형 검사, 구술시험, 토론, 실기시험, 실험실습, 면접, 관찰, 자기평가 및 동료평가 보고서, 연구보고서, 포트폴리오, 나아가 역할놀이, 프로젝트, 신문활용교육, 작품감상, 만들기, 심지어 운동시합까지도 수행평가라 하므로 학교현장에서는 수행평가에 대한 개념의 혼돈, 나아가서 교수법과 교육평가 방법의 혼돈까지 야기하고 있다.

　이와 같은 혼돈이 생기는 이유는 평가방법을 임의적으로, 그리고 인위적으로 구분하려 하기 때문이다. 실험 · 실습이나 실기시험은 수행능력을 평가할 수 있으므로 넓은 의미의 수행평가에 포함시킬 수 있으나 운동경기까지 수행평가라 함은 수행평가에 대한 과도한 해석이다. 이런 이유로 성태제(1998a; 1998b)는 인지적 행동특성을 평가하는 선택형 문항의 평가와 수행평가를 구조화의 정도에 따라 연속선상의 개념으로 보고 [그림 15-1]과 같이 설명하였다.

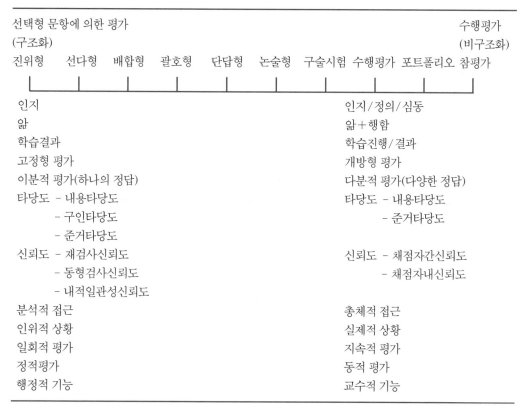

[그림 15-1] 선택형 문항의 평가와 수행평가의 연속적 개념

　선다형 문항에 의한 평가로부터 참평가에 이르는 연속선상에 있는 두 평가방법은 강조점이 다르다. 진위형 문항에 의한 평가는 무엇을 알고 있는지 여부를 판단하는 데 초점이 있으나 참평가는 인위적 상황보다는 실제생활에서 알고 있는 것을 얼마나 잘할 수 있느냐에 관심을 둔다. 그러므로 선택형 문항에 의한 평가는

고정된 형태의 평가방법에 의존하나 수행평가는 개방된 형태의 평가방법을 사용하며 결과뿐 아니라 진행과정까지 평가한다. 선택형 문항에 의한 평가는 일반적으로 정답이나 정도의 차이를 나타내므로 평가도구의 타당도와 신뢰도를 객관적으로 추정할 수 있는 장점이 있다. 그러나 수행평가는 평가항목이 구조화되어 있지 않으므로 내용타당도와 준거타당도에 의존하여 평가도구의 타당도를 검증하고 관찰에 의하여 평가가 이루어지므로 관찰자인 채점자내, 그리고 채점자간 신뢰도에 의하여 평가결과의 신뢰도를 검증한다.

등위판정과 서열화 등의 행정적 기능이 강조될 때 측정의 오차와 관련된 신뢰도를 높여야 하므로 선택형 문항에 의한 평가방법이 사용된다. 반면, 행정적 기능보다는 교수적 기능이 강조되고 채점자내와 채점자간 신뢰도에 보다 자유로운 수행평가를 실시할 수 있다. 만약 상호경쟁이 치열하여 평가결과의 공정성과 신뢰성이 절대적이라면 수행평가 결과를 사용하는 데는 한계점이 있다.

연속선상에 있는 선다형 문항에 의한 평가와 참평가 사이에서 어떤 평가방법을 수행평가로 볼 수 있는 기준은 논술에 의한 평가 형태 이상의 수준이라 말할 수 있으나 논술에 의한 평가를 모두 수행평가라고 할 수는 없다. 평가방법의 유형으로 수행평가 여부를 판단하는 획일적 기준은 없으나 무엇을 평가하느냐, 즉 알고 있는 지식의 정도를 행위로 나타내거나, 행위로 나타내지 못하더라도 어떻게 할 것이라는 내용(how to do)을 서술하는지를 수행평가의 판단기준으로 삼는 것이 바람직하다(성태제, 1998b). 수행평가가 전통적인 평가의 대안으로 등장하게 된 궁극적인 쟁점은 평가도구의 형식보다는 평가의 내용이 무엇인가, 곧 무엇을 평가하는가에 있기 때문이다(김경희, 2000). 즉, 수행평가는 전통적인 평가가 잘 다루지 못하였던 복합적인 사고과정, 기술이나 기능 등의 고등정신능력을 평가하고자 하기 때문에 수행평가의 개념 정의는 평가형식보다는 평가의 내용이나 목적을 근거로 이루어져야 한다. 이런 의미에서 논술형의 평가 형태는 학생들에게 무엇을 요구하는가에 따라 전통적인 평가가 될 수도 있고 대안적인 평가가 될 수도 있다.

수행평가는 학습자의 사고과정을 측정하고 아는 것을 행하는 정도까지 측정하여 평가하므로 고정된 평가 유형에 의한 평가방법보다 고차원적이고 복합적인 능력을 측정한다. 교육평가 과목의 문항제작원리와 관련된 선다형 문항의 평가와 수행평가 도구의 예는 다음과 같다.

선다형 문항의 예

다음 중 선다형 문항제작원리와 관계가 <u>먼</u> 것은?

① 질문에 부정문 사용을 삼간다.
② 답지들이 상호 독립적 내용이 되도록 한다.
③ '정답 없음' 답지를 사용하는 것이 바람직하다.
④ 틀린 답지에 '절대'나 '항상'이란 단어를 쓰지 않는다.
⑤ 정답이 두 개 이상일 때 최선의 답을 선택하도록 한다.

수행평가의 예

선다형 문항제작원리에 기초하여 4지 선다형 문항을 제작하여 제출하시오.

앞의 예에서 선다형 문항은 선다형 문항제작의 원리에 대한 기본적인 이해를 다루고 있지만, 수행평가 과제는 선다형 문항제작의 원리에 대한 기본적인 이해뿐 아니라 원리를 활용하여 문항을 개발하는 복합적인 능력까지 다루고 있다. 선다형 문항은 문항제작원리를 이해하여 틀린 내용을 답지 중에서 선택하면 된다. 그러나 수행평가 과제는 선다형 문항제작원리를 모두 이해하고 이를 바탕으로 선다형 문항을 실제로 제작하고 제작한 문항을 분석하여 다시 수정하고 평가하는 작업까지 수행하도록 요구한다.

이상의 두 평가방법을 비교할 때 수행평가가 보다 복합적인 능력을 평가하는 방법이라 할 수 있다. 그렇다고 모든 교과나 모든 상황에서 수행평가를 실시하여야 한다는 발상은 위험하다. 평가목적을 이루기 위해 가장 합리적인 평가방법을 선택하는 것이 바람직하다. 다시 강조하지만 평가결과가 학생들에게 주는 영향이 매우 클 경우는 채점의 주관성을 최소화하기 위하여 선택형을 사용한 평가방법을 사용하여야 하고 점수에 대하여 보다 관대할 수 있다면 수행평가나 나아가 참평가를 실시할 수 있다. 참고로 최연희, 권오남, 성태제(1999)의 연구에서 사용한 중학교 영어와 수학의 수행평가도구와 채점기준을 [부록 5]에 첨부한다.

3) 수행평가의 특징

수행평가의 다양한 방법은 대체로 다음의 공통적인 특징을 갖는다(Linn & Baker, 1996; Baron & Boschee, 1995; Herman et al., 1992).

첫째, 수행평가의 특징은 고정되어 있는 선택으로 반응하는 것이 아니라 개방형의 과제에 대하여 학생들이 반응을 구성하거나 활동을 수행한다. 단어의 철자를 쓰거나 간단한 덧셈을 완수하는 것도 과제로 볼 수도 있지만 수행과제는 더욱 복잡한 기술을 요구한다.

둘째, 수행평가는 학생들에게 문제를 제기하고 해결하며, 분석하고, 연구하는 등의 다양한 활동을 허용하는데, 학생들의 이러한 활동은 판단력, 문제해결력, 고등사고 능력, 의사소통과 같은 복합적인 기술을 포함한다.

셋째, 수행평가는 학생들이 풍부한 반응을 구성하고 산출할 수 있도록 충분한 시간을 필요로 한다. 수행평가는 문항당 1분 정도를 소요하는 표준화 검사에 비해, 장시간의 과제수행의 과정을 요구한다.

넷째, 수행평가는 학생 개인뿐 아니라 학생집단에 의해 수행하도록 설계되기도 한다. 학교 밖의 실제생활에서 각 개인은 항상 다른 사람과 함께 일하고 무엇인가를 생산해 낸다. 실제로 어느 누구도 다른 사람의 비판과 도움을 받지 않고서 무엇을 수행하거나 만들어 내는 일이 거의 없다.

다섯째, 모든 학생에게 일률적으로 시행되는 표준화 검사에 비해 수행평가는 학생들과 교사 모두에게 과제에 대한 선택을 허용한다. 수행평가에서는 교사와 학생들은 함께 과제를 만들 수도 있고, 과제수행에 대한 평가의 준거도 논의할 수 있다.

여섯째, 수행평가의 점수화 규칙은 학생들의 수행과정이나 결과에 대한 판단에 기초한다. 수행평가에서는 점수 부여 기준이나 준거를 개발하고 채점자를 훈련하는 일이 중요하다.

이상의 특징에 비추어 볼 때 수행평가는 수행평가를 실시하는 교사들에게 보다 더 많은 자율성이 부여되는 개방적 형태의 평가방법임을 알 수 있다. 즉, 교사의 전문적 판단에 근거하여 수행평가도구의 제작, 채점기준표 작성, 점수 부여, 보고서 작성 등이 이루어진다.

3 수행평가 개발절차

수행평가도구를 개발하고 시행하여 결과를 활용하는 일련의 평가절차는 다음과 같다.

수행평가 개발절차

① 수행평가 과제를 개발하고 내용타당도를 검증한다.
② 수행과제를 실시한다.
③ 수행평가의 채점기준을 개발한다.
④ 채점자 훈련을 실시한다.
⑤ 수행표본을 채점한다.
⑥ 채점자내신뢰도와 채점자간신뢰도를 검증한다.
⑦ 점수나 등급을 부여한다.
⑧ 학생과 학부모에게 통보한다.

---

① 수행평가 과제를 개발하고 내용타당도를 검증한다.

McMillan(1997)은 수행평가 과제 개발을 세 단계로 설명한다.

첫째, 학습자들의 어떤 능력과 기술을 평가할 것이며, 어떤 과제 수행활동을 유도할 것인지 등의 과제에 대한 일반적인 아이디어를 생성하는 단계를 통해 과제에 대한 전체적인 틀을 계획한다.

둘째, 전체적인 아이디어와 교육과정 혹은 교수과정을 구체적으로 연계하고 평가의 목표를 결정하여 과제를 상세화하는 단계를 거친다. 이 단계에서는 과제에 어떤 내용이 들어갈지를 상세화하고 과제수행의 조건을 구체화한다.

셋째, 학생들에 부여하는 과제의 진술문을 기술한다. 과제진술문에는 평가할 내용, 학생들의 활동, 필요한 자료, 점수화 규칙 등의 기술이 포함된다.

수행평가 도구가 타당한지는 과제내용이 교수·학습과정을 개선하는 데 도움을 줄 수 있는 수준인가, 과제가 교육과정의 중요 부분을 다루고 있는가, 과제들이 교육과정의 내용을 대표할 수 있고 다양한 영역의 통합을 추구하고 있는가, 학생들의 복합적인 인지기술을 측정할 수 있는가가 관건이다(Linn & Baker, 1996). 수행과제들이 의도된 교수목표를 포함하고 있으면, 과제들의 수행을 통하여 학생들이 그들의 능력과 기술을 충분히 입증할 수 있는지를 판단할 수 있다. 이러한 준거들은 과제개발자나 교사들이 상호 검토할 수 있도록 체크리스트로 만들어 활용할 수 있다.

② 수행과제를 실시한다.

특정한 능력이나 기술을 요구하도록 개발된 과제를 학습자에게 부여하여 수행하게 한다. 전통적 평가방법인 지필검사의 경우 다수의 문항에 의하여 학생들의 능력을 평가하지만 수행평가의 경우 일반적으로 소수의 과제가 부여된다. 특히, 어떤 행위를 보여 주는 수행평가의 경우 과제당 1시간 이상을 소요하는 과제도 있다. 과제 수행은 개인활동 단위일 수도 있고 협동과제가 부여되어 집단활동 단위일 수도 있다.

③ 수행평가의 채점기준을 개발한다.

채점기준은 수행과제가 요구하는 능력이나 기술을 반영하도록 개발되어야 하기 때문에 과제와 채점기준은 논리적인 관계를 이루어야 한다. 따라서 수행과제를 개발한 후에 채점기준에 대한 전체적인 틀이 마련되어야 하며, 실제적으로 학습자가 수행한 표본을 참조하여 채점기준을 구체화한다.

실제로 수행평가가 지니는 가장 큰 취약점은 채점에 있다. 그러므로 채점기준의 명료화가 중요할 수밖에 없다. 채점기준을 구체화하기 위하여 어떤 요소를 채점할 것인가, 그 요소가 무엇이고, 각 요소별로 어떤 채점기준을 설정할 것인가, 각 채점기준에 관련된 수행수준은 무엇인지를 밝혀야 한다. 또한 채점척도를 '예', '아니요'의 점검표로 할 것인지, 점수를 부여하는 점수척도로 할 것인지, 유목화하여 평가하는 질적 채점척도를 작성할 것인지 결정하여야 한다. 이에 따라 점수를 부여하는 규칙을 설정하여야 한다. 선다형 문항을 제작하는 수행평가 과제와 채점기준의 예는 〈표 15-4〉와 같다.

〈표 15-4〉 **선다형 문항제작 수행평가 과제와 채점기준**

수행평가
선다형 문항제작원리에 기초하여 4지 선다형 문항을 제작하여 제출하시오.
수행평가 과제의 구체적인 내용

수행평가 내용(작업): 선다형 문항제작

수행평가 상황

관찰 내용?	과정	결과
상황?	자연적	인위적
자극(처치)?	부여	미부여

수행평가를 위하여 필요한 전제조건

　　학생들은 선다형 문항을 제작하는 내용을 학습하였다.

평가자(관찰자)에게 지시사항

　　학생들에게 선다형 문항을 제작하라고 지시하나 세부적인 설명적 지시는 하지 않는다.

학생에 지시사항

　　① 선다형 문항을 문항제작원리에 입각하여 제작할 것

　　② 문항 응답을 위하여 학생에게 적절한 지시문을 작성할 것

　　③ 학생들이 검사지에 바로 응답할 것을 염두에 둘 것

　　④ 제작한 문항 제출시간을 명시할 것

채 점 기 준		
평가영역	**구체적인 내용**	**점수(10점)**
질문의 내용	① 문항이 교과의 중요한 내용을 포함한다.	2점
	② 질문의 내용이 간결하다.	2점
답지의 형식	③ 부정문을 사용하지 않았다. 혹은 사용했다면 부정어구에 밑줄 혹은 진하게 표시하여 강조하였다.	1점
	④ 답지들의 문법적 구조가 동일하다.	1점
	⑤ 답지들에 공통적인 구나 절이 반복되지 않았다.	1점
	⑥ 답지 배열이 적절하다(예: 길이 순, 가나다 순, 유사 내용 인접 등).	1점
	⑦ 답지들이 매력적이다.	1점
	⑧ 답지의 내용이 서로 독립적이다.	1점

④ 채점자 훈련을 실시한다.

채점자는 학생들의 활동이나 그 결과에 대하여 점수를 부여하기 전에 채점기준을 명확하게 알고 있어야 하며, 일관성 있는 점수를 확보하기 위한 방법으로써 채점자 간의 공통된 준거를 확보하기 위한 채점자 훈련을 실시하여야 한다. 채점자 훈련을 통해 채점자들은 수행평가가 의도하는 것, 채점준거가 의미하는 것과 각 점수가 표현하는 수행이 무엇인지 등을 명확하게 알 수 있다. Herman, Aschbacher와 Winters(1992)에 의하면 채점자 훈련을 위하여 채점훈련안내서를 준비하여야 하고, 채점자 오리엔테이션, 채점기준표 숙지, 채점연습, 채점자간신뢰도 추정, 채점기준 수정, 점수기록 등의 훈련을 통하여 채점자간신뢰도를 유지할 수 있도록 한다.

⑤ 수행표본을 채점한다.

수행평가의 특징은 정답이 아니라 다양한 답이 존재하므로 학생들의 수행결과를 이분적으로 채점하지 않는다. 수행평가를 위한 채점방법은 총괄적인 채점방법(holistic scoring method)과 분석적인 채점방법(analytic scoring method)이 있다.

평가결과에 대하여 다양한 영역으로 구분하지 않고, 종합적으로 판단하여 점수를 부여하는 이러한 방법은 채점하기가 쉽고, 채점시간도 빠르나 전체적인 인상에 의하여 점수를 줄 수 있으므로 채점의 일관성을 잃기 쉽다.

분석적인 채점방법은 학생들이 질문이나 과제의 여러 가지 영역에서 얼마나 잘 수행하는지에 대한 정보를 주므로 학생들의 강점과 약점을 쉽게 알 수 있다. 채점기준이 명확할수록 채점은 일관성이 있고 신뢰할 수 있다. 그러나 분석적인 채점방법은 총괄적인 채점방법에 비하여 세부적 절차가 필요하므로 채점자 훈련과 실제 채점할 때 시간이 많이 걸리는 약점이 있다. 학생들의 응답을 세세하게 분석할 수 있는 충분한 시간이 확보되어야 가능한 채점방법이라 할 수 있다.

⑥ 채점자내신뢰도와 채점자간신뢰도를 검증한다.

채점자내신뢰도란 채점자 한 사람이 평가대상 모두에게 얼마나 일관성 있게 점수를 부여하였느냐의 문제며, 채점자간신뢰도는 한 채점자가 다른 채점자들과 얼마나 유사하게 점수를 부여하였느냐의 문제다. 채점자내신뢰도와 채점자간신뢰도의 추정방법은 5절에서 설명한다.

채점자간신뢰도를 판단하는 기준은 없으나 수행평가를 위한 판단기준으로 상관계수가 .6 이상이면 채점자간신뢰도가 있다고 할 수 있다. 수행평가는 관찰과 판단에 의존하는 평가이기 때문에 점수를 부여하는 과정에서 일관성이나 공정성을 잃기 쉬우므로 채점자 훈련과 명료한 채점기준의 마련은 반드시 거쳐야 할 과정이다.

⑦ 점수나 등급을 부여한다.

수행평가의 결과에 대한 평가는 점수를 부여하거나 등급을 부여할 수 있으며, 때로는 질적으로 서술할 수도 있다. 앞에서 제시한 선다형 문항제작 수행평가의 예에서는 채점기준을 선정하고 채점 항목별로 점수를 부여하여 총점을 계산할 수 있다. 분석적 채점방법에 의하면 점수를 부여하기가 용이하다. 그렇지 않을 경우 점수나 등급보다는 질적 평가로 서술에 의한 평가를 실시할 수도 있다. 예를 들어, 과제를 수행하는 과정에서 학생의 장점, 단점 그리고 자세와 태도, 적성 등도 기록할 수 있다.

⑧ 학생과 학부모에게 통보한다.

평가결과가 점수든, 등급이든, 질적 서술이든 그 결과를 학생과 학부모에게 알린다. 이 과정에서 평가기술이 명확히 전달되어야 하고, 그와 같은 평가결과가 산출된 것에 대하여 학생이나 학부모가 이해할 수 있도록 하여야 한다. 수행평가의 결과를 보고하는 과정은 평가의 결과가 관련 집단에게 중요한 영향을 줄수록 민감하고 어려운 부분이다. 보다 객관적이고 공정한 평가를 실시하였다는 보장을 하기 위하여 타당화 준거를 검토하고 채점자내와 채점자간 신뢰도를 검증하는 등의 다양한 노력을 기울이지만 학생이나 학부모가 평가결과에 대한 이의를 제기할 경우도 있기 때문이다. 그러므로 채점기준이나 점수 혹은 등급 부여 절차는 학생과 학부모에게 명료하여야 한다.

4   수행평가의 장단점

수행평가의 **장점**을 다음과 같이 들 수 있다.

첫째, [그림 15-1]에서 설명한 것과 같이 인지적 특성, 정의적 특성, 심동적 특성을 모두 평가할 수 있는 총체적 접근이다.

둘째, 개방형 형태의 평가방법은 다양한 사고능력을 함양시킨다.

셋째, 수행평가는 과제의 성격상 협동학습을 유도하므로 전인교육도 도모한다.

넷째, 검사결과뿐 아니라 문제해결과정도 분석할 수 있다.

다섯째, 학습동기와 흥미를 유발한다. 맞거나 틀리는 이분적 평가가 아니라 어떠한 답도 수용될 수 있으므로 학생들을 격려하여 학습동기와 흥미가 증진된다.

여섯째, 행정적 기능이 강조되지 않을 때 수행평가가 실시되므로 검사불안이 적은 편이다.

그러나 **수행평가** 실시에 따른 장점 못지않게 **어려움**도 적지 않다.

첫째, 수행평가 도구 개발에 어려움이 있다. 수행평가 도구를 개발하기 위해서는 교과내용은 물론 학습자들의 인지구조, 그리고 학습과제를 실생활에 적용하는 범위까지 고려하여야 하므로 전통적 방법에 의한 평가문항의 개발보다 수행평가 도구의 개발이 어렵다.

둘째, 채점기준, 즉 점수 부여 기준 설정이 용이하지 않다. 수행평가는 수행과정까지 고려하여 점수를 부여하게 된다. 이런 경우 어느 정도까지 몇 점을 주어야 하는지에 대한 판단이 필요하며, 이 점수 부여 기준 설정에 어려움이 있다.

셋째, 채점자내신뢰도와 채점자간신뢰도 확보에 어려움이 있다. 전통적 평가방법보다 주관이 개입될 소지가 많은 수행평가에서 일관성 있게 점수를 부여하는 것은 쉬운 일이 아니다. 논술형 문항을 채점하더라도 채점자 한 사람이 시간의 변화에 상관없이 일관되게 채점하는 것이 쉽지 않으며, 나아가 여러 채점자가 서로 유사하게 채점하는 것 역시 쉬운 일이 아니다.

넷째, 시간이 많이 소요된다. 평가도구 개발, 점수 부여 등에 많은 시간이 소요된다. 컴퓨터에 의하여 기계적으로 채점하는 선다형 문항에 비하여 수행평가는 검사시행은 물론 채점에 필요한 시간이 늘어난다.

다섯째, 비용이 많이 든다. 수행평가의 전략과 채점방식에 따라 소요되는 시간과 필요한 교사의 수가 달라질 수 있으므로 실제적인 비용을 정확히 산출하기 어렵다 하더라도 전통적 평가방법에 비하여 많은 비용이 소요된다.

여섯째, 점수결과 활용에 어려움이 있다. 학생과 학부모가 평가결과를 인정하지 않을 경우 점수결과를 활용하는 데 많은 문제가 야기된다. 나아가 교사를 불신하는 일까지 일어나게 된다.

5 채점자내, 채점자간 신뢰도

1) 채점자내신뢰도

수행평가의 어려운 점 중 하나는 평가자의 주관성을 배제하는 것이다. 그러므로 수행과제를 평가할 경우 채점자내신뢰도와 채점자간신뢰도를 확인하여야 한다. 채점자내신뢰도(intra-rater reliability)는 한 채점자가 모든 측정대상에 대하여 계속적으로 일관성 있게 채점하였는지를 나타낸다. 채점자내신뢰도인 개인의 일관성이 전제가 되지 않는다면, 채점자 개인의 채점기준이 변화된다는 것을 의미한다. 그러므로 채점자내신뢰도는 채점자간신뢰도 추정의 전제조건이 된다.

2) 채점자간신뢰도

(1) 정의
'작품이 훌륭하다', '다이빙을 멋지게 했다' 혹은 '글을 잘 썼다' 등의 표현은 행위나 수행(performance)에 대한 주관적 판단이다. 주관적 판단은 보는 사람의 눈에 비추어 판단한 결과로서 사람마다 다를 수 있어 논쟁의 소지가 있다. 어떤 사물과 사건에 대한 평가가 이와 같이 언어적으로 표현될 때 판단기준이 달라 타인과의 의사소통이 원활하지 못한 경우는 물론, 모호성과 막연성 때문에 판단에 따른 실수를 유발할 가능성이 있다. 그러므로 경험과학에서는 타인과의 의사소통을 원활히 하고 언어적 표현에 따른 모호성과 주관성을 배제하기 위하여 보다 객관적인 정보를 제공하려 한다. 예를 들어, 그 작품은 A, B, C, D, E로 분류할 때 A급이라든지, 다이빙 행위는 10점 만점에 9점이라든지, 그 글은 5단계 평정법에 의하여 5점을 받았다든지 등으로 표현한다.

인지적 또는 정의적 행동특성을 측정하는 단답형의 검사도구는 제12장과 제13장에서 설명한 타당도와 신뢰도 문제로 검사의 질을 분석하나, 논술형 고사나 예·체능계의 심동적 영역의 수행결과에 대한 채점 혹은 평가결과는 객관도에 의하여 분석된다. **객관도**(objectivity)란 평정자의 주관적인 편견을 얼마나 배제하였느냐의 문제다. 그러므로 객관도란 한 채점자가 다른 채점자와 얼마나 유사하게 평가하였느냐의 문제와 한 채점자가 많은 측정대상에 대하여 계속적으로 일관성 있게 측정하였느냐의 문제로 구분할 수 있다. 전자를 **채점자간신뢰도**(inter-rater reliability) 혹은 **평정자간신뢰도**라 하며, 후자를 **채점자내신뢰도**(intra-rater reliability) 혹은 **평정자내신뢰도**라 한다. 객관도란 용어는 평정의 주관성 배제 유무를 확인하는 매우 포괄적인 용어이나 학문적 용어로 쓰이는 경우는 드물다.

평가의 결과를 등급으로 부여한다면 평정자간신뢰도 그리고 평정자내신뢰도란 용어를 사용하고, 평가결과가 점수로 부여된다면 채점자간신뢰도(inter-scorer reliability), 그리고 채점자내신뢰도(intra-scorer reliability)란 용어를 사용한다. 채점자간신뢰도와 채점자내신뢰도는 인지적 능력을 측정하는 논술형 고사에서 문항에 점수가 부여되므로 흔히 사용된다. 만약에 관찰에 의한 결과라면 **관찰자간신뢰도**(inter-observer reliability), 그리고 **관찰자내신뢰도**(intra observer reliability)란 용어를 사용한다.

채점자간신뢰도란 채점결과가 채점자들 사이에서 얼마나 유사한가를 의미하여, 채점자들의 채점결과의 유사성을 뜻한다. 즉, 채점자내신뢰도란 한 채점자가 모든 평가대상에게 얼마나 일관성 있게 평가하였느냐를 의미한다.

교육현장에서 채점자간신뢰도와 채점자내신뢰도가 특히 중요시 되는 분야는 예·체능계뿐 아니라 학업성취도검사의 논술형 고사와 면접시험 등을 들 수 있다. 예·체능계 실기고사 결과에 대한 채점결과, 그리고 논술형 문제에 의한 인지적 능력 측정은 필히 채점자간신뢰도와 채점자내신뢰도를 분석한 후 점수 결과를 행정적 기능을 위하여 이용하여야 한다. 만약, 이 같은 과정을 거치지 않고 입학의 당락을 결정한다든지 우열을 가리면 많은 문제점을 야기한다. 그러므로 채점자내신뢰도인 채점자 개인의 일관성이 전제될 때 채점자간신뢰도가 높을 수 있다. 채점자내신뢰도가 없다면 채점자 자신의 채점기준이 변화된다는 것을 의미하므로 채점자간신뢰도를 추정할 필요가 없다.

(2) 기본가정

채점자내신뢰도가 채점자간신뢰도 추정의 기본 전제조건이 됨을 설명하였다. 이외에도 채점자간신뢰도 혹은 **관찰자간신뢰도**를 추정하기 위한 **기본가정**은 다음과 같다.

① 피험자는 동일한 행위나 같은 문항에 응답하여야 한다.
② 평정자는 상호 독립적이어야 한다.
③ 평정자는 동일 대상을 평정하여야 한다.

채점의 공정성을 확보하기 위하여 앞의 세 가정이 충족되어야 함에도 불구하고 채점자들이 동일 대상들을 평정하기가 용이하지 않기 때문에 A 채점자는 전반부의 피험자를, B 채점자는 후반부의 피험자들의 수행결과를 평정하여 얻은 자료로 평정자간신뢰도를 추정하는 방법을 간혹 볼 수 있다. 관찰도 마찬가지로 관찰자간신뢰도를 추정하기 위하여 앞의 가정을 충족하여야 한다.

이상의 가정을 충족시키는 예로서 세계올림픽대회의 다이빙이나 피겨 스케이팅 경기를 들 수 있다. 한 선수가 경기를 펼친 후 다수의 심판관들이 동시에 관찰하여 각각의 점수를 부여한다.

(3) 종류

채점자간신뢰도를 추정하는 방법은 크게 점수가 양적 변수인지 질적 변수인지에 따라 크게 구분한다. 양적 변수일 경우는 상관계수법이나 일반화가능도이론을 적용하고 질적 변수 혹은 범주변수일 경우는 일치도통계와 Cohen의 Kappa 공식을 사용한다.

① 상관계수법

채점결과가 점수로 부여될 때, 두 채점자가 동일한 집단의 피험자에게 얼마나 유사하게 점수를 부여하였는가를 분석하는 방법으로 채점자간신뢰도 추정은 단순적률상관계수 공식에 의한다. 〈표 15-5〉는 학습자들의 수행이나 그 결과에 대한 채점자들의 채점결과며, 채점자간신뢰도를 상관계수로 추정한 결과는 〈표 15-6〉과 같다.

〈표 15-5〉 **3명의 채점자가 5명의 학습자의 수행에 부여한 점수**

학습자 ＼ 채점자	R_1	R_2	R_3
A	9	8	9
B	10	9	9
C	6	6	5
D	8	7	7
E	6	9	6

〈표 15-6〉 **3명의 채점자 간 채점점수의 상관계수**

	R_1	R_2
R_2	.41	
R_3	.95	.56

첫 번째 채점자와 두 번째 채점자 간 신뢰도는 .41이며, 두 번째 채점자와 세 번째 채점자 간 신뢰도는 .56으로서 낮다. 첫 번째 채점자와 세 번째 채점자 간 신뢰도는 .95로 높다. [부록 2]에 예시한 jamovi나 SPSS 실행절차에 따르면 R_1, R_2, R_3

의 상관계수는 〈표 15-6〉과 같이 계산된다. 〈표 15-6〉에 의하면, 두 번째 채점자는 첫 번째 채점자와 세 번째 채점자와 낮은 상관의 정도를 보임으로써 두 채점자와 다른 채점기준을 가진 것으로 해석할 수 있다. 세 명의 채점자의 채점결과를 분석할 때 가장 우수한 학습자는 B이며, 수행이 낮은 학습자는 C이다. 그리고 세 명의 채점자 중 첫 번째 채점자가 높은 점수를 부여하는 경향이 있고, 두 번째와 세 번째 채점자는 첫 번째 채점자보다 낮은 점수를 부여하고 있다. 이런 채점 경향에 비추어 볼 때 E 학습자의 경우 두 번째 채점자는 6점을 부여하든지 혹은 5점을 부여하여야 채점의 일관성을 유지할 수 있다. 그러나 E학습자에게 9점을 부여함으로써 두 번째 채점자는 채점자내신뢰도를 잃을 뿐 아니라 채점자간신뢰도도 낮게 추정되었다. 이런 경우는 E학습자의 수행결과를 다시 채점하는 기회를 갖는 것이 바람직하다. 만약, 어떤 채점자가 다른 채점들과 매우 다르게 채점한다면 해당 채점자에게 채점에 대한 훈련을 다시 하든지 채점자를 제외시키는 것이 바람직하다.

② 일치도 통계

일치도 통계(agreement statistics)는 채점자가 관찰대상의 행위나 수행결과에 점수를 부여하기보다는 어떤 유목이나 범주로 분류할 때 채점자 간의 분류일치도를 추정하는 방법이다. 일치도 통계는 관찰법에서 관찰자들이 관찰대상의 행위를 분류하여 관찰자 간 분류의 유사성을 추정하기 위하여 흔히 사용된다.

3명의 관찰자들이 10명의 아동들의 행위를 관찰하여 공격적 행위, 방어적 행위, 우호적 행위, 중립적 행위로 분류한 결과가 〈표 15-7〉과 같을 때, 첫 번째 관찰자와 두 번째 관찰자는 아동들의 행위를 유사하게 분류하였으나 세 번째 관찰자는 다소 상이하게 아동들의 행위를 분류하였음을 알 수 있다.

세 관찰자 간 아동의 행위관찰 결과의 일치도 통계는 〈표 15-8〉과 같다.

첫 번째 관찰자와 두 번째 관찰자 간 일치도는 .9로서 매우 높으나 첫 번째 관찰자와 세 번째 관찰자 간, 그리고 두 번째 관찰자와 세 번째 관찰자 간 일치도 통계는 .5와 .4로 높지 않다. 일반적으로 관찰자 간 일치도 통계가 .85 이상일 때 높다고 한다.

일치도 통계는 평정이나 관찰의 결과가 이름이나 유목으로 분류될 때 관찰자간

신뢰도를 추정하는 매우 쉬운 방법이다. 매우 쉽다는 것이 장점이나 우연에 의하여 동일하게 평정되는 확률을 포함하므로 관찰자간신뢰도를 과대추정할 수 있다.

〈표 15-7〉 아동들의 행위 관찰결과

아동 \ 관찰자	O_1	O_2	O_3
1	D	D	N
2	F	F	F
3	O	O	F
4	F	F	O
5	N	N	N
6	D	D	N
7	N	N	F
8	F	N	F
9	O	O	O
10	D	D	D

O: 공격적 행위   D: 방어적 행위   F: 우호적 행위   N: 중립적 행위

〈표 15-8〉 아동 행위에 대한 세 관찰자 간 일치도

	O_1	O_2
O_2	.9	
O_3	.5	.4

3) 채점자내 및 채점자간 신뢰도의 적용

성태제(1989)는 채점자간신뢰도 추정으로 채점자료에 대한 신뢰성을 인정하는 절대적 기준은 없으나 채점결과가 점수로 부여될 때, 상관계수가 .6 이상, 그리고 채점결과가 범주로 부여될 때 일치도 통계는 .85 이상, **Kappa 계수**는 .75 이상을 제안하고 있다. 채점결과에 대한 채점자간신뢰도 검증은 필수적이다. 교육현장에서 평가의 결과는 학습자에게 중요한 영향을 주기 때문에 신뢰로운 결과를 확보하는 일은 극히 중요하다. 예를 들어, 대학입학전형에서 실시되는 논술고사, 최근에 강조되고 있는 심층면접, 특히 예·체능계 실기고사에 대한 채점결과를 전

형자료로 사용하기 전에 채점자내, 그리고 채점자간 신뢰도가 먼저 검증되어야 한다.

채점자간신뢰도를 검증하는 간단한 방법으로 평가대상이 얻은 가장 높은 점수와 가장 낮은 점수를 제외하고 나머지 점수들의 평균을 사용하는 방법은 과학적이지도 이론적이지도 않다.

학교현장뿐 아니라 산업현장에서 고용과 승진을 결정하기 위하여도 평가된 자료의 평가자내신뢰도와 평가자간신뢰도도 검증되어야 한다. 평가자내신뢰도와 평가자간신뢰도가 확보되지 않는다면 객관성을 결여하여 여러 가지 문제가 나타날 수 있다.

교육기관평가, 교사평가 등 평가자의 주관이 개입되는 평가결과는 평가자내신뢰도와 평가자간신뢰도가 검증된 후 평가결과가 행정적 기능을 위하여 사용되어야 한다.

❗ 주요 단어 및 개념

수행평가	참평가	포트폴리오
대안적 평가	수행과제	채점기준
채점자내신뢰도	채점자간신뢰도	상관계수
일치도 통계		

💬 연습 문제

1. 인지적 특성 평가방법의 변화를 설명하시오.

2. 정의적 특성 평가방법의 변화를 설명하시오.

3. 전통적 평가방법의 대안적 평가방법으로 수행평가가 강조되는 이유를 설명하시오.

4. 수행평가, 참평가, 포트폴리오를 정의하고 차이점을 비교하시오.

5. 인지적 행동특성을 평가하는 모든 방법을 구조화의 정도에 따라 나열하고, 그 특징을 설명하시오. 그리고 수행평가의 범위를 규정하시오.

6. 수행평가의 특징을 논하시오.

7. 수행평가의 절차에 의하여 수행평가 도구를 개발하고, 수행평가를 실시·채점해 보시오.

8. 수행평가의 장단점을 논하고, 우리나라에 수행평가를 실시하기 위한 교육환경의 변화에 대하여 제언하시오.

9. 채점자내·채점자간 신뢰도를 정의하고, 기본가정을 설명하시오.

10. 채점자간신뢰도를 높이는 방법으로 무엇이 있는지 설명하시오.

기출 문제

초등 00　수행평가의 일반적 특징을 가장 잘 나타낸 것은?

① 객관적이면서도 표준화된 측정방법을 중시하는 생각
② 담당교사보다는 외부 전문가의 판단을 중시하는 생각
③ 학습의 과정과 결과를 모두 중시하는 평가
④ 신체적인 움직임에 대한 측정을 중시하는 평가

초등 02　김 교사는 학기말 평가의 한 부분으로 힘이 물체의 운동에 미치는 영향에 관한 보고서를 작성해 오라는 과제를 부여하였다. 보고서 평가의 타당성과 객관성을 높일 수 있는 방법으로 가장 적절한 것은?

① 소수 우수한 학생들의 보고서를 먼저 읽고, 채점기준을 개발한 후 그 기준에 따라 점수를 부여한다.
② 자신은 평가하지 않고 동료 교사가 각 보고서의 질에 따라 5점 척도로 공정하게 평가하도록 한다.
③ 보고서에 포함되어야 할 주요 요소들과 이들의 비중을 고려하여 채점기준을 개발한 후 그 기준에 따라 점수를 부여한다.
④ 가장 우수하다고 판단되는 보고서에 최고 점수를 부여하고 이와 비교해 미흡한 만큼 조금씩 점수를 감하는 방식으로 평가한다.

초등 05　〈보기〉에서 포트폴리오를 이용한 수행평가에 해당하는 설명을 골라 바르게 묶은 것은?

───── 〈보기〉 ─────

(가) 과정보다는 결과 평가에 중점을 둔다.
(나) 신뢰도는 높으나, 타당도는 낮은 경향이 있다.
(다) 지적 능력은 물론 정의적 특성도 평가할 수 있다.
(라) 전통적인 인식론보다는 구성주의 인식론에 바탕을 둔다.

① (가), (나)　　② (가), (다)　　③ (나), (라)　　④ (다), (라)

초등 09   수행평가 과제의 제작과 관련하여 교사가 유의해야 할 점으로 가장 적절한 것은?

① 한 가지 이상의 해결책이나 정답이 가능한 과제는 피하도록 한다.

② 학생들의 과제집중력을 고려하여 과제수행 시간이 최대 20분을 초과하지 않도록 한다.

③ 교육목표 및 교육내용과의 관련성을 확인하여 수행평가 과제의 타당성을 확보하도록 한다.

④ 하나의 수행평가 과제에서는 한 가지 학습성과만을 평가할 수 있도록 과제를 구조화하도록 한다.

⑤ 객관식검사가 측정하지 못하는 것을 측정하기 위해 교과학습 목표와는 독립적인 수행평가 과제가 되도록 한다.

중등 98   '수행평가(performance-assessment)'의 특징을 가장 잘 나타내고 있는 것은?

① 교수 · 학습활동의 최종적인 결과 중심의 평가

② 교수 · 학습활동의 과정을 개선하기 위한 평가

③ 상호비교를 위한 표준화된 도구를 이용한 평가

④ 객관적이면서도 공정한 측정방법을 중시하는 평가

중등 00   다음 중 수행평가에 관한 설명으로 적절하지 <u>못한</u> 것은?

① 교수 · 학습의 결과뿐만 아니라 과정도 함께 중시한다.

② 개개인을 평가하기도 하지만 집단에 대한 평가도 중시한다.

③ 선택형 평가방식을 없애기 위해 도입된 전인적인 평가방식이다.

④ 정답의 선택이 아니라 문제해결의 과정을 행동으로 나타내도록 요구한다.

중등 01   학습자 자신이 지속적, 체계적으로 작성하거나 만든 개인별 작품집 또는 서류철 등을 근거로 평가하는 방법은?

① 심층면접법   ② 참여관찰법

③ 실험실기법   ④ 포트폴리오

중등 02 　다음과 같은 자료는 어떤 방법을 사용하여 평가하는 것이 가장 적합한가?

> 일기장, 연습장, 미술 작품집, 과제일지

① 논문형 검사　　　② 포트폴리오법
③ 관찰법　　　　　④ 면접법

중등 03 　수행평가의 특징과 관계가 가장 먼 것은?

① 높은 신뢰도
② 높은 타당도
③ 과정(process)에 대한 평가
④ 실제적인 상황에서의 평가

중등 03 　음악 경연대회에서 5명의 심사위원이 7명의 학생을 평가하였다. 심사위원은 각 학생에게 부여한 점수 중에서 최고점과 최하점을 제외한 점수의 합을 최종평가의 기준으로 삼았다. 이 방법을 사용한 의도는?

① 변별도 제고
② 타당도 제고
③ 실용도 제고
④ 신뢰도 제고

중등 04 　수행평가를 실시할 때 유의할 사항으로 가장 옳은 것은?

① 신뢰도를 높이기 위해 채점자 사전 교육을 삼가야 한다.
② 타당도를 높이기 위해 간접적인 평가방법을 사용해야 한다.
③ 실용도를 높이기 위해 수행과제의 수를 많이 포함해야 한다.
④ 객관도를 높이기 위해 동일한 문항을 여러 명이 채점하게 한다.

중등 07   수행평가의 도입 배경에는 학생의 지적 능력과 정의적 특성에 대한
평가를 통합하고자 하는 의도가 있다. 이러한 의도를 가장 충실히 반영한 것은?

① 기계모형을 해체하였다가 원상 복구하는 데에 걸리는 시간을 측정하는 평가
② '집합'의 개념을 수학과 생물학의 시각에서 조명하도록 요구한 논술형 평가
③ 최종 정답만이 아니라 문제 풀이과정까지 드러내도록 요구한 수학의 서답형
　 평가
④ 모둠의 협동을 요구하는 과학실험 과제를 제시하고 학생의 행동을 교사가
　 관찰하여 평정하는 평가

제8부 교육평가의 과제와 전망

16 교육평가의 과제와 전망

교육평가의 과제와 전망

- 교육평가가 지향해야 할 목표는 무엇인가?
- 제도적 측면으로 고교내신점수제도의 발전방향은 무엇인가?
- 대학입학전형제도의 발전방향은 무엇인가?
- 이론적 측면에서 발전시켜야 할 과제는 무엇인가?
- 새로운 평가이론을 학교현장에 적용하기 위하여 어떤 노력이 필요한가?
- 교육평가의 최근 동향은 무엇인가?

이 장에서는 교육평가의 과제를 제도적인 측면에서 제시하고 이론적 분야의 연구과제를 제안한다. 뿐만 아니라, 교육평가의 과제에 비추어 교육평가의 전망을 논한다.

1 제도적인 측면에서의 과제

우리나라 교육의 역사 중에 교육현장에서 지난 몇 년처럼 교육평가가 중요시된 적은 없다. 얼마 전까지만 해도 교육평가는 교육심리의 일부이며 교육과정에 포함될 수 있다고 보는 견해가 적지 않았다. 그러나 최근 학교현장에 수행평가가 강조되면서 교육평가에 대한 관심이 높아지고 있다. 뿐만 아니라, 교육의 책무성 관점에서 대학교는 물론 중등학교, 초등학교, 심지어는 유치원까지 기관평가가 진행되고 있다. 특히, 평생교육이 강조되는 시대적 상황에서 학위수여를 위한 사설교육기관까지 평가를 실시하고 있다.

교육기관을 평가하기 위하여 교육기관에 종사하고 있는 교사에 대한 교육평가는 필수적인 요인이 되고 있다. 대학들은 대학들대로 교수·학습의 질을 향상시키기 위하여 강의평가나 수업평가를 실시하여 우수교수에게 연구비를 지급하거나 그에 상응하는 보상을 하고 있다. 나아가 우수교원 확보를 위하여 연봉제를 도입하면서 연구업적평가도 활발히 진행되고 있다. 교수평가는 물론 교육목표와 교육과정에 대한 평가, 학생들에 대한 평가, 학교시설과 환경에 대한 평가, 학교재정과 경영에 대한 평가 등 매우 광범위한 범위에서 평가가 이루어지고 있다.

학생에 국한하던 평가는 평가의 대상과 범위를 확대하고 있으며, 많은 분야에서 평가를 실시하고 있다. 미국 교육평가의 역사에 비추어 볼 때 1958년 이후 현실 시대에 해당한다. Sputnik 충격으로 미국 연방정부는 교육의 질을 향상시키기 위하여 교육에 대한 투자를 증가함과 동시에 교육평가를 통하여 책무성을 확인하는 과정에서 평가의 전문성이 요구되었다. 현재 우리나라도 교육평가의 전문성이 요구되는 유사한 상황이 전개되고 있다.

평가를 할 경우 평가의 목적이 무엇인지를 명확히 규명하여야 한다. 그리고 평가의 목적에 비추어 평가의 대상과 요소가 설정되어야 하며, 평가대상과 요소를 평가하기 위한 구체적인 절차가 명시되어야 한다. 더 중요한 것은 평가를 실시할 때 타당하고 신뢰할 수 있는 평가방법을 구안하여야 하며, 각 평가내용에 따라 다양한 평가방법이 적용되어야 한다. 이를 위해서는 해당 분야의 전문가들이 평가에 참여하여야 하며, 특히 평가이론이 적용되는 평가가 이루어져야 한다.

학교현장에도 교육평가이론을 보급하고 적용하기 위한 노력이 요구된다. 그 예로서 수행평가를 들 수 있으며, 규준참조평가인 상대비교평가를 탈피하고 준거참조평가인 절대평가를 권장하고 있다. 또한 종전의 국어, 영어, 수학 중심의 대학입시제도는 최근 다양한 전형요소를 사용하는 대학입학전형제도로 변화되는 경향이다. 그러므로 새로운 교육평가이론을 학교현장에 소개·적용하고, 타당한 대학입학전형제도를 수립하기 위해서는 교육평가전담 연구기관이나 행정부서를 확대하고 전문화시켜야 한다.

교육의 변화는 학교현장에서 일어나야 한다. 교육평가전문가, 교육관련 부서의 관계자가 교육평가이론을 적용하려 하여도 여러 이유로 학교현장에서 이를 피하려 하면 교육의 변화는 일어나지 않는다. 그러므로 새로운 교육평가이론을 교육현장에 도입하기 위해서는 교사들이 교육평가에 대한 기본지식뿐 아니라 전문적 지식을 알고 있어야 한다. 이를 위하여 두 가지를 제안한다.

첫째, 교직과목으로서 교육평가를 필수과목으로 지정하는 것이 바람직하다. 학교에서는 잘 가르치고 배우는 것이 가장 중요하다. 이를 위하여 교과내용이 중시되어야 하고, 그 내용을 구성하는 교육과정, 교육과정에 있는 내용을 잘 가르치는 교수·학습이론, 그리고 얼마나 잘 배우고 가르쳤나를 확인하고 교육과정의 수정이나 교수법을 개선하기 위한 정보를 제공하는 교육평가가 다른 무엇보다 중요하다고 해도 과언이 아니다. 교육평가는 교육과정이나 교수·학습이론보다 중요하지 않다고 하여도 교육평가가 교육과정이나 교육내용을 구속할 수 있기 때문에 교육평가의 영향은 커서 그 중요성을 간과할 수 없다.

둘째, 교육평가 전문교사의 양성이 필요하다. 교직에 종사할 사람들은 교육평가의 기본지식을 숙지하고 있어야 한다. 그러나 학생 개인이나 학급에 대한 평가의 범위를 벗어난 학교단위에서의 다양한 평가를 구안하기 위해서는 교육평가 전문교사가 필요하다. 상담교사의 필요성이 대두되듯이 학교에서의 교육평가, 즉 내신등급부여, 수행평가 실시, 학교평가, 교사평가 등을 위한 전문적 지식을 갖춘 교육평가 전문교사를 양성하여야 한다. 이를 위하여 연수 프로그램을 만들고 일정 교육을 이수한 자에게 자격증을 부여하여 학교현장에 교육평가이론을 적용하는 것이 교육평가의 기능을 극대화할 것으로 본다.

교육평가의 결과는 개인, 기관, 나아가 사회와 국가에 영향을 준다. 그러므로 교육평가와 관련된 모든 정책, 즉 학교내신평가, 대학입학전형제도, 학교평가, 교사평가 등은 서로 연관성을 지녀야 한다. 이런 정책들이 상충한다면 이는 교육의 불협화음을 물론 부작용까지 유발하고 사회의 혼란을 가중시킨다. 그러므로 교육 그리고 교육평가와 관련된 정책과 제도를 수립할 때는 결과타당도를 고려하여야 한다.

2 이론적인 측면에서의 과제

제도적인 측면에서 교육평가의 과제를 성공적으로 수행하기 위해서는 이론 분야에서의 연구과제가 충실히 이행되어야 한다. 학교현장에서 교육평가이론을 적용하기 위한 교육평가의 연구과제로는 이 책의 목차에 따라 성장참조평가와 능력참조평가의 절차와 모형 개발, 표준화 검사 개발, 새로운 유형의 문항 개발, 논술형 고사 채점을 위한 일반화 가능도의 이론 적용과 채점 프로그램의 개발, 검사제작과 분석 프로그램 개발, 문항반응이론의 적용, 차별기능 문항 추출, 준거설정, 새로운 개념에 의한 타당도의 근거검증방법, 컴퓨터화 검사 개발, 수행평가, 평가 프로그램 개발을 제안한다.

1) 성장참조평가와 능력참조평가의 절차와 모형 개발

인간의 행동변화를 추구하는 교육평가는 인간의 성장변화에 관심을 두는 것이 바람직하므로 성장참조평가에 관심을 두는데, 이는 개인을 위주로 한 평가라 할 수 있다. 능력의 변화나 능력을 최대한 발휘하였는가에 초점을 두는 성장참조평가와 능력참조평가는 능력에 주안점을 두고 있다. 그러므로 두 평가모형이 측정하고자 하는 내용에 따라 구안되어야 할 것이다. 성장참조평가나 능력참조평가는 최근에 제안된 평가방법으로서 타당하고 신뢰할 수 있는 평가 모형과 방법을 구안하여야 하는 연구과제를 제시하고 있다. 우리나라와 같이 상대비교평가관에 각인되어 있는 교육현장에 이 두 가지 평가모형을 적용시킬 수 있는 방법을 구안하는 것도 중요한 연구과제다.

2) 표준화 검사 개발

인간의 특성을 평가하기 위하여 다양한 평가도구가 개발되어야 한다. 평가의 새로운 동향은 검사에서 총평으로 변화되고 있다. 그러므로 인간을 종합적으로 평가할 수 있는 다중평가도구가 고안되어야 한다. 뿐만 아니라, 인간의 평가는 수집된 자료에 의존하며, 인간의 잠재적 특성은 검사라는 도구를 이용하여 측정한다. 그러므로 총평은 다양한 검사점수에 의존하여야 하므로 다양한 종류의 타당하고 신뢰할 수 있는 표준화 검사 개발이 요구된다. 2002학년도 대학입학전형제도가 도입되면서 다양한 표준화 검사가 개발될 것이라 기대하고 있지만 아직 미흡한 실정이며, 학업과 관련된 지능, 학업적성, 학업성취도검사뿐 아니라 인성, 흥미, 직업적성, 특수 기능에 대한 적성, 특수 능력 등을 측정할 수 있는 표준화 검사 개발이 요구된다.

3) 새로운 유형의 문항 개발

현재까지 사용되는 선택형 문항과 서답형 문항 이외에 교정진위형 문항, 연계진위형 문항, 삽입형 문항, 배열형 문항이 소개되고 있다. 따라서 새로 소개된 문항 유형의 적용과 문항의 장단점, 특징에 대한 연구가 이루어져야 한다. 이외에 컴퓨터화 검사가 보편화되고 있으므로 새로운 유형의 문항이 개발되고 이 문항들이 어떤 수준의 정신능력을 측정하는지, 장단점은 무엇인지에 대한 연구가 있어야 할 것이다.

4) 논술형 고사의 채점과 프로그램 개발

인간의 고등정신능력을 측정하고 함양하기 위하여 선택형 문항 중심의 평가에서 서답형 문항의 평가방법이 이용되고 있다. 서답형 문항 중에서 논술형 문항이 주로 이용되며, 논술형 문항에 의하여 인간의 정신능력을 측정할 때 채점자에 의한 신뢰도 문제가 제기된다. 동일한 채점자가 모든 피험자를 채점할 수 없으므로 다양한 상황에서 채점이 이루어지므로 채점의 일관성 문제를 배제하기란 용이하지 않다. 채점자간신뢰도를 증진시키기 위하여 채점자 훈련이 필히 이루어져야 하지만 일반화 가능도이론을 이용하여 채점의 오차에 대한 원인을 분석하여야 한다. 채점에 주관이 개입될 가능성이 있는 논술형 평가뿐만 아니라 수행평가를 위해서도 일반화 가능도이론이 이용되고 있으며, 연구의 대상이 되고 있다.

논술형 문항에서 채점자내신뢰도와 채점자간신뢰도를 확보하기 위하여 최근에는 컴퓨터 프로그램을 이용하여 채점을 하는 프로그램이 개발되어 활용되고 있다. 채점자에 의한 채점은 채점자 개인 변인에 의하여 채점의 일관성을 유지하기가 쉽지 않다. 오랜 시간의 채점에 따른 피로, 채점자의 당일 기분과 건강, 채점환경에 따라 채점의 결과가 달라질 수 있다. 이를 극복하기 위하여 논술형 문항의 주요 답안이 될 수 있는 핵심 단어나 문장들을 프로그램화하여 채점을 실시하고 채점의 타당성과 신뢰성을 검증하는 연구들이 진행되고 있다. 우리나라에서 논술고사의 영향이 증가되고 있는 상황에서 이와 같은 논술채점 프로그램의 개발과 적용, 그리고 장단점에 대한 연구가 이루어져야 할 것이다.

한국교육과정평가원에서는 2012년부터 국내 기업과 공동으로 국가영어능력평가시험의 말하기, 쓰기 채점에 적용 가능한 자동채점 프로그램 개발 연구를 수행하고 있다. 개발이 거의 완료된 쓰기 2급 자동채점의 프로그램에 대한 성능 검증 결과, 인간채점과 자동채점에 따른 채점자간 신뢰도 및 채점자 엄격성, 검사점수의 신뢰도 등에 비교에서 자동채점 프로그램이 인간채점과 유사한 수준의 성능을 보이는 것으로 확인되었으며, 특히 시간 및 비용의 효율성 측면에서는 자동채점이 매우 우수한 것으로 나타났다(시기자 외, 2013).

한편, 한국어 서답형 문항에 대해서도 2012년부터 단어·구 수준부터 적용할 수 있는 프로그램을 개발하고 그 타당성을 검증하는 연구를 진행하고 있으며 향

후 문장 수준의 짧은 글을 처리할 수 있는 프로그램을 2018년까지 개발 완료할 수 있도록 중장기 개발 계획을 수립하고 있다(노은희 외, 2012). 2012년 한국어 서답형 문항 자동채점 프로그램에 대한 성능 검증 결과, 학업성취도 평가, 초3 진단평가, 한국어능력시험 등의 단어·구 수준의 일부 문항에서는 자동채점이 가능한 것으로 확인되었다.

대규모 평가에 자동채점 시스템을 도입할 경우 채점의 정확성 및 신뢰성 확보에 기여할 뿐 아니라 채점자 양성 및 채점에 소요되는 시간, 비용 및 행정적 부담 완화, 성적 통지 기간의 단축으로 말하기, 쓰기 평가의 안정적 시행 및 공신력 제고에 기여할 것으로 기대된다(성태제, 2014).

5) 문항반응이론의 적용

인간의 능력을 측정하기 위하여 사용되는 검사이론으로서 문항반응이론이 널리 쓰이고 있다. 문항반응이론은 문항특성의 불변성과 피험자 능력의 불변성을 유지하지 못하고 능력을 정확하게 추정하지 못하는 고전검사이론의 한계를 극복하기 때문이다. 특히, 문항반응이론은 피험자의 진점수를 보다 정확히 추정하기 때문에 인위적으로 부여하는 부분점수의 문제를 극복할 수 있으며, 양질의 문항을 보관하기 위한 문제은행 구축에 필요한 이론이다. 문항반응이론에 의한 안정적 문항모수추정은 양질의 문항 개발과 피험자 능력을 정확하게 추정하므로 자격증 부여나 상위학교 진학 등의 행정적 기능을 위하여 사용될 수 있다.

최근에 와서는 문항에 답을 맞히고 틀리고의 수준을 벗어나서 각기 다른 답지까지 분석하는 다분문항반응이론이 이용되고 있으며, 피험자가 응답한 답지까지 고려하여 피험자의 능력을 추정한다. 문항반응이론으로 이분문항반응이론뿐 아니라 다분문항반응이론을 적용하여 인지적 행동특성과 정의적 행동특성을 평가하는 검사를 분석하고 피험자 능력과 특성을 추정하여야 한다. 나아가 일차원성을 가정하는 문항반응이론과 더불어 다차원의 능력을 평가하는 **다차원 문항반응이론**(multidimensional item response theory)에 대한 연구가 진행되어야 한다.

6) 준거설정에 대한 연구

준거참조평가의 준거설정에서 설명하였듯이 준거를 능가한 피험자에게 자격을 부여하며, 이 준거는 앞으로의 일을 성공적으로 수행할 수 있다고 판단하는 기준이 된다. 그러므로 준거는 평가도구나 검사의 내용과 난이도에 따라 결정되어야 한다. 그러나 우리나라의 경우 많은 시험에서 평균 60점 이상, 그리고 과목별로는 40점 이상을 준거로 설정하고 있다. 60점과 40점은 절대점수가 아님에도 불구하고 자격증 부여를 위한 점수로 인정받고 있다.

다양한 준거설정방법을 적용하여 각종 시험에 준거를 설정하는 연구가 이루어져야 하며, 그 준거에 비추어 교육목표의 달성 여부를 판단할 수 있어야 한다. 특히, 검사내용에 의하여 준거를 설정하고 평가결과를 부여한다면 최근 우리나라 중등학교에서 실시하고 있는 준거참조평가의 모순점을 해소할 수 있을 것이다.

7) 타당도로서 '~에 기초한 근거'에 대한 검증방법

타당도에 대한 개념이 변화되면서 제13장에서 설명한 것처럼 새로운 타당도가 제안되었다. 즉, 반응과정에 기초한 근거, 다른 변수에 기초한 근거로서 수렴 및 판별 근거와 타당도 일반화, 검사결과에 기초한 근거를 들 수 있다. 또한, 검사의 반응과정에 기초한 근거를 검증하는 방법과 모형, 설계에 대한 연구가 이루어져야 한다. 특히, 결과타당도, 검사결과에 기초한 근거는 검사의 설계단계에서부터 제작, 실행, 결과 분석과 활용에 이르기까지 매우 중요한 역할을 하므로 결과타당도를 검증하는 구체적인 방법과 절차를 수립하여야 한다.

교육현장에서도 타당도에 대한 새로운 개념을 소개하고 다양한 개념의 타당도를 적용하는 연구가 이루어져야 하며, 결과타당도를 검증하기 위하여 사용되는 검증방법의 주관성을 배제하는 보다 객관적인 검증방법이 고안되어야 할 것이다.

8) 컴퓨터화 검사 개발

컴퓨터의 성능이 빨라지고 보편화되면서 교육평가를 위하여 실시하는 검사는 지필검사에서 컴퓨터화 검사로 전환되고 있는 과정이다. 그 예로 TOEFL이 컴퓨터화 검사로 전환하였고 GRE는 컴퓨터화 검사 중 컴퓨터화 능력적응검사를 이용하고 있다. 컴퓨터화 검사를 위해서는 문제은행을 구축하여야 하며, 어떠한 형태의 문항도 제작할 수 있는 프로그램이 개발되어야 한다. 뿐만 아니라, 컴퓨터 이용검사, 컴퓨터화 능력적응검사를 실시할 수 있는 실행 프로그램도 개발되어야 하며, 검사결과를 분석하는 프로그램, 그리고 보고하고 해석하는 과정까지를 포함하는 통합적인 컴퓨터화 검사 프로그램의 개발이 요구된다.

컴퓨터화 검사 프로그램을 이용하여 검사를 실시하고 지필검사와의 비교를 통하여 컴퓨터화 검사의 장단점을 분석하고 학교현장에 컴퓨터화 검사를 적용할 수 있게 하여야 한다.

9) 수행평가

알고 있는 이론과 지식을 실생활에 적용할 수 있는 능력을 배양하기 위한 수행평가는 모든 전공 분야에서 관심의 대상이 되고 있다. 교육학 분야뿐 아니라 의학분야, 산업 분야 등 모든 분야에서 지적 능력 정도와 더불어 행할 수 있는 능력을 평가한다. 수행평가를 위하여 각 전공영역에 따라 수행평가 도구와 채점도구를 개발하고 실시한 후 채점하여 평가결과를 응용하는 작업이 구체적으로 이루어져야 한다.

의학계의 경우, 지필검사의 결과로 자격증을 부여할 때 암기위주의 교육을 강화시킬 뿐 아니라 의료행위에 대한 숙달 정도를 평가할 수 없는 문제점을 지닌다. 그러므로 평가의 어려움이 있다 하여도 수행평가를 실시하여 의사의 자격을 부여한다면 보다 양질이 의료혜택을 받을 수 있을 것이다.

실생활의 수행 정도를 평가하는 참평가가 용이하지 않으므로 인위적 상황에서 수행평가를 실시할 때 컴퓨터화 검사를 이용할 수 있다. 예를 들어, 심장환자의 증상을 동영상으로 보여 주고 진료계획과 치료방법을 서술하게 한다든지, 나아가 컴퓨터 키보드를 통하여 수술을 할 수 있게 한다면 이는 의사의 수준뿐 아니라 의료의 질을 향상시키는 평가방법이라 말할 수 있다. 그러므로 수행평가를 컴퓨터화 검사와 접목시키는 것도 중요한 연구과제라 할 수 있다.

10) 평가 프로그램 개발

평가는 교수·학습에 국한하지 않고 모든 대상을 평가대상으로 하고 있다. 교육기관평가, 교사평가, 교육정책평가, 사회현상평가, 평가에 대한 평가 등 이런 다양한 평가대상을 위하여 보다 전문적인 평가모형과 평가 프로그램이 개발되어야 한다. 그리고 구안된 평가모형과 프로그램을 학교나 사회에 적용하여 현상을 파악하고 개선하는 작업들이 이루어져야 한다.

11) 인지진단이론을 적용한 평가방법

평가를 학습과정의 하나로 인식하는 학습으로서의 평가(Assessment as learning)가 강조되면서 인지과학을 평가의 영역에 융합시키려는 시도들이 이루어지고 있다. 의사가 환자의 상태를 진단하여 그 결과를 처방에 활용하듯 **인지진단모형**(Cognitive Diagnostic Model: CDM)을 통해 학생의 성취수준을 다양한 지식, 기술, 능력의 관점에서 진단함으로써 그 결과를 학습이나 교수활동에 활용할 수 있다. 따라서 인지진단모형을 활용한 평가에서는 학생들의 상대적인 서열로서의 성적이 아니라 세부 영역별 정보를 제공하게 된다. 따라서 학생이나 교사는 평가 결과에 기초하여 상대적으로 약점을 보이는 영역 중심으로 학습 계획을 세울 수 있다.

인지진단이론이 교육현장에 적용된다면 학생들에게는 개개인의 능력을 개선시키는 데 필요한 부분을 구체적으로 인식할 수 있게 해 주고, 교사들에게는 학생별로 상세화된 진단 피드백을 제공해 줌으로써 개별 학생들의 수준과 요구에 따라 맞춤형 수업 전략을 수립하는 데 기여할 것이다(성태제, 2014).

12) 형성평가에 대한 연구

최근 교육평가의 주된 변화는 **결과중심**의 **총합평가**(summative assessment)에서 **과정중심**의 **형성평가**(formative assessment)로 무게 중심이 이동하고 있다는 점이다(김성숙 외, 2013). 형성평가에서는 학생의 학습 및 교사의 수업에 유용한 교육적 정보를 다양한 경로를 통해 수집하게 된다. 형성평가는 정보를 수집하는 방법에 따라 비형식적 형성평가와 형식적 형성평가로 구분할 수 있는데 최근에는 비형식적 형성평가의 중요성이 강조되고 있다. 특히 수업 중에 나타나는 표정, 몸짓, 눈빛 등 학생의 비언어적인 부분을 포함하는 관찰을 통해 학생의 참여도, 협동성, 친구들 간의 관계, 의사소통 능력, 흥미, 수업 내용에 대한 이해도 등을 파악할 수 있으므로 관찰은 결정적이고 풍부한 정보 수집원이 될 수 있다.

UNESCO(2012)는 학생 개개인의 특성과 잠재력을 고려한 맞춤형 교육을 통해 학교교육의 질적인 성과를 극대화하도록 노력해야 한다고 강조하고 있다. 정보통신기술을 활용한 온라인 형성평가 시스템을 구축·운영한다면 즉각적인 결과 분석 및 피드백이 이루어질 수 있으므로 맞춤형 교육을 활성화하는 데 기여할 수 있을 것이다(성태제, 2014).

이상에서 언급한 연구과제는 상호 연관성을 지니고 때로는 독립적으로, 때로는 종합적으로 연구되고 적용되어야 할 과제이며, 미처 설명하지 못한 연구과제가 적지 않을 것이다.

3 최근 동향 및 전망

교육평가의 최근 동향을 크게 다섯 가지로 요약할 수 있다.

① 규준과 준거참조평가에서 능력과 성장참조평가로
② 검사에서 총평으로
③ 선택형 평가에서 논술형, 나아가 수행평가로
④ 고전검사이론에서 문항반응이론으로
⑤ 지필검사에서 컴퓨터화 검사로

시대적 상황의 변화로 앞에서 설명한 것과 같이 교육평가에 많은 변화가 요구되고 있다. 교육평가의 변화는 많은 연구과제를 제시하고 있음을 의미한다. 교육평가의 역사가 길지 않은 우리나라의 교육평가 분야에서 해결하여야 할 과제는 적지 않으며, 지속적이고 체계적인 연구와 더불어 새로운 이론의 적용이 이루어져야 교육환경을 개선할 수 있다고 본다. 교육평가가 해결하여야 할 과제가 많음과 비례하여 전망도 밝다고 말하지 않을 수 없다.

⚠ 주요 단어 및 개념

규준참조평가	준거참조평가	성장참조평가
능력참조평가	표준화 검사	논술형 고사
채점 프로그램	문항반응이론	다분문항반응이론
다차원 문항반응이론	차별기능문항	준거설정
타당도	~에 기초한 근거	컴퓨터화 검사
컴퓨터화 능력적응검사	수행평가	평가 프로그램

💬 연습 문제

1. 우리나라 교육의 발전을 위하여 우선적으로 적용하여야 할 평가이론 세 가지를 들고, 그 이유와 적용방법을 설명하시오.

2. 교육평가의 새로운 동향을 설명하시오.

3. 국가가 필요로 하는 전문인(예: 교사, 의료인, 법조인, ……)에게 자격증을 주기 위하여 실시하여야 하는 종합적인 평가방법을 구안하시오.

강현석, 정재임, 최윤경(2005). Bloom의 교육목표분류학에 대한 비판과 그 대안 탐구. 중등교육연구, 53(1), 51-84.

교육법전편찬위원회(1999). 교육법전. 서울: 교학사.

교육부(2001). 2001학년도 대학수학능력시험 출제방법 개선연구.

권오남, 김경자 역(1997). 초등수학 수행평가 과제 제작 및 분석. 서울: 양서원.

김경자(2000). 수행평가 과제제작의 원리와 실제. 서울: 이화여자대학교 출판부.

김경희(1993). 문항수, 문항난이도, 문항변별도 변화에 따른 신뢰도 계수와 검사정보함수의 변화. 이화여자대학교 대학원 석사학위논문.

김경희(2000). 수행평가의 타당도 검증을 위한 측정학적 접근. 이화여자대학교 대학원 박사학위 논문.

김동영, 김도남, 신진아(2013). 국가수준 학업성취도 평가의 성과와 발전 방향. 2020 한국 초등교육의 행방과 과제(성태제 편(2013)). 서울 학지사.

김석우, 최용석(2001). 인과모형의 이해와 응용. 서울: 학지사.

김성숙(1995). 논술문항 채점의 변동요인 분석과 일반화 가능도 계수의 최적화 조건. 교육평가연구, 제8권 제1호, 35-57.

김정환, 강선보(2006). 교육학개론. 서울: 박영사.

김진규(2013). 형성평가 101가지 기법. 교육과학사.

김호권(1999). 수행평가의 정당성과 문제점. 교육평가연구, 제12권 제2호, 1-10.

남명호(1995). 수행평가의 타당성 연구. 고려대학교 대학원 박사학위논문.

남명호, 김성숙, 지은림(2000). 수행평가 이해와 적용. 서울: 문음사.

노은희, 심재호, 김명화, 김재훈(2012). 대규모 평가를 위한 서답형 문항 자동채점 방안 연구. 한국교육과정평가원 연구보고 RRE 2012-6.

배호순(2000). 수행평가의 이론적 기초. 서울: 학지사.

백순근 외 11인(1998). 수행평가의 이론과 실제. 서울: 원미사.

백순근, 채선희(1998). 컴퓨터를 이용한 개별적응검사. 서울: 원미사.

석문주 외 7인(1997). 학습을 위한 수행평가. 서울: 교육과학사.

성태제(1989). 체육계 실기고사의 합리적 방법과 문제점에 대한 토론. 교육평가연구, 제3권 제2호, 126-130.

성태제(1991). 목표지향검사를 위한 준거설정방법. 교육학연구, 제29권 제2호, 147-164.

성태제(1992). 컴퓨터 이용검사와 컴퓨터 능력적응검사. 교육평가연구, 제5권 제1호, 73-97.

성태제(1995). 고등정신능력 신장을 위한 교육평가 방안 탐색. 국립교육평가원 전국교육평가 심포지엄 보고서 제12집, 45-90.

성태제(1998a). 수행평가 그리고 과제와 전망. 사대뉴스 12월호.

성태제(1998b). 학업성취도평가를 수행평가의 과제와 전망. 1998 한국응용언어학회 겨울학술대회: 언어 수행평가의 과제와 전망.

성태제(1999). 수행평가의 본질과 장단점, 우리나라에서의 문제점과 원인분석 그리고 해결방안. 한국교원대학교 제5차 교육개혁대토론회: 수행평가 어떻게 할 것인가?

성태제(2000). 타당도의 새로운 개념 변화. 교육평가연구, 제13권 제2호, 1-11.

성태제(2001). 문항반응이론의 이해와 적용. 서울: 교육과학사.

성태제(2002). 타당도와 신뢰도. 서울: 학지사.

성태제(2004). 문항제작 및 분석의 이론과 실제. 서울: 학지사.

성태제(2011, 역). 준거설정. 서울: 학지사.

성태제(2014). SPSS/AMOS를 이용한 알기쉬운 통계분석(2판). 서울: 학지사.

성태제(2019). 현대교육평가(5판). 서울: 학지사.

성태제, 송민영(2000). TestAn1.0: 고전검사이론에 의한 문항분석프로그램. 서울: 아리수미디어.

성태제 외(2013). 2020한국 초중등교육의 향방과 과제. 서울: 학지사.

시기자(1997). 피험자 적합도 분석을 이용한 문항반응형태 분류. 이화여자대학교 석사학위논문.

시기자, 이용상, 박도영, 임황규, 구슬기, 박상욱, 임은영(2013). 국내 대규모 영어 쓰기 평가에서의 자동채점의 적용 가능성 탐색. 교육평가연구, 26(2), 319-345.

시기자, 채선희, 성태제(1998). Rasch 모형에 근거한 피험자 적합도지수를 이용한 문항 반응유형과 피험자 특성 분석. 교육평가연구, 제5권 제1호, 109-129.

에버케이션(2000). Bayesian1.0: Bayesian 통계방법에 의한 검사분석 프로그램. 서울: 에버케이션.

에버케이션(2000). RaschAn: Rasch 모형에 의한 검사분석 프로그램. 서울: 에버케이션.

에버케이션(2000). Test Wizard: 컴퓨터화 검사 제작 프로그램. 서울: 에버케이션.

이순묵, 이봉건(1995). 설문·시험·검사의 제작 및 사용을 위한 표준. 서울: 학지사.

임의도, 고종열, 신세호(1966). 교육목표분류학: 지적영역. 서울: 배영사.

임인재(1980). 심리측정의 원리: 교육과학신서, 제5권. 서울: 교육출판사.

임현정(1999). 컴퓨터화 적응검사와 지필검사에 의한 피험자 능력 추정의 정확성 비교. 이화여자대학교 대학원 석사학위논문.

정낙찬(1992). 조선전기 성균관의 학력평가. 한국교육, 제19권, 1-22.

조연순(1994). 한국초등교육의 기원. 서울: 학지사.

최연희, 권오남, 성태제(1999). 중학교 영어·수학 교과에서의 열린 교육을 위한 수행평가 적용 및 효과 분석. 교육정책연구과제 보고서.

한국교육평가학회(편)(2004). 교육평가 용어사전. 서울: 학지사.

한국교육학회 교육평가연구회(편) (1995). 교육측정·평가·연구·통계 용어사전. 서울: 중앙교육진흥연구소.

황정규(1986). 교육평가 연구의 과제와 전망. 교육평가연구, 제1권 제1호, 9-25.

황정규(1998). 학교 학습과 교육평가. 서울: 교육과학사.

AERA(2000). *The AERA position Statement Concering High-Stkes Testing*. AERA.

AERA, APA, & NCME (1966, 1974, 1985, 1988, 1999, 2014). *Standard for Educational and Psychological Testing*. Washington DC: American Psychological Association.

Airasian, P. W. (1991). Perspective of measurement instruction. *Educational Measurement: Issues and Practice, 10*(1), 13-16.

American Psychological Assocation (1954). *Technical recommendation for psychological tests and diagnostic techniques*. Washington DC: Author.

Anastasi, A. (1976). *Psychological Testing* (4th ed). New York. Macmillan.

Anastasi, A. (1988). *Psychological Testing* (6th ed.). New York: Macmillan.

Anderson, Lorin W., & Krathwohl, David, R. (2001 eds.). *A Taxonomay for Learning, Teaching and assessing: A Revision of Bloom's Taxonomy of Educational Objectives*. New York: Longman.

Angoff, W. H. (1971). Scales, norms and equivalent scores. In R. L. Thorndike (Ed.), *Educational Measurement* (2nd ed). American Council on Education, Washington DC.

Arter, J. (1999). Teaching about performance. *Educational Measurement: Issues and Practice, 18*(2), 30-44.

Baron, M. A., & Boschee. F. (1995). *Authentic Assessment*. Basel, Switzerland: Technomic Pub. Co Inc.

Beeby, C. E. (1977). The meaning of evaluation. *Current Issues in Education, No.4; Evaluation*. Department of Education, Wellington, 68-78.

Berk, R. A. (1986). A consumer's guide to setting performance standards on criterion-referenced test. *Review of Educational Research, 56*, 137-172.

Binet, A., & Simon, T. H. (1905). Methods nouvelles pour le diagnostic du niveau intelletuel des anotmaux. *L'annee Psychologique, 11*.

Binet, A., & Simon, T. H. (1916). *The development of intelligence in young children*. Vineland, NJ: The Training School.

Black, P., & Wiliam, D. (1998). Assessment and classroom learning. *Assessment in Education, 5*(1), 103-110.

Block, J. H. (1978). Standard and criteria: A response. *Journal of Educational Measurement, 15*(4), 291-295.

Brookhart, S., & Nitko, A. (2007). Assessment and grading in classrooms. Upper Saddle River, NJ: Pearson Education.

Bloom, B. S. (1956). *The Taxonomy of Educational Objectives, Handbook I, Cognitive domain*. NY: David Mckay.

Bloom, B. S., Hastings, J. T., & Madaus, G. (1971). *Handbook on formative and summative evaluation of student learning*. New York: McGraw-Hill.

Bloom, B. S. (1977). Favorable learning conditions for all. *Teacher, 95*(3), 22-28.

Bloom, B. S., Madaus, G. F., & Hasting, J. T. (1981). *Evaluation to improve learning*, NY: McGraw Hill.

Bormuth, J. R. (1970). *On the theory of achievement test items*. Chicago: University of Chicago Press.

Bruner, J. S. (1960). *The process of Education*. Cambridge, Mass: Harvard University Press.

Budescu, D. V., & Nevo, B. (1985). Optimal number of options: An investigation of the assumption of proportionality. *Journal of Educational Measurement, 22*, 183–196.

Bunderson, C. V., Inouye, D. K., & Olsen, J. B. (1989). The Four Generations of Computerized Educational Measurement. In R. L. Linn (Ed.), *Educational measurement* (3rd ed.). NY: American Council on Education.

Cizek, G. J., & Bunch, M. B. (2007). Standard setting: A guide to establishing and evaluating performance standards on tests. Thousand Oaks: SAGE Publications.

College Board(2009). The SAT preparation booklet(2008–09). The college board.

Conoley, J., & O'Neil, H. F. (1979). A primer for developing tests items. In H. F. O'Neil (Ed.), *Procedures for instructional system development*. NY: Academic Press.

Cronbach, L. J. (1951). Coefficient alpha and the internal structure of test. *Psychometrika, 16*, 297–334.

Cronbach, L. J. (1969). Validation of Educational measures. In *Proceedings of the 1969 Invitational Conference on Testing Problems: Toward a theory of achievement measurement*, 35–52. Princeton, NJ: Educational Testing Service.

Cronbach, L. J. (1970). *Essentials of Psychological Testing* (3rd ed.). NY: Harper & Row.

Cronbach, L. J. (1971). Test Validation. In R. L. Thorndike (Ed.), *Educational Measurement*. Washington DC: American Council on Education.

Cronbach, L. J., Rajartnam, N., & Gleser, G. C. (1963). Theory of generalizability: A liberalization of reliability theory. *British Journal of Statistical Psychology, 16*, 137–163.

Cureton, E. E. (1951). Validity. In E. F, Lindquist (Ed.), *Educational Measurement*. Washington DC: American Council on Education. 621–695.

Downing, S. M. (1992). True-False, alternative-choice, and multiple choice items. *Educational Measurement: Issues and Practice, 11*(3), 27-30.

Ebel, R. L. (1965). *Measuring Educational Achievement.* Englewood Cliffs, NJ: Prentice-Hall.

Ebel, R. L. (1969). Expected reliability as a function of choices per item. *Educational Psychological Measurement, 29,* 565-570.

Ebel, R. L. (1979). *Essentials of Educational Measurement* (3rd ed.). Englewood Cliffs, NJ: Prentice-Hall.

Ebel, R. L., & Frisbie, D. A. (1986). *Essential of Educational Measurement* (4th ed.). Englewood Cliffs, NJ: Prentice-Hall.

Educational Testing Service (2001). *Student Instructional Report (SIR* II *).* NJ: Princeton.

Embreston, S. E. (1985). Multicomponent latent trait models for test design. In S. E. Embreston (Ed.), *Test Design.* NY: Academic Press, Inc., 195-218.

Findley, W. G. (1963). Purpose of school testing programs and their efficient development. In W. G. Findley (Ed.), *Sixty Second Yearbook of the National Society for the Study of Education, Part II.* Chicago: University of Chicago Press.

Finn (1978). *Generating domain-reference test items form prose passages.* Paper presented at the annual meeting of the American Educational Research Association, Toronto.

Gagne, R. M. (1970). *The conditions of learning* (2nd ed.). NY: Holt, Rinehart & Winston.

Gardner, H. (1983). *Frames of mind: The theory of multiple intelligences.* NY: Basic Books.

Glaser, R. (1963). Instructional technology and measurement of learning outcome: some questions. *American Psychologist, 18,* 519-621.

Glaser, G. V., & Klaus, D. J. (1963). Proficiency measurement: Assessing human performance. In R. M. Gagne (Ed.), *Psychological principles in systems development.* NY: Holt Rinehart and Winston, 419-474.

Glass, G. V. (1978). Standard and criteria. *Journal of Educational Measurement, 15,* 277-290.

Goodlad, J. I. (1966). *The development of a conceptual system for dealing with problems of curriculum and instruction.* CRP-454.

Gordon, E. W., & Bonilla-Bowman (1996). Can performance-based assessments contribute to the achievement of educational equity? In B. J. Boykoff, & W. D. Palmer (Ed.), *Performance based assessment: Challenges and possibilities.* Chicago: The National Society for the Study of Education.

Greenstein, L. (2010). What Teachers Really Need to Know About Formative Assessment.

Gronlund, N. E. (1970). *Stating behavior objectives for classroom instruction.* NJ: Macmillan.

Gronlund, N. E. (1971). *Measurement and evaluation in Teaching* (2nd ed.). NY: Macmillan.

Gronlund, N. E. (1976). *Measurement and Evaluation in Teaching* (3rd ed.). NY: Macmillan.

Gronlund, N. E. (1988). *How to construct achievement tests.* NJ: Prentice-Hall, Inc.

Gronlund, N. E. (1989). *How to construct achievement tests.* NJ: Prentice-Hall, Inc.

Gronlund, N. E., & Linn, R. L. (1990). *Measurement and Evaluation in Teaching* (7th ed.). NY: Macmillan.

Haladyna, T. M., & Downing, S. M. (1989). Comparative Review: Validity of a Taxonomy of Multiple-Choice Item-Writing Rules. *Applied Measurement in Education, 2* (1), 51-78.

Herman, J. L., Aschbacher, P. R., & Winters, L. (1992). *A Practical Guide to Alternative Assessment.* Alexandria: Association for Supervision and Curriculum Development.

Hively, W., Patterson, H. L., & Page, S. A. (1968). A universe-defined system of arithmetic achievement tests. *Journal of Educational Measurement, 5,* 275-290.

Hopkins, K. D., & Stanley, J. C. (1981). *Educational and Psychological Measurement and Evaluation* (6th ed.). Engelwood Cliffs, NJ: Printice Hall.

Hopkins, K. D., Stanley, J. C., & Hopkins, B. R. (1990). *Educational and Psychological Measurement and Evaluation.* Boston: Allyn & Bacon.

House, E. R. (1980). *Evaluating with validity.* Beverly Hills, CA: Sage.

Jaeger, R. M. (1978). *A proposal for setting a standard on the North Carolina High School Competency test.* Paper presented at the spring meeting of the North Carolina Association for Research in Education, Chapel Hill.

Johnson, A. P. (1951). Notes on a suggested index of item validation: the U−L Index. *Journal of Educational Psychology, 62,* 499−504.

Joint Committee on Standards for Educational Evaluation (1981). *Standards for Evaluation of Educational Programs,* Projects and Materials. NY: McGraw−Hill.

Khattri, N., & Sweet, D. (1996). Assessment reform: Promises and Challenges. In M. B. Kane, & R. Mitchell (Eds.), *Implementing Performance Assessment.* Mahwah, NJ: Lawrence Erlbaum Associates.

Krathwohl, D. R., Bloom, B. S., & Masia, B. B. (1964). *Taxonomy of educational objectives, Handbook 2, Affective Domain,* NY: Mckay.

Kromhout, O. M. (1987). *Guideline for test development.* Florida Department of Education.

Kubiszyn & Borich(2010). *Educational testing & measurement: Classroom application and practice* (9th ed.).

Kubiszyn, T., & Borich, G. (1993). *Educational Testing and Measurement* (4th ed.). NY: Harper Collins College Publishers.

Leathers, D. G., & Eaves, M. H. (2008). *Successful nonverbal communication: Principles and applications* (4th ed.) New York: Macmillan.

Linn, R. L. (1997). Evaluating the validity of assessments: The consequences of use. *Educational Measurement: Issue and Practice, 16*(2), 14−15.

Linn, R. L., & Baker, E. L. (1996). Can performance−based student assessment be psychometrically sound. In J. B. Babon, & D. P. Wolf (Eds.), *Performance−based student assessment: Challenges and Possibilities.* Chicago, Illinois: University of Chicago Press.

Linn, R. L., & Gronlund, N. E. (1995). *Measurement and Assessment in Teaching* (7th ed.). Upper Saddle River, NJ: Prentice Hall.

Linn, R. L., & Gronlund, N. E. (2000). *Measurement and Assessment in Teaching* (8th ed.). Upper Saddle River, NJ: Prentice Hall.

Livingston, S. A., & Zieky, M. J. (1982). *Passing scores: A manual for setting standards of performance on educational and occupational tests.* Princeton, NJ: Educational Testing Service.

Lord, F. M. (1971). The self-scoring Flexilevel test. *Journal of Educational Measurement, 8*(3), 147-151.

Lord, F. M., & Novick, M. R. (1968). *Statistical theories of mental test scores.* MA: Addison Wesley.

Madaus, G. F., & Kellaghan, T. (1992). Curriculum evaluation and assessment. In Jackson, P. W. (Ed.), *Handbook of Research on Curriculum, A project of the American Educational Research Association.* NY: Macmillan.

Mager, R. F. (1962). *Preparing instructional objectives.* Pal Alto, CA: Feardon Publisher.

Marzano, R. J. (2010). Formative assessment & standards-based grading. Mazrano Research Lanoratory.

Mcbride, J. R., & Sympson, J. B. (1985). The Computerized adaptive testing system development project. In D. J. Weiss (Ed.), *Proceeding of the 1982 item response theory and computerized adaptive testing conference.* Minneapolis: Deportment of Psychology, University of Minnesota.

McMillan, J. H. (1997). *Classroom Assessment: Principles and Practice for Effective Instruction.* Boston: Allyn & Bacon.

McMillan, J. H. (2011). *Classroom assessment: Principles and practice for effective standards-based instruction* (5th ed.) New Jersey: Pearson.

McMillan, J. H. (2014). *Classroom assessment: Principles and practice for effective standards-based instruction* (6th ed.) New Jersey: Pearson.

Mehrens, W. A. (1997). The Consequences of consequential validity. *Educational Measurement: Issue and Practice, 16*(2), 16-18.

Mehrens, W. A., & Lehmann, I. J. (1969). *Standardized tests in education.* NY: Holt, Rinehart, & Winston.

Mehrens, W. A., & Lehmann, I. J. (1975). *Measurement and Evaluation in Education and Psychology.* NY: Holt, Rinehart, & Winston.

Meijer, R. R. (1996). Person-fit Research: An Introduction. *Applied Measurement In Education, 9*(1), 3-8.

Messick, S. (1989). Validity. In R. L. Linn (Ed.), *Educational Measurement* (3rd ed.). Washington DC: American Council on Education & National Council on Measurement in Education, 13-103.

Metfessel, N. S., Michael, W. B., & Kirsner, D. A. (1969). Instrumentation of Bloom's taxonomies for the writing of educational objectives, *Psychology in the school, 6,* 227-231.

Meyer, C. A. (1992). What's the difference between authentic and performance assessment? *Educational Leadership, 49*(8), 39-40.

Mills, C. N. (1983). A comparison of three methods of establishing cut-off scores on criterion-referenced test. *Journal of Educational Measurement, 20,* 283-292.

Mills, C. N., & Melican, G. J. (1988). Estimating and adjusting cutoff score: Features of selected method. *Applied Measurement in Education, 1,* 261-275.

Mislevy, R. J. (1997). Assessing student learning. In H. J. Walberg, & G. D. Haertel (Eds.), *Psychology and Educational Practice.* Berkeley: MrCutrhan Publishing Corporation, 176-195.

Mottet, T. P., & Richmond, V. P. (2000). *Student nonverbal communication and its influence on teachers and teaching: A review of literature.* Paper presented at the Annual Meeting of the National Communication Association.

Morgan, C. D., & Murray, H. A. (1935). A method for investigating fantasies: The thematic apperception Test, *Archives of Necrology and Personality, 34.*

Murray, H. A. (1938). *Explorations in personality.* NY: Oxford University press.

Nitko, A. J. (1980). Distinguishing the many varieties of criterion-referenced tests. *Review of Educational Research, 50*(3), 461-485.

Nitko, A. J. (1983). *Educational tests and measurement: An introduction.* NY: Jarcourt Brace Jovanovich.

Oosterhof, A. (1994). *Classroom Applications of Educational Measurement.* NY: Maxwell Macmillan International.

Oosterhof, A. (2001). *Classroom Applications of Educational Measurement* (3rd ed.). NJ: Prentice-Hall, Inc.

Oosterhof, A., & Coats, P. K. (1984). Comparison of difficulties and reliabilities of quantitative word problems in completion and multiple-choice item formats. *Applied Psychological Measurement, 8,* 287-294.

Osgood, G. E. (1957). *The Measurement of meaning*. Urbana: Univ. of Illinois Press.

Owen, R. J. (1969). *A Bayesian approach to tailored testing*. Princeton NJ: Educational Testing Service.

Pearson, K. (1896). Mathematical contributions to the theory of evolution: III. Regression, heredity and panmixia. *Philosophical Transactions, A*(187), 253–318.

Piaget, J. (1965). *The moral judgement of the child*, NY: Free Press.

Popham, W. J. (1975). *Educational Evaluation*. Englewood Cliffs, NJ: Prentice-Hall.

Popham, W. J. (1978). *Criteiron-referenced measurement*. Englewood Cliffs, NJ: Prentice-Hall.

Popham, W. J. (1983). Measurement as an instructional catalyst. *New Directions for Testing and Measurement, 17*, 19–30.

Popham, W. J. (1984). Action implications of the Debra P. decision. Symposium presented at the annual meeting of the American Educational Research Association, New Orleans, LA.

Popham, W. J. (1987a). The merits of measurement-driven instruction. *Phi Delta Kappan, 68*(9), 679–682.

Popham, W. J. (1987b). Middle-minded emotionalism. *Phi Delta Kappan, 68*(9), 687–689.

Popham, W. J. (1997). Consequential validity: right concern-wrong concept. *Educational Measurement: Issue and Practice, 16*(2), 9–13.

Popham, W. J. *Classroom Assessment: What Teachrers Need to Know* (2011, 6th. ed). Boston: Pearson.

Rocklin, T. R. (1994). Self-Adaptive Testing. *Applied Measurement in Education, 7*, 3–14.

Roid, G. H., & Haladyna, T. M. (1978). *A review of item writing methods for criterion- referenced tests in the cognitive domain*. Paper presented at the Annual Meeting of the American Educational Research Association. Toronto, Ontario, Canada.

Roid, G. H., & Haladyna, T. M. (1982). *A technology for test-item writing*. NY:

Academic Press.

Sands, W. A. (1985). *An overview of the CAT-ASVAB Program. Proceeding of the 27th annual meeting of the Military Testing Association.* San Diego, CA: Navy Personnel Research and Development Center.

Scriven, M. (1967). The methodology of evaluation. In R. Tyler, R. Gagne, & M. Scriven (Eds.). *Perspectives on Curricular Evaluation.* AERA Monograph Series on Curriculum Evaluation, 1.

Scriven, M. (1967). The methodology of evaluation. In R. F. Stake (Ed.), *Curriculum evaluation: American Educational Research Association monograph series on evaluation*, No. 1(pp. 39-83). Chicago: Rand McNally.

Shepard, L. A. (1984). Setting performance standards. In R. A. Berk (Ed.), *A guide to criterion-referenced test construction.* Baltimore, MD: Johns Hopkins University Press.

Shepard, L. A. (1997). The Centrality of test use of consequences for test validity. *Educational Measurement: Issue and Practice, 16*(2), 5-8.

Shepard, L. A. (2008). Formative assessment: Caveat emptor. In C. A. Dwyer (Ed.), *The future of assessment: Shaping teaching and learning* (pp. 279-303). wah, NJ: Erlbaum.

Shepard, L. A., Camilli, G., & Williams, D. M. (1984). Accounting for statistical artifacts in item bias research. *Journal of Educational Statistics, 9*, 93-128.

Shute, V. J. (2008). Focus on formative feedback. *Review of Educational Research, 78*(1), 153-189.

Simpson, E. J. (1966). The classification of educational objectives, psychomotor domain. *llinois Teacher of Home Economics, 10.*

Spearman, C. (1910). Correlations calculated from faculty data. *British Journal of Psychology, 3*, 271-295.

Stevens, S. S. (1946). On the theory of scales of measurement. *Science, 103*, 677-680.

Sternberg, R. J. (1985). *Beyond IQ: A triarchic theory of human intelligence.* NY: Cambridge University Press.

Stiggins, R. J. (2005). From formative assessment to assessment FOR learning: A path to success in standards-based schools. *Phi Delta Kappan, 87*(4), 324-328.

Stiggins, R. J. (2008). *Student-involved assessment For learning*. Upper Saddle River, NJ: Pearson Merrill Prentice Hall.

Stufflebeam, D. L. (1971). *Educational evaluation and decision making*. Ithaca, Illinois: Peacock.

Stufflebeam, D. L. (1976). The use and abuse of evaluation. In *Theory into Practice*, 6, 126-133.

Stufflebeam, D. L., & Shinkfield, A. J. (1985). *Systematic Evaluation*. Boston: Kluwer, Nijhoff Publishing.

Tamayo, R. Joaquin, Jr(2010). Assessment 2.0: "*Next-Generation*" *Comprehensive Assessment Systems*. The Aspen Institute Education & Society Program 2010.

Taylor, W. L. (1953). Cloze procedure: A new tool for measuring readability. *Journalism Quarterly*, *30*, 415-433.

U.S. Congress (2001). No Child Left Behind Act of 2001. Washington, DC: Author.

Thomas, J. K. (2005). Reducing the gap between research and practice in school psychology. *Psychology in the Schools*, *42*(5), 577-584.

Thorndike, E. L. (1918). The nature, purposes and general methods of measurements of educational products. In G. M. Whipple (Ed.), *The Measurement of Educational Products, Seventeenth Yearbook of the National Society for the Study of Education, Part II*, 16-24. Bloomington, IL: Public School Co.

Tollefson, N. (1987). A comparison of the item difficulty and item discrimination of multiple-choice items using the 'none of the above' and one correct response options. *Educational and Psychological Measurement*, *47*, 377-383.

Tucker, L. R. (1946). Maximum validity of a test with equivalent items. *Psychometrika*, *11*, 1-13.

Tyler, R. W. (1942). General statement on evaluation. *Journal of Educational Researcher*, *35*, 492-501.

Tyler, R. W. (1949). *Basic principles of curriculum and instruction*. Chicago: University of Chicago Press.

Wainer, H. (1990). Computer adaptive testing: A primer. Hillsdale, NJ: Lawrence Erlbaum.

Wainer, H. (2000). Rescuing computerized testing by breaking Zipf's Law. *Journal of Educational and Behavioral Statistics*, *25*, 203-224.

Ward, A. W., & Murray-Ward, M. (1999). *Assessment in the classroom*. Belmont, CA: Wadsworth Publishing Company.

Wiggins, G. (1989). A true test: toward more authentic and equitable assessment. *Phi Delta Kappan, 70*(9), 703-713.

Wiliam, D. (2011). Embedded formative assessment. Bloomington: IN: Solution Tree Press.

Wise, S. L., & Plake, B. S. (1989). Research on the effects of administering tests via computers. *Educational Measurement: Issue and Practice, 3*(3), 5-10.

Wittrock, M. C. (1991). Cognition and testing. In. M. C. Wittrock, & E. L. Baker (Eds.) *Testing and Cognition*. NJ: Printice-Hall.

Wood, R. (1977). Multiple choice: A State of the art report. *Evaluation in Education: International Pro Press, 1*, 191-280.

Zieky, M. J., & Livingston, S. A. (1977). *Manual for setting standards on the basic skills assessment tests*. Princeton, NJ: Educational Testing Service.

http://collegereadiness/collegeboard.org

부록

[부록 1] 표준정규분포표

z	P(z)	z	P(z) $\alpha = 1-P(z)$	z	P(z) $\alpha = 1-P(z)$	z	P(z) $\alpha = 1-P(z)$
.00	.5000000	.47	.6808225	.94	.8263912	1.41	.9207302
.01	.5039894	.48	.6843863	.95	.8289439	1.42	.9221962
.02	.5079783	.49	.6879331	.96	.8314724	1.43	.9236415
.03	.5119665	.50	.6914625	.97	.8339768	1.44	.9250663
.04	.5159534	.51	.6949743	.98	.8364569	1.45	.9264707
.05	.5199388	.52	.6984682	.99	.8389129	1.46	.9278550
.06	.5239222	.53	.7019440	1.00	.8413447	1.47	.9292191
.07	.5279032	.54	.7054015	1.01	.8437524	1.48	.9305634
.08	.5318814	.55	.7088403	1.02	.8461358	1.49	.9318879
.09	.5358564	.56	.7122603	1.03	.8484950	1.50	.9331928
.10	.5398278	.57	.7156612	1.04	.8508300	1.51	.9344783
.11	.5437953	.58	.7190427	1.05	.8531409	1.52	.9357445
.12	.5477584	.59	.7224047	1.06	.8554277	1.53	.9369916
.13	.5517168	.60	.7257469	1.07	.8576903	1.54	.9382198
.14	.5556700	.61	.7290691	1.08	.8599289	1.55	.9394292
.15	.5596177	.62	.7323711	1.09	.8621434	1.56	.9406201
.16	.5635595	.63	.7356527	1.10	.8643339	1.57	.9417924
.17	.5674949	.64	.7389137	1.11	.8665005	1.58	.9429466
.18	.5714237	.65	.7421539	1.12	.8686431	1.59	.9440826
.19	.5753454	.66	.7453731	1.13	.8707619	1.60	.9452007
.20	.5792597	.67	.7485711	1.14	.8728568	1.61	.9463011
.21	.5831662	.68	.7517478	1.15	.8749281	1.62	.9473839
.22	.5870604	.69	.7549029	1.16	.8769756	1.63	.9484493
.23	.5909541	.70	.7580363	1.17	.8789995	1.64	.9494974
.24	.5948349	.71	.7611479	1.18	.8809999	1.65	.9505285
.25	.5987063	.72	.7642375	1.19	.8829768	1.66	.9515428
.26	.6025681	.73	.7673049	1.20	.8849303	1.67	.9525403
.27	.6064199	.74	.7703500	1.21	.8868606	1.68	.9535213
.28	.6102612	.75	.7733726	1.22	.8887676	1.69	.9544860
.29	.6140919	.76	.7763727	1.23	.8906514	1.70	.9554345
.30	.6179114	.77	.7793501	1.24	.8925123	1.71	.9563671
.31	.6217195	.78	.7823046	1.25	.8943502	1.72	.9572838
.32	.6255158	.79	.7852361	1.26	.8961653	1.73	.9581849
.33	.6293000	.80	.7881446	1.27	.8979577	1.74	.9590705
.34	.6330717	.81	.7910299	1.28	.8997274	1.75	.9599408
.35	.6368307	.82	.7938919	1.29	.9014747	1.76	.9607961
.36	.6405764	.83	.7967306	1.30	.9031995	1.77	.9616364
.37	.6443088	.84	.7995458	1.31	.9049021	1.78	.9624620
.38	.6480273	.85	.8023375	1.32	.9065825	1.79	.9632730
.39	.6517317	.86	.8051055	1.33	.9082409	1.80	.9640697
.40	.6554217	.87	.8078498	1.34	.9098773	1.81	.9648521
.41	.6590970	.88	.8105703	1.35	.9114920	1.82	.9656205
.42	.6627573	.89	.8132671	1.36	.9130850	1.83	.9663750
.43	.6664022	.90	.8159399	1.37	.9146565	1.84	.9671159
.44	.6700314	.91	.8185887	1.38	.9162067	1.85	.9678432
.45	.6736448	.92	.8212136	1.39	.9177356	1.86	.9685572
.46	.6772419	.93	.8238145	1.40	.9192433	1.87	.9692581

z	$P(z)$	z	$P(z)$ $\alpha = 1 - P(z)$	z	$P(z)$ $\alpha = 1 - P(z)$	z	$P(z)$ $\alpha = 1 - P(z)$
1.88	.9699460	2.09	.9816911	2.30	.9892759	2.51	.9939634
1.89	.9706210	2.10	.9821356	2.31	.9895559	2.52	.9941323
1.90	.9712834	2.11	.9825708	2.32	.9898296	2.53	.9942969
1.91	.9719334	2.12	.9829970	2.33	.9900969	2.54	.9944574
1.92	.9725711	2.13	.9834142	2.34	.9903581	2.55	.9946139
1.93	.9731966	2.14	.9838226	2.35	.9906133	2.56	.9947664
1.94	.9738102	2.15	.9842224	2.36	.9908625	2.57	.9949151
1.95	.9744119	2.16	.9846137	2.37	.9911060	2.58	.9950600
1.96	.9750021	2.17	.9849966	2.38	.9913437	2.59	.9952012
1.97	.9755808	2.18	.9853713	2.39	.9915758	2.60	.9953388
1.98	.9761482	2.19	.9857379	2.40	.9918025	2.70	.9965330
1.99	.9767045	2.20	.9860966	2.41	.9920237	2.80	.9974449
2.00	.9772499	2.21	.9864474	2.42	.9922397	2.90	.9981342
2.01	.9777844	2.22	.9867906	2.43	.9924506	3.00	.9986501
2.02	.9783083	2.23	.9871263	2.44	.9926564	3.20	.9993129
2.03	.9788217	2.24	.9874545	2.45	.9928572	3.40	.9996631
2.04	.9793248	2.25	.9877755	2.46	.9930531	3.60	.9998409
2.05	.9798178	2.26	.9880894	2.47	.9932443	3.80	.9999277
2.06	.9803007	2.27	.9883962	2.48	.9934309	4.00	.9999683
2.07	.9807738	2.28	.9886962	2.49	.9936128	4.50	.9999966
2.08	.9812372	2.29	.9889893	2.50	.9937903	5.00	.9999997
						5.50	.9999999

[부록 2] 상관계수: jamovi와 SPSS 프로그램 실행

상관(correlation)이란 두 변수의 관계를 말한다. 한 변수가 변해 감에 따라 다른 변수가 어떻게 변해 가는지를 의미한다. 예를 들어, 직업만족도와 스트레스의 관계도 상관이며, 부부간의 애정도 상관이라 한다. 그러므로 상관은 두 변수가 있어야 존재한다. 한 변수가 증가할 때 다른 변수도 증가하면 정적 상관을 가지며, 한 변수는 증가하나 다른 변수는 감소하면 부적 상관을 갖게 된다.

상관계수(correlation coefficient)란 상관의 정도를 나타내는 지수를 말한다. 그러므로 상관계수의 범위는 −1.0에서 1.0 사이에 존재하며 절대값이 커질수록 상관이 높다. 상관계수는 한 변수가 변화할 때 그에 비례하여 다른 변수도 변하면 상관계수가 높아지고, 다른 변수가 변하지 않으면 상관계수는 0이 된다. 그러므로 상관계수는 공분산의 양에 비례한다.

공분산을 설명하기에 앞서 분산을 설명한다. 분산은 표준편차의 제곱으로 변량이라고도 한다. **분산**은 각 변수값이 평균으로부터의 차의 제곱의 평균으로 다음 공식에 의하여 계산된다.

$$S_X^2 = \frac{\sum (X_i - \overline{X})^2}{n}$$

$$S_Y^2 = \frac{\sum (Y_i - \overline{Y})^2}{n}$$

변수가 각각 X, Y라 할 때 X변수와 Y변수의 분산은 앞의 공식에 의하여 계산된다. 그러나 공분산은 한 변수가 변할 때 다른 변수가 변하는 양으로, 두 변수가 동시에 변하는 정도를 말한다. 즉, 한 변수 X_i가 그 평균값 X로부터 얼마간 떨어진 정도와 비례하여, 다른 변수 Y_i가 그 평균값 Y로부터 얼마나 떨어져 있는가를 의미한다. 그러므로 **공분산**은 다음 공식에 의하여 계산된다.

$$S_{XY} = \frac{\sum(X_i - \overline{X})(Y_i - \overline{Y})}{n}$$

분산과 공분산을 계산하기 위한 예로 국어, 영어 시험을 치른 학생들의 점수가 ⟨표 1⟩과 같다.

⟨표 1⟩ 중학생 5명의 국어 · 영어 점수

피험자 \ 과목	국어	영어
A	2	1
B	3	2
C	5	4
D	3	3
E	7	5

국어에서 높은 점수를 얻은 학생은 영어에서도 높은 점수를 얻고 있으므로 두 점수 간에 정적 상관을 이룰 것을 예견할 수 있다.

두 점수들의 분산과 공분산을 계산하는 절차는 ⟨표 2⟩와 같다.

⟨표 2⟩ 중학생 5명의 국어, 영어 점수의 공분산 계산

국어 (X)	영어 (Y)	$(X_i - \overline{X})$	$(X_i - \overline{X})^2$	$(Y_i - \overline{Y})$	$(Y_i - \overline{Y})^2$	$(X_i - \overline{X})(Y_i - \overline{Y})$
2	1	−2	4	−2	4	4
3	2	−1	1	−1	1	1
5	4	1	1	1	1	1
3	3	−1	1	0	0	0
7	5	3	9	2	4	6
20	15	0	16	0	10	12

$$S_X^2 = \frac{\sum(X_i - \overline{X})^2}{n} = \frac{16}{5} = 3.2$$

$$S_Y^2 = \frac{\sum(Y_i - \overline{Y})^2}{n} = \frac{10}{5} = 2.0$$

$$S_{XY} = \frac{\sum(X_i - \overline{X})(Y_i - \overline{Y})}{n} = \frac{12}{5} = 2.4$$

국어 점수의 분산은 3.2, 영어 점수의 분산은 2.0, 그리고 두 점수의 공분산은 2.4이다.

한 변수가 평균값으로부터 멀리 떨어져 있을 때 다른 변수도 그 평균값으로부터 멀리 떨어져 있으면 공분산은 커지게 되며, 그런 경향이 일반화되어 있으면 상관은 높다. 만약 한 변수가 다양한 수이며, 다른 변수가 상수라면 한 변수가 변화되어도 다른 변수는 변화되지 않으므로 공분산은 0이며, 상관관계가 없으므로 상관계수 또한 0이다. 그러므로 상관계수는 공분산의 양에 비례한다.

상관계수는 공분산의 양에 의하여 결정되나 공분산은 $-\infty$에서 $+\infty$에 존재한다. 상관계수는 절대값이 1보다 클 수 없으며, 척도의 단위 변화에 따라 상관계수가 변하여도 안 된다. 상관의 특징으로 지역독립성과 척도독립성 때문에 상관계수를 추정할 때 각 변수의 표준편차를 고려하여야 한다. Karl Pearson(1896)이 상관계수는 공분산에 비례하며, 공분산을 각 변수의 표준편차로 나누어야 한다는 사실을 발견하고 다음과 같은 단순적률상관계수(simple product-moment correlation coefficient)를 제안하였다. 이를 상관계수의 이론적 공식이라 한다.

$$\rho_{XY} = \frac{\sigma_{XY}}{\sigma_X \sigma_Y}$$

ρ(rho)는 상관계수의 모수치이고, σ_X(sigma)는 X변수의 표준편차 모수치를 나타내는 기호이며, 통계치 혹은 추정치로 상관계수는 r, 표준편차는 s로 표기한다. 추정치에 의한 상관계수는 다음과 같이 쓴다.

$$r_{XY} = \frac{s_{XY}}{s_X s_Y}$$

상관계수는 두 변수의 공분산을 각 변수의 표준편차로 나눈 값을 말한다. 〈표 1〉에 있는 두 점수의 상관계수는 다음과 같이 계산된다.

$$r_{XY} = \frac{s_{XY}}{s_X s_Y} = \frac{2.4}{\sqrt{3.2}\sqrt{2}} = .949$$

상관계수의 이론적 공식에 의하여 상관계수를 추정할 때 계산의 번거로움이 따르기 때문에 보다 간편하게 상관계수를 추정할 수 있는 **계산공식**은 다음과 같다.

$$r_{XY} = \frac{s_{XY}}{s_X s_Y}$$

$$= \frac{\sum(X_i - \overline{X})(Y_i - \overline{Y})/n}{\sqrt{\frac{\sum(X_i - \overline{X})^2}{n}}\sqrt{\frac{\sum(Y_i - \overline{Y})^2}{n}}}$$

$$\vdots$$

$$r = \frac{n\sum X_i Y_i - \sum X_i \sum Y_i}{\sqrt{n\sum X_i^2 - (\sum X_i)^2}\sqrt{n\sum Y_i^2 - (\sum Y_i)^2}}$$

상관계수의 계산공식에 의하여 국어와 영어 점수의 상관계수를 계산한 절차는 〈표 3〉과 같다.

〈표 3〉 상관계수 계산공식에 의한 국어, 영어 점수의 상관계수 계산

피험자	국어(X)	영어(Y)	$X_i Y_i$	X_i^2	Y_i^2
A	2	1	2	4	1
B	3	2	6	9	4
C	5	4	20	25	16
D	3	3	9	9	9
E	7	5	35	49	25
$\sum$합	20	15	72	96	55

$$r = \frac{n\sum X_i Y_i - \sum X_i \sum Y_i}{\sqrt{n\sum X_i^2 - (\sum X_i)^2}\ \sqrt{n\sum Y_i^2 - (\sum Y_i)^2}}$$

$$= \frac{5(72) - 20(15)}{\sqrt{5(96) - 20^2}\ \sqrt{5(55) - 15^2}}$$

$$= \frac{60}{\sqrt{80}\ \sqrt{50}} = \frac{60}{63.2455} = .949$$

계산공식에 의한 상관계수도 .949임을 알 수 있다. 상관분석을 위하여 통계분석 컴퓨터 프로그램으로 jamovi 프로그램과 한글 SPSS 윈도우즈 프로그램을 실행하는 절차 및 결과는 다음과 같다. 자료파일 입력창이 뜨면 〈표 1〉의 자료를 입력하고 다음과 같이 실행한다.

1. jamovi 실행

〈표 1〉의 자료를 사용하여 두 변수가 관계되어 있는 정도를 나타내는 지수, 즉 상관계수를 구하기 위해 Analyses ⇨ Regression ⇨ Correlation Matrix 를 선택한다.

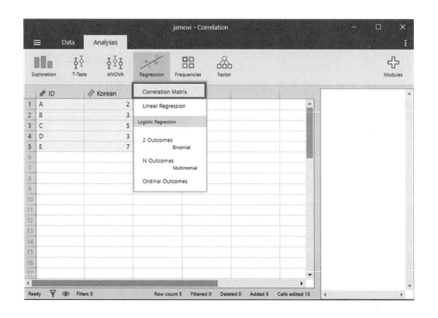

상관을 구할 두 변수 'Korean'과 'English'를 오른쪽으로 이동시킨 후, 'Correlation Coefficients'에서 'Pearson'을 체크한다.

분석 결과

중학생 5명을 대상으로 한 국어점수와 영어점수의 상관계수는 〈표 3〉과 마찬가지로 .949이다.

Correlation Matrix

Correlation Matrix

		Korean	English
Korean	Pearson's r	—	
	p-value	—	
English	Pearson's r	0.949	—
	p-value	0.014	—

2. SPSS 실행

〈표 1〉의 자료를 사용하여 두 변수가 관계되어 있는 정도를 나타내는 지수, 즉 상관계수를 구하기 위해 분석 ⇨ 상관분석 ⇨ 이변량 상관 을 눌러 이변량 상관계수 대화상자를 연다.

이변량 상관계수 대화상자에서 변수 부분에 상관계수를 구할 두 변수(국어점수, 영어점수)를 지정하고 확인 을 누르면 된다. 또 옵션(O)... 에서 공분산을 출력하도록 설정할 수도 있다.

분석결과

중학생 5명을 대상으로 한 국어점수와 영어점수의 상관계수는 〈표 3〉과 마찬가지로 .949이다.

상관관계

		국어점수	영어점수
국어점수	Pearson 상관	1	.949*
	유의확률 (양측)		.014
	N	5	5
영어점수	Pearson 상관	.949*	1
	유의확률 (양측)	.014	
	N	5	5

*. 상관관계가 0.05 수준에서 유의합니다(양측).

두 점수 간의 상관계수가 .949라면 언어적으로 어떻게 표현하며, 무엇을 의미하는지 의문이 제기된다. 즉, 상관이 높으면 어느 정도 높다고 표현해야 하는지 기준이 필요하다. 상관계수를 언어적으로 표현하는 절대적 기준은 없으나 성태제(1995, 2001)는 〈표 4〉의 기준을 제시하고 있다.

〈표 4〉 상관계수에 따른 상관관계의 언어적 표현

상관계수 범위	상관관계의 언어적 표현
.00 이상 ~ .20 미만	상관이 거의 없다
.20 이상 ~ .40 미만	상관이 낮다
.40 이상 ~ .60 미만	상관이 있다
.60 이상 ~ .80 미만	상관이 높다
.80 이상 ~ 1.00 미만	상관이 매우 높다

앞의 기준에 의하여 두 변수의 상관은 높다고 말할 수 있다. 공인타당도, 예측타당도, 재검사신뢰도, 동형검사신뢰도 모두 상관계수에 의하여 추정되므로 〈표 4〉의 기준에 의하여 표현할 수 있다. 만약 동형검사신뢰도를 추정하기 위해 두 번 검사를 시행한 점수들의 상관이 .38이었다면 동형검사신뢰도는 낮다고 말할 수 있다.

[부록 3] Z점수, T점수 계산: jamovi와 SPSS 프로그램 실행

| 부록 3-1 | jamovi에 의한 Z점수, T점수 추정

정규분포 가정하에서 원점수의 상대적 서열을 나타내는 표준점수로 Z점수와 T점수가 있으며, 분석을 위한 예로 중학생 4명의 기말점수가 〈표 5〉와 같다.

〈표 5〉 중학생 4명의 기말점수

피험자	기말점수
A	2
B	3
C	5
D	2

Z점수와 T점수를 구하기 위하여 jamovi 프로그램을 실행하는 절차 및 결과는 다음과 같다. 자료파일 입력창이 뜨면 〈표 5〉의 자료를 입력하고 다음과 같이 실행한다.

jamovi 실행

Z점수를 구하기 위해 새로운 변수를 생성하고자 하는 열의 변수명 자리를 더블 클릭하면 New data variable(새 자료 변수), New computed variable(새로 계산된 변수, New transformed variable(새로 계산된 변수) 메뉴가 나타난다.

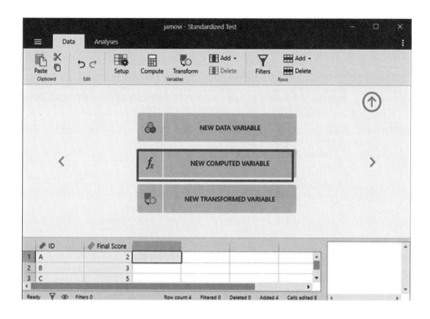

New computed variable(새로 계산된 변수) 을 선택하면 변수 계산을 위한 창이 열린다.

변수명에 'Zscore'을 입력한 후 f_x를 클릭하면 'Functions'에서 여러 함수가 나타나는데, 그중 'Statistical'의 'Z'를 더블클릭한다. 수식 입력창의 괄호 안에 커서를 두고 'Variables' 중에서 'Final Score'를 선택한 후 엔터를 누른다.

중학생 4명을 대상으로 한 기말점수의 Z점수로 'Zscore'라는 변수가 생성된다.

T점수

T점수를 구하기 위하여 Z점수와 마찬가지로 새롭게 변수를 생성할 열의 변수명 자리를 더블 클릭하고 'New computed variable(새로 계산된 변수)'을 선택한다. 앞서 생성한 'Zscore' 변수를 더블 클릭하여 수식 입력창에 '50+10*Zscore'를 입력하고 엔터를 누른다.

중학생 4명을 대상으로 한 기말점수의 T점수로 'T기말점수'라는 변수가 생성된다.

|부록 3-2| SPSS에 의한 Z점수, T점수 추정

한글 SPSS 윈도우즈 프로그램을 이용하여 〈표 5〉의 기말점수에 대한 z점수와
T점수를 구하는 절차 및 결과는 다음과 같다.

SPSS 실행

Z점수

〈표 5〉의 자료를 사용하여 z점수를 구하기 위해 분석 ⇨ 기술통계량 ⇨
기술통계 를 눌러 기술통계 대화상자를 연다.

기술통계 대화상자에서 변수 부분에 기말점수를 지정하고 '표준화 값을 변수로
저장'에 체크한 뒤, 확인 을 누르면 된다.

중학생 4명을 대상으로 한 기말점수의 Z점수로 'Z기말점수'라는 변수가 생성
된다.

T점수

앞에서 구한 Z점수를 사용하여 T점수를 구하기 위해 변환 ⇨ 변수계산 을 눌러 변수 계산 대화상자를 연다.

변수 계산 대화상자에서 '목표변수'에 새로 생성하고자 하는 변수명 'T기말점수'를 입력한다. 앞서 생성한 'Z기말점수(표준화 점수)'를 '숫자표 형식'으로 옮기고 'Z기말점수*10+50'과 같이 입력한다.

중학생 4명을 대상으로 한 기말점수의 T점수로 'T기말점수'라는 변수가 생성된다.

[부록 4] 신뢰도 추정: jamovi와 SPSS 프로그램 실행

|부록 4-1| 반분검사신뢰도 추정

한글 SPSS Windows 프로그램을 이용하여 4문항으로 제작된 검사를 5명의 피험자에게 실시하여 얻은 응답자료 〈표 13-6〉의 **반분검사신뢰도**를 **추정**하는 절차와 실행결과는 다음과 같다.

SPSS 프로그램 실행

SPSS 프로그램의 데이터 편집기에 [그림 1]과 같이 자료를 입력한 다음 메뉴에서 | 분석 | ⇨ | 척도분석 | ⇨ | 신뢰도 분석 | 을 선택하면 [그림 2]와 같은 대화상자가 열린다.

[그림 1] SPSS 데이터 편집기

반분검사신뢰도를 추정하기 위해서는 [그림 2]의 **신뢰도분석 대화상자**에서 분석할 문항을 '항목'으로 이동하고 모형을 '**반분계수**'로 선택하고 | 확인 | 을 누르면 반분검사신뢰도가 추정된다.

[그림 2] 신뢰도 분석 대화상자

분석 결과

추정된 반분검사신뢰도는 .720이며, SPSS 프로그램은 전후법에 의해 검사를 반분하여 신뢰도를 추정한다.

케이스 처리 요약

		N	%
케이스	유효	5	100.0
	제외됨[a]	0	.0
	전체	5	100.0

a. 목록별 삭제는 프로시저의 모든 변수를 기준으로 합니다.

신뢰도 통계량

Cronbach의 알파	파트 1	값	.750
		항목 수	2[a]
	파트 2	값	.750
		항목 수	2[b]
	전체 항목 수		4
문항간 상관관계			.563
Spearman-Brown 계수	같은 길이		.720
	다른 길이		.720
Guttman 반분계수			.720

a. 항목: 문1, 문2.

b. 항목: 문3, 문4.

|부록 4-2| jamovi와 SPSS에 의한 Cronbach α 추정

jamovi 프로그램과 한글 SPSS 윈도우즈 프로그램을 이용하여 5명의 피험자가 4문항에 응답한 자료 〈표 13-8〉을 가지고 Cronbach α를 추정하는 절차 및 실행 결과는 다음과 같다. 자료파일 입력창이 뜨면 〈표 13-8〉의 자료를 입력하고 다음과 같이 실행한다.

1. jamovi 실행

Cronbach α를 추정하기 위해 Analyses ⇨ Factor ⇨ Scale Analysis ⇨ Reliability Analysis 를 선택한다.

4문항을 오른쪽 변수 창으로 옮긴 후 'Scale Statistics'에서 'Cronbach's α'를 선택하고, 'Item Statistics'에서 'Cronbach's α (if item is dropped)'를 선택한다.

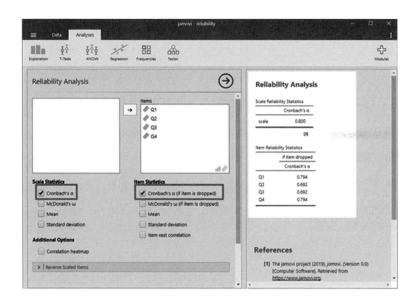

　5명의 피험자를 대상으로 한 4문항으로 제작된 검사의 Cronbach α는 .800이다. 'If item dropped'는 해당 문항을 제거하였을 때 신뢰도의 변화를 말한다. 즉, 2번 문항을 제거하면 신뢰도가 .692가 된다. 각 문항을 제거하는 경우의 문항내적 일관성 신뢰도는 전체 검사의 신뢰도보다 낮아지므로 4문항 모두 양호한 문항으로 분석할 수 있다.

Reliability Analysis

Scale Reliability Statistics

	Cronbach's α
scale	0.800

[3]

Item Reliability Statistics

	if item dropped
	Cronbach's α
Q1	0.794
Q2	0.692
Q3	0.692
Q4	0.794

추가적으로 jamovi에서는 모든 피험자가 맞히거나 틀리는 문항, 다시 말해 분산이 0이 되는 문항이 있는 경우 'No variance'라는 오류 메시지와 함께 분석 결과를 제공하지 않는데, 이는 의미상 판별 기능이 없어 좋지 않은 문항, 즉 제거되어야 할 문항으로 간주하여 더 이상 분석을 진행하지 않기 때문이다. 수식을 통한 계산은 가능하지만 전체 검사에서 피험자의 능력을 잘 변별해 내지 못하는 문항이므로 분석 결과를 제시하지 않으며, 연구자가 직접 판단할 수 있도록 오류 메시지를 제공한다.

2. SPSS 실행

한글 SPSS Windows 프로그램을 이용하여 〈표 13-8〉의 Cronbach α를 추정하기 위해서는 신뢰도 분석 대화상자에서 분석할 문항을 항목 으로 이동하고 모형을 알파 로 선택하면 된다.

신뢰도 분석 대화상자에서 통계량(S)... 을 선택하면 항목에 대한 기술통계를 구할 수 있으며, **다음에 대한 기술통계량**에서 '**항목제거시 척도(A)**'를 선택한다.

5명의 피험자가 4문항에 응답한 자료의 Cronbach α는 .800이며, 각 문항을 제거하는 경우의 문항내적 일관성 신뢰도는 전체 검사의 신뢰도보다 낮아지므로 4문항 모두 양호한 문항으로 분석할 수 있다.

케이스 처리 요약

		N	%
케이스	유효	5	100.0
	제외됨[a]	0	.0
	전체	5	100.0

a. 목록별 삭제는 프로시저의 모든 변수를 기준으로 합니다.

신뢰도 통계량

Cronbach의 알파	항목 수
.800	4

항목 총계 통계량

	항목이 삭제된 경우 척도 평균	항목이 삭제된 경우 척도 분산	수정된 항목-전체 상관계수	항목이 삭제된 경우 Cronbach 알파
문1	1.2000	1.700	.514	.794
문2	1.4000	1.300	.721	.692
문3	1.6000	1.300	.721	.692
문4	1.8000	1.700	.514	.794

[부록 5] 수행평가 과제와 채점기준

|부록 5-1| 영어와 수행평가: 전화 대화 나누기

1. 다음 중 가고 싶은 곳을 짝과 함께 선택하십시오.

    (마지막 빈칸은 여러분 나름대로 정해서 선택할 수도 있습니다.)

이화예술극장	동대문 운동장 축구구장
영화상영시간: 매일 10:30 1:10 3:50 6:30 교통수단: 걸어서 이대앞에서 극장까지 10분	경기시작시간: 토요일 오후 2시 교통수단: 지하철 2호선 동대문운동장역까지 25분
대학로 라이브 2관 김경호 라이브 콘서트 공연시간: 토요일4시 , 7시 일요일 3시 교통수단: 지하철 2호선 이대역에서 4호선 혜화역 까지 35분	장소: ? 〈 ? 〉 시간: ? 교통수단: ?

2. 전화를 거는 사람과 전화를 받는 사람을 정하십시오.

    전화를 거는 사람: _____반 _____ 번 _____

    전화를 받는 사람: _____반 _____ 번 _____

3. 녹음기 앞에 놓인 테이프에 반, 번호와 이름을 적으십시오.

4. 녹음 내용에 관한 준비가 되었으면 녹음기를 눌러 자신의 반 번호와 이름을 먼저 녹음하십시오.

5. 계속해서 대화를 녹음하십시오.

|부록 5-2| 수학과 수행평가: 버몬트 포트폴리오 평가 프로그램

◎ Mitchells은 Smithville에서 Guilford로 자동차로 4시간에 걸려 여행을 하였다. 지도와 그래프는 다음과 같다. 그래프와 지도를 사용하여 Mitchells에게 무슨 일이 벌어졌는지 시간 단위로 설명하여 보시오.

12시부터 1시까지:

_____

1시에서 2시까지:

_____

2시에서 3시까지:

_____

3시에서 4시까지:

_____

|부록 5-3| 수학과 수행평가에 대한 채점기준

문제해결의 기능		
과제에 대한 이해	1점	완전하게 이해하지 못한 경우
	2점	부분적으로 이해된 경우
	3점	이해된 경우
	4점	일반화되고, 적용되며, 확장된 경우
해결의 접근방안, 전략, 절차 등의 선택	1점	부적절하거나 다룰 수 없는 접근이나 절차
	2점	부분적으로 적절한 접근이나 절차
	3점	다루어질 수 있는 접근
	4점	효율적이거나 세련된 접근과 절차
반성과 정당화, 증명, 분석의 시행	1점	결정을 내리게 된 근거나 증거가 없는 경우
	2점	결정 내린 것에 대한 추론이 가능할 때
	3점	확실성을 가지고 있고 합리적인 조정이나 결정
	4점	조정이 보이고 정교하며 합리적인 결정이 내려짐
발견, 결론, 관찰, 연결성, 일반화	1점	확장이 없는 답안
	2점	관찰한 소견으로 한 답안
	3점	연결성 혹은 적용이 있는 답안
	4점	분석, 일반화, 혹은 추상화가 있는 답안
수학적 의사소통		
수학의 언어	1점	수학적 언어의 사용이 부적절하거나 없는 경우
	2점	때때로 적절한 수학적 언어를 사용한 경우
	3점	대부분 적절한 수학적 언어를 사용한 경우
	4점	풍부하고 정교하며, 우아하고 적절한 경우
수학적 표상	1점	수학적 표상의 사용이 없음
	2점	수학적 표상을 사용함
	3점	수학적 표상의 적절하고 정확하게 사용함
	4점	수학적 표상이 지각 있게 사용됨
표현이 분명하고 명확함	1점	조직되어 있지 못하고, 불완전하며, 상세함이 결여되어 모호함
	2점	분명한 구석이 있음
	3점	대부분이 분명함
	4점	잘 정의되어 있고, 완전하며, 상세하여 명쾌함

[부록 6] 문항분석과 컴퓨터와 검사 프로그램

1. TestAn

2. RaschAn

3. BayesiAn

4. TestWizard

   (TestWizard 실행)

   사용자 코드: admin000/암호: 1

   (TestWizard로 제작된 검사 시행)

   password: 1

    문항분석과 컴퓨터화 검사 프로그램은 학지사 홈페이지에서 내려받을 수 있다. 학지사 홈페이지(http://www.hakjisa.co.kr)에 접속하여 로그인 또는 회원가입 후 검색창에 '교육평가의 기초'를 검색한다. 검색 결과에서 '교육평가의 기초'를 클릭하면 '도서 상세정보' 페이지로 들어가게 되며, 하단의 'PPT/도서자료'란에 있는 압축파일을 내려받는다.

    내려받은 파일의 압축을 해제하고 폴더를 열어 'main' 프로그램을 실행하면 다음과 같은 화면이 뜬다. 해당 프로그램의 설치 를 누르면 프로그램이 다운로드 되며 프로그램을 실행하기 위해서는 매뉴얼 을 참고하라.

TestAn을 내려받은 후 실행할 때 'vb6ko.dll' 파일이 없어서 실행할 수 없다고 뜨는 경우가 있는데, 이를 해결하기 위해서는 웹사이트에 'vb6ko.dll'을 검색하여 해당 파일을 내려받은 후 '내 PC'의 '로컬디스크(C:)'에서 'system32'나 'SysWOW64' 폴더에 복사하여 붙여넣는다. 또는 '로컬디스크(C:)'의 'Windows'에서 'system32'나 'SysWOW64' 폴더에 복사하여 붙여넣은 후 TestAn을 재실행한다.

찾아보기

[인명]

[내용]

〈저자 소개〉

E-mail: tjseong@ewha.ac.kr
Homepage:
http://home.ewha.ac.kr/~tjseong

성태제(Seong, Taeje)

〈약력〉
고려대학교 사범대학 교육학과
Univ. of Wisconsin—Madison 대학원 M.S.
Univ. of Wisconsin—Madison 대학원 Ph.D.
Univ. of Wisconsin—Madison Lab of Experimental Design:
Consultant
이화여자대학교 교육학과 교수
이화여자대학교 사범대학 교육학과장
대학수학능력시험 평가부위원장
이화여자대학교 입학처장
입학처장협의회 회장
이화여자대학교 교무처장
한국교육평가학회 회장
정부업무평가위원
경제ㆍ인문사회연구회 기획평가위원장/연구기관 평가단장
MARQUIS 『Who's who』 세계인명사전 등재(2008~현재)
홍조근정 훈장 수훈
한국대학교육협의회 사무총장
한국교육과정평가원장
경제ㆍ인문사회연구회 우수기관장상 수상
육군사관학교 자문위원

〈저서 및 역서〉
문항반응이론 입문(양서원, 1991; 학지사, 2019)
현대 기초통계학의 이해와 적용(양서원, 1995; 교육과학사, 2001, 2007;
　　　학지사, 2011, 2014, 2019)
타당도와 신뢰도(학지사, 1995, 2002)
문항제작의 이론과 실제(학지사, 1996, 2004)
교육연구방법의 이해(학지사, 1998, 2005, 2015, 2016)
문항반응이론의 이해와 적용(교육과학사, 2001, 2016)
현대교육평가(학지사, 2002, 2005, 2010, 2014, 2019)
수행평가의 이론과 실제(이대출판부, 2003, 공저)
연구방법론(학지사, 2006, 2014, 공저)
알기 쉬운 통계분석(학지사, 2007, 2014)
최신교육학개론(학지사, 2007, 2012, 2018, 공저)
교육평가의 기초(학지사, 2009, 2012, 2019)
한국교육, 어디로 가야 하나?(푸른역사, 2010, 공저)
준거설정(학지사, 2011, 번역)
2020 한국초ㆍ중등교육의 향방과 과제(학지사, 2013, 공저)
교육단상(학지사, 2015)
교수ㆍ학습과 하나 되는 형성평가(학지사, 2015, 공저)
실험설계분석(학지사, 2018)

교육평가의 기초 (3판)
Educational Evaluation (3rd ed.)

2009년 1월 15일 1판 1쇄 발행
2014년 3월 10일 1판 11쇄 발행
2014년 3월 20일 2판 1쇄 발행
2019년 3월 21일 2판 9쇄 발행
2019년 8월 1일 3판 1쇄 발행
2023년 3월 20일 3판 7쇄 발행

지은이 • 성 태 제
펴낸이 • 김 진 환
펴낸곳 • (주) **학지사**

04031 서울특별시 마포구 양화로 15길 20 마인드월드빌딩 5층

대표전화 • 02) 330-5114   팩스 • 02) 324-2345

등록번호 • 제313-2006-000265호

홈페이지 • http://www.hakjisa.co.kr
페이스북 • https://www.facebook.com/hakjisabook

ISBN 978-89-997-1864-9 93370

정가 22,000원

출판미디어기업 **학지사**

간호보건의학출판 **학지사메디컬** www.hakjisamd.co.kr
심리검사연구소 **인싸이트** www.inpsyt.co.kr
학술논문서비스 **뉴논문** www.newnonmun.com
원격교육연수원 **카운피아** www.counpia.com

부록자료(1.TestWizard, 2.TestAn, 3.RaschAn, 4.BayesiAn 프로그램)는 학지사홈페이지 내 도서자료실에서 내려 받을 수 있습니다(TestWizard 실행 사용자코드: admin000, Password: 1/TestWizard로 제작된 검사 시행 Password: 1).